사회복지사 1급 합격은 메인에듀

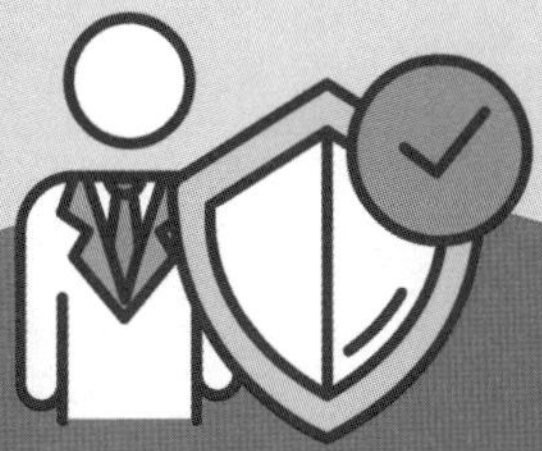

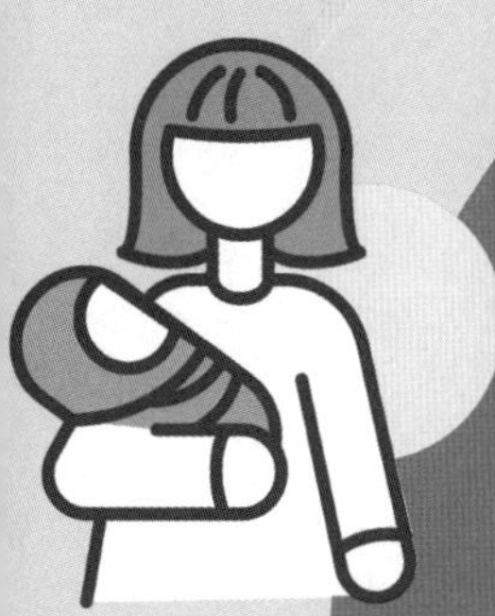

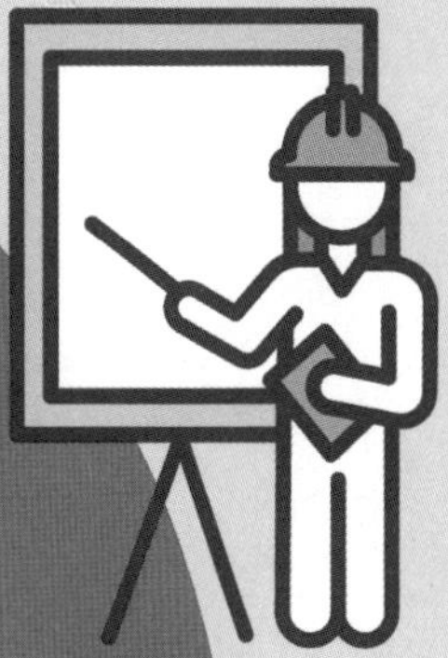

2025 사회복지사 1급 기본 핵심이론서

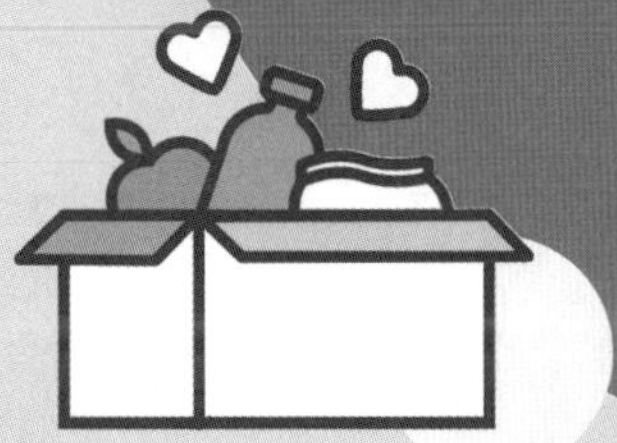

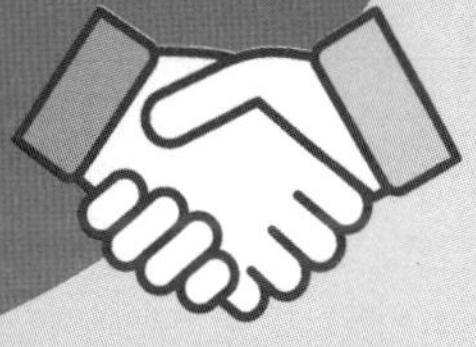

이수천 편저

최신 법령 최신 정책 출제 기준 반영

독학으로 합격이 가능한 필수교재

합격에 필요한 핵심이론 완벽정리

단원별 실전 기출문제 수록

3교시 사회복지정책과제도

사회복지정책론 | 사회복지행정론

동영상 강의 mainedu.co.kr

머리말

사회복지사 1급은 사회복지사들이 가장 꿈꾸는 자격증이다. 사회복지사로서 최상의 자격을 국가가 인정하는 것이기에 자랑스러운 마음을 가져도 되는 자격증이다. 수많은 사회복지사들이 이를 꿈꾸지만 시간의 여유가 없었기에 주저하게 되고 어떻게 준비해야 할지 몰라 막막해 하는 것도 사실이다. 전부 한 번씩은 공부해 본 과목이지만 이미 오래되어 시험을 치르기에는 부족함을 느끼게 된다. 더욱이 현장에서 시험을 치르는 걸 모두 아는데 행여 떨어지기라도 하면 부끄러움을 피하기도 어렵다. 그래서 소리 없이 혼자 몰래 준비하는 사회복지사들도 많다.

사회복지사 1급 시험이 결코 어려운 것은 아니다. 다만, 일반상식을 가지고 풀기에는 전문적인 내용이 많아서 가능하지 않는 것도 사실이다. 오랜 기간 현장에 있다 보면 주어진 직무에만 관심을 갖기 마련이다. 오래 전에 공부한 기억을 되살려보지만 어느새 전문적인 개념과 지식은 다 사라지고 상식밖에 남아있지 않는 걸 발견하게 된다. 그래도 상식으로는 합격하기가 어렵기에 상식을 넘어서 다시금 전문개념에 대한 인식의 확장이 이루어져야 한다. 1급 시험이 어렵지 않다고 하는 부분이 바로 이 지점이다. 전혀 새로운 과목을 새롭게 공부해서 시험을 치르는 게 아니라 대부분 이미 학습했던 교과들을 다시 한 번씩 점검하는 정도로 공부하면 된다. 물론 합격을 기준으로 해서 말하는 것이다. 공부를 진행하다 보면 예전에 공부했던 기억들이 새롭게 떠오르기도 한다. 분명한 것은 처음 접하는 과목들이 아니라는 점에서 사회복지사로 일하고 있는 사람이라면 누구나 조금의 관심과 노력을 기울이면 사회복지사 최고의 국가자격을 취득할 수 있다.

그런데 조금 공부한다는 게 또한 말처럼 쉽지는 않다. 실천현장에서 정신없이 직무를 감당하다 보면 좀처럼 공부할 엄두가 나지 않기 때문이다. 또한 혼자서 그렇게 공부해도 되겠거니 하면서 시작했다가 시간 관리를 잘 하지 못해서 낭패를 보기도 한다. 필자는 여러분이 대단한 의지력을 가졌다면 혼자서 공부하는 것을 반대하지 않는다. 문제는 대부분 혼자서 의욕적으로 공부하기엔 실천현장의 직무가 너무 과중하다는 점과 계획적이지 못해서 시간만 보내기 일쑤라는 점이다.

필자는 오랜 경험으로 전체적으로 개략적인 설명을 해주는 강의를 선택해 볼 것을 권한다. 너무 세세하게 공부하는 것은 과목의 수가 너무 많아 추천하고 싶지 않다. 또한 자격검증의 경우 굳이 우등생이 될 필요가 있는 건 아니기에 더욱 그렇다. 과목마다 전체적인 내용을 개략적으로 이해하는 것이 오히려 도움이 된다. 그러면서도 핵심적인 부분은 반드시 다뤄야 한다. 그래야 공부하면서 얻는 것도 있고 합격도 보장되기 때문이다. 본서와 함께 제공되는 동영상 강의는 이런 점에서 활용가치가 높다. 우수하고 경험이 많은 교수가 각 과목에 대해서 개략적이면서도 핵심적인 부분을 잘 선정하여 전체 이해와 더불어 출제경향에 맞춘 수업을 진행하기 때문이다. 또한 매 과목마다 적정 수준의 강의안이 구축되어 있어 시간계획에도 도움이 된다. 다만, 필자가 더하여 이야기하고 싶은 것은 '인간행동과 사회환경'은 실천론, 실천기술론, 지역사회복지론과도 연결되기 때문에 먼저 조금 더 신경 써서 공부할 필요가 있다는 점이다. 사회복지조사론의 경우 학생들은 주로 포기 과목으로 손을 꼽는데 개념 이해만 한다면 오히려 고득점이 나올 수 있는 과목이라는 점에서 조금만 더 신경을 써서 공부하길 당부한다. 정책론과 행정론은 정책론을 먼저 공부하고 이어 행정론을 공부하는 것이 효율성이 높다고 제안하고 싶다. 제시한 과목들에 주안점을 두고 공부하다 보면 합격뿐만 아니라 고득점도 가능하다.

앞으로 사회복지사 관련 자격에 대해서 변화가 있다는 소문이 무성하다. 가령 전문자격증 체제로 전환한다는 소문도 있는 것이 사실이다. 그런데 어떤 형태로 자격제도가 변한다 하더라도 기존 최고 자격인 1급에 대해서 무시하는 방향으로 나갈 수는 없다. 따라서 자격증 제도가 변하기 전에 1급을 취득하는 것이 더 지혜로운 방법이다. 법제론에서 공부하겠지만 '기득권 우선의 법칙'이 있다. 기존에 최고의 자격을 무시하면서 새로운 자격으로 전환할 수는 없는 것이다. 이 교재를 통하여 시험을 준비하는 모든 사회복지사들에게 최고의 사회복지사로서의 인정이 자격증으로 뿐만 아니라 실천현장에서도 자자하게 일어나길 기원한다.

편저자 이수천

1. 시험일정 : 매년 1회 시행

○ 시험일정은 한국산업인력공단 홈페이지(www.Q-Net.or.kr/site/welfare/) 참조

2. 응시자격

1. 「고등교육법」에 따른 대학원에서 사회복지학 또는 사회사업학을 전공하고 석사학위 또는 박사학위를 취득한 자
   ※ 시험 시행연도 2월 말일까지 학위를 취득한 자 포함
   ※ 다만, 대학에서 사회복지학 또는 사회사업학을 전공하지 아니하고 동 석사학위를 취득한 자는 보건복지부령이 정하는 사회복지학 전공 교과목과 사회복지 관련 교과목 중 사회복지현장실습을 포함한(2004. 07. 31 이후 입학생부터 해당) 필수과목 6과목 이상(대학에서 이수한 교과목을 포함하되, 대학원에서 4과목 이상을 이수하여야 한다), 선택과목 2과목 이상을 각각 이수하여야 한다.

2. 「고등교육법」에 따른 대학에서 보건복지부령이 정하는 사회복지학 전공 교과목과 사회복지 관련 교과목을 이수하고 학사학위를 취득한 자
   ※ 시행연도 2월 말일까지 학사학위를 취득한 자 포함

3. 법령에서 「고등교육법」에 따른 대학을 졸업한 자와 동등 이상의 학력이 있다고 인정하는 자로서 보건복지부령으로 정하는 사회복지학 전공 교과목과 사회복지 관련 교과목을 이수한 자
   ※ 시행연도 2월 말일까지 동등 학력 취득자 포함

4. 외국의 대학 또는 대학원(단, 보건복지부장관이 인정한 대학 또는 대학원)에서 사회복지학 또는 사회사업학을 전공하고 학사학위 이상을 취득한 자로서 "제1호" 및 "제2호"의 자격과 동등하다고 보건복지부장관이 인정하는 자

5. 다음에 해당하는 자로서 **사회복지사 2급 자격증을 취득한 자 중에서, 그 자격증을 취득한 날부터 시험일까지의 기간 동안 1년(2,080시간) 이상 사회복지사업의 실무경험**이 있는 자
   1) 「고등교육법」에 의한 전문대학에서 보건복지부령이 정하는 사회복지학 전공교과목과 사회복지관련 교과목을 이수하고 졸업한 자
   2) 법령에서 「고등교육법」에 따른 전문대학을 졸업한 자와 동등 이상의 학력이 있다고 인정하는 자로서 보건복지부령이 정하는 사회복지학 전공교과목과 사회복지관련 교과목을 이수한 자
   3) 종전의 「사회복지사업법」(법률 제14923호로 개정되기 전의 것을 말한다)에 따라 사회복지사 3급 자격증을 취득한 이후 3년 이상 사회복지사업의 실무경험이 있는 자

6. **결격사유**
   1) **다음 각 호의 어느 하나에 해당하는 자는 사회복지사가 될 수 없다.**
   (사회복지사업법 제11조의2)
      1. 피성년후견인 또는 피한정후견인
      2. 금고 이상의 형을 선고받고 그 집행이 끝나지 아니하였거나 그 집행을 받지 아니하기로 확정되지 아니한 사람
      3. 법원의 판결에 따라 자격이 상실되거나 정지된 사람
      4. 마약 · 대마 또는 향정신성의약품의 중독자
      5. 「정신건강증진 및 정신질환자 복지서비스 지원에 관한 법률」 제3조제1호에 따른 정신질환자. 다만, 전문의가 사회복지사로서 적합하다고 인정하는 사람은 그러하지 아니하다.
   2) **사회복지사의 자격취소 등** (사회복지사업법 제11조의3)
   ① 보건복지부장관은 사회복지사가 다음 각 호의 어느 하나에 해당하는 경우 그 자격을 취소하거나 1년의 범위에서 정지시킬 수 있다. 다만, 제1호부터 제3호까지에 해당하면 그 자격을 취소하여야 한다.
      1. 거짓이나 그 밖의 부정한 방법으로 자격을 취득한 경우
      2. 제11조의2 각 호의 어느 하나에 해당하게 된 경우
      3. 자격증을 대여 · 양도 또는 위조 · 변조한 경우
      4. 사회복지사의 업무수행 중 그 자격과 관련하여 고의나 중대한 과실로 다른 사람에게 손해를 입힌 경우
      5. 자격정지 처분을 3회 이상 받았거나, 정지 기간 종료 후 3년 이내에 다시 자격정지 처분에 해당하는 행위를 한 경우
      6. 자격정지 처분 기간에 자격증을 사용하여 자격 관련 업무를 수행한 경우

② 보건복지부장관은 제1항제4호에 해당하여 사회복지사의 자격을 취소하거나 정지시키려는 경우에는 제46조에 따른 한국사회복지사협회의 장 등 관계 전문가의 의견을 들을 수 있다.

③ 제1항에 따라 자격이 취소된 사람은 취소된 날부터 15일 내에 자격증을 보건복지부장관에게 반납하여야 한다.

④ 보건복지부장관은 제1항에 따라 자격이 취소된 사람에게는 그 취소된 날부터 2년 이내에 자격증을 재교부하지 못한다.

3. 시험과목 배점 및 합격자 결정기준

1) 시험과목

구분	시험과목(3과목)	시험영역(8영역)	문항수	배점	시험방법
1	사회복지기초 (50문항)	인간행동과 사회환경	25	1점/1문제 (총 50점)	객관식 5지택일형
		사회복지조사론	25		
2	사회복지실천 (75문항)	사회복지실천론	25	1점/1문제 (총 75점)	
		사회복지실천기술론	25		
		지역사회복지론	25		
3	사회복지정책과 제도 (75문항)	사회복지정책론	25	1점/1문제 (총 75점)	
		사회복지행정론	25		
		사회복지법제론	25		

※ 시험관련 법령 등을 적용하여 정답을 구하여야 하는 문제는 당해연도 시험시행일 현재 시행중인 법령을 기준으로 출제함

2) 합격자 결정 방법(「사회복지사업법」 시행령 제3조제5항)

- ❍ 시험의 합격결정에 있어서는 매 과목 4할 이상, 전 과목 총점의 6할 이상을 득점한 자를 합격예정자로 결정
- ❍ 사회복지사 1급 국가시험 합격예정자는 한국사회복지사협회에서 응시자격 서류 심사를 실시하며, 응시자격 서류를 정해진 기한 내에 제출하지 않거나 심사결과 부적격자인 경우에는 최종불합격 처리함
- ❍ 최종합격자 발표 후라도 제출된 서류 등의 기재사항이 사실과 다르거나 응시자격 부적격 사유가 발견될 때에는 합격을 취소함

4. 원서접수 안내

1) **접수방법** : 인터넷 접수만 가능

❍ 큐넷 사회복지사1급 홈페이지(www.Q-Net.or.kr/site/welfare/)에서 접수

❍ 원서접수 시 **최근 6개월 이내에 촬영**한 여권용 사진(3.5㎝×4.5㎝)을 파일(JPG·JPEG 파일, 사이즈: 150 × 200 이상, 300DPI 권장, 200KB 이하)로 등록 (기존 큐넷 회원의 경우 마이페이지에서 사진 수정 등록)

※ 인터넷 활용 불가능자의 내방 접수(공단지부 · 지사)를 위해 원서접수 도우미 지원 가능하나, 코로나-19 감염 예방을 위하여 방문 자제 요망

※ 단체접수는 불가함

❍ 시험 장소는 수험자가 원서접수 시 직접 선택

❍ 원서접수 마감시각(**접수마감일 18:00**)까지 수수료를 결제하고 수험표를 출력하여야 접수 완료

❍ **응시자격 서류심사는 필기시험 실시 후 합격예정자를 대상**으로 하기 때문에 원서접수 시에는 응시자격 서류를 제출하지 않음

- 한국사회복지사협회에서 원서접수 전 응시자격 해당여부 사전안내 (02-786-0845) 실시(사전안내 희망자에 한함)

2) 시험 시행지역: 전국 12개 지역

❍ 서울, 강원, 부산, 경남, 울산, 대구, 인천, 경기, 광주, 전북, 제주, 대전

3) 응시수수료 : 25,000원

❍ 납부방법: 전자결제(신용카드, 계좌이체, 가상계좌) 중 택1

※ 결제수수료는 공단에서 부담

4) 수험표 교부

❍ 수험표는 인터넷 원서접수가 정상적으로 처리되면 출력 가능하고, 수험자는 시험당일 수험표를 지참하여야 함

❍ 수험표 분실 시 시험당일까지 인터넷으로 재출력 가능

❍ 수험표에는 시험일시, 입실시간, 시험장 위치(교통편), 수험자 유의사항 등이 기재되어 있음

※ 「SMART Q-Finder」 도입으로 시험전일 18:00부터 시험실을 확인할 수 있도록 서비스 제공

❍ 원서접수 완료(결제완료) 후 접수내용 변경방법 : 원서접수 기간 내에 접수취소 후 재접수하여야 하며, 원서접수 마감 이후에는 내용변경 및 재접수 불가

5. 수험자(일반수험자/장애인수험자)는 매년 사회복지사1급 국가시험 시행계획 공고를 통하여 매 과목 시험시간표와 입실시간을 반드시 확인하시어 차질이 없도록 하여 주시기 바랍니다.

6. 사회복지사1급 국가시험 중 시험관련 법령 등을 적용하여 정답을 구하여야 하는 문제는 시험 시행일 현재 시행 중인 법령을 기준으로 출제함

제1영역 사회복지정책론

사회복지정책론은 사회복지가 이루어지는 데 있어 그 바탕을 제공하고 방향을 제공하는 거시적인 실천과 연결이 되는 과목이다. 반면, 사회복지사들은 주로 대면하여 서비스를 제공하는 것에 관심을 많이 가지고 있다. 그래서 정책, 제도, 법에 관련된 것은 어렵다는 생각을 하고 멀리하는 경향이 있다. 더욱이 사회복지정책을 다루려면 이념적인 부분이나 정책과정을 다루지 않을 수 없는데 이는 정치적인 부분과 연결이 되지 않을 수 없다. 우리사회는 정치적인 이야기가 나오면 편가르기가 심하기 때문에 정치혐오 내지는 정치무능에 대한 생각이 알게 모르게 널리 퍼져있다. 그렇기에 이념이나 정책과정에 대한 이야기가 나오면 정치적인 것으로 치부하여 외면하기 일쑤이다. 맞다. 정치적인 내용들이다. 그런데 중요한 것은 이런 거시적인 실천이 전제되지 않으면 얼굴을 대면하여 실천하는 미시적인 실천의 장(場)이 마련되지 않는다는 점이다. 따라서 사회복지사들이 앞으로 정책과 같은 분야에 더욱 관심을 많이 가져야 한다.

사회복지정책론은 크게 복지국가와 이념, 사회복지정책과정, 사회복지제도, 사회보장제도 등 네 부분으로 구분할 수 있다. 그동안 출제경향을 살피면 어느 한 부분도 빠지고 있지 않다는 특징이 있다. 사회복지사 1급 시험이 이미 오랜 기간을 통하여 안정화되었기에 문제출제 역시 어느 특정한 부분에 치우치기보다는 전반적인 정책형성과 특징을 파악하는 데 집중하는 것을 반영하는 것이라고 볼 수 있다. 그 가운데 제도나 정책이 바뀐 부분이나 새롭게 생긴 부분을 다루고 있다. 제시한 네 부분 중에서 굳이 많이 출제된 부분을 꼽는다면 복지국가와 이념 부분과 사회보장제도 부분이다. 사회복지정책이 결국 복지국가를 지향하는 것이기에 이런 특징이 나타나고 있다. 그럼 이 두 부분을 중심으로 시험을 준비해야 할까? 그렇지 않다. 정책 전반에 대해서 묻는 문제가 출제되기 때문에 차례대로 공부할 필요가 있으며, 각 부분은 사실 전체부터 끝까지 연결되는 내용이기에 앞부분을 꼼꼼하게 공부할수록 뒷부분 공부가 쉬워지는 것을 알 수 있다. 따라서 합격을 위하여 다음과 같이 공부할 것을 제안한다.

우선, 사회복지 정책의 개념과 사회복지정책과 관련된 이념에 대해서 정확하게 파악할 필요가 있다. 아울러 이 부분을 공부할 때 복지국가의 유형 특히 에스핑 앤더슨의 모형을 연결하여 이해할 필요가 있다. 둘째, 사회복지정책의 과정을 전체적으로 제시할 수 있어야 한다. 논리적 시간흐름에 따른 정책과정을 이해하면 그 안에 채워질 모형 등에 대해서도 쉽게 이해할 수 있게 된다. 셋째, 할당과 재원에 대해서는 정확한 개념을 이해하는 정도이면 된다. 넷째, 우리나라 사회보장제도인 사회보험, 공공부조에 대해서는 그 개념의 정확한 이해와 더불어 장단점을 파악하고 있어야 한다. 개별 제도들에 대해서 기본적인 개념을 바탕으로 이해해 나갈 필요가 있다. 본서에서 제기한 방법과 연결된 동영상 강좌를 이용하면 이런 전체적인 파악이 어렵지 않게 이루어질 수 있다.

제2영역 사회복지행정론

사회복지행정론은 사회복지정책론, 사회법제론과 함께 법과 제도 영역에 관련된 과목으로 거시적 사회복지실천을 다룬다고 할 수 있다. 그런데 사회복지행정은 사회복지정책론이나 법제론과는 달리 실천현장에 대해 보다 직접적으로 다루고 있는 특성을 갖는다. 사회복지행정론이라는 것 자체가 실천현장에서 서비스를 제공하는 과정을 다루기 때문에 나타나는 특성이다. 그러므로 생각을 달리하면 사회복지실천 현장에 있는 사회복지사들이 더욱 이해하기 쉬운 영역이라고 할 수 있다. 사회복지행정론의 구성을 보면 사회복지행정에 대한 기초이해, 조직관리이론, 서비스 전달체계, 리더십이론과 커뮤니케이션, 인사관리, 재정관리, 마케팅과 홍보, 기획과 평가, 환경관리 등으로 이루어져 있다. 출제경향은 크게 세 가지로 요약할 수 있다.

첫째, 사회복지행정론 전반에서 출제되고 있다. 초창기 시험과 달리 이제 사회복지사 1급 시험에서는 어느 특정한 부분에서 집중적으로 출제되고 있지 않다. 사회복지행정론 전체에 대해서 이해를 하고 있는지를 묻는 흐름으로 출제되고 있다. 본 교재가 26장으로 구성되어 있는데 매 장에서 문제가 하나씩 나온다고 이해할 필요가 있다. 둘째, 단편적이고 상식적인 이해가 아니라 정확한 내용을 이해하는지를 묻는 문제가 출제되고 있다. 그동안 읽어보기만 해도 시험준비가 되던 것과는 다른 양상이다. 각 부분에 따른 정확한 이해를 할 때 문제를 풀 수 있는 출제가 이루어지고 있다. 셋째, 최근 경향에 대한 질문이 반드시 출제되고 있다. 아무래도 사회복지행정이라는 게 현장을 바탕으로 하기 때문에 나타나는 현상이라고 볼 수 있다.

이런 출제경향에 따라 다음과 같이 사회복지행정론을 준비할 것을 당부한다.

첫째, 사회복지행정론 전체를 이해하려고 해야 한다. 앞서 제시한 구조로 사회복지행정론이 구성되었다는 점을 기억하고 이런 흐름에서 전체적인 조망을 해볼 필요가 있다. 어느 한 부분을 집중해서 공부해서는 합격선에 이르는 점수를 얻기가 힘들다. 전체를 두 세 번 정도 반복해서 공부하겠다는 마음을 가질 필요가 있다.

둘째, 개념에 대해서 정확하게 이해할 필요가 있다. 조직이론, 재정관리이론, 리더십이론 등 각 이론에 대해서 개념을 정확하게 이해하여야 한다. 그동안 상식으로 문제를 풀려는 모습이 많았는데 이 부분은 그런 방식으로 해결되지 않는다. 세세한 것을 암기하기보다는 개념을 정확하게 이해하고 넘어가는 것이 바람직하다.

셋째, 각 이론을 이해할 때 현장에 있는 사회복지사로서 현장을 바탕으로 이해하는 것이 좋은 방법이다. 조직구성이론이나 리더십이론 등은 현장과 연결이 되는 이론들이다. 따라서 이론을 암기하듯이 공부하기보다는 현장에서 이해할 수 있는 사례를 연관지어 공부하면 공부하는 것이 재미있기도 하고 학습효과도 크게 나타날 것이다. 설령 현장에 있는 사회복지사가 아니더라도 자신이 경험한 현장을 머리에 그리며 학습하는 것이 바람직하다.

넷째, 최근 사회복지현장의 변화나 경향에 대해서는 따로 정리하여 암기하기보다는 우리나라 사회복지가 어떻게 흘러가고 있는지 흐름을 이해하는 선에서 정리하는 것이 바람직하다. 또한 이런 경향성은 비단 행정론에서만 이야기하는 것이 아니기에 정책론을 비롯한 다른 과목을 공부한 것과도 연결하여 이해하는 것이 효과적이라고 할 수 있다.

사회복지행정론은 이미 정책론이나 법제론을 공부하였다면 그렇게 어렵지 않다. 조직이론이나 재정관리 등에 대해서 새로운 이야기가 나오긴 하지만 이 역시 대학교육을 받았다면 비슷한 내용의 학습을 이미 한 적이 있다. 따라서 새롭게 공부한다기보다는 그동안 정리되지 않았던 부분을 한 번 정리해 보겠다는 마음으로 공부하는 것이 바람직하다. 제시된 방법으로 공부하면 사회복지행정론은 합격의 기회를 확장해주는 영역이 될 것이다.

제1영역 ▌사회복지정책론_ 15

목차

제2영역 ▌사회복지행정론_ 209

제1영역 ❙ 사회복지정책론

Chapter 01

사회복지정책의 기초

학습Key포인트

○ 사회복지정책의 특성과 기능을 설명할 수 있다.
○ 자연적 사회복지와 제도적 사회복지를 구분하여 설명할 수 있다.
○ 평등과 자유의 종류를 구분하여 설명할 수 있다.
○ 경제적, 사회적인 면에서 사회복지정책의 필요성을 제시할 수 있다.

제1절 사회복지정책의 개념과 필요성

사회복지정책이 필요 없는 사회가 가장 바람직한 사회이다. 해결해야 할 문제나 충족해야 할 욕구가 더이상 없는 완전한 이상사회라는 의미가 되기 때문이다. 그러나 현실에서는 해결해야 할 문제와 욕구가 많기에 사회복지정책이 필요할 수밖에 없다. 사회복지정책은 인간 생활 전반을 다룬다는 면에서, 학문적으로는 응용학문이라는 면에서 개념을 정의하기가 쉽지 않다. '사회복지'와 '정책'이 합성해서 이루어진 개념이라는 점에서 이 둘을 살펴볼 필요가 있으며, 사회적, 경제적 측면에서 사회복지정책의 필요성을 생각해 볼 수 있다.

1. 사회복지정책의 개념

1) 정책의 개념

① 정책은 '목적'이나 '가치'라고 표현하는 것과 연결된다. 지엽적인 것들보다는 **근원적이고 본질적인 것**을 정책이라고 할 수 있다. 따라서 정책이라고 하면 '거시적'이라고 할 수 있는 것이다.

② 정책은 '실행'이나 '집행'이 이루어지는 것을 포함한다. 즉, 정책은 **어떤 일련의 과정**을 갖는다는 것이다.

③ **어떤 일들이 계획 또는 기획**되는 자체를 정책이라고 할 수 있다.

④ 정책은 **근원적인 것**이다. '과정'이나 '계획'이 정책이 되기 위해서는 근원적인 목적이나

가치에 부합하는 모습이 되어야 한다. 본질적이거나 근원적인 것이 아니면 과정과 기획을 갖는다 하더라도 정책이 되기는 어렵다.

⑤ 정책은 '조직화된 노력'이라는 관점을 생각해야 한다.

⑥ 정책은 **공공성을 가져야 한다**. 공공의 이익을 달성하기 위한 활동을 위한 지침이다 보니 개인이 다루는 게 아니라 **정부나 정부기관이 다루는 것**이라는 특징을 나타내고 있다.

core **'정책'이 되려면 다음과 같은 성질을 가져야 한다.**

- 근원적인 것이어야 한다. 동시에 거시적인 것이어야 한다.
- 어떤 행동을 결정하는 원리나 지침이 되어야 한다.
- 이것을 통해서 구체적으로 실행되는 무언가가 나타나게 된다.
- 정부가 주관하는 조직적인 활동이다.

※ 개개인이 대면해서 무언가 서비스를 제공하는 것(미시적인 것)과는 차원이 다르다.

2) 사회복지의 개념(Wilensky &. Lebeaux ,1965)

① 잔여적 개념의 사회복지

- 개인의 욕구는 일차적으로 가족이나 시장의 기능을 통해서 충족되어야 한다.
- 가족이나 시장이 제 기능을 발휘하지 못할 경우에만 이런 기능을 대신할 수 있는 것을 제공해 준다.

  eg. 가장의 실직이나 질병으로 가족이 제 기능을 할 수 없을 때 또는 경기침체와 같은 이유로 시장이 제 기능을 할 수 없을 때 사회복지가 가족이나 시장을 대신하여 개입한다(이수천, 고광신, 전준현, 2011).
- 개입되었던 문제가 해결되면 개입을 다시 철회한다. 즉, 가족의 기능이나 시장의 기능이 회복되면 개입하던 것을 멈춘다.
- 따라서 **보충적이고, 대체적이며, 일시적**인 성격을 가진다.
- 가족이나 시장의 온전한 기능에서 벗어나 있다는 점에서 자신의 부족함을 알려야만 개입을 받을 수 있다. 낙인감(stigma)이 따르기 마련이다.
- 우리나라 제도로 이야기하자면 공공부조가 대표적인 잔여적인 개념의 사회복지이다.
- 이념적으로 볼 때 주로 자유주의자들이 선호하는 복지개념이다.
- 필요한 사람들에게만 개입이 이루어지기 때문에 **좁은 의미의 사회복지**라고 할 수 있다.

② 제도적 개념의 사회복지

- 현대 산업사회에서는 사람들이 만족할 만한 수준의 삶을 제도로 보장받아야 한다는 것이다.
- 이를 실현하기 위해서 사회복지는 시장 외부에서 공급되는 보편적인 제도가 되어야 한다.

- 자신이 가난하다는 걸 증명할 필요가 없기에 서비스를 받는 사람들이 불필요한 낙인감(stigma)를 가질 필요가 없다.
- 사회복지는 더 이상 부차적인 것이 아니라 **그 사회의 제일선의 기능**(first line function)을 수행하는 것이다.
- 경제적 개인주의 그리고 자유시장이라는 가치와 안정, 평등, 인도주의라는 가치 사이의 절충을 반영하고 있다고 볼 수 있다.
- 기본적으로 소득재분배 성격이 강하다고 할 수 있다.
- 대표적인 제도적 사회복지에는 국민연금제도나 국민건강보험과 같은 사회보험이 있다.
- 넓은 의미의 사회복지이며, 보편적 개념의 사회복지라고 할 수 있다.

> **eg. 아동수당은 잔여적 개념의 사회복지정책인가, 제도적 개념의 사회복지정책인가?**
> 정책입안 당시 - 2017년 후반기, 6세 미만, 월 10만원씩 〈보편적〉
> 시행 - 2018년 9월부터, 하위 90% 가정, 6세미만, 월10만원씩 〈잔여적〉
> 수정- 2019년 예산 편성, 6세미만, 월 10만원씩 〈보편적〉
> 이후 2019년 9월부터 만 7세 미만으로, 2022년 4월부터 만 8세 미만으로 연령을 상향 조정해서 시행하고 있다. 〈보편적〉

- 잔여적 개념의 사회복지와 제도적 개념이 사회복지를 정리해 보면 다음과 같다.

잔여적 개념	제도적 개념
개인의 욕구는 비정상적인 것으로 간주된다.	개인의 욕구는 산업화로 인해 필연적으로 발생한다.
문제가 되는 상황은 긴급상황 또는 위기상황이다.	문제상황은 복잡한 현대사회에서 항상 나타난다.
개인이 가진 자원이 모두 소진된 이후에 사회복지가 제공된다.	사회복지는 문제가 심각해지기 전에 제공된다.
사회복지에는 낙인이 뒤따른다.	사회복지에 낙인은 없다.
사회복지는 문제를 일시적으로 완화시킬 뿐이며, 최후로 기댈 수 있는 자선이나 시혜로써 가급적 단기간에 종결된다.	사회복지는 예방과 재활이 제도화되어 있으며, 항구적으로 제공된다.

자료: Johnson(1982)의 자료를 원석조(2017)에서 가져옴

3) 사회복지정책의 개념(이수천, 고광신, 전준현, 2011)

① 사회복지정책이란 사회복지를 이루기 위한 국가의 정책으로서, 좁게는 사회적 안정망의 도움이 필요한 자들에게 정부를 비롯한 공공기관이 필요한 재화나 서비스를 제공하는 원칙과 그에 따른 활동을 의미한다.

② 넓게는 모든 사회구성원에게 그들이 건강하고 행복하게 살 수 있도록 정부를 비롯한 공공기관이 재화나 서비스를 제공할 때 갖는 목표나 원칙 그리고 그에 따른 활동을 의미한다.

2. 사회복지정책의 필요성

1) 경제실패 보완책으로서의 사회복지정책의 필요성

경제실패는 다른 말로 시장의 실패라고 할 수 있다. 현실적으로 자본주의를 대체할 사회(경제)제도가 발달하지 못했다. 그렇다고 자본주의가 완전한 것은 아니다. 자본주의 경제실패에 대해서 여러 가지 이야기가 가능하다.

① 공공재 공급의 실패
- 공공재는 공공의 목적을 위하여 사용되는 재화나 서비스를 말한다.
- 공공재는 시장에서 **비경합성**을 갖는 특징이 있다. 사유재는 소유하는 만큼 개인에게 효용을 주기 때문에 경합성이 강하지만 공공재는 모두에게 공급되기 때문에 경합성이 높지 않다.
- 공공재는 **비배제성**의 성격을 갖는다. 비배제성은 대가를 치르지 않고 이를 사용하려고 해도 제지를 할 수 없는 성격을 이른다.
- 이러한 공공재는 경제적 이익을 창출하기 어렵기에 시장의 원리에 따라 공급될 것을 기대할 수 없다. 국가는 공공재 공급의 주체가 되어야 한다.

② 정보의 비대칭성
- 시장은 교환이 이루어지는 기능을 한다. 그런데 이런 시장의 기능이 원활하게 이루어지기 위해서는 정보의 대칭성을 이루어야 한다. 그래야 동일한 조건 아래에서 구매와 판매의 결정이 이루어질 수 있다.
- 그러나 산업사회는 정보의 비대칭성이라는 특성을 갖는다. 자본이 있는 자는 더 많은 양이 정보를 가지고 있기에 경쟁에서 우위를 가질 수밖에 없다. 반면, 정보가 부족한 약자는 경쟁에서 항상 밀려날 수밖에 없다.

③ 역선택
- 정보의 비대칭성은 선택에 있어서 역선택을 조장하게 된다.
- 소비자는 자신에게 이익이 되는 선택을 하기 마련이다. 그런데 정보가 비대칭이다 보니 자신의 이익이 아니라 손해 보는 선택을 하게 된다는 것이다.

④ 도덕적 해이
- 이득을 보려는 입장에서는 공정한 거래를 하려고 하지 않는 경향이 있다. 완벽한 감시기능을 가질 수가 없기 때문이다.

- 이럴 경우 최선을 다하지 않으면서 이익을 보려는 경향이 나타난다. 예를 들면, 보험 가입자는 최선을 다해서 사고에 대한 위험을 줄여야 하는데 보험금을 타려는 목적으로 최선의 노력을 하지 않음으로써 사고발생률을 높일 수 있다.

⑤ 규모의 경제

- 규모의 경제는 대량생산을 함으로써 생산단가를 낮출 수 있음을 의미한다.
- 그런데 대량생산은 독과점을 야기할 수 있기에 경제적으로 규제의 대상이 되기도 한다.
- 하지만 공공재의 경우 공공부문이 규모의 경제를 활용할 경우 국가나 국민에게 이익이 되기도 한다. 그래서 사회복지정책은 규모의 경제적인 측면도 있다.

⑥ 공정한 소득분배의 실패

- 시장에서의 소득분배는 자본력에 따라 차이가 날 수밖에 없다. 또한 이런 소득분배는 자식에게 이어지는 경향이 있어 소득재분배에 있어서도 공정하지 못한 경우가 많다.
- 따라서 사회복지정책은 소득재분배에 초점을 맞춰서 이루어지게 된다.

2) 인적 자원에 대한 투자라는 측면에서의 사회복지정책의 필요성

- 사회복지는 재정구조에서 지출로 인식하는 경우가 많다. 따라서 사회복지를 늘린다는 것을 정부의 재정지출을 늘리는 것으로 이해하는 경우가 많다.
- 이렇게 생각하는 경우 사회복지에 대해서 비경제적인 것으로, 즉 사회복지는 경제적인 것과 반대되는 것으로 생각하기 쉽다.
- 하지만 사회복지는 결국 **인적 자원에 대한 투자**라는 관점에서 바라보면 어떨까?
- 인적 자원을 개선하지 않으면 어떻게 되는가? 적절한 개입으로 개선되지 않으면 시장에서 도태되기 마련이다. 하지만 국가는 국민 중 하나가 전체 구조에서 도태되는 것을 방치할 수 없다. 따라서 도태된 인적 자원에 대해서 생존권 유지 및 회복을 위하여 비용을 지출하지 않을 수 없다. 따라서 인적 자원에 대한 비용은 어차피 들어갈 수밖에 없는 것이다.
- 선제적 또는 예방적으로 인적 자원에 투자하면 문제가 발생한 이후에 들어가는 비용보다는 더 적게 들어가기 때문이다.

3) 사회통합이라는 측면에서 사회복지정책의 필요성

현대사회는 여러 계층이 발생하고 여러 사회적 계층들은 서로의 이익을 위하여 충돌하기 마련이다. 이런 충돌에 대해서 적절한 개입을 하지 않을 경우 사회는 혼란에 빠지게 된다. 사회복지정책은 사회통합을 이루기 위하여 필수적이다.

4) 정치적인 측면에서 사회복지정책의 필요성

정부는 정권을 재창출하고자 하는 목표를 갖는다. 정권 재창출은 결국 선거에서 득표를 많이 받아야 하는데 사회복지정책 공약을 내세우는 경우가 정권 창출을 이루기 쉽다. 사회복지정책에 대한 공약이 많을 경우 사회복지정책은 더욱 많이 이루어지기 마련이다.

eg. 공약과 사회복지정책

각 정부는 선거 때를 맞아 예민한 부분에 대해 사회복지정책을 제시하게 된다. 특히, 노인과 보육에 대한 공약이 대표적인 예이다. 정권 창출이라는 목적으로 이런 부분에 대해서 정책이(공약이) 제시되어 왔다.

• 박근혜 정부의 기초노령연금 공약
• 문재인 정부의 아동수당 공약

※ 제시된 경제적인 이유, 정치적인 이유, 사회적인 이유는 서로 종합적으로 작동하여 사회복지정책을 이루게 된다.

제2절 사회복지정책의 가치

가치(價値)는 어떤 것에 대해선 선호(選好) 또는 지향(指向)을 나타낸다. 사회복지정책은 그냥 만들어지는 것이 아니라 사회복지라는 정체성에서 이미 지향하는 바가 담겨져 있는 것이다. 물론 시대의 변화에 따라 사회복지정책을 통하여 무엇을 지향하는가는 달라지기 마련이다. 그런데 현재라는 시점에서 사회복지정책의 가치에 관하여 이야기하라고 하면 대표적으로 인간의 존엄, 평등, 자유, 정의 등을 이야기할 수 있다. 사회복지정책을 시행하는 이유는 이런 가치들을 사회에서 구현하고자 하는 것이다.

1. 인간의 존엄

1) '인간의 존엄'에 대한 개념

- 인간은 **인간이라는 이유 이외에 다른 이유에 의해서 존엄성을 인정받는 것이 아니다.** 어떤 상태에 있는 사람을 막론하고 인간은 모두 존엄한 것이다.
- 천부인권사상: 인간의 존엄성을 태어날 때부터 갖고 태어나는 것이다.
- 사회복지의 여러 가치 중 **가장 포괄적이고 본질적이며 다른 내용을 모두 담지하는** 게 바로 인간의 존엄성이라고 할 수 있다.
- 그런데 인간의 존엄에 대한 개념의 정리는 사실 학술적으로 명확한 것은 아니다.

2) 인간의 존엄에 대한 반영

- 인간의 존엄에 대해서는 세계인권선언과 각국의 헌법에서 천명되고 있다. 이는 그만큼 인간의 존엄이라는 가치가 중요하다는 것을 보여준다.
- 세계인권선언문

  (전문 첫 문장) "인류 가족 모두의 존엄성과 양도할 수 없는 권리를 인정하는 것이 세계의 자유, 정의, 평화의 기초이다."

  (제1조) "모든 사람은 태어날 때부터 자유롭고, 존엄하며, 평등하다. 모든 사람은 이성과 양심을 가지고 있으므로 서로에게 형제애의 정신으로 대해야 한다."
- 헌법

  (제10조) "모든 국민은 인간으로서 존엄과 가치를 가지며, 행복을 추구할 권리를 가진다. 국가는 개인이 가지는 불가침의 기본적 인권을 확인하고 이를 보장할 의무를 진다."

  (제34조 제1항) "모든 국민은 인간다운 생활을 할 권리를 갖는다."
- 결국 사회복지정책은 인간이 갖는 이런 존엄성이 실현되는 사회를 만들기 위하여 제시되는 것이다. 이를 실현하기 위하여 가장 기본적인 사회보장만큼은 국가의 책임 아래 실현되어야 하는 것이다.

2. 평등

1) '평등'에 대한 개념

- 평등(平等)이라는 것은 말 그대로 '똑같음'을 의미한다. 인간이 평등하다는 것은 결국 인간은 누구에서 예속되거나 부분이 되는 것이 아니라 개인 그 자체로 서로 동등하다는 걸 의미한다.
- 그런데 '모두 같다'는 의미에는 대부분 동의하지만 구체적으로 '어떤 것에서?'라는 질문을 던지면 명확하게 이야기할 수 없는 게 평등이다. 따라서 평등이라는 가치 역시 사회복지정책에 있어 중요한 가치임에도 불구하고 학술적으로 명확하게 정의되는 것은 아니다.

2) 평등의 종류

① 산술적 평등

- 말 그대로 산술적으로 평등을 이루는 것을 의미한다. 서로 가지고 있는 것을 모두 내어놓고 전체 수로 나눠서 갖는다는 가장 정확한 산술적 평등을 이르는 것이다.
- 모두 똑같아지는 결과를 볼 수 있는 평등이라는 의미에서 **결과의 평등**이라고도 한다.
- 산술적 평등(결과의 평등)은 **'평등'의 개념을 가장 잘 반영**하고 있다.
- 그러나 역사적으로 이런 평등이 이루어진 적은 없다. 즉, **실현이 어렵다.**
- 사회구성원이 이런 평등을 원하는가에 대해서도 합의를 보기가 쉽지 않다. 왜냐하면

기득권을 가진 사람은 분명 자신의 것을 손해 보아야 하는 개념으로 선뜻 찬성하기 어려운 개념이기 때문이다.

- 사회복지정책은 산술적 평등을 지향하는 것은 맞지만 사회적 합의에 의해서 이루어져야 하므로 기계적으로 산술적 평등을 이루는 방법을 사용하지는 못한다. 특히, 민주주의 사회에서는 기계적으로 평등을 이루는 것 자체가 불가능하다. 그럼에도 불구하고 사회복지가 이것을 추구해 나가는 것이란 점은 틀림없다.

② 비례적 평등

- 산술적인 평등을 받아들일 수 없어서 나오게 되는 평등의 개념이 비례적 평등이다.
- '비례적'이라는 말에서 드러나듯이 **'많이' 기여한 사람에게는 많은 혜택을 주고, '적게' 기여한 사람에게는 적은 혜택**을 주는 것을 의미한다.
- 논리적으로 받아들일 수 있는 납득할 수 있는 평등의 개념으로 흔히 **'공평'**이라고 이야기하기도 한다.
- 사회적으로 쉽게 받아들여지는 평등의 개념이지만 **개념 자체에 이미 차별성이 들어 있다**는 단점이 있다. 즉, 많은 자는 많이 받고 적은 자는 적게 받는다는 것은 이 양자 사이의 차이를 극복할 수 없게 하는 원리가 될 뿐이다.
- eg. 국민연금을 보면 보험료를 많이 낸 사람은 적게 낸 사람보다 급여를 많이 받도록 설계되어 있다. 이는 공평의 개념이 반영되어 있는 것이다.

③ 기회의 균등

- 산술적 평등과 비례적 평등은 평등을 직접적으로 이루는 것에 관련하고 있다. 이것으로 평등에 대한 분명한 정리가 되지 않자 평등을 직접적으로 이루는 것이 아니라 평등을 이룰 수 있는 조건에 대해서 평등의 개념이 나타나게 되었다.
- 이것이 기회의 균등이다. 말 그대로 **평등할 수 있도록 기회를 동일하게 보장**하자는 것이다. 즉, 개인의 능력이나 노력의 차이가 있어 완전한 평등을 이룰 수는 없지만 적어도 누구에게는 동일한 기회를 제공함으로써 평등의 책임을 개인에게 돌리는 것이다.
- eg. 우리나라의 경우 중학교까지 의무교육을 실시하고 있으며 고등학교의 경우 무상교육을 실시하고 있어 실질적으로 고등학교까지 무상교육(2020학년도 고2,3학년 적용, 2021학년도 전학년 적용)을 실시하고 있다고 할 수 있다. 이는 교육의 기회를 균등하게 제공함으로써 자신을 발전시켜 나갈 수 있는 기회를 부여하는 것이다.
- 그러나 기회의 균등은 **출발선 자체가 틀린 경우가 많다**는 점에서 비판을 받게 된다.
- eg. 앞서 제시한 의무교육이라는 정책은 기회의 균등을 이루었다는 점에서 평등을 실현한 것 같지만 부자는 과외나 사교육 등으로 자신을 발전시켜 나갈 수 있는 반면 경제적으로 취약한 계층은 그렇게 할 수 없다는 점에서 기회의 균등이 평등의 개념을 실현한다고 보기 어렵다는 비판이다. 즉, 동일한 선상에 있다고 할 수 없다.

④ 법 앞의 평등

- 다른 건 몰라도 법 적용에 있어서는 모두 동일하게 하자는 게 법 앞의 평등이다.
- 형식적인 면에서 법 앞의 평등은 실현되었다. 그러나 내용적인 면에서 법 앞의 평등이 과연 이루어졌는가에 대해서는 사람마다 다른 이야기를 할 수 있다.
  ※ **평등의 종류가 이렇게 많다는 것은 평등이 그만큼 정의되기 어렵고 또한 실현되기 어려운 가치임을 보여주고 있다.**

3) 평등의 실현에 대한 관점

① 시장주의자와 평등주의자의 견해

- 정치적인 면에서 평등은 대부분 이견 없이 모두 받아들인다. 즉, 일인일표제로 대별되는 대의민주제는 **동등한 참정권**을 기반으로 한다. 시장주의자들도 이에 대해서 반대하지는 않는다.
- 그러나 '사회-경제적'인 면에서 평등은 일치된 의견이 없다.
  시장주의자들은 주로 **'기회의 평등'**을 평등의 개념으로 받아들이려고 한다. 이때 기회의 평등도 결국 **'법 앞에서 평등'**이라는 관점이 지배적이다. 즉, 기회가 평등하게 보장되어야 하는데 그것은 법으로 명시된 경우에 한정해서 그렇게 할 수 있다는 것이다.
  반면, 평등주의자들은 이런 시장주의자들의 주장을 결코 받아들이지 않는다.
- 사회민주주의자들은 결과의 평등을 의제로 삼는 경향이 있다. 즉, 결과의 불평등을 줄이는 방향에 대해서 정책논의를 한다.

② 롤스가 제시한 평등 실현 방법(Rawls, 1971, 김종일, 2009에서 재인용)

- 제1원리 : 자유 우선의 원칙
  타인의 자유와 양립할 수 있는 한, 사람은 누구나 가장 넓은 범위의 자유에 대한 동등한 권리를 갖는다.
- 제2원리 : 평등 우선의 원칙
  사회경제적 불평등은 다음과 같은 경우에만 허용된다.
  첫째, 사회의 가장 취약한 집단에게 최대의 이익이 주어진다(차등의 원칙).
  둘째, 사회의 직무나 직위가 기회 평등의 공정성에 따라 모든 사람에게 개방된다(기회평등의 원리).
- 결국 롤스가 제시하는 방법은 **최소극대화의 원칙**이다. 최소 지위에 있는 사람의 이익을 최대화시켜야 평등이 실현된다는 것이다. 즉, 불평등은 오직 취약 집단에게 이익이 될 때만 허용되어야 한다는 것이다.

③ 라에가 제시한 평등 실현 방법 4가지(Rae, 1981, 김종일, 2009에서 재인용)

- 사회에서 가장 취약한 계층을 최대로 높여주는 데 역점을 둔다. → **최소극대화 정책은 주로 사민주의 국가에서 사용한다.**
- 불평등의 비율을 줄여나간다. 이를 위한 방법도 두 가지로 첫째는 격차의 범위를 줄

이는 것이고, 둘째는 격차의 비율을 줄이는 것이다.

- 최소격차 기준을 제시한다. 이는 최상층과 최하층의 격차를 해소하는 방법이다.
- **최대최소화법칙**이다. 이는 최상층의 위치를 최소화하는 것으로 **공산주의와 같은 전제국가**에 주로 사용한다. 최소극대화와 마찬가지로 평등을 이루는 방법이기는 하지만 인간의 시기심에 호소하는 성격이 짙다.

3. 자유

1) '자유'에 대한 개념

- 개인이 인간의 존엄성을 이루기 위해서는 자유가 보장되어야 한다. 자유롭지 못한 인간이 존엄하다고 할 수 없다. 따라서 국가는 개인에게 자유를 최대한 보장해 주어야 한다.
- 자유는 말 그대로 국가나 사회의 지배가치에 간섭을 받지 않으면서 자신의 신념과 판단에 따라 자유롭게 자아를 실현해 나가는 권리이다(이수천, 고광신, 전준현, 2011).
- 인간의 존엄성, 평등과 마찬가지로 '자유'에 대한 학술적 정의는 명확하지 않다.

2) 자유의 종류

① 소극적인 자유

- 흔히 **'무엇으로부터의 자유'**라고 표현한다. (free from)
- 이것은 **자유의 기회측면**을 이야기한다.
  즉, 국가나 다른 기관 및 다른 사람으로부터 간섭을 받지 않으면 자유롭다는 것이다.
- eg. 신체의 자유, 사상의 자유, 집회결사의 자유
- 자유에 대한 **기본적인 이해**를 제공하고 있으나 현대사회에서는 이것만 갖고는 실질적인 자유가 보장되지 못하는 측면이 있다.
  가령, 어느 식당에 가서 어떤 음식을 먹느냐는 전적으로 자유이다. 하지만 비용이 없다면 그렇게 할 자유가 주어졌는 데도 불구하고 그 자유를 누리거나 사용할 수 없다.

② 적극적인 자유

- 흔히 **'무엇을 향한 자유'**라고 표현한다. (free for)
- 이것은 **자유의 능력측면**을 이야기한다.
  즉, 보다 더 적절한 생활수준을 이루기 위하여 결핍으로부터 해방하고 자신의 잠재력을 실현할 수 있어야 하고, 착취 없는 적절한 노동을 할 수 있어야 하며, 교육을 받는 등을 통한 발전을 토대로 개인이 원하는 바를 현실적으로 추구할 수 있는 능력이 갖추어지는 것을 의미한다.
- 적극적인 자유는 **국가의 적극적인 개입**이 있어야 실현 가능해진다.

3) 자유의 제한

- 개인마다 자신의 자유를 주장하다 보면 충돌이 일어날 수밖에 없다. 내 땅에 건물을 세우는 것은 자유이다. 건물을 높게 세울 경우 옆 건물을 가진 사람의 조망을 가리게 된다. 건물을 세우는 나의 자유는 때로는 좋은 조망을 원하는 다른 사람의 자유를 침해하게 된다.
- 그래서 자유는 부득이 제한을 가할 수밖에 없다. 그러나 자유의 제한은 인간의 기본권에 대한 제한이기 때문에 신중할 수밖에 없다. 다음과 같은 자유제한 원리가 가능하다.

① 자유를 제한할 경우에는 **반드시 법으로 제한**하여야 한다. 그리고 법으로 제한한다 하더라도 그 실행에 있어서는 신중해야 한다. 가장 기본적인 권리에 대한 제한이기 때문이다.

② **공권력에 의해서 제한**이 이루어져야 한다. 개인 대 개인은 서로를 제어할 수가 없다. 따라서 자유의 제한은 공정한 집행을 담보하고 또 때로는 강제의 성격이 있기에 공권력에 의해서 이루어져야 한다.

③ 다수의 부당한 행위로부터 소수의 기본 권리를 보호하기 위하여 개인의 자유를 일정 부분에 한하여 제한할 수 있다.

④ 사회질서나 공익을 위하여 개인의 자유권을 일정 부분 제한할 수 있다.

4. 사회정의

1) '사회정의'의 개념

- 사회복지정책은 사회정의를 실현하는 것이라고 할 수 있다.
- 사회정의는 기본적으로 사회와 연결하여 생각할 수밖에 없고, 또한 여러 영역 중 자원의 분배 영역과 관련이 있을 수밖에 없다. 즉, 한 사회에서 자원이 공정하게 배분되고 있다고 그 사회구성원이 인정할 수 있는 정도가 사회정의라고 할 수 있다(이수천, 고광신, 전준현, 2011).
- 결국, 사회정의는 좁은 의미에서 분배정의인 것이다.
- 역시 인간의 존엄성, 평등, 자유와 같이 학술적으로 명확하게 정의되는 것이 아니다.
- 또한, 시대나 사조의 변화에 따라 사회정의는 다르게 정의될 수 있는 것이다.

2) 널리 인정되는 사회정의의 흐름

① 공리주의적 접근

- 여러 사회에서 널리 받아들여지는 원리이다.
- '최대다수의 최대행복'이 실현되는 방향으로 정책을 펼쳐나가는 것이다. 즉, 사회복지정책을 세움에 있어서 최대한 많은 사람에게 되도록 많은 혜택이 주어지도록 노력해

왔다.

- 하지만 최대다수의 최대행복이라는 개념은 이면으로 보면 소수의 소외가 불가피하다.
- 소수의 인간존엄, 평등, 자유 등을 희생하면서 최대다수의 최대행복을 이루는 것은 결국 불평등을 야기하는 것이라고 이야기할 수 있다.

② 계약이론적 접근

- 계약이론은 공리주의의 모순을 극복하기 위하여 대두되었다.
- 계약이론의 전제

a. 먼저 사회구성원 모두에게 동등한 권리와 의무를 부여하고 공정한 경쟁이 보장된다면 사후적으로 일어나는 자원의 배분은 공정한 것이라고 할 수 있다.

b. 사회적 자원이 불평등하게 배분되었다 하더라도 과실의 배분을 통하여 사회구성원 모두에게 종전보다 나은 이익이 제공될 수 있을 경우 사회정의가 실현된 것으로 본다.

c. 사회적 자원의 배분과정에서 발생하는 불평등 정도가 사회적으로 받아들일 정도의 수준 이내로 제한되어야 한다. 이에 대해 롤스는 '사회문화적으로 최저수준까지는 국민 모두가 동등한 보장을 받아야 한다'고 주장한다(이정우, 2006 재인용).

- 종합하면, 사회정의는 평등의 관점에서 모든 사회구성원에게 최저수준의 생존권을 보장하고, 자유의 관점에서 공정한 자아실현 기회와 완전한 경쟁을 보장할 경우 그 사회는 분배의 불평등과 상관없이 사회정의를 이루고 있다고 할 수 있다(이정우, 2006).

core 사회복지정책의 가치

인간의 존엄성, 평등, 자유, 사회정의

제3절 사회복지정책의 기능

사회복지의 시작이 이루어진 시점을 보면 사회복지는 '복지'라는 말을 사용하기 어색할 정도로 사회 통제적인 기능이 강하기도 했다. 하지만 사회복지가 제도적으로 정비된 이후부터는 국민의 삶의 질을 높이는 기능을 감당하는 것을 보게 된다.

1) 명시적 기능과 묵시적 기능

① 명시적 기능

- 사회복지정책의 명시적 기능은 정책 입안 시 무엇을 위한 정책인지 제시한 것을 이른다.
- eg. 문재인 정부의 아동수당 정책은 가정의 보육에 대한 부담을 덜어주고 출산을 장려하기 위하여 세워진 정책이다.

② 묵시적 기능

- 사회복지정책의 묵시적 기능은 겉으로 표명할 수는 없으나 정책을 통하여 성취하거나 효과를 보고자 하는 것을 이른다. 가장 대표적인 것으로 **사회통제**가 묵시적 기능일 수 있다.
- eg. 비스마르크가 사회정책을 실시할 때 사실상 공산주의 억제를 위한 사회통제 목적으로 실시하였다.
- eg. 사회복지의 시작이라고 하는 빈민법(1601)은 부랑인에 대한 통제를 목적으로 제정되었다.

2) 성격에 따른 기능

① 경제적 기능

- 경제적 보장은 어느 시대에나 있었던 사회복지정책이었다. 사회복지법제화 이전 시기에서 각 나라는 구휼을 실시해 오고 있었다. 즉, **구빈기능**이 작동되고 있었다.
- 빈곤 완화 및 제거를 사회복지정책의 기능으로 보는 것이다.
- 반면, 탈상품화(decommodification)라는 관점은 경제적인 면이 포함되지만 내용상으로 볼 때는 노동력의 탈상품화를 추구하기도 한다.

② 사회적 기능

- 개인과 가족으로 하여금 제기능을 하도록 한다.
- 사회적 위험으로부터 국민을 보호한다.
- **사회통합**을 추구한다.
- 사회통제의 기능을 하기도 한다. 사회혼란을 막는 것도 역시 사회통제 기능이다.

③ 정치적 기능

- 국가 체계의 정당성을 부여해 준다. 즉, 국가는 국민의 사회복지 증진을 위하여 존재하는 것이다.
- 이데올로기의 갈등을 완화시킨다.

3) 사회복지실천과 관계된 기능

- 사회복지정책은 사회복지실천과 동떨어져 있는 것이 아니다.
- 사회복지실천은 사회복지정책이 없이는 이루어질 수 없다. 사회복지정책이 있을 때 비로소 구체적인 사회복지실천이 이루어지는 것이다.
- eg. 노인장기요양보험제도와 정책이 없다면 요양보호사가 중증 노인성 질환을 겪는 대상

자에게 갈 수가 없는 것이다. 가족이 전적으로 감당하거나 아니면 봉사 차원에서 돌보는 이들의 도움을 받아야 한다. 그런데 이젠 노인장기요양보험제도와 정책이 안착되었기에 가정에서 노인성 질환을 가진 자들을 돌보는 데 있어 어려움을 해결할 수 있는 것이다.

- 따라서 사회복지정책과 관련된 일을 하는 것을 사회복지의 거시적 실천이라고 할 수 있다.

core **정책명에서 드러나는 사회복지정책의 기능**

- 노인장기요양보험 제도의 경우 정책(법)명에서는 노인을 위한 것이라고 명시하고 있다. 그런데 법(정책)의 내용을 들여다보면 직접적인 대상은 노인이지만 노인을 부양하고 있는 가족을 돕기 위한 정책인 것을 알 수 있다.
- 보육정책, 아동수당제도 등도 겉으로 드러난 정책의 기능은 유아(아동)에 해당하는 것으로 볼 수 있으나 내용적인 면에서는 유아(아동)을 양육하는 가정에 위한 기능을 하는 것임을 알 수 있다.

01 사회복지의 잔여적 개념과 제도적 개념에 관한 설명으로 옳은 것을 모두 고른 것은?

> ㄱ. 잔여적 개념에 따르면 개인은 기본적으로 가족과 시장을 통해 욕구를 충족시킨다.
> ㄴ. 제도적 개념에 따르면 가족과 시장에 의한 개인의 욕구 충족이 실패했을 때 국가가 잠정적 · 일시적으로 그 기능을 대신한다.
> ㄷ. 잔여적 개념은 작은 정부를 옹호하고 시장과 민간의 역할을 중시하는 보수주의자들의 선호와 맥락을 같이한다.
> ㄹ. 제도적 개념은 사회복지를 시혜나 자선으로 보지 않지만 국가에 의해 주어진 것이므로 권리성은 약하다.

① ㄱ
② ㄹ
③ ㄱ, ㄷ
④ ㄴ, ㄷ
⑤ ㄴ, ㄷ, ㄹ

해설 잔여적 개념의 사회복지는 기본적으로 가족과 시장을 통해서 문제를 해결하고, 해결되지 않는 부분만 보충적으로 돕자는 것으로 시장주의자(자유주의자)들이 선호한다. 대상효율성은 높지만 스티크마라는 단점이 있다. 반면, 제도적 개념의 사회복지는 국가가 제도를 통하여 보편적으로 복지를 구현하는 것으로 복지를 하나의 권리로 보는 입장이다.

정답 ③

02 국가가 주도적으로 사회복지를 제공해야 할 필요성으로 옳지 않은 것은?

① 역선택
② 도적적 해이
③ 규모의 경제
④ 능력에 따른 분배
⑤ 정보의 비대칭

해설 사회복지정책은 국가가 주도한다. 역선택, 도덕적 해이, 규모의 경제, 정보의 비대칭은 모두 국가가 사회복지정책을 주도하는 이유이다. 능력에 따른 배분은 시장원리라고 할 수 있다.

정답 ④

Chapter 02 사회복지 역사 I : 일반적 흐름과 영국

학습Key포인트

○ 근대법 이전의 사회복지의 흐름을 설명할 수 있다.
○ 사회복지의 변화의 방향성을 설명할 수 있다.
○ 영국 사회복지의 주요 법제의 특성을 설명할 수 있다.
○ 영국에서 일어난 주요 사회복지운동의 특성을 설명할 수 있다.

제1절 사회복지 변화와 그 방향성

빈곤문제는 어느 시대나 있었기에 제도적으로 사회복지가 실시되기 이전부터 사회복지는 있었다고 보아야 한다. 사회복지가 역사적으로 어떤 과정을 거쳐 변해 왔는지 고대, 중세, 근대, 현대로 구분하여 살펴봄으로써 사회복지의 성격을 보다 의미 있게 들여다볼 수 있을 것이다. 또한, 이러한 사회복지의 변화는 어떤 방향성을 갖는지를 알 수 있다.

1) 시대별 사회복지

① 고대사회

- 고대사회의 사회적 특성은 공동생활 또는 운명공동체적인 모습이 있다. 따라서 이 시기는 집단적인 성격의 상부상조가 사회복지의 주를 이루었다고 할 수 있다.
- 상부상조
  고대사회의 사회적 위험은 자연이나 다른 집단에 대한 두려움이었다. 이 문제를 해결하기 위하여 고대사회는 같은 동족끼리 서로 똘똘 뭉치는 현상이 나타났다.
- 사회복지의 동기
  이 시기는 구체적으로 사회복지라는 용어를 사용할 수는 없는 시기이다. 그러나 사회복지의 기원은 사유재산제도가 확립된 이후 자선적 구제와 더불어 상부상조라는 인간적 동기가 사회복지의 동기가 되었다고 할 수 있다.

- 사회복지의 실천적 가치

고대사회는 인과응보라는 도덕적 정의와 더불어 우애라는 실천적 가치를 전제로 하고 있다.

② 중세사회

- 중세사회는 종교적 신념이 지배이념으로 자리 잡고 있던 시대이다. 제도적인 사회복지가 자리 잡기 이전 기독교적 사랑의 관심이 사회의 가난한 사람들에게 일종의 사회복지적인 효과를 볼 수 있는 실천을 이루게 하였다.
- 이 시기의 구제는 대상자에 대한 동정심을 바탕으로 하여 자선을 하는 것으로 자선사업과 박애사업 그리고 종교적 감성이 함께 아우러진 특징을 갖는다고 할 수 있다.
- 한 마디로 이 시기의 자선사업은 종교적 자선사업이다.

cf. 기독교 교리의 영향

중세시대는 기독교 시대였다. 기독교의 가치는 기본적으로 근면하게 일하는 것을 중요하게 여긴다. 흔히 근면하게 일하는 것을 강조하는 분위기가 있는 사회는 가난한 사람을 게으른 사람이라고 여겨 냉대하는 경향이 있다. 그런데 중세 신앙의 핵심은 선을 쌓음으로써 구원받는다는 것이었기에 가난한 사람들은 도덕적인 면에서는 게으른 사람들이라고 천대받았지만 동시에 이런 가난한 자들은 부유한 귀족에게는 자선을 베풀 수 있는 기회를 제공하는 자들이다. 그래서 자선을 베푸는 자들에게는 구원의 기회를 주는 것이 된다. 그래서 실제로 중세시대에는 가난한 자에 대한 구제가 하나의 구원을 위한 선한 행동으로 여겨져 기독교적 자선이 활발하게 일어나는 원동력이 되기도 하였다.

cf. 종교개혁기의 가난과 자선에 대한 개념

암흑기라는 중세의 터널 끝에 종교개혁기가 놓이게 된다. 역사는 인문학적인 발흥과 더불어 종교개혁을 통하여 근대사회로 나가게 된다. 이 시기의 기독교는 종교개혁자들과 그들의 전통을 이어가는 자들에 의해서 서로 다른 관점을 가졌다. 루터와 그의 제자들은 비교적 천주교적인 관점이 남아 있어 자선에 대해서 호의적으로 바라본 반면, 칼빈을 위시한 자들은 직업소명설 등 근면한 생활상을 강조하다 보니 가난에 대해 게으름으로 보게 되는 모습 등이 나타난다. 그럼에도 불구하고 전체적으로는 기독교적 사랑이라는 가치 아래에서 자선이나 박애사업이 발전해 나간다고 할 수 있다.

③ 근대사회

- 근대사회에 들어서 비로소 사회복지가 형성되었다고 할 수 있다. 이렇게 된 데에는 일정한 상황이 형성되었기 때문이다.
- 산업혁명

산업혁명은 **생산활동의 변화**를 가져왔다. 산업혁명은 대량생산이 가능해지면서 가족단위의 노동력이 아니라 개인단위의 노동력으로 개념이 바뀌게 되었다. 가장은 이제

임금노동자가 된 것이다. 그리고 가장들은 임금노동자가 되기 위하여 도시로 모여들기 시작한다. 이런 과정에서 **도시화가 나타나기 시작**하고, 도시화는 가족구조의 변화를 가져오게 되었다. 즉, 더 이상 대가족제도가 유지되기 어려워지게 된 것이다. 이제 가족은 부모와 자녀를 중심으로 하는 핵가족형태가 되어 간다.

한편 산업화로 인한 공장시스템으로 그 전의 위험과는 성격이 다른 위험이 나타나게 되었다. 농사를 지으면서 갖게 되는 재해는 자연치유적인 모습으로 해결할 수 있는 경우가 많은 반면 기계에 의한 재해 및 기계작업에 몰두함으로써 나타나게 되는 건강의 문제는 자연치유적인 방법으로는 해결할 수 없게 되었다.

결국 산업화는 도시화와 더불어 **도시빈민의 증가 및 작업위험의 증가라는 사회문제**를 가져오게 되었다. 국가나 사회는 이런 사회적 위험에 대처하지 않을 수 없게 된다.

- 이렇게 개인이 문제해결을 할 수 없고 사회가 문제를 해결해야 한다는 관점이 발달하면서 사회사업이라는 분야가 등장하게 된다. 이러한 사회사업의 등장은 산업혁명 이후 나타나는 빈곤의 문제는 개인의 문제가 아니라 사회적 원인에 의해서 일어나는 문제라는 철학적 인식이 어느 정도 자리 잡게 되면서 나타난 것이라고 할 수 있다.
- 즉, 사회문제가 사회구조적으로 발생한다는 전제가 성립되면서 사회사업이 발달하게 된다.
- 하지만 이 시기의 사회복지정책은 대상 선정에 있어 엄격할 수밖에 없었다. 즉, 노동력을 갖지 못하여 가난을 벗어날 수 없는 자에게 한정하여 도움을 주는 **제한적 구제제도**가 자리 잡게 된 것이다. **노동력이 있으면서** 가난한 경우에는 오히려 **가혹한 처우가 강제**되는 시기이다.
- 결국, 공공부조 중심의 사회복지발달이라고 할 수 있다.

④ 현대사회

- 현대사회에 들어서 근대사회에서 발생하기 시작한 사회문제는 더욱 심각해지고 더욱 심화되는 경향이 나타났다. 따라서 노동력을 기준으로 한 제한적인 구제로는 사회적 위험에 대처하기 어려운 모습들이 많이 나타나게 되었다.

cf. 근대와 현대사회의 사회적 위험의 변화

근대의 가내수공업 형태의 구조에서 일어나는 어려움은 현대의 고도화된 산업화 형태의 구조에서 일어나는 어려움과 질적인 차이를 나타나게 되었다. 가령, 근대사회에서 일어난 산업재해는 위험이 그렇게 크지 않았다. 그래서 책임도 과실을 저지른 자에게 주어졌다. 그런데 현대사회로 넘어오면서 산업재해는 개인이 감당할 정도를 벗어나게 된다. 따라서 이런 자들에게 문제해결을 이루기 위해서는 개인차원을 넘어선 문제해결 방법이 필요하게 되었다.

- 선진국을 대상으로 한 전 국민적인 복지를 이루고자 하는 흐름이 나타나게 된다. 결국 이는 제도적으로 사회복지를 제공하는 것을 의미한다.
- 특히, 사회보험이 사회보장의 근간을 이루는 형태가 된다.
- 최근에는 공공부조와 사회보험으로 사회보장에 대한 기본적인 구조를 만들면서 거기에 더하여 다양한 **사회서비스**가 제공되는 형태로 사회복지가 자리매김하는 경향이 나타난다.

2) 사회복지의 변화의 방향성 (Romanyshyn, 1971)

로마니신은 근현대 이전과 근현대로 나눠 사회복지의 전반적인 변화를 다음과 같이 제시하였다.

근현대 이전		근현대
보충적(보완적, 잔여적)	→	제도적
자선의 차원	→	시민적 권리
빈민을 대상으로 하는 특수한 서비스(선별성)	→	전체국민을 대상으로 하는 보편적 서비스
최저조건을 보장	→	최적조건을 보장
개인적 문제해결(문제해결)	→	사회적 문제해결(사회개혁)
빈민구제복지	→	복지국가 또는 복지사회
민간, 자발성	→	공공지원, 공공성

3) 근대사회와 현대사회의 법정신의 변화

① 근대 3법의 내용

- 계약자유의 원칙
- 사유재산 보장의 원칙
- 과실책임의 원칙

② 근대 3법의 한계

- 근대 3법은 대체로 개인의 자유를 보장하기 위하여 형성된 원칙들이다. 그러나 산업의 발전은 근대 3법을 통한 개인의 자유 보장을 실현하는 데 장애가 되기에 이른다.
- 계약자유는 변함없이 지켜져야 하는 원칙이지만 자본을 가진 자는 계약에서 힘을 가질 수밖에 없게 되었다. 계약자유는 형식적인 면에서만 존재하고 실질적인 면에서 계약자유가 구현되지 않는다.

cf. 사적 자치의 원칙

계약자유의 원칙은 자기 자신에 대한 계약이 자기의 의사에 따라 이루어진다는 점에서 사적 자치의 원리라고도 한다. 이것은 자기 자신에 대해서 스스로 결정하는 원리라는 의미이다.

- 자본이라는 것은 가진 자에게 더욱 유리하게 작동하기 마련이기 때문에 사유재산의 원칙은 가진 자의 사유재산 보호 이외에 다른 기능을 제대로 발휘할 수 없게 된다.
- 현대 산업사회에서의 과실은 개인이 책임지기에는 버거운 것이 되었다. 따라서 과실책임의 원칙만으로는 실질적으로 공정하고 자유로운 사회를 이루기가 어렵게 되었다.

③ 현대법의 등장

- 이런 시대적 변화에 따라 근대 3법은 다음과 같이 제한되게 되었다.
- 계약자유의 원칙은 기본적으로 유지하되 계약에 있어 불공정은 최대한 배제하도록 **계약공정의 원칙**을 갖는다.

> **eg. 최저임금제도**
> 계약자유의 원칙만 강조하다 보면 사업자는 싸게 노동을 제공하고자 하는 자와만 계약을 맺으려 할 것이다. 그러면 노동자는 계약을 하기 위하여 자신의 노동력의 가치를 자꾸 낮추게 된다. 결국 계약자유는 형식만 남고 실질적인 면에서 계약은 자유롭지 못하게 된다. 노동자는 사업자가 제시하는 계약원칙에 자신의 의견을 반영시키지 못한채 계약하게 된다.
> 계약공정의 원칙이 작동하는 현대사회에서는 최저임금이라는 법적 장치를 통하여 계약이 자유롭게 이루어지더라도 최저선 이하로 내려갈 수 없게 함으로써 상대적으로 약자의 위치에 있는 노동자의 계약자유의 원칙을 보장해 주게 된다.

- 사유재산보장의 원칙 역시 기본적으로 그 틀은 유지하게 되지만 가진 자는 더 갖게 되고 갖지 못한 자는 갖고 싶어도 갖지 못하는 경우를 줄이기 위하여 **사유재산 제한의 원칙**으로 발전하게 한다. 다만, 이것은 법을 통해서 이루어지게 된다.

> **eg. 재산세의 누진율 제도**
> 우리나라의 경우 집을 두 채 가진 경우 한 채를 갖는 경우보다 과세를 더욱 높게 책정한다. 이는 집이라는 것이 생활에 반드시 필요한 것이기 때문에 재산축적의 목적으로 집을 사는 것을 제어하기 위한 것이다. 사유재산의 원칙과 계약자유의 원칙에 따라 집을 여러 채 갖는 것을 원칙적으로 막지는 않지만 누진세 적용을 통하여 필요한 경우가 아니라면 여러 채의 집을 소유하지 않게 하는 것이다. 다만, 이런 정책이 효과를 보려면 누진율을 높게 잡아야 한다.

- 비록 과실이 없더라도 과실의 근원적인 원인을 제공한 사람에게 책임을 묻는 것이 새로운 원칙으로 자리잡게 되었다. 이를 **무과실책임주의** 원칙이라고 한다.

> **eg. 산업재해보상보험**
> 산업재해보상보험이 무과실책임주의 원칙의 대표적인 예이다. 사업주가 사업장을 갖

> 는 자체만으로 위험의 원인을 제공한다고 보는 것이다. 따라서 사업장 또는 사업과 관련된 과정에서 일어나는 과실에 대해서 사업주에게 그 책임의 일정 부분을 묻는 것이다. 물론 사업장의 재해율에 따라 책임을 묻는 정도가 달라진다.

※ 이런 현대법 정신은 시대의 흐름을 잘 보여주고 있으며, 이에 따라 사회경제적인 측면에서 복지와 관련된 요소들이 드러나는 것을 보게 된다.

※ 사회복지의 변화흐름
잔여적인 것에서 보편적인 것으로 변화하고, 자선적인 것에서 권리적인 것으로 변화하고 있다. 사회복지의 흐름 자체는 이런 변화성을 갖고 있음을 놓치지 않아야 한다.

제2절 영국의 사회복지 역사

사회복지의 역사를 다룰 때 영국을 빼놓지 않는 이유는 사회복지의 형성 및 흐름에 대해서 잘 드러내는 역사를 가졌기 때문이다. 과거 영국은 '요람에서 무덤까지'라는 말로 대별되는 사회복지제도를 가졌다. 이런 제도는 하루 아침에 이루어진 것이 아니라 여러 과정을 거쳐 이루어진 것이다. 또한 영국에서 일어나는 여러 사회복지 흐름은 오늘날 여러 사회복지실천과 연결되는 특징이 있다. 그렇기에 영국의 사회복지 역사를 주의하여 살펴볼 필요가 있다.

1) 여러 법제를 통한 영국 사회복지 흐름

(1) 빈민법(1601)

① 빈민법 출현의 배경

- 16~17세기에 걸쳐 영국은 엔크로저운동(enclosure movement)이 일어난다. 이는 양모사업의 발달과 더불어 양모를 많이 획득하기 위하여 지주계급이 공동경작지에 울타리를 치고 개인 소유화하는 것이다. 공동경작지는 지주계급이 아닌 자들에게도 일정한 생산을 보장해 주는 자연환경이었는데 이제 공공경작지가 사유화되어 가면서 수많은 사람들이 자원을 잃게 되고 부랑민으로 전락하는 모습이 나타나게 되었다.
- 부랑민의 증가는 교구를 중심으로 한 영국 사회의 근간을 흔들게 되었다. 영국 사회는 더 이상 방관만 하고 있을 수 없게 되었다.

② 빈민법이 제시한 빈곤구제 대책

- 빈민을 3가지 종류로 구분하여 대처하였다.

• **핵심(核心)은 노동능력**이 있는가에 있다. 이에 따라 **노동능력이 있는 빈민, 노동능력이 없는 빈민, 보호를 필요로 하는 아동으로 구분하였다.**

• **노동능력이 있는 빈민**

노동할 수 있는 장(場)을 만들어서 노동을 할 수 있게 한다. 정부는 노동할 수 있는 **작업장**을 만들어 노동자들에게 일할 수 있도록 하였다.

• **노동 능력이 없는 빈민**

주로 노인, 과부, 여성, 장애인 등이 여기에 속한다. 노동을 할 수 없으므로 **구빈원**에서 생활하도록 하였다. 구빈원 운영을 위하여 교구별로 **구빈세**를 거두게 하였고, 이를 지도감독하는 **감독관**을 임명하였다. 빈곤문제에 대해서 조직적으로 개입한 것이라는 점에서 비로소 사회복지라는 개념을 가질 수 있다.

• **보호를 필요로 하는 아동**

일차적으로는 가족이, 가족이 없을 경우 가까운 친족이 돌보게 하였다. 이마저 없을 경우에는 수공업자에게 보내서 **도제교육**을 시킨다.

cf. 도제교육의 장점

도제교육은 아동을 수공업자에게 보내서 기술을 배우게 하는 것이다. 일단, 수공업자에게 가서 살기 때문에 의식주를 해결할 수 있게 된다. 뿐만 아니라 수공업자로부터 기술을 배우게 됨으로써 성인이 되었을 때는 독립하여 자기 기술로 먹고살 수 있도록 지원해 주는 장점이 있다.

• 빈민법의 특징 중 하나는 작업장과 구빈원을 활용하는 것이기에 **원외구조를 하지 못하게 하였다.**

③ 빈민법의 의의

• 사회복지의 시작이다.

국가가 법으로 빈민문제에 대처했다는 점에서 사회복지의 시작이라고 하는 것이다. 특히, **전국적인 구빈행정**이 세워졌다.

• 합리적이다.

빈민법의 가장 큰 특징은 노동을 기준으로 해서 빈민에 대한 대책을 세웠다는 점에서 합리적이라고 할 수 있다.

• **빈민통제 성격이 있다.**

사회복지정책에는 겉으로 드러난 목적뿐 아니라 묵시적 목적도 있다. 사회통제가 바로 그것이다. 빈민법은 겉으로는 빈민에 대한 구제책을 제시했으나 실질적으로 영국은 국가적 입장에서 빈민문제를 해결하지 않으면 부랑민들이 돌아다니는 일로 인하여 교구사회가 무너지게 될 위험에 처했던 것이다. 당시 영국사회는 교구사회이므로 교구가 무너진다는 것은 영국사회가 큰 혼란을 겪게 된다는 것을 의미했다. 그래서 사회를 유지하는 차원에서 빈민법을 만들었던 것이다. 그래서 학자에 따라서는 사회복지법이 아니라 형사법적인 성격을 갖는다고 보기도 한다. 즉, **징벌적인 성격**이 강하다.

- 실질적으로 인권유린이 일어났다.
  작업장은 강제노동을 시켰고, 도제교육은 아동의 노동력 착취가 이루어지는 결과를 낳았다.

> **cf. 빈민법인가, 구빈법인가? The Poor Law를 어떻게 번역하느냐에 따라 다름!**
> 사회복지 의미 강조 → 구빈법
> 형사법적 의미 강조 → 빈민법

2) 정주법(1662)

① 정주법 제정의 배경

- 각 교구는 교구 내에서 출생한 자에 한하여 책임을 지고자 했다. 반면, 빈민들은 더 나은 일자리를 찾아 이동하기를 원했다. 이로 인하여 부랑인들이 늘어나는 현상이 나타났다.
- 귀족과 교회는 사회가 안정되길 바랐고, 특히 농업자본가들은 값싼 임금을 지불하면서 노동력을 구하려면 노동자들이 이동하는 것이 달갑지 않았다. 농업자본가들이 귀족과 교회에 압박을 가하여 제정된 법이 정주법이다.

② 정주법의 내용

- 결국 정주법은 부랑인들의 이주를 제한하고 정해진 교구에 정착하게 하는 법이다.

③ 정주법의 의의

- 이는 결국 노동자들이 더 나은 일자리를 찾아갈 수 없게 하는 **노동력 탄압법**이라고 할 수 있다.
- 아담 스미스의 국부론에서 그는 정주법을 자유주의의 실현을 막고 국부의 축적을 막는 걸림돌이라고 하였다.

3) 작업장법(1722)

① 작업장법 제정의 배경

- 18세기 중상주의 영향으로 작업장을 통하여 빈민노동력을 활용할 필요성이 제기되었다.
- 작업장 활용으로 구빈원에 들어갈 자들이 작업장에서 일함으로써 구빈세 납부자들의 재정부담이 감소하는 효과도 있었다. 즉, 납세자들이 좋아할 수 있는 법이었다.

② 작업장법의 내용

- 작업장을 활용하기 위하여 구빈 감독관이나 교회 집사들에게 작업장을 만들 수 있는 권한을 부여하여 주었다.

- 또한 작업장에 빈민을 고용하고 수용할 수 있는 권한, 작업장에 참여하지 않는 빈민에 대해서는 구제를 제공하지 않을 수 있는 권한을 부여하였다.
- 작업장의 노동자를 활용하기 위하여 연합교구 작업장도 가능하게 하였다.

③ 작업장법의 의의

- 결국 작업장이라는 방법을 활용하였다는 점에서 **사회통제적인 요소**가 큰 법이라고 할 수 있다.

> **cf. 작업장이 개념이 들어가는 법**
> 빈민법, 작업장법, 신빈민법은 모두 작업장을 활용하는 법들이다. 노동할 수 있는 사람에게 노동할 수 있는 장(場)을 제공한다는 점에서는 긍정적인 의미를 갖는다고 할 수 있으나, 실질적으로는 강제노동 내지는 노동력 착취와 같은 일이 이루어졌기에 반인권적 법제라고 할 수 있다.

4) 길버트법(1782)

① 길버트법 제정의 배경

작업장 내에서의 빈민노동자의 비참한 생활과 착취당하는 것을 개선하기 위하여 길버트가 제안한 법이다.

② 길버트법의 내용

원내구제 원칙에서 **원외구제가 가능**하도록 하였다. 일할 수 있는 노동자가 작업장이 아니라 자신의 집에 거주하면서 일자리를 구할 때까지 구제를 받도록 하였다. 또한, **유급구빈사무관**을 두고 운영하였다. (→ 오늘날로 이야기하면 사회복지사에 해당한다고 할 수 있다.)

③ 길법트법의 의의

인도주의적 처우를 한 법률이었다.

그러나 교구민의 구빈세 부담이 가중되어 일부 불만이 쌓이기도 했다.

5) 스핀햄랜드법(1795)

① 스핀햄랜드법 제정의 배경

18세기 인도주의적 흐름의 영향으로 길버트법에 이어 인도주의적 처우가 이어졌다. 노동자들의 안정된 생활을 위하여 최저선의 생활을 지켜주기 위하여 임금보조제도를 도입하는 것이 필요했다. (버커스주 법원의 결정)

② 스핀햄랜드법의 내용

생계비(빵 가격)와 부양가족수를 고려하여 빈곤 임금노동자에게 임금을 보충하여 주었다. 재원은 교구의 구빈세를 활용, 전국적으로 실시하였다.

생계비 기준을 빵 가격으로 했기 때문에 '버커스 빵법'이라고도 불린다.

③ 스핀햄랜드법의 의의

임금의 최저선을 맞추고자 하는 법이다. 즉, 최소한의 삶은 살 수 있도록 하는 법이다. 노동자에게 최저선의 삶을 보장하는데 가족 수를 기준으로 하였다는 점에서 **가족수당의 시작**이라고 할 수도 있다.

인도주의적 입법이지만 구빈세 부담이 증가하였고, 고용주들은 자신들이 임금을 충분히 주지 않아도 노동자들의 임금이 채워지기 때문에 적절한 임금을 지급하지 않는 모습 등이 나타나기도 했으며, 반대로 노동자들 역시 나태해지는 모습이 나타나기도 했다.

6) 공장법(1833)

① 공장법 제정의 의의

공장에서 아동들이 노동하고 있었으며, 이들은 비인도적인 처우를 받고 있었다. 아동의 노동조건 개선과 작업환경을 개선할 필요가 있었다.

② 공장법의 내용

아동보호에 초점을 맞추고 있다. 즉, 아동의 야간노동 금지, 노동시간 제한, 일정 연령 이하의 아동 고용 금지 등을 실시하였다, 공장에서 노동하는 아동을 교육하도록 하였다. 법을 시행하기 위하여 공장감독관을 파견하였다.

③ 공장법의 의의

당시 상황에서 아동의 노동환경 개선을 하였다는 점에서 **인도주의적 법제**라고 할 수 있다.

7) 신빈민법(1834)

① 신빈민법 제정의 배경

- 길버트법과 스핀햄랜드법 등 인도주의적 법제가 만들어지면서 구빈비용이 늘어났다.
- 구빈비용을 억제하고자 만들어진 것이 신빈민법이다.

② 신빈민법의 내용

- 전국 **균일처우의 원칙**을 적용하였다.

  교구사회인 영국에서 교구마다 다르게 처우할 경우 사람들은 보다 더 나은 처우를 받기 위하여 이동하게 된다. 부랑민이 늘어 사회 혼란이 생기지 않도록 처우를 동일하게 하여야 한다는 원칙이다.
- **열등처우의 원칙**을 적용하였다.

  급여나 구제를 받는 사람은 정상적인 노동자보다 열등하게 처우를 받아야 한다는 원칙이다. 그렇지 않을 경우 나태함 등 부작용이 나타날 수 있다.
- **작업장 활용의 원칙**을 적용하였다.

  역시 노동할 수 있는 사람에게는 노동을 할 수 있도록 작업장을 활용하는 것을 원칙으로 하였다.

③ 신빈민법의 의의

- 이때 제시된 원칙들 중 상당 부분은 오늘날에도 적용되는 원칙들이다.
  균일처우의 원칙 : 오늘날에도 사회복지급여에서 동일한 상황이라면 동일한 급여를 제공한다. 이는 균일처우의 원칙을 적용하는 것이라고 할 수 있다.
  열등처우의 원칙 : 공공부조를 실례로 들면, 급여를 받는 자들은 최저한도의 삶을 살 수 있을 정도를 받는 것이지 임금노동자보다 높은 처우를 받는 것이 아니다.
- 그러나 신빈민법은 결국 빈민법을 다시 활용하는 것으로, 즉 작업장 원칙을 다시 사용하는 것으로 인도주의적인 입장에서는 후퇴한 입법이라고 할 수 있다.

8) 여러 사회복지운동의 흐름

① 자선조직협회(Charity Organization Society: COS)

- 주로 귀족계층에서 자발적으로 빈민을 구제하는 단체로 형성되었다.
- 우애방문, 사회조사, 등록, 협력 등의 일을 했다.
- 가장 중요한 것은 **'중복구제의 방지'**였다.
- 구호 신청자들을 체계적으로 조사하고 등록하도록 하기 위하여 **유급 사무원**을 최초로 두게 되었다. **최초의 사회사업가**라고 할 수 있다.
- 동시에 이들의 우애방문도 각 가정을 방문한다는 점에서 case work(개별사회사업)의 기원이라고 할 수 있다.
- 이들은 대개 귀족 출신이기 때문에 근면하게 일하는 것을 장려했다. 중복구제의 방지 역시 근면하게 일하게 하려는 목적에서 이루어진 활동이다.
- **가난에 대해서** 사회구조적인 문제라기보다는 **개인의 게으름 등**이 문제라고 보는 시각을 가졌다. 이렇게 빈곤을 개인의 도덕적 결함으로 보았다는 점에서 사회경제적 뿌리를 무시했다는 비판이 있다. 또한 **보수주의적인 운동**이라고 할 수 있다.
- 자선조직협회는 미국으로 그대로 넘어가 미국에서도 동일한 흐름이 나타난다.

② 인보관 운동(Settlement House movement)

- 인보관 운동은 주로 사회개혁층 인사가 실시하였다.
- 런던교구 목사인 바네트 부부가 1884년 런던에 토인비홀을 세우면서 시작되었다. 토인비홀은 최초의 인보관으로 당시 인보운동을 펼치다가 죽은 대학생 토인비를 기리기 위하여 그의 이름을 붙인 것이다.
- 개혁인사들은 역시 개혁적인 대학생들을 인솔하여 빈민들 속으로 들어가서 그곳에 정착하면서 개혁운동을 펼쳤다.
- 주로 빈민을 대상으로 사회조사를 실시하였고, 그들을 대상으로 한 **위생교육, 문자교육, 기술교육** 등을 실시하였다.

- 집단 레크레이션을 활용하였으며 오늘날 **집단사회사업**(Group work)**의 시초**라고 할 수 있다.
- 인보관은 지역 안에 있는 주택, 도서관, 교육장소, 시민회관 등의 역할을 했다. 이것이 발전하여 오늘날 우리나라에서도 **지역사회복지관**이 지역마다 있는 것이라고 할 수 있다.
- 인보관운동을 한 사람들은 빈곤문제를 빈민들의 도덕적 결함보다는 사회구조적 문제에서 찾는 경향이 있었다.
- 인보관운동 역시 미국으로 그대로 넘어가 미국에서도 동일한 활동을 한다. 미국에서 처음 세워진 인보관은 시카고의 훌하우스(Hul House)이다.

③ 사회조사

- 빈곤을 측정하는 등 사회조사활동이 일어났다.

④ 베버리지보고서와 복지국가

- 1차 대전이 끝나고 베버리지보고서가 작성되었고, 2차 대전 이후에 이 보고서를 바탕으로 영국은 복지국가를 구현하게 된다.

01 영국 사회복지정책의 역사에 관한 설명으로 옳은 것을 모두 고른 것은?

> ㄱ. 길버트법은 빈민의 비참한 생활과 착취를 개선하기 위해 원외구제를 허용했다.
> ㄴ. 스핀햄랜드법은 빈민의 임금을 보충하기 위해 가족 수에 따라 보조금을 지급할 수 있게 했다.
> ㄷ. 신빈민법은 열등처우의 원칙을 적용하였고 원내구제를 금지했다.
> ㄹ. 왕립빈민법위원회의 소수파보고서는 구빈법의 폐지보다는 개혁을 주장했다.
> ㅁ. 베버리지보고서를 근거로 하여 가족수당법, 국민부조법 등이 제정되었다.

① ㄱ, ㄷ　　② ㄷ, ㅁ
③ ㄱ, ㄴ, ㅁ　　④ ㄴ, ㄷ, ㄹ
⑤ ㄴ, ㄹ, ㅁ

해설 영국 사회복지법의 변화를 다룬다. 신빈민법은 원내구제를 지지한다. 20세기 들어 빈민제도를 둘러싼 논쟁이 격렬해져 신빈민법을 검토하기 위하여 왕립빈민법위원회가 결성되었다. 다수파 보고서와 소수파 보고서가 있었는데 다수파는 빈곤의 문제를 개인의 나태와 무책임으로 보았고 소수파는 사회구조적 문제로 보았다.

정답 ③

02 영국의 구빈제도에 관한 설명으로 옳은 것을 모두 고른 것은?

> ㄱ. 엘리자베스 구빈법은 최초로 빈민구제에 대한 전국적 행정제도를 수립하였다.
> ㄴ. 토마스 길버트법은 원외구호를 강조하였다.
> ㄷ. 1834년 신구빈법은 전국 어디서나 빈민들이 동일한 처우를 받도록 하였다.
> ㄹ. 스핀햄랜드법은 노동빈민에 대한 구제를 허용하였다.

① ㄱ, ㄴ, ㄷ　　② ㄱ, ㄷ
③ ㄴ, ㄹ　　④ ㄹ
⑤ ㄱ, ㄴ, ㄷ, ㄹ

해설 길버트법은 원내구조에서 원외구조로 전환한 특징을 갖는다. 작업장 외에서의 생활이 가능하게 함으로써 인도주의적인 의도를 담은 법이라고 할 수 있다. 신구빈법으로 열등처우와 균일처우를 하게 하였다. 스핀햄랜드법은 빈민노동자에 대해서 기초임금을 보장하는 것이다.

정답 ⑤

Chapter 03 사회복지의 역사Ⅱ: 독일, 미국, 한국

학습Key포인트

- ○ 독일의 사회보험 시작 배경을 설명할 수 있다.
- ○ 개량사회주의에 대해서 영국과 독일을 예로 설명할 수 있다.
- ○ 미국의 사회보장법 배경을 설명할 수 있다.
- ○ 한국의 사회복지 역사의 시대적 특징을 설명할 수 있다.

제1절 독일의 사회복지 역사

독일의 사회복지 역사를 다루는 것은 사회보험이 독일에서 시작되었기 때문이다. 사회보험은 복지를 먼저 이루어 나가고 있던 영국에서조차도 생각하지 못한 방법이다. 그런데 이런 사회보험이라는 제도가 전제적 국가를 지향하는 비스마르크의 독일에서 발생했다는 것은 아이러니하다. 더구나 그는 자유주의와 사회주의 모두를 배격한 인물이었다. 하지만 당시 독일의 사회환경 속에서 비스마르크는 선제적으로 사회보험을 내 놓았고 이는 후에 전 세계에서 사회보장의 시금석이 되는 제도가 되었다.

1) 사회보험의 도입 배경

- 비스마르크가 독일을 통일한 이후 독일은 후발공업국가로 성장하려는 시점에 놓여 있었다. 이런 가운데 유럽에서는 사회주의의 영향을 받은 노동조합운동이 활발하여 여러 분야에서 파업이 일어나고 있었다.
- 이에 '공산주의자 진압법'과 같은 사회주의 말살정책을 펼치기도 하였다.
- 그러나 사회적인 흐름을 완전히 통제하기란 쉽지 않았다. 그래서 사회주의가 뿌리를 내리지 못하도록 일정 부분 사회주의적 요소를 도입하여 사회안정을 꾀하는 것이 더욱 필요하다고 생각하였다. 이런 배경에서 노동자에 대한 당근책으로 사회보험을 도입하게 된 것이다.

2) 강단사회주의

- 비스마르크는 사회주의에 대해서 반대를 하는 사람이었다. 하지만 노동자를 달래는 정책을 만들기 위해서는 사회주의적인 요소를 반영할 수 있는 인적자원의 도움이 필요했다.
- 당시 유럽에는 **개량사회주의**가 어느 정도 자리매김을 하고 있었다. 영국의 페이비언협회는 그 대표적인 예라고 할 수 있다. 독일에서도 개량주의자들이 있었는데 이들을 **'강단사회주의자'**라고 부른다.
- 비스마르크 입장에서는 완전한 의미의 사회주의로 가지 않으면서도 사회주의적 요소를 활용할 수 있는 사람으로서 강단사회주의자들의 주장을 받아들이지 않을 이유가 없었다. 강단사회주의자들과 함께 만들어낸 정책이 바로 사회보험제도이다.

> **cf. 개량사회주의**
>
> 사회주의의 원천적인 주장 가운데 핵심은 프롤레타리아 계급의 혁명이다. 그래서 사회주의가 확산되는 지역에서는 과격한 행동들이 많이 나타났다. 개량사회주의자들은 사회주의 이념 자체에 대해서는 의심이 없었다. 하지만 유토피아를 이루는 과정에서 반드시 폭력적인 혁명이 필요한가에 대해서는 회의적이었다. 그보다는 점진적인 사회개혁을 통해서도 유토피아를 만들어 갈 수 있다고 확신했다. 이처럼 사회주의 이념은 그대로 갖되 폭력혁명이라는 과정에 대해서는 부인하는 다소 온건한 사회주의를 개량사회주의라고 한다. 영국에서는 페이비언협회가 이런 모습을 지향하였고 독일에서는 강단사회주의자들이 이런 모습을 지향하였다.

3) 사회주의 계열의 반응

- 비스마르크가 첫 번째로 제안한 사회보험은 산업재해보상보험이었다. 아무래도 노동시장에서 안정이 보다 더 필요했기에 다른 제도보다 먼저 제안된 것이었다.
- 하지만 당시 사회주의 계열 곧 노동자들들은 비스마르크의 이런 정책에 대해서 의심을 품었다. 그리하여 처음에 제안한 비스마르크의 보험제도는 노동자들에 의해 배척을 받았다.
- 하지만 점차 누가 제안하든지 노동자들에게 이익이 되는 것이라면 일단 받아들여도 된다는 생각을 갖게 되었다. 그래서 산재보험 이후로 제안한 질병보험에 대해서는 받아들이게 되었고 이후 독일에서 실시된 다양한 사회보험을 받아들이게 되었다.

4) 독일 사회보험의 의의

- 독일에서 시작한 사회보험은 사회주의를 탄압하고 노동자들을 회유하려는 당근책이라는 점은 틀림없다.
- 그럼에도 불구하고 현재 각 나라에서 사회보장제도를 확립하는 데 있어 가장 핵심이 되는 요소가 바로 사회보험이라는 점에서 사회보장의 기틀을 마련한 제도라는 의의는 사라지지 않는다.

제2절 미국의 사회복지 역사

미국은 국가 성립 때부터 개인주의적인 성격이 강한 사회가 형성되었기 때문에 제도적인 면에서 사회복지가 발달한 나라는 아니다. 그런데도 미국 사회복지의 시작이 되는 사회보장법의 제정은 사회복지정책에 던지는 함의가 크다. 따라서 사회복지와 정책을 이해하기 위해서는 미국의 뉴딜정책과 사회보장법을 파악할 필요가 있다.

1) 미국 건국의 이념적 지향

- 퓨리탄들은 어려운 환경 속에서도 자신이 노력하는 만큼 자신의 땅을 일구는 모습으로 신대륙을 개척해 나갔다. 즉, 적어도 자신이 노력한 것에 대해서는 반드시 대가를 얻었다. 반면 무언가를 이루지 못했다면 그것은 자신이 게을러서 그렇게 되었을 뿐이다.
- 이런 사회적 분위기가 미대륙 개척부터 이어져 왔고, 이런 기조로 인하여 **개인주의**가 미국사회에서 지배이념으로 자리잡게 된 것이다. (이는 개인의 노력이 중요하다고 보는 점에서 이념적으로 자유주의와 매우 밀접한 연관을 갖게됨을 알 수 있다.)

2) 자선적인 의미의 사회복지

① 자선조직협회

- 영국의 자선조직협회는 신대륙의 신생국가인 미국에서도 그대로 답습되는 형태로 나타난다.
- 산업화 및 도시화가 이루어지면서 많은 인구가 도시로 집중되게 되었으며 이는 도시 민빈 문제를 야기하였다. 당시 국가적으로 사회복지정책이 작동되기 이전이기에 전문적 훈련이 없는 성직자들에 의해서 음식과 주거시설을 제공하기 시작했다.
- 1800년대 민간구제기관이 등장하면서 보다 효율적인 구제를 실현하기 위하여 빈민들에 대한 사회조사가 이루어지기 시작하였다.
- 민간구제기관들의 구제활동이 조정되지 않은 채 진행됨으로 인하여 영국과 마찬가지로 중복구제 문제가 발생했다. 이런 문제를 해결하기 위하여 자선조직협회가 결성되었다.
- 따라서 영국과 마찬가지로 미국에서도 중복구제의 조정 문제로 인하여 자선조직협회가 결성되었다고 할 수 있다.

② 인보관운동

- 제인 아담스(Jane Addams)가 영국의 최초 인보관인 토인비홀을 방문하여 그 운영을 살펴본 후 미국으로 돌아가서 시카고에서 홀하우스(Hul House)를 설립함으로 시작되었다.

- 주로 대학생들과 사회개혁층이 이 운동에 참여하였으며, 활동 내용 역시 영국의 인보관 운동과 동일하다. 즉, 문자교육, 위생교육, 직업교육 등 빈민들에게 사회구조의 모순을 넘어설 수 있는 방안들을 가르치고 제시함으로써 빈민들이 지역공동체적 특성을 살려서 문제를 해결해 나가도록 하였다.

③ 자선적 의미의 사회복지가 주는 의의

- 제도적으로 빈민문제에 정부가 관여하기 이전에 민간에서 일어난 사회복지운동이라고 할 수 있다.
- 이념적으로 자선조직협회는 보수적인 성격이 강한 쪽에서 활동하였고, 인보관운동은 사회개혁세력이 선호하는 활동방식이었다.

3) 경제 대공황의 영향

- 경제 대공황은 미국사회에서 그동안 가졌던 사회를 바라보는 시각이 수정되어야 할 필요성을 깨닫게 하였다.
- 지금까지 개인이 가난한 것은 게으름 등 자신이 일하지 않았기 때문에 일어난 것이었다. 그런데 1929년 시작된 경제 대공황이라는 특수한 상황은 이런 견해에 대해서 한계가 있음을 보여주었다. 즉, 개인이 아무리 열심히 노력하더라도 경제 대공황이라는 사회 · 경제적 현상은 이런 개인의 노력이 무용지물이 되는 경향이 있기 때문이다.
- 대공황기의 어려움을 극복하기 위해서는 국가적인 개입이 필요하게 되었다.

4) 뉴딜정책의 시작

- 1932년 미국 대선 후보로 나선 루스벨트는 '뉴딜'(New Deal)이라는 구호를 내세워 선거운동을 하였다. 이는 카드게임에서 나온 용어로 새로운 카드로 바꿔 게임에 임한다는 의미이다. 지금까지 미국이 유지해 오던 자유방임체제에서 변화되지 않으면 안 된다는 것을 선거 전략으로 내세운 것이다.
- 대통령에 당선된 루스벨트는 테네시강 유역에 **대규모의 건설 프로젝트**를 실시하였다. 이는 건설 그 자체도 목적이지만 무엇보다도 실업문제를 해결하려는 의도에서 도입된 것이다.
- 국가주도의 대규모 건설공사는 실업자들에게 일자리를 제공하는 효과를 가져왔다. 실업자들은 노동에 참여함으로써 임금노동자가 되었고, 그들은 받은 임금으로 그동안 하지 못했던 소비를 하게 되었다. 소비가 늘어나게 되자 공급을 늘리게 되어 공장이 다시 돌아가게 되었다. 이처럼 국가주도의 대규모 공사를 시작한 것은 경제를 발전시키는 선순환구조를 만들었던 것이다.

core **뉴딜정책의 핵심**

국가 주도의 대규모 건설 시작 → 실업자의 고용 → 임금노동자들의 소비 → 수요창출 → 공급 확대를 위한 산업현장의 활성화 → 또 다른 실업자에게 제공되는 노동 기회

5) 케인즈주의

- 루스벨트는 이런 생각을 어디에서 얻을 수 있었을까?
- 케인즈주의가 루스벨트에게 영향을 미쳐 뉴딜정책이 나오게 된 것이다.
- 케인즈(Keynes, 1883~1946) :
  영국 캠브리지 출생이다. 케임브리지 대학에서 경제학을 공부하였다. 대학 졸업 후 인도성 공무원으로 일했고, 그 후에는 모교인 케임브리지 대학에서 교수로 재직했다. 영국 대표로 각종 국제회의에서 활발하게 활동했다.(원석조, 2017)
- 케인즈주의는 1930년대 대공황을 벗어나는 데 새로운 방향을 제시한 이론적 기여를 하였으며, 루스벨트는 이 이론을 기반으로 뉴딜정책을 펼침으로써 대공황을 이겨나가는 면을 보였던 것이다.

core **케인즈주의의 원칙**

- 세계경제의 침체, 대공황, 세계대전 등과 같은 경제적 위기를 맞아 실업을 줄이고 경기를 회복시키기 위해서는 **생산물 총수요를 증대**시켜야 한다.
- **국가개입주의**이다. 즉, 자유, 개인주의, 경쟁 등에 대한 신념은 시장주의와 동일하지만 자본주의는 가기 규제적인 성격을 갖지 못하기 때문에 국가가 개입하는 것이 불가피하다고 보는 것이다.
- 국가가 개입하여 유효수요를 늘리는 것이기에 **실용주의적**이다. 결국, 사회복지정책은 자본주의를 보호하는 장치이다.
- 사회민주주의와 구별하여 **중도주의**라고도 한다. [이상 이수천 외(2011)에서]
- 유효수요가 줄어들면 실업이 늘어난다.
  → 유효수요의 증대를 위하여 사회복지정책이 필요하다.
- 사회적 불평등은 사회적 해악이다.
  → 사회적 불평등을 해소하기 위하여 사회복지정책이 필요하다.
- 사회복지정책은 자본주의를 보호하기 위한 훌륭한 장치이다.
- 소극적 **집합주의**이다. 자본주의는 최선의 경제체제임에는 틀림없지만 공정하고도 효율적인 기능을 위해서는 적절한 규제와 통제가 필요하며, 자본주의의 결함은 심각하지만 근본적인 것은 아니고 수정될 수 있다고 보았다. [이상 원석조(2017)에서]

6) 사회보장법

- 루스벨트의 뉴딜정책에는 '사회보장법'(1936)도 나타나고 있다.
- 사회보장법의 주된 내용은 다음과 같다.

연방정부가 관장하는 노령보험

주정부가 운영하고 연방정부가 재정을 지원하는 실업보험

주정부가 운영하고 연방정부가 재정을 보조하는 공공부조와 사회복지서비스

7) 미국의 사회보장의 의의

- 사회보장법은 그동안 미국의 지배이념이었던 개인주의에서 벗어나 개인에 대한 국가적 통제의 개념을 받아들인 것이다.
- 사회보장이라는 용어가 전 세계 사회복지에서 중요한 개념을 갖게 되었다. 미국의 한 법에서 시작된 이 용어는 사회복지를 다룰 때 각 나라에서 사회보장을 어느 정도로 실현하는가에 대한 문제를 다룰 때 사용하는 용어가 되었다.
- 그럼에도 불구하고 미국 정책의 기조는 자유시장주의에 있다. 케인즈주의로 인하여 국가개입의 사회복지정책이 시도되긴 했지만 이내 다가오는 스태그플레이션으로 인하여 신자유주의 기조가 미국의 대표적인 시대이념으로 자리매김을 하게 된다. 그래서 미국에서 사회보장이라는 용어가 시작되었음에도 불구하고 복지에 관한 미국을 복지국가 또는 복지선진국으로 이야기하지는 않는다.

제3절 한국의 사회복지 역사

우리나라 사회복지는 근대이전, 근대, 현대로 구분하여 이야기할 수 있다. 근현대적 법제 제정 이전에도 사회복지의 기능은 다양한 형태로 나타나고 있으며, 근현대에 법제가 정비되면서 사회복지를 지향하는 모습이 강화되고 있다.

1) 근대 이전

① 근대 이전 국가적 차원의 개입

- 근대 이전에도 국가적 차원에서 빈민을 구제한 제도들은 있어 왔다. 진대법, 의창, 상평창, 대비원 등이 이에 해당하는 제도들이라고 볼 수 있다.

진대법 : 고구려의 빈민구제 제도, 진은 흉년에 기아민에게 곡식을 나눠주는 것이고,

대는 봄에 곡식을 대여해 주었다가 가을에 거두는 것을 의미한다. 따라서 진대법은 춘궁기에 곡식을 대여하고 가을에 회수하는 빈민구제제도라고 할 수 있다.

의창 : 고려시대와 조선 초기의 빈민 구제제도. 흉년에 빈민을 구제하는 진대와 곡식을 빌려주고 추수할 때 이자 없이 원곡을 받는 진대로 구분되었다.

상평창 : 곡식값이 올라갈 때 국가가 비축한 곡식을 풀고, 곡식값이 떨어질 때 곡식을 비축하는 형식을 통하여 물가를 조절하던 기구, 고려시대와 조선시대에 운영되었다.

대비원 : 고려시대의 구휼기관. 가난한 자에게 의료나 구휼을 실시하였다.

- 국가가 정책적으로 시도한 것 이외에도 전통적으로 사회복지와 비슷한 기능을 한 것으로 향약, 두레, 품앗이, 계가 있다.

② 향약

- 조선시대의 일종의 지방자치제도이다. 그런데 이는 행정구역의 의미로서의 지방자치가 아니라 권선징악과 상부상조를 중심으로 한 지방자치제도라고 할 수 있다.
- 조직과 업무가 비교적 세세하게 분장되어 있다.
- 자율적으로 지방의 문제를 스스로 해결했다는 점에서 의의가 있다.
- 향약의 4대 덕목

덕업상권(德業相勸) : 좋은 일을 서로 권하여 이룬다.

과실상규(過失相規) : 나쁜 행실을 서로 규제하여 이루지 못하도록 한다.

예속상교(禮俗相交) : 서로 사귐에 있어서는 예를 다하여 한다.

환난상휼(患難相恤) : 어려움을 만나서는 서로 돕는다.

③ 두레

- 공동생산 공동분배를 중심으로 한 지역조직이다.
- 조직체를 이루었다는 점에서 중요하다.

두레의 임원구성은 지역에 따라 다르지만 대개 전체 통솔자인 행수(行首) 또는 황수(皇首)라고도 하는 지휘자 1명, 행수의 보좌인 도감(都監) 1명, 작업의 진행을 지휘하는 수총각(首總角) 1명, 규약에 따라 두레꾼의 행동을 감시하는 조사총각(調査總角) 1명, 기록과 회계를 맡은 유사서기(有司書記) 1명, 방목지(放牧地)의 가축을 돌보며 가축으로부터 논밭을 보호하는 방목감(放牧監) 1명으로 되어 있는 것이 보통이다.(다음백과)

④ 품앗이

- 농번기에 일손을 서로 주고받는 전통을 의미한다.
- 일대일 노동력 교환이 그 핵심이다.
- 두레가 집단 단위 노동력의 집합체였다면 품앗이는 개인 차원에서의 노동력 교환 전통이라고 할 수 있다.

⑤ 계

- 역사가 신라시대까지 거슬러 올라가는 등 역사성이 높은 전통이다.
- 여러 가지 해결해야 할 문제들을 공동으로 대처하는 성격에서 형성된 것이다.
- eg. 승계, 상포계, 학동계 등
- 위험을 분산하였다는 점에서 사회복지의 사회보험과 그 원리가 동일하다.

cf. 위험분산의 원리

- 상포계를 예를 들어 보면 장례를 치르는 일은 개인이 혼자 감당하기에는 버거운 일이다. 그런데 계원 중 장례를 치를 일이 생기면 계원들이 모두 동원되어 장례를 치르는 것이다. 이럴 경우 한 사람으로서는 장례를 치르기 힘들지만 여럿이 함께 장례를 치름으로써 여유있게 감당할 수 있게 되는 것이다. 즉, 위험이 분산되어 장례라는 어려움을 넘어갈 수 있는 것이다. 이후 다른 계원에게 장례가 생길 때는 나도 참여하여 위험을 나눠 갖는 것이다. 이런 예를 통해서 보면 계의 원리는 위험의 분산에 있다.
- 사회보험도 마찬가지이다. 사회보험은 사회적 위험에 대해서 보험방식으로 대처하는 것이다. 이때 보험방식이라는 것은 결국 위험의 분산 원리를 의미한다. 즉, 보험에 가입된 사람들이 위험을 골고루 나눠가짐을 통하여 개인이 혼자 그 위험을 맞았을 대 감당할 수 없는 것을 넉넉히 감당하게 하는 것이다.
- 이런 면에서 보면 계는 사회보험과 그 원리가 동일하다는 것을 알 수 있다.

⑥ 근대 이전 사회복지적 요소들의 의의와 한계

- 근대법적인 사회복지가 실현되기 이전에도 우리사회에서는 국가나 시민 중심의 사회문제를 대처하는 지혜가 있음을 알 수 있다.
- 특히, 향약, 두레, 품앗이, 계와 같은 전통은 국가가 나서서 제도화한 것이 아니라는 점에서 순수한 지역운동으로서 사회복지적인 요소를 갖는 특징이 있다. 현대사회복지가 지역사회복지 중심이라는 점을 생각할 때 의미가 크다고 볼 수 있다.
- 그러나 다른 한편으로 이런 전통들은 모두 경제적인 이유에서 결속되었다는 점에서 전통적인 사회복지제도로 보기에는 한계가 있는 것도 사실이다. 즉, 순수하게 사회통합적인 차원에서 이루어진 전통이라면 사회복지적인 함의가 더욱 크다고 할 수 있다.
- 역사의 단절이라는 아픔이 크다. 만약 계의 위험분산의 원리를 적용하여 사회보장제도를 만들어 냈다면 사회보험을 수입하지 않고서도 사회보장을 이루는 일이 가능했을 것이다. 이럴 경우 한국적인 사회복지제도를 창출할 수 있고, 이를 오히려 다른 나라에 보급하는 일도 일어날 수 있었을 것이다. 이런 점에서 일제강점기와 미군정기로 이어지는 역사의 단절이라는 아픔이 작지 않은 것을 보게 된다.

2) 근대

① 조선구호령

- 조선구호령은 일본의 '복지8법'을 본따서 우리나라에서 시행한 최초의 사회복지법제이다.
- 이 법에 따라 근대적인 사회복지가 우리나라에서 시작되었다고 볼 수 있다.
- 그러나 이 법의 시행 동기는 식민지 정책의 일환이었을 뿐이다.
- 그럼에도 불구하고 근대법적인 사회복지가 우리나라에서 시작된다는 의미를 갖는다.

② 인보관운동

- 인보관운동 역시 일제의 수탈정책의 일환으로 이루어졌을 뿐이다.
- 지역에 남아 있는 어린아이나 노인 등을 위하여 인보관을 통하여 구제하는 일마저 하지 않는다면 사회적 불만이 크게 증폭될 것이기 때문이다.
- 그럼에도 불구하고 인보관운동이라는 새로운 사회적 운동이 우리나라에 들어오게 되는 동기가 된다.

core **실질적인 인보관운동**

비록 인보관운동은 일제에 의하여 시작되었지만 실질적인 의미에서의 인보관운동은 자주적인 모습으로 나타났다. 심훈의 소설 '상록수'에서 보여주듯이 계몽가들이 농촌 등으로 가서 농촌계몽 활동을 한 것은 지역사회 속으로 들어가서 활동을 한 실질적인 인보관운동이라고 할 수 있다. 이런 인보관운동은 일제의 탄압을 받기도 하였다. 해방 이후 우리나라가 산업화될 때 농활이나 도시산업현장에서 의식화 운동을 하는 것도 일종의 인보관운동의 성격으로 볼 수 있다. 이런 점에서 인보관운동은 사회개량주의적인 성격을 갖는다고 할 수 있다. 또한 인보관운동이 제도적으로 안착한 것이 현재의 지역사회복지관이라고도 할 수 있다.

③ 미군정의 명령들

- 미군정기의 사회복지의 대표적인 예는 '후생국보 3호' 등이다.
- 미군정의 '후생국보 3호' 등의 명령은 미군정 하에서 빈곤한 사람들을 돌보는 명령이었다는 점에서 사회복지적인 조치라고 할 수 있다.
- 그러나 내용으로 볼 때 조선구호령을 넘어서지 못하고 있어 이 명령들 역시 우리사회에서 사회복지를 보다 충실하게 이루겠다는 의지에서 나온 것이라고 보기는 어렵다.
- 오히려 미군정은 한국사회를 점령지로 보고 점령지 관리 차원에서 명령들을 내렸다고 볼 수 있다. 그러므로 사회복지적 요소의 발전으로 보기는 어렵다.

cf. 조선구호령과 미군정 후생국보 3호의 비교

- 조선구호령에서 제시하는 구호대상 : ① 65세 이상 노약자 ② 13세 이하의 유아 ③ 임

> 산부 ④ 질병, 상병, 심신장애 때문에 노무에 지장이 있는 자
> - 후생국보 3호에서 제기하는 구호대상 : ① 65세 이상인 자 ② 6세 이하의 소아를 부양하고 있는 모 ③ 13세 이하의 소아 ④ 불치의 병자 ⑤ 분만 시 도움을 요하는 자 ⑥ 정신적, 육체적 결함이 있는 자
> - 구호내용은 제한적인 구조를 동일하게 제시하고 있다. 보편적인 복지제공이 아니라 필요한 경우에 최소한으로 지급하는 것을 기본으로 하고 있다.
> - 일제나 미군정 모두 내용이 크게 다르지 않음을 볼 수 있다.

- 이 시기에 사회복지는 **실질적으로 외원단체의 활동에 있다**고 할 수 있다. 외원단체는 빈민에게 먹을 것과 의료를 제공하는 것에서부터 학교교육에 이르기까지 폭넓게 참여하는 것을 볼 수 있다. 그리고 이런 활동은 그대로 우리사회의 고등교육기관으로 이어지는 경우가 대부분이었다.

④ 근대기 사회복지의 의의
- 근대기 사회복지의 의의는 일제의 침탈과 미군정의 점령지 정책이라는 점에서 획기적인 발달이 이루어진 시기는 아니라는 점이 중요하다.
- 그런데 근대적 의미에서 사회복지가 실천된 시기라고 할 수 있다.
- 또한 이 시기에는 주로 외원단체에 의한 사회사업이 실질적으로 사회복지 수요를 감당하고 있었음을 알 수 있다.

3) 현대

(1) 1960년대 사회복지 입법기

① 여러 사회복지 입법
- 1961.9.30. '고아입양특례법' : 외국 입양 합법화
- **1961.12.30. '생활보호법' : '조선구호령' 폐지, 기본골격은 유지**
- '아동복리법' : '생활보호법'과 함께 아동복지에 관심
- 1962.1.10. '선원보험법' ('어선원 및 어선 재해보상법' 2011.12.31.)
- 1962.3.30. '재해구호법'
- 1963. '군인연금법', '산업재해보상보험법', '사회보장에 관한 법률', '의료보험법' (1977.7.1. 500인 이상 사업장 강제적용)
- 1968. '자활지도에 관한 임시조치법' : 생활보호법의 보충적 성격

② 사회복지 입법의 의의
- 우리나라 법제로서 사회복지를 시작하게 되었다는 점에서 의의가 크다. 그동안 사회복지 입법은 조선구호령과 미군정 명령이 대부분이었으나 이제부터는 우리나라 법제에 의해서 사회복지가 이루어지게 된 것이다.

• 하지만 대부분의 사회복지법제는 제정 그대로 이행되지 못하는 면도 있었다. 아직 우리나라 사회적 여건이 이를 충분히 감당할 정도가 되지 않았었다고 할 수 있다.

(2) 1970~1980년대 **사회복지법 확대기**

① 여러 사회복지의 확대 입법

- **1970. '사회복지사업법' : 사회복지서비스법의 모법**
- 1973.12.20. '사립학교교원연금법'
- 1973.12.24. '국민복지연금법'
- 1977. 12.31. '의료보호법'
- 1977. '공무원 및 사립학교의료보험법'
- 1980.12.13. '사회복지사업기금법'
- 1981. '노인복지법', '심신장애자복지법', '아동복지법' 전면개정
- 1986. '국민연금법' (국민연금복지법 폐지, 1988시행), '최저임금법'(1988.1.1.시행)
- 1988. 농어촌지역 의료보험 전면실시
- 1988.11. '보호관찰법'

② 사회복지 확대 입법의 의의

- 사회복지사업법 등 실질적인 사회복지실천이 가능해진 시기라고 할 수 있다.
- 반면, 아직 복지에 대해서 권리측면이 다소 부족한 면을 갖고 있다고 할 수 있다.

(3) 1990년대 : **권리차원의 사회복지시기 및 보편적 복지로의 확대 시기**

① 권리차원의 사회복지 입법

- 1961.1.1. '공무원연금법' : 한국 사회보험법의 효시
- 1961.9.30. '갱생보호법' : 징역, 가석방자, 선고유예자 등의 재범 위험 방지와 자립활동의 경제적 기반 조성
- 1961.11.1. '군사원호보상법' : 한국전쟁 후의 상이군인, 전몰군경 및 그 유족 보호
- 1961.11.9. '윤락행위 등 방지법' : 전쟁 후유증과 서구적 가치관의 유입으로 인한 윤락 등의 문제에 대처
- 1991.12.13. '청소년기본법'
- 1997.3.7. '청소년보호법'
- 1991.12.31. '고령자고용촉진법'
- 1993.12.27. '고용보험법' (1995.7.1. 시행)
- 1995. 농어민연금의 시행
- **1995.12.30. '사회보장기본법'**, '정신보건법'
- 1999.3.31. '사회복지공동모금회법' (전부개정)

- 1999.2.8. **'남녀차별 금지 및 구제에 관한 법률'**
- 1999.9.7. **'국민기초생활보장법'** (2000.10.1. **전면실시)**
- 2001.1.12. '장애인고용촉진 및 직업재활법'
- '아동복지법' 개정
- 2001.5.24. '의료급여법' : 종래의 '의료보호법' 폐지
- 2003.12.30. '청소년활동진흥법'
- 2004.2.9. '건강가정기본법'
- 2004.3.22. '성매매방지 및 피해자 보호 등에 관한 법률'
- 2005.8.4. '자원봉사활동기본법'
- 2005.12.29. '여성발전기본법' 개정 : '남녀차별금지 및 구제에 관한 법률' 폐지
- 2007.10.17. '한부모가족지원법' : '모부자복지법' 폐지
- 2007.4.25. '기초노령연금법'
- 2007.4.27. '노인장기요양보험법'
- 2008.3.21. '다문화가족지원법
- 2010.4.12. '장애인연금법'
- 2011.1.4. '장애인활동 지원에 관한 법률'
- 2011.8.4. '장애아동복지지원법'
- 2011.6.7. **'노숙인 등의 복지 및 자립지원에 관한 법률'**
- 2014.12.9. **'국민기초생활보장법' 개정**
- 2014.12.9. **'긴급복지지원법' 개정**
- 2014.12.9. **'사회보장급여의 이용 · 제공 및 수급권자 발굴에 관한 법률'**

cf. 송파 세 모녀 법

2014년 2월 송파에서 세 모녀가 자살하는 사건이 발생했다. 만성질환을 겪고 있는 큰딸과 더불어 세 모녀는 열심히 살았지만 경제적인 어려움을 극복할 수 없었다. 그래서 자신들이 가지고 있는 전 재산 70만원을 집세와 공과금으로 써 달라는 유서를 남기고 번개탄을 피워 자살한 사건이다. 자살하면서까지도 밀린 집세와 공과금을 걱정할 정도로 착한 사람들이었고, 열심히 사는 사람들이었다. 이 사건 이후 우리나라 공공부조에서 사각지대가 심각하다는 점이 부각되었고 이제 더 이상 이 문제를 간과할 수 없게 되었다. 이런 필요성에 의하여 국민기초생활보장법과 긴급복지지원법이 개정되고 수급자 발굴에 관한 법률이 제정된 것이다.

- 2018.9.1. 아동수당법

② 권리차원의 사회복지 입법의 의의

- 여러 입법 중 공공부조의 모법이 되는 국민기초생활보장법(1999)이 제정되면서 기존의 생활보호법이 폐지되었다. 두 법의 차이는 권리차원이 반영되었다는 점에 있다. 한 가지 예를 들면 보호를 받는 사람을 이전까지는 '생활보호대상자'라고 하였다. 대상자라는 말에는 권리성이 반영되지 않은 시혜적인 차원의 개념이 담긴 것이다. 하지만 이후로는 '수급권'과 '수급권자'라는 용어로 대치되었다.
- 송파 세 모녀 법과 같이 복지 사각지대를 위한 법 역시 권리성을 더욱 강화하는 것이라고 할 수 있다.
- 아동수당법은 보편적 제도로 제시, 하위 90%에게 실시하는 잔여적 제도로 실시, 다시 0~5세 아동만 있으면 모두에게 제공하는 보편적 제도로 확장 등 짧은 기간에 여러 과정으로 정책이 변화되어 갔다.

  그런데, 중요한 점은 정책이 점차 보편적 제도적 모습으로 안착되고 있다는 것이다. 그리고 적용대상과 급여액도 지속적으로 늘리는 추세이다. 유럽의 아동수당과는 다르지만, 보편적 제도로 자리 잡아가고 있다.
- 그럼에도 불구하고 권리차원이 아직 높은 수준이라고 보기는 어렵다.
- 수급권 사각지대를 해소하는 면은 있지만 수급을 받는 정도는 아직 열악하다고 할 수 밖에 없다.

(4) 현대에 들어선 우리나라 복지정책 변화의 일반적 특성

- 우리나라 법제의 실현
- 선별적 복지에서 보편적 복지로 점차 변화
- 권리와 인권이 점차 확대되는 방향으로 변화

01 독일 비스마르크의 사회입법에 관한 설명으로 옳은 것은?

① 1883년 제정된 질병(건강)보험은 세계 최초의 사회보험이다.
② 1884년 산재보험의 재원은 노사가 반씩 부담하였다.
③ 1889년 노령폐질연금이 전 국민을 대상으로 시행되었다.
④ 사회민주당이 사회보험 입법을 주도하였다.
⑤ 질병(건강)보험은 전국적으로 일원화된 통합된 조직에 의하여 운영되었다.

해설 비스마르크는 사회주의를 탄압하고 노동자를 회유하기 위한 당근책으로 사회보험을 입법하였다. 먼저 제안한 것은 산재보험이었으나 사회주의를 배격하는 비스마르크가 제안하는 정책이라서 사회주의자들은 의심의 눈초리로 이를 거부하였다. 그래서 질병보험을 먼저 도입하게 된다. 이후 사회보험 자체가 갖는 고유한 성격의 긍정적인 면을 보아 노동자들이 받아들이고 세계적인 사회보장제도로 자리잡게 된다. 독일의 사회보험에 대해서는 이 정도 선에서 학습하면 문제를 해결할 수 있다. 각 사회보험의 특성에 대해서까지 파악하는 것은 쉽지 않다. 산재보험은 노동자는 보험료를 내지 않고 사용자가 낸다. 노령폐질연금은 육체노동자와 저임금 하이칼라를 대상으로 하였다. 보험은 다양한 공제조합을 바탕으로 하였다. 정답 ①

02 1935년 미국의 사회보장법에 관한 설명으로 옳지 않은 것은?

① 빈곤의 사회구조적 원인에 관한 인식 증가
② 실업보험은 주정부가 운영
③ 노령연금은 연방정부가 재정과 운영을 담당
④ 사회주의 이념 확산에 따른 노동자 통제 목적
⑤ 공공부조에 대한 연방정부의 재정지원

해설 사회보장법의 기본은 연방정부가 운영과 재정을 부담하는 노령보험, 주정부가 운영하고 연방정부가 재정을 지원하는 실업보험, 공공부조, 사회복지서비스로 구성된다. 미국은 사회주의 세력이 미약했기에 사회주의 이념 확산에 따른 노동자 통제 목적으로 사회보장이 주어진 게 아니다. 이는 독일의 비스마르크 사회정책에 해당된다. 정답 ④

Chapter 04 복지국가

학습Key포인트

- ○ 복지국가의 개념과 특성을 설명할 수 있다.
- ○ 베버리지 보고서와 복지국가의 시작을 연결하여 제시할 수 있다.
- ○ 복지국가 위기에 대한 각 이념의 대처 양상을 설명할 수 있다.
- ○ 복지국가 재편방향에 대해서 설명할 수 있다.

제1절 복지국가의 시작

복지국가란 국민 대부분이 어떤 이유로든지 국가가 제공하는 복지혜택을 받는 것을 의미한다. 국가의 의무가 국민의 안정과 행복을 보장하는 것이라고 보는 관점을 따른다면 국가는 복지국가를 지향하지 않을 수 없다. 복지가 실현되는 국가일수록 복지국가일 것이기 때문이며, 그런 나라의 국민이 보다 행복한 삶을 살 수 있을 것이기 때문이다. 시대의 흐름에 따라 복지국가에 대한 개념과 기대는 변하고 있지만 사회복지정책 측면에서 볼 때 복지국가에 대한 이상 자체를 도외시하기 어렵다. 따라서 복지국가에 대한 개념 및 기원 그리고 유형에 대해서 정확하게 이해할 필요가 있다.

1) 복지국가의 개념

① 복지국가의 개념

- 복지국가에 대한 완벽한 정의는 없다. 일반적으로 국민들의 일상생활과 관련하여 발생한 사회문제에 대하여 국가가 개입해서 정부의 예산과 기구를 통하여 모든 국민이 안정을 보장받도록 하는 국가를 복지국가라고 할 수 있다.
- 이런 국가에서 국민들은 실질적으로 어떤 형태이든지 국가로부터 사회복지 급여를 받고 있으며 사회복지서비스가 자연스럽게 생활의 일부가 되어 있다(김태성, 홍선미, 2006).

② 복지국가 정책의 특성

- **복지국가는 정책의 일차적인 목표를 복지에 두고 있다.**
- **국가가 복지의 주체가 된다.**
- **국민 전체가 복지의 수혜자가 된다.**
- **국민생활에서 복지가 차지하는 비중이 높다.**
- **복지국가에서 국민들은 정치적 자유와 권리가 보장된다.**

③ 복지국가를 실현한 나라들의 특성

- **복지국가는 이념적으로 사회민주주의를 추구하는 경향이 있다.**
자유와 평등의 가치는 서로 상충하는 면이 있다. 사회민주주의는 개인의 자유는 최대한 보장하면서도 적절한 국가 개입을 통하여 평등을 실현해 나가는 기능을 하고 있다. 이런 점에서 복지국가는 이념적으로 사회민주주의를 추구하는 경향이 있다.
- **복지국가는 정치적으로 의회민주주의를 신봉한다.**
의회민주주의는 국민의 참여를 보장하는 방법이라는 점에서 매우 중요하다. 복지국가는 독재나 파쇼에 의한 국가주의가 아니라, 의회민주주의를 통한 국민의 참여가 활발하게 이루어지는 나라에서 존재한다.
- **복지국가는 경제적으로 혼합경제를 지향한다.**
자유주의는 시장의 기능을 절대적인 것으로 보지만 이 경우 자본의 우위에 따른 폐단을 막을 수가 없다. 따라서 자유시장을 존중하되 적절하게 국가가 개입하여 분배의 기능이 원활하게 작동되도록 할 필요가 있다. 이런 이유로 복지정책은 혼합경제에서 가장 활발하게 일어나는 특성이 있다.

core **혼합경제**

- 자본주의 경제체제 하에서 완전고용의 달성과 불황의 극복을 도모하기 위하여 정부가 경제활동에 개입하는 체계를 혼합경제라고 한다.
- 개입방법 : 법에 의한 독점의 방지
조사나 사회보장정책에 의한 소득의 재분배
대규모 정부사업에 의한 유효수요의 창출
민간이 취급하기 어려운 사업에 대해 공영이나 국영으로 참여

- **복지국가는 사회적으로 완전고용과 사회보장제도가 실현된 국가이다.**
고용의 불안정은 사회의 불인으로 연결된다. 따라서 고용이 안정되지 않으면 복지국가를 이룰 수 없다. 또한 국민이 예기치 않은 일로 개인으로서 감당하기 어려운 사회문제를 만나서 극복할 수 없다면 복지국가일 수 없다. 그러므로 사회보장체제가 마련되어 예기치 않은 사회적 위험에 대해 대비가 되는 사회이어야 한다. 따라서 완전고용과 사회보장제도가 갖춰진 나라가 복지국가이다.

cf. 완전고용이란?

일을 할 의사와 능력을 갖고 취직을 희망하는 자는 원칙적으로 전부 고용되는 것. 즉, 노동의 수요와 공급이 일치하는 상태를 말한다. 보통 노동인구에 대한 실업자 수의 비율이 3~4%가 되면 완전고용으로 여긴다.(다음백과)

2) 복지국가의 기원

① 독일의 사회보험으로 보는 견해

- 19세기 말 독일은 비스마르크에 의해 사회보험을 실시하였다. 이를 복지국가의 기원으로 보는 견해가 있다.
- 사회보험이 이후 사회보장의 기본이 된다는 점에서 의의가 있으나 비스마르크의 독일은 전제국가였다. 사회보험 역시 노동자를 회유하기 위하여 제정한 것이다. 따라서 이 시기를 복지국가의 기원으로 보기에는 애매한 점이 있다.
- 복지국가라는 용어도 이 시기 이후에 나온다.

② 영국의 베버리지보고서에 의한 정책실현으로 보는 견해

- 베버리지보고서는 1차 대전 이후 영국의 재건을 위하여 발간한 보고서이다.
- 곧 2차 대전이 발발함으로 활용을 못하다가 2차 대전 이후에 활용하게 된다.
- 영국 노동당 정부는 이 보고서에 따라 '요람에서 무덤까지'라는 용어가 나오는 사회복지정책을 실시하게 된다.
- 대부분의 학자들은 이를 복지국가의 기원으로 여긴다.

제2절 복지국가의 전개

역사적으로 복지국가가 어떻게 전개되어 갔는가를 살펴보는 것은 현재 세계적으로 복지가 어떤 차원에 이르렀는가를 보게 한다. 아울러 우리나라의 경우 어떤 복지지향을 가져야 하는가를 보게 하는 역할을 한다. 따라서 복지국가의 전개 흐름을 통하여 복지국가에 대한 바른 관점과 지향을 세워야 할 것이다.

1) 태동기

- 복지국가 기원의 3가지 조건(현외성, 강욱모 옮김, 2007)
  - 사회보험의 도입

- 시민권 신장과 공공복지의 빈곤퇴치
- 사회적 지출의 증가

• 위 기준에 따르면, 사회보험은 독일은 19세기 후반, 영국은 20세기 초반, 미국은 20세기 초중반으로 나타난다. 시민권 신장은 참정권 면에서 볼 때, 1900년 이전에 남성에게 참정권을 부여한 독일, 프랑스, 뉴질랜드가 복지국가를 선도해 나갔음을 볼 수 있다. 또한, 여성의 참정권을 다른 나라보다 일찍 시작한 뉴질랜드(1893)가 가족수당을 다른 나라보다 한 세대 일찍 도입한 것을 볼 수 있다. 사회적 지출, 즉 복지 관련 지출을 볼 때 1920년대 이후부터는 대부분 복지국가로 불릴만한 나라들이 GNP의 3% 이상을 지출하였다.
• 따라서 복지국가의 태동기는 19세기 말에서 20세기 초반이라고 할 수 있다.

2) 정착기

• 1920년대부터 1945년을 복지국가의 정착기라고 할 수 있다.
• 양대전쟁과 경제공황이 일어나던 시기이다. 위기가 오히려 복지국가 정착을 불러왔다.
• 전쟁을 겪으면서 전쟁 후에는 보다 나은 삶이 주어지는 복지국가에 대한 환상을 심어주었다. 전쟁 후에는 실질적으로 그런 노력을 하게 되었다.
• 경제공황을 맞으면서 이를 극복하기 위한 뉴딜정책 등 국가 개입은 오히려 복지국가를 진전시키는 결과를 맞기도 하였다.

3) 황금기

• 외형적으로 사회복지가 가장 발전한 시기이다.
• 1945~1975년까지를 보통 복지국가의 황금기라고 한다.
• 영국에선 베버리지보고서를 바탕으로 사회보험, 가족수당 등으로 복지를 구현하는 시스템이 자리잡게 되었다. '요람에서 무덤까지'
• 스웨덴에서 1938년 살쯔요바텐 기본협정 이후 생산은 자본가계급이 결정하되 정책결정은 국가와 노조가 강력하게 통제하는 시스템을 만들어 냈다. '태내에서 천국까지'

4) 침체기

• 1975~1990년대까지를 침체기라고 할 수 있다.
• 복지황금기는 1973년 석유파동과 그에 따른 장기 불황으로 벽에 부딪히게 된다. 특히, 경기침체와 더불어 발생한 스태그플레이션의 확산은 복지국가 구현에 위기를 초래했다.
• 이 시기는 신자유주의가 대두되는 시기로, 신자유주의의 시장에 대한 기능강화는 자연스럽게 복지에 대해서는 축소하는 경향을 가져온 시기이기도 하다.

제3절 복지국가의 위기와 재편

복지국가 위기라는 용어는 이미 오래전부터 나왔다. 그런데 각 나라의 복지 상황이나 사회적 상황에 따라 이 말의 의미는 상이하다. 복지보다는 시장의 자유를 주장하는 지형에서는 복지국가의 위기라는 측면을 크게 강조하고 있는 반면, 시장보다는 국가의 조절을 주장하는 지형에서는 복지국가의 위기가 있지만 그다지 크게 신경 쓰지 않는 것을 볼 수 있다. 그럼에도 불구하고 현대사회에서 복지국가의 이상을 어떻게 이룰 것인가 하는 점에서 복지국가의 위기 및 재편에 대해서 이해할 필요가 있다.

1) 자유주의적 국가

- 노동력의 **재상품화를 강조**하는 경향으로 나가고 있다.
- 일과 복지를 연계하여 복지를 축소하는 **근로복지를 강화**한다.
- **분권화**를 강조한다. 복지정책 역시 지방정부가 창출하게 한다.

2) 보수주의적 국가

- 사회보험의 지출면에서 비용억제를 시도하고 있다.

3) 사회민주주의적 국가

- 노동의 재상품화와 같은 논의는 일어나지 않는다.
- 다만, 실업률을 줄이는 것에 대하여 관심을 갖는다.
- 비효율적인 프로그램의 급여액을 축소하거나 사회복지 프로그램의 효율성을 강조하는 변화 정도가 나타나고 있다.

4) 복지국가의 변화양상

From		To
포드주의(Fordist)	→	포스트 포드주의(Post-Fordist)
복지국가(Welfare State)	→	워크페어국가(Workfare State)
복지국가(Welfare State)	→	근로촉진국가
관료주의	→	시장 또는 준시장
국가독점주의	→	복지다원주의
복지주의(Welfarism)	→	포스트복지주의(Post-Welfarism)
남성생계자 중심	→	양성생계자 중심

케인즈주의적 복지국가	→	슘페터주의적 노동복지체계

자료: Clarke(2014)을 현외성(2014)에서

01 복지국가의 형성과 발달에 관한 설명으로 옳은 것을 모두 고른 것은?

ㄱ. 독일의 재해보험법(1884)에서 재정은 노사가 반반씩 부담한다.
ㄴ. 영국의 국민보험법(1911)은 건강보험과 실업보험으로 구성되었다.
ㄷ. 미국은 대공황을 경험하면서 총공급관리에 초점을 둔 국가정책을 도입하였다.
ㄹ. 스웨덴은 노동계급과 농민 간 적녹동맹(red-green alliance)을 통해 복지국가 발전의 기틀을 마련하였다.

① ㄱ, ㄴ ② ㄱ, ㄹ
③ ㄴ, ㄷ ④ ㄴ, ㄹ
⑤ ㄷ, ㄹ

해설 산재보험의 경우 노동자가 부담하지는 않는다. 미국은 대공황을 맞아 총수요 관리정책을 도입하였다. 즉, 유효수요를 늘리는 정책을 펼쳤다. 영국의 국민보험은 건강보험과 실업보험으로 구성되어 있으며, 스웨덴은 1930년대 사민당과 농민당 간의 적녹연합으로 국가주의적 복지모델을 만들어냈다.
정답 ④

02 서구 복지국가 위기 이후 나타난 흐름에 관한 설명으로 옳지 않은 것은?

① 공공서비스의 시장화
② 노동시장의 유연화정책
③ 계층 간 소득 불평등 완화
④ 복지의 투자, 생산적 성격 강조
⑤ 경제활성화를 위한 법인세 인하

해설 복지국가의 위기 이후 나타나는 특성은 근로를 강조하는 것과 시장을 강조하는 것이다. 노동시장 유연화정책이란 기업이 노동자를 사용하는 데 있어 유연하게 할 수 있다는 것으로 우리 사회에서 예를 들면 시간제 노동자의 사용 증가 등이다. 계층 간 소득 불평등을 완화하는 것은 복지국가가 황금기를 이룰 때의 모습이라고 할 수 있다.
정답 ③

Chapter 05 복지국가의 유형

학습Key포인트

○ 적극적 국가, 사회보장국가, 사회복지국가를 구분하여 설명할 수 있다.
○ 통합된 복지국가와 분화된 복지국가를 구분하여 설명할 수 있다.
○ 탈상품화의 개념을 설명할 수 있다.
○ 복지국가 유형에 따라 탈상품화 정도를 비교하여 설명할 수 있다.

제1절 복지국가 유형화의 여러 흐름

복지국가의 유형화에 대해서는 1950년대 이후 계속해서 이어져 왔다. 학자들은 저마다 각자의 시선으로 복지국가를 유형화하였다. 이렇게 복지국가에 대해서 몇 개의 범주로 유형화하는 것은 결국 복지와 관련된 어떤 쟁점들을 갖는지를 보여준다. 학자들이 어떤 기준으로 유형을 나눴는지는 우리에게 사회복지와 복지국가를 바라보는 시선을 제공해 준다. 더 나가 이런 유형화는 우리나라 사회복지가 어느 지점에 와 있는지를 파악할 수 있는 기능도 있다는 점에서 주의깊게 살펴볼 필요가 있다.

1) 윌렌스키와 르보의 유형

① 잔여적 복지국가

- 시장과 가족을 통하여 문제 해결이 일차적이다.
- 사회복지제도가 필요한 경우에만 존재한다.
- 사회복지서비스를 받는 것은 부족한 것에 대한 일시적인 보충일 뿐이다.

② 제도적 복지국가

- 사회복지가 그 사회의 제일선의 기능을 한다.
- 사회복지제도가 항상 존재한다.
- 사회복지서비스를 받는 것이 시민들의 권리이다.

2) 티트머스의 유형

① 선택주의 유형

- 윌렌스키와 르보의 잔여적 복지국가와 동일한 개념이다.
- 티트머스 자신도 용어를 잔여적 유형으로 변화하여 사용하였다.

② 보편주의 유형

- 윌렌스키와 르보의 제도적 복지국가와 동일한 개념이다.
- 티트머스 자신도 용어를 제도적 유형으로 변화하여 사용하였다.

③ 산업적 업적달성 유형

- 독일과 소련은 잔여적 유형에도 제도적 유형에도 속하지 않는다고 하였다.
- 근로실적에 따라 사회복지급여를 제공하는 기준이 다른 '**산업적 업적달성**' 유형으로 추가하여 분리하였다.

3) 퍼니스와 틸튼의 유형

① 적극적 국가

- 재산소유자를 시장과 재분배적 수요의 가능성으로부터 보호하고자 하는 국가를 이른다.
- 국가의 지향점은 '지속적인 경제성장'에 있다.
- 잔여적 개념의 사회복지를 선호한다.
- 사회보험 역시 개인의 기여가 있으므로 선호한다.
- 이런 국가에서 보호받을 수 있는 사람들은 결국 가장 잘 순응하는 중산층 이상의 사람들뿐이다. 퍼니스와 틸튼은 이런 국가는 복지국가가 아니라고 했다.
- 대표적인 예는 미국이다.

② 사회보장국가

- 국민들의 최저수준의 복지를 국가가 보장하는 것을 이른다.
- 사회보험만으로는 부족하고 공공부조나 사회서비스가 추가된다.
- 최저수준 보장에 관심을 갖지 완전한 평등에 관심을 갖는 것은 아니다.
- 개인 자발적으로 자신의 복지향상에 기여해야 한다.
- 대표적인 예는 영국이다.

③ 사회복지국가

- 광범위한 사회복지서비스 뿐만 아니라 평등과 정치활동의 참여를 촉진한다.
- 평등을 추구하고 정부, 기업, 노조의 협력을 강조한다는 점에서 사회보장국가와 차별성이 있다.
- 경제정책은 사회정책에 구속을 받게 되며, 국민의 삶을 저하시키는 도시계획이나 개발은 금지된다.
- 사회복지국가의 가장 대표적인 예는 스웨덴이다.

4) 미쉬라의 유형

- 영국과 미국을 다른 유형으로 분리하는 것에 대한 회의에서 시작된 유형 구분이다.

① **분화된 복지국가**

- 경제와 복지를 구분하는 국가를 이른다.
- 영국과 미국이 여기에 속한다.

② **통합된 복지국가**

- 사회복지정책을 경제정책과 분리하지 않고 통합한다.
- 사회복지정책은 계층 간의 경쟁과 갈등보다는 협력과 합의를 바탕으로 한다.
- 조합주의 국가들에게서 나타난다.
- 오스트리아, 스웨덴이 여기에 속한다.
- 우파에서 주장하는 자유방임주의로의 회귀나 좌파에서 주장하는 자본주의 철폐는 모두 해결책이 되지 않고 조합주의적 통합이 복지국가의 위기를 극복할 수 있다고 보았다.

제2절 에스핑–앤더슨의 복지국가 유형 구분

에스핑-앤더슨은 독특한 방식으로 복지국가를 유형화하였다. 그가 제시한 여러 관점 중 탈상품화라는 개념은 사회복지에 있어 중요한 역할을 하기도 한다. 따라서 에스핑-앤더슨이 제시하는 복지국가를 구분하는 기준에 대해서 살펴보고 그 기준에 따라 구분되는 각 복지국가는 어떤 특성을 갖는지를 살펴볼 필요가 있다.

1) 에스핑–앤더슨이 제시하는 복지국가 유형 구분의 기준

① 탈상품화의 정도

- **탈상품화**

  자본주의 사회에서 인간이 시장에 의존하지 않고 생계를 유지할 수 있는 정도를 가리킨다.

  자본주의 사회에서의 인간은 시장에 자신의 노동을 팔아야 살 수 있다. 즉, 자신의 노동력을 상품화하여야 살 수 있는 것이다. 이럴 경우 자꾸 시장에 예속되기 마련이다. 자본의 속성은 적게 투입하면서 최대의 이익을 산출하려는 것이기 때문이다. 따라서 자본을 갖지 못한 노동자는 자신의 노동을 상품화하면서 더욱 피폐되어갈 수밖에 없다. 이런 시장을 벗어나서도 살아가는 데 지장이 없는 것을 탈상품화라고 한다.

결국 사회복지정책에 의하여 급여를 받는 것이 전제될 수밖에 없다.

• 에스핑-앤더슨은 이를 측정하기 위하여 연금급여, 실업급여, 질병급여의 수준 및 형태를 고려하였다. 즉, 이런 급여의 수준이나 형태에 따라 개인이 시장을 의존하지 않고도 인간답게 살아갈 수 있는 정도가 드러난다는 것이다.

② 사회적 계층화의 정도

• 에스핑-앤더슨은 사회적 계층화의 유형을 구체적으로 보수주의적 계층화, 자유주의적 계층화, 사회민주주의적 계층화를 구분하였다.

• 각 계층화가 이루어지는 정도를 몇 개의 지표를 통해 측정하였다.

계층	지표
보수주의 계층화	• 조합주의 지표 : 지역별로 구분된 연금 수 • 국가주의 지표 : 정부부문 피용자의 연금지출이 GDP에서 차지하는 비중
자유주의 계층화	• 총 사회지출에 대해 자산조사급여 지출(공공부조)의 비중 • 총 사회지출에 대해 민간연금의 비중 • 총 사회지출에 대해 민간의료비의 비중
사민주의 계층화	• 보편주의 정도 : 경제활동 인구 대비 복지프로그램(실업, 연금, 질병급여) 적용인구의 비율 • 급여의 격차 : 표준 노동자가 받는 표준 급여액과 복지프로그램의 최대급여액간의 상대적 비중

③ 복지제공에 있어 국가와 시장의 상대적 역할 비중

• 네 가지 기준을 제시

a. GDP 대비 민간기업연금의 비중

b. GDP 대비 공적연금, 민간연금, 개인연금의 비중

c. 총 연금지출 중 사회보장연금, 공무원연금, 기업연금, 개인연금의 비중

d. 65세 이상 노인가구주 가구의 소득원천구성

• 후에 **'탈가족화'**라는 개념을 도입

cf. 탈가족화

• 개념 : 가족보호나 가족복지의 책임이 가족 성원이 아닌 국가나 시장이 다양한 급여로 인해 완화되거나 감소되는 정도를 의미한다.

• 측정 : 시장에서 제공되는 상품(민간보육서비스)이 얼마나 가족노동을 대체하는가?
국가에서 제공하는 서비스(가족복지서비스 등)가 얼마나 가족노동을 대체하는가?
가족이 얼마나 복지공급에 책임을 지고 있는가?(자녀로부터 부양받는 노인인구 비중, 여성의 주당 가사노동시간)

2) 복지국가의 유형

① **자유주의 복지체제**

- 시장을 중심으로 하는 개인주의적 연대양식을 강조한다.
- 국가의 사회보장 제도에 비해 기업복지나 민간보험의 역할이 크다.
- 낙인(stigma)을 동반하는 자산조사 중심의 공공부조가 발달한다.
- 대체로 사회복지비 지출이 낮다.
- 미국, 영국, 캐나다, 호주 등

② **보수주의 복지체제**

- 복지제공에 있어 시장의 역할이 주변적인 반면 가족의 역할이 중심적이고 국가는 이를 보조하는 형태이다.
- 가족이 중심이고 국가는 이를 보조한다.
- 국가의 개입수준은 높고 기업복지나 민간보험 등 시장의 역할은 작지만 기여에 기반을 둔 보상을 제공하는 사회보험이 발달하여 탈상품화의 효과는 크지 않다.
- 주로 경제적인 능력에 따라 사회정의를 지향하는 특성을 갖고 있다.
- 독일, 오스트리아, 프랑스 등

③ **사회민주주의 복지체제**

- 국가의 역할이 가장 중심적이다. 가족이나 시장은 주변적이다.
- 사회적 연대의 근거도 국가이며 매우 보편적인 방식으로 복지서비스와 급여를 제공한다.
- 탈상품화의 정도가 매우 높고, 복지에 있어 시장이나 민간보험의 역할은 작다.
- 국고를 통해 재원이 마련되는 공공서비스 프로그램이 발달되어 있다.
- 평등실현이 중심적이다.
- 자본주의 경제체제에서 발생한 계층구조를 변화시킬 수 있는 여지가 많다.
- 스웨덴, 노르웨이, 덴마크 등

3) 에스핑-앤더슨 유형의 정리

	자유주의 복지국가	보수주의 복지국가	사회민주주의 복지국가
가족의 역할	주변적	중심적	주변적
시장의 역할	중심적	주변적	주변적
정부의 역할	주변적	보조적	중심적
최고가치	자조, 자립	전통, 질서	평등, 연대
주요 수급대상	빈민, 취약계층	남성 노동자	사회구성원 전체
제도적 특징	공공부조 중심	사회보험 중심	사회서비스 중심
급여수준	매우 낮음	대체로 낮음	대체로 높음

탈상품화 정도	메우 낮음	낮음	매우 높음
대표적인 국가	미국	독일, 이탈리아	스웨덴

자료: 이수천, 고광신, 전준현(2011)

4) 에스핑-앤더슨 유형의 한계

- 유럽과 미국 등 선진자본주의 국가를 중심으로 유형화하였다. 따라서 남부유럽과 동아시아 국가에 대해서는 적용하기 어려운 점이 있다.
- 남유럽 국가들은 가족의존도가 높고 전반적인 복지의 수준이 낮은 편이다. 이런 점에서 학자들 중에는 남유럽 국가들을 초보적 복지국가로 유형화하기도 한다.
- 또한 학자들 중에는 동아시아 국가는 복합주의적 모습을 나타내고 있어 유교주의적 복지국가로 유형화하기도 한다.
- 동아시아 국가들은 대개 국가 주도의 사회보험 중심으로 사회보장제도가 발전하고 있고, 사회보험제도가 지위나 직업별로 분절된 특성을 나타내고 있으며, 복지혜택의 제공에 있어 가족중심적이고 가부장적인 측면이 나타난다. 이런 점에서 복지수준이 높아지면 향후 보수주의적인 복지체제로 편입될 가능성이 높다고 하였다.
- 에스핑-앤더슨의 탈상품화와 탈가족화 모형을 교차하여 다음과 같이 구분하기도 한다(길철주, 2004).
  a. 국가 의존형 복지체제 : 탈상품화↑, 탈가족화↑
  b. 시장 의존형 복지체제 : 탈상품화↓, 탈가족화↑
  c. 가족 의존형 복지체제 : 탈상품화↓, 탈가족화↓

01 복지국가의 유형화에 관한 설명으로 옳은 것은?

① 조이와 윌딩(V. George & P. Wilding)의 소극적 집합주의(reluctant collectivism) : 자본주의 시장체계의 약점을 보완하게 위해 국가 개입 인정
② 윌렌스키와 르보(H. Wilensky & C. Lebeaux) 의 제도적 모형(institutional model) : 가족이나 시장 등 정상적인 통로가 적절히 기능하지 못할 때에만 보충적, 임시적 기능 수행
③ 미쉬라(R. Mishra)의 분화적 복지국가(differentiated welfare state) : 경제집단의 상호의존성을 의식하여 사회적 협력형태로 제도화 추구
④ 티트머스(R. TItmuss)의 산업성취수행 모형(industrial achievement performance model) : 시장 밖에서 욕구 원칙에 입각하여 보편적 서비스 제공
⑤ 퍼니스와 틸톤(N. Furniss & T. Tilton)의 적극적 국가(positive state) : 사회보험과 사회부조 실시를 위해 국가 개입 인정

해설 제도적 모형은 국가가 사회복지에 대해서 책임을 지고 제공하는 것을 의미한다. 가족이나 시장 등의 기능을 전제로 하여 부족한 부분을 채우는 것은 선별적 모형이다. 미쉬라의 분화적 복지국가는 복지와 경제를 이원화하는 것이고 통합적 복지국가는 경제와 복지를 협력형태로 통합하는 것이다. 티트머스는 시장 밖에서 욕구 원칙에 입각하여 보편적 서비스를 제공하는 것으로 제시한 것은 보편적 복지국가이다. 산업성취모델은 독일과 소련과 같이 국가가 특수한 형태로 개입한 경우를 말한다. 퍼니스와 틸톤의 적극적 국가는 사회보험을 선호한다. 사회보험에 더하여 공공부조와 사회복지서비스를 구비하는 것을 사회보장국가라고 한다. 정답 ①

02 에스핑-안데르센(G. Esping-Andersen)의 복지국가 유형에 관한 설명으로 옳은 것은?

① 복지국가 유형을 탈상품화, 계층화 등을 기준으로 분류하였다.
② 보수주의 복지국가는 탈가족주의와 통합적 사회보험을 강조한다.
③ 자유주의 복지국가는 공공부조의 비중과 탈상품화 수준이 낮은 편이다.
④ 사회민주주의 복지국가는 국가의 책임을 최소화하고 시장을 통해 문제해결을 한다.
⑤ 보수주의 복지국가의 예로는 프랑스, 영국, 미국을 들 수 있다.

해설 ②번에서는 탈가족주의가 해당되지 않는다. ③은 공공부조 비중이 높다. ④은 자유우의국가에 대한 설명이다. ⑤에서는 프랑스가 빠져야 된다. 정답 ①

Chapter 06

사회복지정책의 발달이론

학습Key포인트

○ 사회복지정책 발달이론은 어떤 역할을 하는지를 제시할 수 있다.
○ 여러 사회복지정책 발달이론의 개념과 특성을 구분할 수 있다.

제1절 사회복지정책 발달이론의 의의

사회복지정책의 목표와 가치는 그 사회의 사회복지정책의 특성을 보여주는 역할을 한다. 그런데 사회복지정책의 목표와 가치는 여러 발달이론을 통하여 이루어진다. 어느 특정이론이 모든 사회의 사회복지정책 형성에 대해 설명하지는 못한다. 하지만 사회복지정책의 발달이론을 이해하는 것은 사회복지정책의 형성에 대해서 집약된 이해를 제공해 주는 역할을 한다.

1) 사회복지정책 발달이론의 개념 및 특성

- 사회복지정책의 발달이론은 사회복지정책이 어떤 과정을 거쳐 결정되는지를 보여주는 이론체계이다.
- 사회복지정책의 발달이론은 한 사회의 정책이 이루어지는 과정을 보여주기도 하지만 반대로 그 사회의 성격을 보여주는 특성도 갖는다.

2) 사회복지정책 발달이론의 의의

- 정책 발달이론은 시대상을 보여준다.
- 그 시대의 주요가치가 어디에 있는지를 보여주는 기능을 한다.
- 사회복지정책 형성에 대한 이론적 배경을 제시해 준다.

제2절 사회복지정책의 여러 발달이론

1) 산업화론(수렴이론)

① 개념

- 경제성장이 사회복지를 이룬다는 이론이다.
- **각 나라는 경제성장에 따라 복지 정도나 국가 체제가 비슷한 형태로 수렴되는 경향을 나타낸다**는 이론이다.
- 그래서 산업화이론을 수렴이론이라고도 한다.

② 특성

- **경제발전**을 담보하는 **기술의 발전**이 사회복지제도 정착의 주요 요인이다.
- 각 나라는 각기 다른 정치체제를 갖는다. 어떤 정치체제이든 발전을 이루기 위하여 경제발전에 관심을 갖게 되고, 경제발전에 대한 관심은 기술발전에 관심을 갖게 한다. 그런데 기술이라는 것은 이념이나 사상과는 관련성이 적은 것이다. 따라서 경제발전과 경제발전을 이루게 하는 기술발전에 관심을 가지면서 각 정치체제는 비슷한 모양들을 많이 갖게 된다. 이렇게 되면 처음에는 다른 정치체제로 시작했지만 결국 기술발전이라는 특성으로 인하여 비슷한 정체형태로 수렴해 있게 된다.

> **cf. 자유방임주의와 국가통제주의가 서로 수렴하는 지점**
> - 자유방임주의의 기본적인 전제는 국가가 개입하지 않아야 하는 것이다. 그러나 사회안정을 위하여 국가의 개입이 필수적인 것으로 받아들여져 자유방임주의국가에서도 국가의 개입이 상당부분 이루어지고 있다.
> - 국가통제주의의 기본적인 전제는 인민의 평등을 위하여 국가가 엄격하게 통제하는 것이다. 오히려 개인의 자유가 제한된다. 그런데 경제발전의 욕구는 국가통제국가에서 어느 정도 시장에 대한 개방성을 갖게 된다. 대표적인 예가 중국이 수정주의 노선을 가진 것이다. 북한도 김정은 체제에서 부분적인 시장주의적인 모습을 받아들이고 있다.
> - 비록 똑같은 정도는 아니지만 자유방임주의나 국가통제주의가 비슷한 정도로 수렴하는 것을 볼 수 있다.

- 결국 산업화이론 곧 수렴이론은 경제발전론을 기반으로 한다. 이를 미쉬라(Mishra, 1981)는 다원주의적 산업주의라고 하였다.
- **핵심은 정치적 전통이 아니라 산업화 정도가 사회복지정책 수준을 비슷하게 만든다는 것이다.**
- 현실적으로 경제가 발전한 나라에서 사회복지제도가 발전하였다는 점을 설명하여 준다.

③ 한계

- 이 이론에 따르면 산업화가 발전할수록 사회복지정책과 제도로 발전하여야 한다. 그런데 현실적으로 아무리 산업화가 이루어진 사회라고 해도 일정 정도 사회복지정책이 발전한 이후에는 정체되는 모습을 나타내거나 오히려 사회복지정책이 후퇴하는 모습도 나타난다.
- 이에 대해서 설명을 하지 못하고 있다.

2) 사회양심론

① 개념

- 집단양심이 사회복지정책과 제도를 발전시킨다는 이론이다.
- 개인이 가지고 있는 타인에 대한 사랑, 사회적 의무감이 사회주의정책 발전을 가져온다는 이론이다.
- 인도주의적 입장에서 사회복지정책이 이루어진다고 보는 이론이다.

② 특성

- 사회양심이론은 다음 **다섯 가지**로 요약되는 특성이 있다.
  a. 사회복지정책은 인간이 가지고 있는 서로의 사랑을 국가를 통해서 표현하는 것이다.
  b. 사회복지정책은 두 가지 요인에 의하여 변화된다. 하나는 사회적 의무감의 확대 및 심화이고 다른 하나는 사회적 욕구에 대한 지식의 증대이다.
  c. 변화는 누적적이다. 또한 항상 그런 것은 아니지만 정책은 일반적으로 관대하고 넓은 방향으로 발전해 나가는 특성이 있다.
  d. 개선은 역진될 수 없으며, 현재의 서비스 수준은 역사상 가장 높은 수준의 것이다.
  e. 비록 현재의 서비스가 불완전하고 결점을 가지고 있지만 사회복지의 문제들은 앞으로 해결될 것이며 이런 전망은 낙관적이다.
- 사회복지정책은 **국가의 자선활동을 간주**하는 특성을 갖는다.
- **사회복지정책의 발달을 진화론적으로 본다.** 발전 역시 당연한 것으로 본다.

③ 한계

- 사회발전은 항상 발전적으로만 나가는 것은 아니다. 정권변화에 따라 사회복지정책도 후퇴한다.
- 최근 여러 나라에서 나타나는 사회복지정책의 실패와 사회문제의 증가는 점진적 변화라는 사회양심론과는 다른 양상이다.
- 이러한 이유로 사회양심론의 설득력이 떨어지기도 한다.

3) 시민권론

① 개념

- 시민권론은 사회복지를 시민이라면 누구나 다 누릴 권리가 있는 것으로 본다.
- 시민권이란 완전한 성원에게 부여되는 여러 가지 권리와 권력을 향유할 수 있는 지위를 말한다.
- 시민권의 3대 분류

  a. 공민권 - 개인의 자유를 위한 권리를 의미한다. 주로 18세기에 확립되었다.

  eg. 개인의 자유, 표현의 자유, 신념과 사상의 자유, 사유재산권, 정당한 계약을 맺을 권리, 재판을 받을 권리

  b. 정치권 - 정치권력의 행사에 참여할 수 있는 권리를 의미한다. 주로 19세기에 확립되었다. eg. 선기권과 피선거권, 공무담임권

  c. 복지권 - 사회적 유산을 공유하고 문명화된 삶을 누릴 수 있는 권리를 의미한다. 주로 20세기에 확립되었다.
- 사회복지정책은 시민권적인 관점에서 결정된다는 견해이다.

② 특성

- 마샬(Marshall, 1977)은 **시민권의 핵심은 사회적 불평등을 완화하는 것이고, 이를 이루기 위한 제도가 바로 사회복지정책**이라고 했다.
- 즉, 불평등한 계급구조는 경제적, 법적, 정치적 사회불평등을 심화시켜 결과적으로 사회 불안정 요소로 작동하게 된다. 사회질서를 유지하기 위해서는 결과적으로 사회연대의식과 결부될 수밖에 없다. 시민들은 자신의 복지에 대해서 관심을 갖고 사회연대에 기초하여 이런 심화된 불평등에 대해서 해결할 것을 요구한다. 이런 시민권적 관심과 활동이 사회복지정책을 발전시킨다고 보는 것이다.
- 시민권론은 사회복지정책에 두 가지 점에서 기여를 하였다.

  a. 첫째, 근대 자본주의국가의 불평등한 계급구조와 평등주의적인 시민권이 양립할 수 있음을 보여주었다.

  b. 둘째, 사회복지를 거시적 연대성과 결부시켰다.

③ 한계

- 자본주의 시장경제체제 하에서는 개인의 능력에 따라 자원이 배분되기 때문에 시민권론에 따른 사회복지정책의 형성 가능성이 희박해진다.
- 권리에 따른 법적 요구는 법에 기초한 사회복지만을 의미할 수 있기 때문에 사회복지 전체를 설명하는 데 한계를 가질 수밖에 없다.
- 복지에 대한 시민의 권리를 이야기하려면 정책결정 과정에서 일반시민들이 참여하는 게 보장되어야 하는데 사회주의 국가체제에서는 이런 개념을 일반화시킬 수 없다.

4) 음모이론

① 개념

- 음모이론은 사회양심이론과 대비되는 개념이라고 할 수 있다.
  즉, 사회양심이론은 사회복지정책을 국가적인 자선으로 보는 것으로 진화론적인 특성을 갖는 것으로 본다. 사회복지정책의 발전은 당연히 이루어진다는 견해이다.
  음모이론은 인도주의적의 사회복지정책에 대한 비판에서 성립된 이론이라고 볼 수 있다.
- 그러나 음모이론은 사회복지정책을 **지배계층의 권력유지 수단으로 이해**한다.
- 즉, 지배계층이 사회복지정책을 제시하는 것은 자신들의 이익을 유지하기 위한 것이라고 보는 것이다.

② 특성

- 대량실업 등 경제적 어려움이 발생하면 정부는 사회복지정책을 확대한다. 이는 사회적 위험과 혼란이 커지는 것을 막기 위해서 실시하는 것이다. 즉, 빈민이나 노동자를 위한 것이 아니라 사회질서를 유지하기 위한 것이다.
- 경기가 회복되고 고용이 늘어나면 사회복지제도를 다시 축소한다. 이 점에서 사회복지정책은 정책대상자를 위한 것이라기보다는 사회안정이나 지배계층의 권력유지 수단으로 보는 것이다.
- 음모이론에 따르면 **사회복지정책은 사회통제수단의 성격이 강하다**고 할 수 있다.
  eg. 빈민법(1601)은 흔히 사회복지법의 시작으로 이야기된다. 빈민에 대해서 국가가 법으로 대처했다는 점에서 그런 평가가 이루어진다. 하지만 당시의 사회적 상황을 보면 빈민에 대한 적절한 규제를 하지 않을 경우 빈민들의 유랑으로 인하여 교구 중심의 영국사회가 무너질 것으로 판단되어 이를 막고자 실시한 법이라고 할 수 있다.
  eg. 비스마르크가 제시한 사회보험은 오늘날 사회보장의 대표적인 제도가 되었다. 하지만 사회보험을 처음 제안할 때 역시 노동자들을 위한 제도이기보다는 사회주의의 확산으로 인한 노동운동 등으로 파업이 일어날 경우 독일의 공업발달에 지장이 있을 것을 고려하여 노동자들에게 선제적으로 제공한 당근책으로 이야기되기도 한다.

③ 한계

- 음모론을 적용하여 비판하는 내용이 아동, 노인, 장애인 등과 관련한 사회복지정책에는 적합하지 않다. 이들은 사회적 약자인데 이들을 위한 정책이 지배계층의 권력유지와 관련성이 낮다는 것이다.
- 노동자들과 달리 이들은 사회적 불안 요소로 작용하는 데 있어 힘을 갖지 못한 자들이기 때문이다. 따라서 이들을 위한 사회복지정책이나 제도가 있다는 것은 사회복지정책이 사회통제수단으로 사용된다는 점을 설득력 있게 설명할 수 없다.
- 실제로 아동, 노인, 장애인을 위한 사회복지정책은 인도주의적 관점에서 이루어지는

경향이 많다.

5) 확산이론

① 개념

- 한 나라의 사회복지정책이나 제도는 다른 나라로 확산되어 간다는 이론이다.
- 즉, 선진복지국가의 복지경험이 다른 나라로 옮겨간다는 것이다.
- 한 국가의 복지정책과 제도가 확산되어 가는 것이므로 **지리적인 요인과 경제적인 요인이 중요한 변수로 작용**한다.
- 근대화이론이라고도 한다. 선진국가의 것이 확산된다고 보기 때문이다.

② 특성

- 유럽지역이 복지정책이나 제도에 있어 다른 지역보다 앞선 것은 일찍부터 복지국가의 면모를 갖춘 영국과 지리적으로 가깝다는 특성이 있기 때문이다.
- 영국의 식민지였던 지역들은 대개 교육과 제도면에 있어서 영국과 비슷하다. 그래서 다른 나라보다 사회복지제도가 발달한 측면이 나타난다.

③ 한계

- 서유럽에서 사회보장의 확산은 경제성장 및 자유주의 이데올로기의 발전 순서와 일치하고 있다. 따라서 지리적으로 가까운 그리고 발전된 정책이나 제도가 확산되는 것이 과연 독립변수인지 의문을 가질 수밖에 없다.
- 또한 복지정책과 제도의 전달은 경제적으로 발달한 나라에서 그렇지 못한 나라로 확산된 경우도 많지만 반대로 저개발국가에서 경제적으로 발달한 나라로 확산된 것도 있다.

  eg. 근대화에 있어서 영국보다 뒤진 독일이 영국보다 한 세대 먼저 사회보험을 실시하였다. 이것이 영국으로 그리고 전 세계로 확산되었다.
- 따라서 학자들은 정책결정에 있어 단순히 확산이론으로 설명하기보다는 정책을 세우는 국가 내부의 사회적, 경제적, 정치적 상황이 더 중요하다고 보는 경향이 많아지고 있다.
- 한 나라가 정책을 세울 때는 주변국가의 정책을 참고하기 마련이다. 참고하였다는 것을 일률적으로 확산이라고 보는 것은 무리가 있다.

6) 엘리트론

① 개념

- 사회복지정책이 탁월한 능력을 가진 소수 몇 사람에 의해서 이루어진다는 이론이다.
- 사회의 엘리트가 사회복지정책이나 제도를 만든다는 것이다.
- 엘리트와 일반 대중을 분리한다. 엘리트들은 그들만의 특수한 인맥, 권력, 학맥, 지식

에 기초해서 사회복지정책을 세운다. 자신들을 위한 정책을 세우게 된다.

- 위인론이라고도 한다.

② 특성

- 다이(Dye, 1998)는 엘리트이론의 가정을 다음과 같이 여섯 가지로 설명한다.
  - a. 사회는 권력을 가진 소수와 권력을 가지지 못한 다수로 나누어진다.
  - b. 소수의 지배층은 지배당하는 다수를 대표하지 않으며, 엘리트들은 사회의 상류층에서 비례적으로 추출되는 것은 아니다.
  - c. 비엘리트들의 엘리트 계층으로의 이동은 느려야 하지만 안정을 유지하고 혁명을 피하기 위해서는 계속되어야 한다. 뿐만 아니라 엘리트들의 여론을 수렴하는 비엘리트들만 지배층으로 진입한다.
  - d. 엘리트들은 사회제도의 기본가치와 체제의 보존을 위해 어떤 가치를 공유한다.
  - e. 정책은 대중들의 욕구를 반영하는 것이 아니라 엘리트들의 가치를 반영한다.
  - f. 대중이 엘리트에게 영향을 미치기보다는 엘리트들이 대중들에게 더 영향을 미친다.
- 결국, 엘리트들은 자기들끼리 동류의식을 갖고 자신들의 이익을 위해서 노력하는 집단이라고 할 수 있다. 이들이 세운 정책 역시 자신들의 이익을 위한 것이라고 할 수밖에 없다.
- (엘리트이론은 파레토의 법칙을 반영한다.)

cf. 파레토의 법칙

파레토의 법칙은 흔히 한 사회의 움직임은 대다수에 의하여 이루어지기보다는 그 사회의 20%에 의해서 움직이고 있는 것을 보여준다고 알려졌다. 파레토는 이탈리아의 경제학자이다. 그는 그 시대의 이탈리아 경제구조를 볼 때 20%가 이탈리아 부의 80%를 가지고 있는 것을 발견했다. 그리고 이런 모습이 사회 곳곳에 적용됨을 보고하였다. 이것이 파레토의 법칙이다.

③ 제한

- 음모이론과 크게 다르지 않다.

7) 기타 발달이론

- 이익집단론 : 사회복지정책을 이익집단들 간의 갈등과 타협의 산물로 본다.
  eg. 코포타리즘
- 패미니즘 : 그동안 복지국가의 주요 역할이나 정책이 남성의 여성에 대한 지배의 산물이라고 보는 견해이다.
- 국가론 : 이익집단론적 입장에서 국가는 이익집단 간 매개자로서의 역할을 한다. 페미니

증적인 입장에서는 국가를 지배계급의 도구로 보는 경향이 있다. 이에 반해 국가론은 국가중심론적인 입장을 갖는다. 관료제를 특징으로 한다.

• 독점자본주의론 : 신마르크스주의

독점자본이론은 산업화이론이 무시했던 자본주의 사회의 속성을 분석하여 복지국가 발전을 설명한다. 즉 자본주의의 계급문제와 노동력 재생산을 분석하는 것이다. 그리고 전통적인 마르크시즘에 그 이론적 뿌리를 두고, 고도로 발전된 자본주의 사회의 현상을 분석하여 복지국가 발전을 설명한다. 전통적인 마르크시즘은 소수가 생산수단을 독점하기 때문에 '생산수단의 사회화를 통하여 생산은 사회적 기준에 의하여 이루어지고 분배는 인간욕구에 의해서 이루어져야 한다.'라고 주장한다. 그러나 자본주의가 발전하여 점차 독점적 자본주의로 바뀌면서 국가가 경제에 적극적으로 개입하는 역할이 중요하게 되었다.

01 사회복지정책의 발달을 설명하는 이론으로 옳은 것을 모두 고른 것은?

ㄱ. 시민권이론은 정치권, 공민권, 사회권의 순서로 발달한 것으로 본다.
ㄴ. 권력자원이론은 노동조합의 중앙집중화 정도, 좌파정당의 집권을 복지국가 발달의 변수로 본다.
ㄷ. 이익집단이론은 다양한 이익집단들의 정치적 활동을 통해 복지국가가 발달한 것으로 본다.
ㄹ. 국가중심이론은 국가 엘리트들과 고용주들의 의지와 능력에 의해 결정된다고 본다.
ㅁ. 수렴이론은 그 사회의 기술수준과 산업화 정도에 따라 사회복지의 발달이 수렴된다고 본다.

① ㄱ, ㄴ, ㄷ
② ㄱ, ㄷ, ㅁ
③ ㄴ, ㄷ, ㄹ
④ ㄴ, ㄷ, ㅁ
⑤ ㄴ, ㄹ ㅁ

해설 시민권은 공민권, 정치권, 사회권 순으로 발달했다. 국가중심이론은 말 그대로 관료제를 특징으로 하는 국가가 중심이 되는 것을 의미한다.

정답 ④

02 복지국가 발전 이론에 관한 설명으로 옳은 것은?

① 산업화이론 – 산업화는 가족구조의 변화를 초래하여 복지에 대한 국가의 역할을 증대시킴
② 독점자본이론 – 자본주의는 노동력을 상품화시켰고 질병, 노령, 산업재해 등으로 상품화될 수 없는 노동력을 국가가 책임지게 됨
③ 사회민주주의이론 – 서로 다른 유형의 복지국가라도 시간이 지날수록 유사한 유형으로 수렴함
④ 이익집단이론 – 계급갈등의 정치적 과정을 중요시하고, 갈등의 정치화과정을 통해 복지국가가 발전함
⑤ 국가중심적이론 – 이익집단이나 노동자계급의 정치적인 힘이 국가차원에서 결합될 때 복지국가로 발전함

해설 ②, ③의 지문은 산업화론을 설명하고 있다. ④는 독점자본론이다. 국가중심주의는 말 그대로 국가가 중심적인 역할을 한다는 이론이다. 산업화가 노인인구의 증가, 아동복지의 증가, 여성의 사회참여 등으로 복지에 대한 국가의 역할이 증대되었음을 보여준다.

정답 ①

Chapter 07

사회복지정책의 결정모형

학습Key포인트

○ 사회복지정책 결정모형은 어떤 역할을 하는지를 제시할 수 있다.
○ 여러 사회복지정책 결정모형의 개념과 특성을 구분할 수 있다.

제1절 사회복지정책 결정모형의 의의

과학적인 이론은 일종의 모형을 통하여 설명이 이루어진다. 사회복지정책의 결정도 일종의 모형을 통하여 설명할 수 있다. 이런 모형을 설정하는 것은 정책결정과 그 결정에 관여된 요인들에 대해서 일목요연하게 파악하게 하는 기능을 하게 된다.

1) 사회복지정책 결정모형의 개념 및 특성

사회복지정책의 결정이 어떤 모형을 통해서 이루어지는지를 밝혀주는 것이다.

2) 사회복지정책 결정모형의 의의

- 사회복지정책이 결정되는 과정을 이해하게 한다.
- 사회복지정책 결정과 관련된 여러 상황을 이해하게 한다.
- 정책결정에 있어 합리성, 만족성, 현실성, 초현실성 등 다양한 부분을 종합적으로 제시하게 된다.

제2절 사회복지정책 결정모형의 종류

정책결정모형은 합리모형, 점증모형, 혼합모형, 만족모형, 최적모형, 쓰레기통모형 등이 있으며 각 모형은 정책결정의 특성 및 정책결정과 관련된 여러 요인들의 관계를 보여주고 있다. 다만, 각 모형은 일정 부분 정책결정에 대한 설명을 해주면서 동시에 비판을 받기도 한다. 따라서 정책결정모형은 절대적인 것이 아니다. 정책결정에 대한 이해를 주는 역할을 하고 있다는 입장에서 살펴볼 필요가 있다.

1) 합리모형

① 개념

- 합리이론은 정책결정 시 **인간의 이성과 합리성을 전제**로 한다는 이론이다.
- 정책결정권자와 정책분석가는 고도의 합리성을 가지고 있어 주어진 환경에서 목표달성을 극대화할 수 있는 최선의 정책대안을 찾아낼 수 있다.
- 따라서 정책결정권자와 정책분석가는 **이성적인 작업을 할 수 있는 뛰어난 사람**이어야 한다.

② 특성

- 정책결정권자가 갖춰야 할 모습(Dye, 1998)
  a. 사회가 선호하는 가치와 그것들이 갖는 상대적 비중을 모두 알아야 한다.
  b. 가능한 모든 정책대안을 알아야 한다.
  c. 각 정책대안이 가져올 결과에 대해서 모두 알아야 한다.
  d. 각 정책대안을 실행했을 경우 가져올 이익과 손해의 비율을 계산할 수 있어야 한다.
  e. 마지막으로 이를 토대로 가장 효율적인 대안을 선택해야 한다.
- 비용 편익의 어려움
  a. 비용과 편익을 구분하는 데 있어 일관성을 가져야 한다.
  어떤 정책을 평가할 때 사용하는 비용과 편익의 개념은 다른 정책을 평가할 때도 동일해야만 비교가 가능하기 때문이다.
  b. 비용과 편익의 이중화를 피해야 한다.
  어떤 정책은 보는 관점에 따라 비용과 편익이 함께 나타나기도 한다. 즉, 비용으로 인하여 수익이 발생할 수 있다. 이 경우 비용으로 판단되는 것이 편익이 되어 판단을 흐트러지게 할 수 있다. 따라서 이런 경우 현재의 수익은 비용으로 처리하고 앞으로의 수익은 편익으로 평가할 필요가 있다.
  c. 이전 지출과 이전 소득은 비용과 편익에서 제외하고 정책을 결정, 집행하는 과정에서 나온 비용과 편익만 계산한다.

③ 한계

- 위와 같은 특성을 해낼 수 있는 사람은 슈퍼맨이 아니면 불가능하다. 즉, 고도의 합리성과 계산력을 가진 정책결정권자를 가정할 수 있는가의 문제가 있다.
- 설령 그런 가정이 가능하다 하더라도 인간은 보편적으로 자신의 이익을 행하게 되어있다는 점이 문제로 남는다. 정책결정권자가 사회구성원 모두의 이익을 위한 합리적인 결정을 할 것이라는 가정을 하지만 사실 결정권자도 알게 모르게 자신에게 유리한 쪽으로 결정을 하게 될 수 있다는 것이다.
- 현대사회는 변화무쌍한 모습을 보이고 있다. 이런 사회에서 가장 합리적인 대안을 만들어낸다는 것은 결코 쉬운 일이 아니다.
- 인간의 능력도 한계가 된다. 아무리 합리적인 사람이라 할지라도 모든 대안에 대한 가능성을 전부 파악하여 합리적인 선택을 할 수는 없는 것이다.
- 그럴 능력이 있다 하더라도 그렇게 하는 과정에서 수많은 정보와 자료를 다뤄야 하는데 현실적으로 그럴 시간이 충분하지 않다는 점도 한계가 된다. 모든 정보를 다룰 수 있다는 것은 가정일 뿐이다.
- 뿐만 아니라 어떤 결정대안이라도 반드시 갈등요인은 있을 수밖에 없다. 사회는 서로의 이익을 드러내는 특성이 있기 때문이다. 즉, 모두를 만족시킬 합리적인 대안을 찾기란 쉽지 않다는 것이다.
- 설령 그런 대안을 찾았다 해도 남은 문제는 만약 모두를 만족시킬 대안이라면 고도로 복잡하여 비용이 많이 발생할 것이다. 그렇다면 정책을 이행할 비용이 가능한가라는 점도 문제가 된다.

2) 점증모형

① 개념

- 점증모형은 이미 시행하고 있는 정책들 중 몇 개 또는 일정한 하나와 크게 다르지 않게 대안을 선택해서 정책을 결정하는 것이다.
- 이때 새로 결정하는 정책은 이전 정책에서 부분적 또는 점진적으로 약간 개선하여 시행하는 것을 의미한다.
- 정책의 발전이 급진적일 경우 사회적 혼란을 가져오기 때문에 점진적인 변화를 해야 한다는 견해이다. 정책을 둘러싼 여러 이해집단이 있어서 급격한 변화는 반대를 불러오기 때문이다.

② 특성

- 점증모형으로 정책을 선택할 경우 다음과 같은 이점이 있다.

  a. 정책결정에 드는 비용을 최소화할 수 있다.

  점증모델은 이미 시행 중인 정책 중 하나를 약간 변형하기 때문에 정책 관련 자료가 이미 상당 부분 축적되어 있다. 따라서 정책결정권자는 정책결정에 드는 비용을 별로 들이지 않아도 정책결정이 가능하다.

b. 정책결정에 있어서 부담을 줄일 수 있다.

이미 시행되는 정책을 약간 수정한 것이기 때문에 급격한 변화는 없지만 안정적인 변화는 지속적으로 가져올 수 있다. 적어도 전혀 다른 정책을 시행함으로써 오는 불안감은 갖지 않아도 된다.

c. 정책시행을 위한 예산확보가 용이하다.

이미 시행 중인 정책은 나름 예산을 확보하고 있다. 따라서 이를 약간 변형하는 정책은 예산확보에 대해서 유리한 입장에 있다고 할 수 있다. 기존의 예산에서 약간 변형된 예산은 선정하기가 어렵지 않다. 시행하던 정책평가에 나온 비용편익에 대한 계산 자료가 이미 있기 때문이다.

d. 확보된 지지층이 있다.

이미 시행하고 있는 정책은 그 정책을 지지하는 그룹이 이미 형성되어 있다. 따라서 여기서 조금 변형하여 시행하는 정책은 시작부터 일정한 지지층을 확보하고 시행하는 것이기에 안정감을 가질 수 있다. 사회적 마찰도 그만큼 줄일 수 있다.

e. 설득력을 가질 수 있다.

이미 시행하고 있는 정책과 비교하여 어떤 점이 달라지는지에 대한 설명을 하게 된다. 따라서 정책에 대한 설득력이 유리한 고지에 있다고 할 수 있다.

③ 한계

- 점증모형은 사회적 재분배를 필요로 하는 정책보다는 가능성을 염두에 두고 정부예산, 사회적 지지, 정치적 타협 등을 고려하여 사회적, 정치적 실현가능성을 전제로 정책을 결정하는 경향을 갖는다.
- 또 때로는 단기적인 정책에만 관심을 갖는 경향이 있어 임기응변적이다.
- 이런 정책결정은 **기득권을 가진 자에게는 유리하지만 사회적 약자에게는 불리**할 수밖에 없다. 기존의 정책은 기득권을 가진 자에게 유리하기 때문이다.

3) 혼합모형

① 개념

- 혼합모형은 합리모형과 점증모형의 중간형태를 띠는 것이다.
- 두 모형을 비판하면서 동시에 수용한다.

② 특성

- 합리모형을 비현실적인 것으로 비판한다.

인간은 모든 것을 고려하여 합리적인 결정을 할만큼 합리적인 사고도 또는 능력도 갖지 못한다고 주장한다.

- 동시에 점증모형은 창조적이고 변화하는 정책결정을 할 수 없음을 비판한다. 기존의 정책에서 약간 수정하는 것은 새로운 변화에 대응하는 정책결정으로 부족하다는 것이다. 아울러 이럴 경우 보수적인 성격이 있어 기득권에게만 유리할 뿐이라고 비판한다.
- 따라서 만족모형이 제시하는 것은 문제가 발생했을 경우 비용과 편익을 고려하여 대안을 찾아보고, 이를 바탕으로 현재의 정책을 수정, 보완하면서 점증적인 결정을 하는 것이 바람직하다고 본다.(강영실, 2008)
- **합리모형 - 비용과 편익을 고려한 대안 / 점증모형 - 현재의 정책을 수정 및 보완**

③ 한계

- 구체적인 상황에 대해 어떤 것은 합리모형, 어떤 것은 점증모형으로 접근해야 한다는 것에 대해 제시하지 못하고 있다.
- 독립적인 모형으로 되지 않았다. 새로운 모형이라기보다는 두 가지를 절충했을 뿐이다.

4) 만족모형

① 개념

- 인간은 한계를 가진 존재로 시간, 비용 등에 대해서 모든 가능한 대안을 검토하고 의사결정을 할 수 없다.
- 따라서 제한된 합리성에 기초하여 어느 정도 만족한 수준의 대안을 선택하게 된다.

② 특성

- 정책결정권자가 합리모형에서 이야기하는 것처럼 완벽한 이성주의자라고 가정할 수 없다는 것을 전제로 하고 있다.
- 정책결정권자는 매우 유동적인 상황에서 문제를 충분히 파악하기에 제한적이고 선별적인 인식 및 선택을 한다고 본다.
- **대안의 선택은 최적화가 아니라 만족화로 최선의 대안보다는 만족스러운 대안을 선택하는 것이다.**

③ 한계

- **만족할만한 정책을 결정하였다고 하지만 그것을 측정한 기준, 즉 척도가 존재하는 것은 아니다.** 따라서 만족할만하다는 것을 어떻게 판단하는가의 문제가 남아있다.
- 정책결정권자의 합리성에 대한 부담을 줄이는 대신 지나치게 주관적일 수 있다.

5) 최적모형

① 개념

- 정책결정에 있어 경제적 합리성과 함께 직관, 판단력, 창의력 등 초합리적인 요소까지도 고려한다는 이론이다.

• 정책결정능력이 최적수준까지 향상될 수 있다는 가능성을 제시하고 있다.

② 특성

• **이 모형은 계량적이고 경제적인 합리성의 측면과 질적이며 초합리적인 요소를 함께 고려한다.**

• 제한된 물적, 인적 자원의 범위 내에서 정치적 합리성과 경제적 합리성을 동일하게 중요시하며, 정책의 집행, 평가, 피드백에도 관심을 가져야 한다고 주장한다.

③ 한계

• 직관이나 초합리적인 것을 어떻게 받아들여야 하는가의 문제가 남는다. 과학적이지 않은 방법이 될 수 있기 때문이다.

• 이런 모든 것을 고려한 최적의 정책결정에 대해서 회의를 가질 수밖에 없다.

6) 쓰레기통모형

① 개념

• 정책결정은 합리적인 작업에 의한 것도 또한 점증적인 발전에 의한 것도 아니라고 본다.

• 사회문제는 사회문제대로, 정책대안은 정책대안대로 흘러가다가 마치 쓰레기통에서 모든 것들이 만나듯이 우연히 이 둘이 결합되어 정책이 결정된다는 이론이다.

• 마치 쓰레기통 안에서 온갖 것들이 우연에 의해서 만나듯이 **정책결정의 우연성을 강조**한다.

② 특성

• **우연성, 임의성, 유동성을 강조하는 개념**이다.

• 그림으로 이해하는 쓰레기통 모형

• 정책결정이 이루어질 수 있는 기회를 뜻하는 선택기회의 흐름

• 해결되어야할 문제의 흐름

• 문제에 대한 해답으로서의 해결방안의 흐름

• 정책결정에의 참여자의 흐름

• 정책결정에 영향을 주는 정권의 교체, 국회의석수의 변화, 국민의 분위기 변화, 여론의 변화, 이익집단의 압력 등 정치적 상황이 우연한 기회에 결합하여 의사결정이 이

루어진다고 본다.

• 이 모형은 혼란한 상태 속에서 의사결정이 어떻게 이루어지는지를 잘 설명하고 있다.

③ 한계

• 급변하는 사회에서의 의사결정을 잘 보여주는 반면 모든 조직에서의 의사결정에 대해서 설명한다고 보기는 어렵다.

7) 공공선택모형

① 개념

• 공공선택모형은 정부 재정 부문의 정책결정과정에서 **바람직한 민주적 의사결정**이 어떻게 이루어지는가를 그 내용으로 한다.

• 대표적인 학자는 뷰캐넌이다.

② 특징

• 이 모형은 공공재를 어떻게 합리적으로 효과 있게 나누는가에 관심을 갖는다.

• 정부기관들이 제공하는 공공재와 서비스는 경제부문과는 다른 논리로 제공된다. 즉, 모든 구성원의 이익을 위하여 사용되어야 한다.

• 사회구성원 모두에게 손실이 가지 않으면서도 그 사회의 특정 가치를 많이 얻을 수 있는 정책이 결정되는 특성을 갖는다.

• 한 집단에서 다른 한 집단으로 소득재분배도 가능하다.

③ 한계

• 상황에 따라서는 잘못된 선택으로 모든 구성원의 이익이 오히려 감소할 수도 있다.

8) 기타 정책결정모형

• 집단모형 - 집단모형은 정책결정이 집단 간의 투쟁과 경쟁을 통한 상호작용에 의해 이루어진다고 본다. 정책을 결정하는 사람들은 집단의 압력을 받을 때 이들의 압력에 대항해야 한다고 주장한다.

• 엘리트모형 - 정책결정이 통치 엘리트들의 가치나 이해관계 속에서 이루어진다고 보는 것이다. 소수의 권력을 가진 자들만이 정책을 분배할 수 있고 대중은 이들로부터 영향을 받는다고 주장한다.

기출문제

01 정책결정 이론모형과 설명의 연결이 옳은 것을 모두 고른 것은?

ㄱ. 합리모형 – 주어진 상황 속에서 주어진 목표를 해결하기 위해 최선의 정책대안을 찾을 수 있다고 가정한다.
ㄴ. 만족모형 – 합리모형보다 혁신적이고 진보적인 정책결정이 이루어진다.
ㄷ. 최적모형 – 체계론적 시각에서 정책성과를 최적화하려는 정책결정 모형이다.
ㄹ. 점증모형 – 경제적 합리성과 초합리성을 바탕으로 하는 질적 모형이다.

① ㄱ, ㄴ, ㄷ
② ㄱ, ㄷ
③ ㄴ, ㄹ
④ ㄹ
⑤ ㄱ, ㄴ, ㄷ, ㄹ

해설 만족모형은 만족할만한 정책이 나타났다고 하여 다른 대안을 보지 않는 특성이 있어 무사안일한 정책결정을 할 수 있다. 진보적인 것과는 거리가 멀다. 점증모형은 기존의 정책에서 약간 수정하는 것을 이른다. 경제적 합리성과 초합리성을 바탕으로 하여 최적의 정책을 결정하는 것은 최적모형이다.

정답 ②

02 다음에서 설명하는 정책결정 이론은?

- 정책결정과정에는 정책대안의 흐름, 문제의 흐름, 정치의 흐름이 존재한다.
- 정책전문가들은 지속적으로 특정 사회문제에 대한 정책대안들을 연구하고 있으며, 정책대안들이 정치적 흐름과 문제의 흐름에 의해 정책아젠다(agenda)로 등장할 때까지 기다린다.
- 이들 세 개의 흐름이 연결되면 정책의 창(policy window)이 열려 정책대안이 마련되고, 그렇지 않으면 각 흐름은 다시 각각 본래의 흐름으로 돌아간다.

① 쓰레기통모형
② 수정점증주의모형
③ 엘리슨모형
④ 합리적선택모형
⑤ 분할적점증주의모형

해설 정책의 우연성, 임의성, 정치성을 잘 드러내는 모형은 쓰레기통모형이다. 합리성이나 점증성을 모두 부인한다. 변화하는 시대의 정책결정을 잘 설명하고 있으나 모든 조직의 의사결정을 설명하는 데는 한계가 있는 모형이다.

정답 ①

Chapter 08 사회복지정책과 이데올로기

학습Key포인트

- 사회복지정책에 있어 이념이 어떤 역할을 하는지 설명할 수 있다.
- 반집합주의, 소극적 집합주의, 페이비언 사회주의, 마르크스주의의 사회복지에 대한 입장을 구분하여 제시할 수 있다.
- 신자유주의와 사회민주주의를 사회복지정책 방향성과 관련하여 구분할 수 있다.

제1절 사회복지정책에 있어서 이데올로기의 필요성

어떤 이념적 지향을 갖느냐에 따라 그 이념이 추구하는 사회상을 그리게 되어 있다. 이것은 제도나 정책에서 그대로 나타나게 된다. 따라서 사회복지정책을 이념과 관련하여 살펴보는 것은 사회복지정책을 보다 더 정확하게 파악하고 전망하는 방법이 될 수 있다.

1. 우리사회에서 이념에 대한 잘못된 시선

1) 좌파 / 우파

① 좌파와 사회복지

- 좌파와 우파라는 말은 18세기 프랑스 혁명에서 유래했다.
  당시 국민공회의 좌측에는 개혁적인 자코뱅당이 우측에는 온건한 지롱드당이 자리잡고 있었다.
- 19세기를 거쳐 이 용어는 이념적 지향을 나타내는 말로 정착하게 된다.
- 좌파는 대체로 자본주의에 회의적인 시각을 갖는다.
  자본주의가 갖고 있는 사유재산제도와 시장자유제도가 결국 불평등을 만들어낸다고 보기 때문이다. 좌파가 **최고로 내세우는 가치는 평등이다.**

- 좌파는 인간을 환경에 따라 변하는 존재라고 이해한다.
  좌파는 인간 개인에게 관심을 갖기보다는 인간이 구성하고 있는 사회, 즉 집단에 관심을 갖는다. 사회구조의 변화에 관심을 갖는다.
- 좌파에도 다양한 스펙트럼이 있어 극좌는 사회복지제도를 찬성하지 않는다. 반면, 중도 쪽으로 갈수록 사회복지에 대해서 많은 이야기를 한다.

② 우파와 사회복지

- 우파는 대체로 좌파와 반대되는 경향을 갖는다.
- 우파는 자본주의에 대해 호의적이다.
- 우파 안에서도 다양한 스펙트럼을 갖기 때문에 지향에 따라 다르긴 하지만 현실적으로 자본주의를 넘어서는 제도가 없다는 데 일치를 보고 있다.
- 사유재산제도와 시장자유제도를 최고의 가치로 여긴다.
  국가가 개입하는 것은 오히려 자율성을 떨어뜨린다는 것이다. 그래서 결국 시장의 효율성을 떨어뜨리게 된다. 불평등의 해결 역시 시장에 맡겨야 한다는 견해이다.
- 좌파와 달리 인간이 놓여있는 환경이 아닌 인간 본성에 관심을 갖는다.
  근본적으로 **개인의 자유를 최고의 가치로 본다**.
- 사회복지정책이나 제도는 국가 개입적인 요소를 기반으로 한다. 따라서 우파는 기본적으로 사회복지정책에 대해서 반대하는 입장이다. 물론 그 안에 다양한 스펙트럼이 있는 것이 사실이다.

③ 중간지대

- 이념의 스펙트럼이 다양하여 극좌에서 극우에 이르는 사이에 다양한 그룹이 존재한다.
- 사회복지에 대해서 극좌와 극우는 모두 반대한다.
  극우는 사유재산 및 시장자유를 침해하기 때문에 사회복지정책을 반대한다. 극좌는 궁극적인 혁명을 통하여 유토피아를 건설해야 하는데 사회복지정책이 이런 근본적인 문제에 도달하지 못하면서 사람들에게 작은 문제들을 해결해 줌으로써 시간을 지연시킨다고 본다.
- 사회복지정책에 대해서는 가운데 지점에서 많은 이야기들이 나오게 된다.
- **길버트(Gilbert, 1983)는 이런 중간지대를 사회주의와 자본주의가 만나는 혼합경제 (mixed economy)라고 하였다.**

core **혼합경제(Mixed Economy)**

원래 자본주는 시장의 자유와 사유재산의 절대성을 주장한다. 이런 흐름이 절대적이다가 독과점 등의 출현으로 그 폐해가 드러나게 되었다. 그러다가 시장에 대한 국가이 개입이 이루어지면서 혼합경제라는 용어가 나오게 되었다. 결국 혼합경제는 시장주의와 국가의 통제가 합쳐진 개념이라고 할 수 있다. 현대사회의 특징 중 하나이다.

④ 우리나라에서 좌파와 우파라는 용어의 쓰임

- 우리나라에서는 좌파와 우파라는 개념을 이념적인 형태로 사용하기 보다는 진영 논리로 사용하는 경우가 많다. 즉, 편 가르기를 할 때 자기 편인지 아닌지를 구분하는 잣대로 사용한 경우가 많고 이런 영향 아래에서 서로 적대적인 표현으로 사용하고 있다.
- 이렇게 된 데에는 분단국가라는 현실에서 오랜동안 반공교육을 통하여 진영을 나누는 습관이 내재화되었기 때문이다.

2) 진보 / 보수

① 보수주의와 사회복지

- 보수주의는 현재의 정치, 사회적 질서를 존중하고자 하는 신념체계이다.
- **사회를 유기적인 것으로 파악, 지금 현재의 모습까지 긴 과정을 통하여 이루어진 것**이라고 본다.
- 급격한 변화는 오히려 혼란을 가져온다.
- 보수주의는 유토피아는 없고 **오로지 점진적인 변화만 있을 뿐**이다.
- 보수주의는 시대적 맥락을 갖는다.
  - a. 18세기는 봉건질서가 무너지고 자유주의가 자리잡는 시기이다. 이 당시 보수주의는 봉건질서이다. 자유주의는 급격한 사회변화이다.
  - b. 19세기는 자유주의가 이미 자리잡고 사회주의가 태동하는 시기이다. 이 당시의 보수주의는 자유주의이다.
- 보수주의는 처음부터 사회주의에 반대한다.
  사회주의는 이론 자체에서 급격한 사회변화를 전제하고 있기 때문이다.
- 보수주의는 자본주의를 선호하기 때문에 사회복지정책에 대해서 그다지 환영하는 입장은 아니다.

② 진보와 사회복지

- 보수주의가 일찍이 이념적 위상을 가진 반면 진보주의는 이념적 위상을 갖지 못했다.
- 진보주의라는 것의 태생이 일정 지역에 국한되는 특징이 있고, 시기적으로도 오랜 기간이 아닌 잠깐 영향을 미쳤기 때문이다.
- 19세기 후반 미국은 경제적인 공황으로 인하여 국가적 해결을 해야 할 시점에 이르게 된다. 이때 루스벨트대통령이 뉴딜정책을 실시하면서 등장하게 된다.
- 진보주의자들은 주로 노동자의 권익보호, 독과점 방지, 사회정의 구현 등을 주장하였다.
- 진보주의는 결국 당시 지배이념이었던 보수주의와 이것에 대항하던 급진사회주의를 모두 배격하면서 산업화가 야기한 문제들을 사회적 약자 편에서 해결하고자 하는 정치사회적인 견해로 볼 수 있다.

③ 우리나라에서 진보와 보수라는 용어의 쓰임

- 우리나라에서 진보와 보수라는 용어는 학술적인 의미보다는 역시 진영 논리로 사용되는 경향이 있다. 특히, 진보라는 용어는 그동안 우리 사회가 반공교육으로 인하여 갖게 되는 좌파에 대한 부정적 인식 때문에 좌파라고 표현하지 못하고 진보라고 에둘러 표현하는 경향도 있었다.
- 어쨌든 진보적 입장에서는 자본주의를 인정하면서도 국가가 적절하게 개입하는 것을 요구하기에 사회복지정책적인 면에서는 보다 우호적이라고 할 수 있다.

2. 조지와 윌딩이 제시하는 이념의 틀

1) 조지와 윌딩이 제시한 이데올로기의 초기지형

초기모형	반집합주의	소극적 집합주의	페이비언 사회주의	마르크스주의
국가의 개입	부정적 입장. 경제적 비효율성을 초래한다고 봄	**시장체계의 약점을 보완하는 수준에서 제한적 / 조건적 입장**	**점진적이고 지속적인 불평등 완화에 대한 국가책임 및 적극적인 역할을 인정**	적극적인 역할을 인정
복지국가에 대한 관점	복지국가를 자유로운 시장활동에 걸림돌로 간주하여 반대	**제한적 인정. 복지국가를 사회안정망과 질서유지에 필요한 것으로 간주하여 제한적으로 지지**	적극적 지지	모순적 입장. 복지국가 확대를 통한 자본주의의 근본적인 모순을 극복할 수 없음
특징	사회복지정책의 확대가 경제적 비효율성과 근로동기 약화를 가져온다고 비판	**실용주의적인 경향. 반집합주의와 유사하지만 국가개입을 제한적으로 인정한다는 점에서 차이**	**의회정치를 통한 점진적인 사회주의 지향**	자본주의 사회에서 빈곤문제는 필연적으로 발생함

자료: 사회복지교육연구센터(2015), p.109.

2) 조지와 윌딩이 제시한 이데올로기의 후기지형

신우파, 중도노선, 사회민주주의, 마르크스주의, 페미니즘, 녹색주의 등 6가지로 제시했다.

이데올로기	복지국가에 대한 입장	복지국가란
신우파	반대	자유시장의 걸림돌
중도노선	제한적 지지	사회안정과 질서의 유지
사회민주주의	열광적 지지	사회조화, 평등한 사회 실현
마르크스주의	반대	자본주의체제 강화 수단
페미니즘	제한적 지지	여성 평등 지위 보장 입장에선 지지, 복지국가가 남성 중심임을 비판
녹색주의	반대	경제상황을 조장(환경문제 생김)

자료: 박경일(2008), p.72

제2절 여러 이데올로기와 사회복지정책

흔히 사회복지정책을 다룰 때 앞서 제기한 인물인 조지와 윌딩이 다룬 내용을 기준으로 이야기한다. 그러나 이데올로기를 이해함에 있어 조지와 윌딩이 이야기한 것에서 보다 폭을 넓혀 이해할 필요가 있다. 사회복지정책을 이해하는 데 있어 자유주의 계열의 자유주의, 신자유주의, 제3의 길과 사회복지 입장을 비교적 잘 드러내는 사회민주주의, 케인즈주의, 조합주의에 대해서 구분하여 이해할 필요가 있다. 또한 여러 이념의 내용뿐만 아니라 이러한 이념들이 사회복지정책에 대해서 어떤 입장을 갖는지 이해하는 것도 관건이라고 할 수 있다.

1. 자유주의

1) 자유주의에 대한 이해

- 자유주의의 시작은 봉건주의가 점점 사라지고 자본주의가 본격화된 18세기 말에서 그 시작을 찾을 수 있다.
- 정치적으로 자유주의는 영국 혁명과 프랑스 혁명에서 찾을 수 있다.(보편적 인권 신장)
- 정치적 자유주의는 형식적 자유주의의 완성을 이루었다.
- 경제적 자유주의는 실질적 자유주의라고 할 수 있다. 사유재산제도, 민간이윤추구, 민간자유계약의 자유가 경제적 자유의 기초가 된다.

- 경제적 자유주의는 아담스미스의 이른바 '보이지 않는 손'으로 집약된다.
- 자유주의는 국가의 개입이 없어야 한다고 주장한다. 국가는 사회질서를 위해서 최소한으로 필요하다고 보았다. 말 그대로 야경국가를 최고의 국가로 보았다.

> **cf. 시장자유주의와 자유민주주의**
>
> 자유주의라는 말은 그 주장하는 내용을 볼 때 '시장'이라는 말과 연결하여 사용하여야 한다. 자유주의라고 하면 정치적인 면에서 이야기하기도 하지만 일반적으로는 시장자유주의를 이야기하는 것이 보통이다. 그런데 우리나라에서 자유라는 말을 민주주의라는 말에 붙여 자유민주주의라는 용어를 사용하는 경우가 있으며 헌법 전문에도 이런 표현이 들어 있다. 이 표현은 학술적으로 볼 때 성립이 되지 않는 표현이다. 왜냐하면 자유주의라는 것과 민주주의라는 것은 함께 이야기할 수 있는 성질의 것이 아니기 때문이다. 우리나라에서 이런 용어가 사용된 것은 공산주의에 반하여 자유가 있는 민주주의를 실현한다는 입장을 표현하기 위한 것으로 반공을 국시로 삼은 영향에서 나타나는 것이다. 따라서 자유민주주의라는 말을 남발하는 것은 합리적이고 학술적인 이해를 방해하는 측면이 있다.

2) 자유주의의 사회복지에 대한 관점

- 자유주의 입장에서 복지란 본질적으로 개인적이며 사적인 영역에 속한다.
- 정부가 개인이나 시장에 개입하면 할수록 개인의 자유와 재산권에 침해를 가져온다.
- 각자 최선을 다해서 각자의 복지를 이루어야 한다. 그럴 때 개인의 복지도 이루어질 뿐 아니라 사회의 복지도 실현된다.
- 따라서 국가의 책임은 개인에게 개인의 책임과 의무를 다하도록 강제하는 것이다.
- 자유주의는 **자본의 독점, 경제공황, 빈부의 격차**로 노동자들이 정치 세력화하는 것과 더불어 케인즈 경제학파의 국가개입적 경제정책으로 퇴조하기에 이른다(한국복지행정학회, 2008).

2. 사회민주주의

1) 사회민주주의에 대한 이해

- 사회민주주의는 사상적으로는 19세기 사회주의에 기반을 두고 있다. 마르크스와 엥겔스의 사상이 사상적 기반이라고 할 수 있다.
- 그러면서도 **폭력이나 혁명을 인정하지 않는다.** 따라서 공산주의와 사상적 기반은 같으면서도 공산주의와는 달리 **전체주의를 배제**하고 있다.
- 사회주의적 혁명이 아니라 점진적이고 평화적인 방법으로도 사회가 변화해 나갈 수 있다는 신념을 가지고 있다.

- **어떤 이념보다 복지국가에 대한 확고한 신념을 가지고 있다.** 사회민주주의는 자유방임주의국가에서 사회주의국가로 가는 중간단계이다. 그러므로 복지국가는 자유시장을 조성하는 힘이며, 불평등을 감소시키고 평등사회를 촉진시키는 것으로 본다.
- 또한 사회민주주의는 **민주주의를 사회주의의 이상을 실현시키기 위한 필수적인 요건으**로 보고 있다.
- 따라서 사회민주주의는 **국가의 통제를 지향하고** 동시에 **경제성장과 부의 공정한 분배를 촉진시키는 자유경제활동의 기능을 받아들이고 있다.**

2) 사회민주주의의 사회복지에 대한 관점

- 사회민주주의는 복지국가 및 복지서비스가 경제에 도움을 주는 것으로 생각한다.
- 사회보장 지출은 빈곤을 경감하는 기능만 하는 것이 아니라 가난한 자들을 소비자가 되게 하므로 생산을 촉진시켜 경제를 발전시킨다.
- 사적 서비스는 불평등을 증대시키기 때문에 찬성하지 않는다. 오히려 국가가 개입하여 서비스를 제공하는 것을 선호한다.
- 사회복지서비스를 통하여 탈상품화하는 것에 관심을 갖는다.
- 개인의 욕구를 시장이 아닌 국가에 의해 최대한 충족시키고자 한다.
- 마르크스주의자들은 이런 사회민주주의에 대해 인기를 끌려는 유인책이며 무너져가는 자본주의를 지탱하게 하는 완화책일 뿐이라고 비판한다.

3. 신자유주의

1) 신자유주의에 대한 이해

- 신우파 또는 신보수주의라고도 한다.
- 대처리즘 또는 레이거노믹스라고도 한다.
- 사회는 인간의 계획이나 의도에 따라 움직이는 게 아니라 시장처럼 자생적으로 생겨난 질서에 의해서 움직인다. 그리고 의도된 계획보다 자연 발생적인 것이 훨씬 우월하다.
- 시장은 오랜 역사를 가지고 있다. 따라서 시장이 모든 문제를 해결해 나가도록 되도록 규제나 간섭을 하지 않는 것이 바람직하다고 본다. 시장은 가장 효율적인 분배기능을 하기 때문에 시장을 통하여 개인이 욕구가 실현되어야 한다는 입장이다.
- 그러나 **자유방임주의와 다르게 국가의 역할에 대해서는 인정을 한다.** 다만 최소한의 역할만을 하여야 한다고 전제하였다.
- **그러나 사실상 국가를 혐오한다.**
  국가가 제공하는 복지는 수혜층과 재정을 부담하는 계층 간에 적대감을 조성하므로 지양해야 한다. 또한 사회복지정책을 위한 자원은 한정된 반면 수요는 무한하기 때문에 국가가 모든 복지를 제공하려고 해서는 안 된다. 그리고 무상의 복지는 가수요를 조장하기 때문에 수요와 공급이라는 시장의 매커니즘을 따라가지 못한다고 보았다. 아울러 민주주의 사회에서 완전한 합의란 있을 수 없으므로 집합주의적 계획은 개인의 자유를 억압한다.

- 복지국가에 대해서도 회의를 갖는다.

  복지국가는 성장가능성을 저해함으로써 인간의 행복과 빈곤 감소의 기회를 축소시키고, 의존문화를 조성하여 해롭다.

2) 신자유주의의 사회복지에 대한 관점

- 반복지적인 사상이다.
- 거대정부를 축소하여야 한다.
- 민영화를 제시한다.
- 민간부분의 복지에 대해서는 상당히 우호적이어서 자원봉사를 모든 사회복지의 심장이라고 한다.

4. 제3의 길

1) 제3의 길에 대한 이해

- 영국의 사회학자 기든스가 이론적으로 체계화하였으며 노동당 당수인 토니 블레어가 자신의 정체적 노선으로 채택함으로써 널리 알려졌다.
- 제3의 길이라고 하는 이유

제1의 길	사회민주주의	고복지, 고부담, 저효율
제2의 길	신자유주의	고효율, 저부담, 불평등
제3의 길		시민의 사회경제활동 보장 + 시장의 활력제고 사민주의와 신자유주의와 차별된 전략

- 제3의 길이 추구하는 방향(3가지)

  a. 국민들에게 직접적으로 경제적인 혜택을 주는 것보다는 **인적 자원에 투자**한다.
  이런 관점에서 지금까지 부양대상으로 보았던 노령인구도 새로운 자원으로 보았다. 기술혁신이나 중소기업 등을 적극 지원하고, 평생교육 등을 통하여 기술을 유지하게 하거나 새로운 기술을 익히게 하여 생산에 투입하도록 한다.

  b. **복지다원주의**(welfare pluralism)를 추구한다.
  복지다원주의란 복지의 공급주체를 중앙으로만 한정한 것이 아니라 복지 공급 주체를 다양화하자는 것이다. 이에 대해서 존슨은 세 가지로 제시한다. **첫째, 비공식부문, 둘째, 자원부문, 셋째, 상업부문이다.** 즉, 지역사회, 지방도시, 제3부문 등의 복지공급 주체로서의 참여를 강조하는 것이다.

c. **의식을 전환**하여야 한다.

위험성 제거만이 바람직한 것이 아니라 위험성이 가지고 있는 긍정적인 면을 보자는 것이다.

2) 제3의 길의 사회복지에 대한 관점

- 신자유주의의 소극적 복지보다는 대조적으로 적극적인 복지를 강조하고 있다.
- 그러나 많은 학자들이 제3의 길은 실질적으로는 신자유주의에 속한 것으로 본다. "블레어는 바지 입은 대처이다."
- 블레어의 뒤를 이은 브라운 총리는 제3의 길이 실패했음을 인정하고 다시 사회민주주의적 노선으로 전환하였다.

5. 케인즈주의

1) 케인즈주의에 대한 이해

- 19세기 유럽에서 전성기를 맞보던 자유주의는 불평등을 심화하고, 경기를 침체시켰으며, 이어지는 세계대전 등으로 위기를 맞았다.
- 케인스는 자유주의의 '보이지 않는 손'에 대해 회의를 품었다. 그리고 이런 말을 했다. "In the long-run, we are all dead."(기다리다가는 우리 모두 죽는다.)
- 그는 **완전고용**과 **평등한 사회**(세금으로 소득 불평등 해소)가 이루어지는 자본주의가 생존 가능하다고 주장하였다.
- 결국 국가가 적극적으로 시장에 개입하여 경제적 위기를 극복할 수 있다고 주장하였다. 국가가 적극적으로 유효수요를 창출함으로써 시장의 불완전성을 보완할 수 있다는 것이다. 미국의 루스벨트대통령이 이를 받아들여 뉴딜정책을 통하여 미국의 위기를 넘겼다.

2) 케인즈주의의 사회복지에 대한 관점

- 정부의 개입이 적극적으로 있어야 함을 역설함으로써 사회복지정책에 대해서 지지하는 입장을 보였다고 할 수 있다.
- 그러나 그의 이론은 경제이론이지 사회복지정책 이론은 아니었다. 즉, 그의 이론은 자유시장에 반대하고 국가의 개입이 적극적으로 있어야 함을 강조함으로써 자본주의를 되살리는 데 관심을 갖고 있다.
- 미국은 이런 케인스주의 이론을 받아들여 사회보장제도를 마련하였다.

6. 마르크스주의

1) 마르크스주의에 대한 이해

- 마르크스주의의 핵심은 프롤레타리아 혁명을 통한 사회주의로의 이행이다.
- 마르크스의 주장은 비스마르크가 입법한 사회보험 이전에 있던 주장이라 사회복지에 대해서 어떤 주장을 하는지 이야기할 수 없지만 비스마르크가 입법한 사회보험의 이론적 근간이 되는 엥겔스의 이론을 보면 어느 정도 알 수 있다.
- 엥겔스는 비스마르크의 사회보험에 대해 실질적으로 노동자의 삶이 개선할 수 있는 것이라고 긍정적으로 보았으나 동시에 노동자에 대한 동냥 정도에 불과할 정도로 조악한 것이라고 평가하기도 했다.

2) 마르크스주의의 사회복지에 대한 관점

- 마르크스주의는 복지국가를 복지자본주의라고 한다. 마르크스주의는 자본주의를 타파할 대상으로 여긴다. 즉, 본질적으로 복지를 반대하는 입장이다.
- 사회복지제도는 프롤레타리아 혁명을 막는 유인책에 불과하다.
- 한편 노동자들에 의해서 마련된 복지정책에 대해서는 노동자 계급의 투쟁의 산물로 적극적으로 지지하기도 하였다.

7. 기타

1) 페미니즘

- 사회복지정책을 분석하는 데 있어 젠더라는 새로운 시각을 부여하는 것이다.
- 그동안 여성이 차별받아 온 것에 대해서 문제를 해결해야 한다는 주장이다.
- 사회복지정책을 여성의 지위 강화나 평등을 이루는 것이라고 보지만, 동시에 그동안 사회복지정책이 남성 위주였음도 함께 비판하고 있다.

2) 녹색주의

- 환경을 중심으로 하는 이데올로기이다.
- 복지국가는 기본적으로 자본주의를 위한 것으로 보고, 자본주의가 발달할수록 환경문제가 발생한다는 입장을 취하고 있다.
- 녹색주의는 개발, 기계화 등에 대해서 절대적으로 반대하는 입장을 취하고 있다.

3) 개량사회주의

- 영국과 독일에서 사회복지정책을 입법할 때 존재하던 그룹이다.

- 사회주의를 지향하지만 폭력혁명을 부인하고 점진적인 발전을 추구한다.
- **영국에서는 페이비언협회, 독일에선 강단사회주의자가** 대표적인 개량사회주의자들이다.
- 개량사회주의자들은 실용주의적 입장을 가진 자들로 과학적 사회주의와 구분된다.

4) 조합주의

- 조합주의는 원어 그대로 코포라타리즘(corporatism)이라고도 한다.
- 이는 노동자 대표와 사업자 대표가 대등한 입장에서 논의를 이룰 수 있는 구조에서 정부가 함께 협력하여 합의를 이루어나가는 체제이다.
- 이념이기보다는 하나의 체계인데 일반적으로 이념으로 구분하여 제시하기도 한다.
- 조합주의는 사회민주주의와 결합할 때 복지국가 발전에 획기적인 동력을 제공하기도 하였다. 실제로 북유럽 복지선진국들은 대부분 조합주의적인 성격이 짙다.

5) 사회투자국가

- 사회투자국가는 영국 노동당 정부가 제3의 길을 구체적 실천전략으로 제시한 국가모형이다.
- 사회투자국가는 복지의 투자적 성격과 생산적 성격을 강조하며, 복지와 성장, 복지정책과 경제정책의 상호보완성을 강조한다.
- 결과의 평등보다는 기회의 균등을 강조한다. 결과적으로 사회적 배제에는 반대하지만 일단 사회 내로 들어온 사람들의 불평등에 대해서는 이야기하지 않는다.

01 복지국가의 유형화에 관한 설명으로 옳은 것은?

① 조지와 윌딩(V. George & P. Wilding)의 소극적 집합주의(reluctant collectivism) : 자본주의 시장체계의 약점을 보완하기 위해 국가 개입 인정
② 윌렌스키와 르보(H. Wilensky & C. Lebeaux)의 제도적 모형(institutional model) : 가족이나 시장 등 정상적인 통로가 적절히 기능하지 못할 때에만 보충적, 임시적 기능 수행
③ 미쉬라(R. Mishra)의 분화적 복지국가(differentiated welfare state) : 경제집단의 상호의존성을 인식하여 사회적 협력형태로 제도화 추구
④ 티트머스(R. Titmuss)의 산업성취수행 모형(industrial achievement performance model) : 시장 밖에서 욕구 원칙에 입각하여 보편적 서비스 제공
⑤ 퍼니스와 틸톤(N. Furniss & T. Tilton)의 적극적 국가(positive state) : 사회보험과 사회부조 실시를 위해 국가 개입 인정

해설 ② 윌렌스키와 르보가 제시한 제도적 사회복지와 잔여적 사회복지 중 잔여적인 것을 설명한다.
③ 미쉬라는 분화적 복지국가와 통합적 복지국가로 구분하여 설명하였다.
④ 티트머스가 제시한 잔여적 복지, 제도적 복지, 산업적 성취모형 중 제도적 사회복지에 속한다.
⑤ 퍼니스와 틸튼이 제시한 적극적 국가와 사회보장국가 중 사회보장국가를 설명하고 있다.

정답 ①

02 복지다원주의 또는 복지혼합에 관한 설명으로 옳지 않은 것은?

① 국가는 복지의 주된 공급자로 인정하면서도 불평등을 야기하는 시장은 복지 공급자로 수용하지 않는다.
② 국가를 포함한 복지제공의 주체를 재구성하는 논리로 활용된다.
③ 비공식부문은 제도적 복지의 발달에도 불구하고 존재하는 비복지 문제에 대응하는 복지주체이다.
④ 시민사회는 사회적경제조직을 구성하여 지역사회에서 공급주체로 참여하는 역할을 한다.
⑤ 복지제공의 주체로 국가 외에 다른 주체를 수용한다는 점에서 복지국가를 비판하는 논리로 쓰인다.

해설 복지다원주의는 복지의 주체를 다원화해야 한다는 주장이다. 정답 ①

Chapter 09

사회복지정책의 과정1 : 사회문제

학습Key포인트

○ 사회문제의 개념을 설명할 수 있다.
○ 기능주의 관점에서 사회문제 정의 및 특성을 설명할 수 있다.
○ 갈등주의 관점에서 사회문제 정의 및 특성을 설명할 수 있다.

제1절 사회문제의 개념

지상에서 가장 살기 좋은 나라를 이룬 곳이라 해도 해결해야 할 사회문제가 여전히 드러나고 있다. 즉, 사회복지적인 개입이 필요한 상황이 사라지지 않고 있다는 것이다. 이처럼 사회복지는 사회문제가 있는 곳에서 발전하게 되며, 사회복지의 시작은 사회문제라고 할 수 있다.

1. 사회문제의 개념

1) 개인적인 문제

- 인간이 살면서 겪게 되는 여러 문제들은 **발생원인이 주로 당사자 개인에게 있고 그 해결도 역시 개인적인 차원에서 이루어지는 것**들이 있다. 이것을 개인문제라고 한다.
- 다만, 문제 발생의 원인이 개인에게 있을 뿐 아니라 발생빈도나 그에 따른 피해규모도 경미해야만 한다.
- 아무리 개인적인 차원에서 발생했다 하더라도 그에 따른 피해규모가 큰 경우 개인문제로 방치할 수 없기 때문이다.

2) 사회적인 문제

- **문제발생의 원인이나 그에 따른 피해가 직접적이든 간접적이든 사회와 관련성을 가지고 있는 어려움을 사회문제라고 한다.**

- 사회와의 관계성(발생원인이든 피해규모이든)이 직접적이라는 것은 문제 자체가 사회적인 구조 등으로 인하여 발생하는 것을 의미한다.
  eg. 위안부 문제는 문제발생 자체가 개인 차원과 상관없이 나타난 것이다.
- 간접적이라고 하는 것은 문제 자체가 개인적인 차원에서 발생했다 하더라도 결국 그 사회가 해결하지 않으면 안 되는 것을 의미한다.
  eg. 2018년 10월 7일 고양시 저유소 탱크 폭발과 화재가 일어나 저장되었던 기름 260만 리터가 타서 34억원의 피해가 발생했다. 화재의 원인은 인근 고속도로 건설현장에서 일하는 스리랑카인 노동자가 날린 풍등이 저유소 잔디에 떨어지면서 화재가 일어난 것이다.
  (박경만, 최하얀, "'풍등 날리다 화재'…고양 저유소 실화 혐의 스리랑카인 체포, 한계레, 2018- 10-08 23:02 수정. http://www.hani.co.kr/arti/society/area/864976.html#csidx8af57728cf735b5ae8e25b5e096190d).
  이 경우 과실로만 따지면 풍등을 날린 스리랑카인 노동자 한 사람이다. 그러나 사실 이 사람이 사건의 책임을 혼자 질 수는 없는 것이다. 결국 이 사건으로 인해 피해액은 국가의 세금으로 보전될 수밖에 없는 것이다.

2. 사회문제의 특성

1) 위험 발생빈도가 높기 때문에 사회구성원 모두가 잠재적인 피해자가 될 수 있다.

- 노령, 질병, 실업 등에 따른 소득상실은 일상생활에서 누구나 직면할 수 있는 문제이다.
- 모든 국민은 이런 위험에 놓일 위험성을 잠재적으로 가지고 있다.
- 이런 문제를 가진 개인이 개인적으로 이런 문제를 한 번 해결했다 하더라도 이 문제를 영구히 없앨 수는 없다. 다시 잠재적인 위험에 놓이게 되는 것이다.
- 따라서 개인적 차원에서 해결할 수 있는 것이 아니다.

2) 위험이 발생한 경우 그 피해 정도가 커서 개인이 해결하기에는 한계가 있다.

- 노령, 질병, 실업 등은 개인이 해결하기에는 어려움이 있다.
- 해결하거나 극복해 나갈 수 있는 사회적 장치가 필요하다.

3) 위험 발생요인의 귀책이 개인만이 아니라 사회구조적 환경에도 있는 경우가 있다.

- 실업의 경우 단순히 개인의 게으름이나 기술력 부족의 문제가 아니다. 사회경제적으로 경기침체나 노동환경이 바뀌면서 실업이 발생하게 된다.
- 경기침체나 노동환경 변화는 개인에게 그 책임을 물을 수 없다. 국가가 이에 대한 해결 방안을 내놓아야 한다.

4) 사회적 갈등과 사회안정을 위협하게 한다.

- 위험을 극복하기 위한 개인의 능력과 수단은 서로 차이가 있다. 이런 차이로 인하여 심각한 갈등이 일어나고, 이런 갈등은 다시 사회를 위협하는 요소가 된다.
- 따라서 개인에게만 문제해결을 촉구할 수 없게 된다.

제2절 사회문제를 보는 시각

사회문제를 보는 이런 시각의 차이에 따라 동일한 사회문제에 대한 문제 해결 방안에서도 차이가 나타난다. 사회복지정책 역시 사회문제를 어떤 시각으로 보느냐에 따라 달라지기 마련이다. 따라서 사회문제를 바라보는 시각에 대한 이해는 단순히 사회문제를 이해하는 것뿐만 아니라 사회정책까지 연결되는 특성을 갖는다.

1. 기능주의적 관점

1) 기능주의 관점의 종류

① 사회병리론

- 사회문제의 원인을 사회화의 실패에서 찾는다.
- 사회화의 실패는 태어날 때부터 결함을 갖고 태어나는 사람에게서 나타난다.
- 사회화의 실패는 사회환경이 불안정할 때 발생한다.

② 사회해체론

- 사회체계는 여러 체계로 구성되어 있으며 각 체계들은 부분들 간의 적응이 전제된다.
- 그런데 부분들 간의 적응이 결여되어 있거나 적응이 잘못된 형태로 이루어지는 것을 사회해체라고 한다.

③ 사회변동론

- 사회의 각 부분들은 변화 또는 변동을 경험하게 된다. 그리고 변화의 속도는 각각 다르다.
- 사회의 각 부분들이 변화의 속도 차이나 변화로 인하여 상호 간 갈등을 일으켜 부분들 간에 부적응이 일어나는 것을 사회문제라고 한다.

④ 일탈행위론

- 사회는 일정한 기능수행에 대해서 규범을 갖는다. 사회 각 부분은 이런 규범을 요구

한다. 이러한 규범행동에서 벗어나는 것을 일탈행위라고 한다.

- 사회문제는 일탈행위가 일어남으로써 나타나는 것이다.
- 일탈행위를 다른 면에서 보면 부적절한 사회화라고 할 수 있다.
- 머튼은 아노미이론(Anomie Theory)으로 이것을 설명하였다.

cf. 아노미이론(Anomie Theory)

아노미이론은 사회변동으로 기존의 사회규범이 약화되었음에도 불구하고 이를 대체할 새로운 규범과 기준이 아직 정립되지 않았을 때, 사회구성원들이 가치관의 혼란에 빠져 일탈행동을 일으키는 것이다. [자료 : 학습용어사전]

⑤ 하위문화론

- 사회에는 주류적 가치와 문화규범이 있다.
- 사회문제는 이런 주류적 문화, 가치, 행위양태와 다른 어떤 일부의 가치, 규범, 문화 등으로 사회화하는 것이다.
- 사회주류가 갖는 문호, 가치, 행위양태로 사회화하는 것을 기능적이라고 보는 것이다.

⑥ 접촉차이론

- 사람들은 주로 친밀한 사람들과의 접촉을 통하여 사회화를 이루게 된다.
  eg. 친구 따라 강남간다.
- 사회적 규범에 위배되는 사람들을 가까이 함으로써 일탈된 사회적 규범을 학습하게 되어 사회문제가 발생한다.
  eg. 초범이 교도소에 가서 보다 더 지능화된 범죄자가 되어 출소한다.

2) 기능주의의 특성

- 기능주의는 사회의 기능이 제대로 작동하는가에 관심을 갖는다. 사회문제를 사회 거시적인 차원에서 본다는 점에서 거시적인 관점이라고 할 수 있다.
- 반면, 거시적인 구조 안에서 개인을 바라보는 관점이라는 성격이 짙다. 이런 관점에서는 기능을 제대로 하지 못하는 개인이나 집단을 문제시하게 된다.
- 해결방안 역시 문제가 되는 개인이나 집단에 대해서 기능을 제대로 하는 쪽으로 변화시켜 나가야 한다는 견해이다.
- **(문제 자체는 거시적인 관점을 갖는 이론인데 해결은 거시적인 접근보다는 미시적인 차원에서 하는 경향이 있다.)**
- 사회문제를 비교적 낙관적으로 보는 경향이 있다. 즉, **문제가 되는 부분만 조금 바꾸거나 변화를 주면 된다고 생각**한다.
- **교육, 강화, 재정비, 재활, 재사회화 등을 문제해결의 방법**으로 생각한다.
- **정상적이지 않은 것을 정상적인 상태가 되게 하는 데 관심**을 갖는다.

• 사회구조를 정적인 차원에서 파악하는 특성이 있다.

2. 갈등주의적 관점

1) 갈등주의의 종류

① 갈등주의

- 사회문제를 계급주의 이론에 따라 파악한다. 즉, 사회에서 생산수단을 소유한 계급과 노동력만을 소유한 계급으로 구분한다.
- 생산수단을 가진 계급이 노동계급을 착취하는 것이 사회문제이다.

② 가치갈등주의

- 사회의 여러 집단이 가지고 있는 가치가 서로 다르고, 이런 가치가 서로 충돌하는 것이 사회문제이다.
- 사회의 지배적인 집단의 가치와 양립할 수 없는 조건이 사회문제이다.

③ 사회긴장론

- 사회적 관계는 지속적인 긴장 상태가 이어진다. 이러한 긴장은 개인 간 사이에서, 개인과 집단 사이에서, 집단과 집단 사이에서 발생한다.
- 이러한 긴장이 사회문제이다.

2) 갈등주의의 특성

- 갈등주의는 사회의 기능보다는 구조적 모순을 사회문제로 보려고 한다. 거시적인 차원에서 문제의 원인을 바라보고 있다.
- 이런 관점에서는 개인의 부족함을 문제로 여기지 않는다. 그런 구조가 나타난 사회를 문제로 보고 문제해결 역시 사회구조의 변화에서 찾는다. **문제해결 역시 거시적인 차원에서 해결하고자 한다.**
- 마르크시즘적인 배경을 갖는다.
- 사회구조적인 파악에는 역동적이지만 문제 해결에 대해서는 과격한 방법을 선호하기 때문에 사회문제가 해결되는 데 실질적인 효과가 있는지에 대한 이견이 많다.
- 거시적인 사회문제 파악에 유리한 이론이다.

core **기능주의와 갈등주의**

- 공통점은 사회문제를 거시적으로 본다는 점이다.
- 문제 해결에 있어 개인에게 관심을 갖는 것과 사회구조에 관심을 갖는 것에 차이점이 있다.

3. 상징적 상호주의의 관점

1) 상징적 상호주의의 종류

① 상징적 상호작용론

- 거시적인 사회구조보다는 개인과 개인의 상호작용의 과정을 중시하는 관점이다.
- 개인의 행동을 개인에게만 관련하여 보는 것이 아니라 사회적 관계의 산물로 간주한다.
- 상징적 상호작용론은 아동이 성장하면서 부모의 행위를 모방하고, 그 과정을 통해서 타인의 역할을 배움으로써 사회적 가치와 기준이 되는 사회화 과정을 경험하게 된다고 본다.
- 여러 가지 사회문제라고 일컬어지는 현상들은 인간관계에서 사회문제라고 해석되기 때문에 문제라고 본다.

② 낙인론

- 상징적 상호주의의 영향을 받아 사회적으로 낙인을 주는 것을 사회문제라고 한다.
- 일탈행위이론에서는 일탈행위를 하는 자체가 사회문제라고 했지만 낙인론은 그러한 일탈행위에 대해서 사회적으로 문제 있는 행동으로 설명되는 관계를 중요하게 여긴다.
- 즉, 사회구성론적인 입장에서 그것을 문제라고 규정하고 그래서 낙인을 주기 때문에 문제가 된다는 것이다.

2) 상징적 상호작용의 특성

- **사회문제를 그 행위 자체가 문제라고 보는 것이 아니라 사회에서 문제라고 규정을 하기 때문에 문제라고 본다.**
- **상대주의적인** 것이다.
- 문제 해결 방법은 두 가지이다. **첫째는 그런 문제가 사회문제가 아니라고 규정을 짓는 것이다. 둘째는 그런 규정을 가하는 자의 권력을 약화시키는 것이다.**

> **cf. 퀴어축제 때문에 불거지는 반대집회**
>
> 퀴어축제는 동성애자들이 벌이는 다양성을 존중하자는 행사이다. 전통적이고 보수적인 성격이 강한 집단 특히, 기독교 집단은 이에 대해 죄악시하고 있다. 퀴어축제는 도시마다 시기를 달리하여 이루어지는데 각 도시마다 퀴어축제가 있을 때마다 기독교 단체 등 보수적인 성격을 가진 사람들은 반대집회를 동시에 열어서 긴장을 고조시킨다. 경우에 따라서 퀴어축제가 정상적으로 진행되지 못하는 경우도 있다.
>
> 상징적 상호작용론적 입장에서는 동성애 자체를 문제로 보지 않는다. 사회주류가 동성애를 문제라고 보기 때문에 문제가 되는 것이다. 사회주류가 동성애를 문제라고 보지 않는다면 현재 일어나는 갈등 등 사회문제가 일어나지 않는다는 것이다.

- 상징적 상호주의 관점은 인간의 능동성과 창조성을 강조한다는 점에서 거시적인 이론과는 차이가 있다. 즉, 거시이론들이 추상적이고 관념적인 경향에 흐르는 데 반하여 상징적 상호작용주의는 미시적인 그리고 주관적인 관점에서 사회문제를 다뤘다는 평가를 받는다.
- **사회문제에 대해서 이해의 폭을 넓혀주는 관점을 제공하는 역할을 한다.**(상대주의)
- 그러나 사회문제에 대해서 모호하게 만드는 경향이 있어 실질적인 효과에 대해서 의문을 가질 수 있다. 즉, 효용성에서 의문이 제기된다.

4. 교환주의적 관점

- 교환주의적 관점은 자원분배에서 교환의 가치에 대한 것을 사회문제로 본다. 즉, 교환자원의 부족, 고갈이 사회문제인 것이다. 또한 교환가치의 하락을 사회문제로 파악한다.

01 신마르크스주의(Neo-Marxism)이론에 관한 설명으로 옳지 않은 것은?

① 전통적인 마르크스주의에 이론적 기초를 둔 갈등주의적 시각이다.
② 다양한 비계급적 집단들의 이해와 조정을 통해 복지국가가 발전하였다고 본다.
③ 복지국가의 발전을 독점자본주의의 속성과 관계에서 분석하였다.
④ 복지정책을 자본축적의 위기나 정치적 도전을 수정하기 위한 수단으로 본다.
⑤ 국가의 자율적 역할 정도에 따라 도구주의 관점과 구조조의 관점으로 대별된다.

해설 신마르크스주의는 마르크스주의가 설명하지 못하는 부분에 대해서 이론적 수정으로 나타난다. 따라서 전체적인 기조는 마르크스주의를 기반으로 하고 있다. 다만, 마르크스주의가 폭력혁명을 주장하는 것에 반하여 점진적 변화의 가능성을 제시하는 특성을 갖는다. ②번의 지문 중 비계급적 집단들이 복지국가의 주체가 된다는 설명이 오류이다. 신마르크스주의 역시 계급에 대한 기본 전제를 그대로 받아들이고 있는 것이다.

정답 ②

02 새로운 사회적 위험이 나타나게 된 배경으로 옳지 않은 것은?

① 출산율 감소
② 노인 부양비(dependency ratio) 증가
③ 여성의 경제활동 참여 증가로 인한 일, 가정 양립문제 대두
④ 임시, 일용직 등 비정규직 증가
⑤ 탈산업화로 인한 서비스산업 고용 감소

해설 탈산업화가 현대사회의 특징이며, 탈산업화로 인하여 서비스산업에서는 고용이 증가하고 있다. 새로운 사회문제 대두에 대해서 그리고 사회문제의 변화흐름에 대해서 관심을 가질 필요가 있다.

정답 ⑤

Chapter 10 사회복지정책의 과정2 : 이슈와 이슈화과정

학습Key포인트

○ 사회복지정책의 과정을 순서대로 나열할 수 있다.
○ 이슈와 이슈화의 개념을 설명할 수 있다.
○ 이슈화 전략을 제시할 수 있다.

제1절 이슈의 개념 및 특성

사회문제는 이슈가 되지 못하면 사람들의 관심을 얻지 못한다. 사람들의 관심이 없는 사회문제는 정책입안자가 대단한 철인(哲人)이 아닌 이상 정책으로 다뤄지기가 어렵다. 사회복지정책 과정 중 중요한 지점이 이슈 및 이슈화과정이라고 할 수 있다.

1. 사회복지정책의 일반적 과정

사회문제나 욕구 → 이슈화 → 아젠다 → 대안형성 → 대안선택 → 정책집행 → 평가

- 사회복지정책은 위와 같은 과정으로 형성된다. 사회문제나 욕구가 없다면 사회복지정책은 만들어지지 않는다. 사회문제나 욕구는 사회복지정책의 시작이라고 할 수 있다.
- 사회문제가 발생하더라도 중요한 것은 그것이 이슈(issue)로 발전해야 한다는 것이다. 아무리 사회문제가 드러난다 하더라도 이슈화되지 않으면 정책과정에 들어갈 수 없는 것이다.
- 사회문제가 이슈로 발전했다고 해서 끝나는 게 아니다. 이슈는 정책아젠다가 되어 논의할 상태에 놓여야 한다. 이슈들 중에는 아젠다가 되지 못하여 사라지는 것들도 많다. 아젠다가 되어야 비로소 정책과정에 들어가게 되는 것이다.
- 아젠다가 논의되기 시작하면 정책대안을 형성하게 된다. 아젠다에 따른 정책대안들은 여러 개가 만들어지게 된다. 가능한 여러 대안을 만들게 되는 것은 문제 해결을 위한 가장 좋은 방법을 선택해야 하기 때문이다.

- 정책대안 중 가장 바람직하거나 가장 실현성 있는 것 등이 대안으로 선택된다. 이런 선택을 이루는 과정을 정책결정 과정이라고 한다.
- 결정된 정책은 집행을 하고, 향후 그 결과에 대해서 평가하게 된다.

2. 이슈의 개념 및 특성

1) 이슈의 개념

- 이슈(Issue)란 어떤 문제나 요구가 공공의 관심을 끌어 공공정책상의 논점으로 제시되는 것이다.
- 사회문제가 사회복지정책에 반영되기 위해서는 반드시 사회적 이슈로 부각되어야 한다.

2) 사회문제가 이슈로 드러나기 위한 조건

- 첫째, 공공의 관심을 끌어야 한다.
  아무리 심각한 사회문제가 있어도 공공의 관심을 끌지 못하면 이슈로 부각되지 못한다.
- 둘째, 공공정책상의 논점으로 제시되어야 한다.
  공공의 관심을 끌면서도 정책성립이라는 관점에서 이슈가 되지 않는 것들도 있다.
  eg. 연예인의 사생활은 공공의 관심을 끌지만 정책형성에 영향을 미치는 이슈가 되는 것은 아니다.
- 셋째, 정책아젠다로 발전할 수 있는 이슈의 크기를 가져야 한다.
  이슈의 크기가 클수록 정책아젠다가 되기 쉽다. 따라서 이슈의 크기를 크게 하는 게 이슈화 과정의 핵심이라고 할 수 있다.

3) 이슈의 크기

- 이슈의 크기는 관여하는 사람이나 집단의 수로 측정될 수 있다.
- 이슈의 크기는 둘러싼 이해당사자들의 관여 정도로 측정될 수 있다.
- 이슈의 크기는 이슈에 대한 일반 국민들의 인식 정도에 따라 측정될 수 있다.

4) 논이슈와 잠재적 이슈

① 논이슈(non issue)

- 어떤 문제나 요구가 공공의 관심을 끌기는 하지만 정치체제나 정책꾼들에 의하여 통제되어 공공정책상의 논점으로 제시되지 못하고 무시되는 경우이다.
- '억압된 이슈' 또는 '없이슈'라고도 한다.

② 잠재적 이슈

- 사회문제나 요구가 공공의 관심을 끌어 정책꾼들에 의해 논의되었으나 공공의 관심

권 밖으로 밀려난 경우를 이른다.

- 대부분 사회문제는 잠재적 이슈의 성격을 띤다. 왜냐하면 대부분의 사회문제는 공공의 관심을 끌어 논의는 되지만 아젠다 공간의 제한성 내지는 새로운 이슈의 부각으로 공공의 관심에서 밀려나는 경우가 많기 때문이다.

③ 논이슈와 잠재적 이슈는 이슈가 없다는 것과는 다르다.

- **이것들은 또 다른 계기가 주어졌을 때 언제든지 다시 이슈로 부각될 수 있는 것이다.**

제2절 이슈화과정

사회문제에서 이슈로 드러났다 하더라도 그 이유가 지속적인 역할을 할 때 사회복지정책으로 이어지는 것이다. 따라서 이슈화가 어떻게 이루어지는지와 이슈화를 하기 위하여 전략적으로 선택할 수 있는 방법에는 어떤 것들이 있는지 살펴볼 필요가 있다.

1. 이슈화 과정

1) 이슈화 과정의 개념

- 이슈화 과정이란, 사회문제나 요구가 이슈화하여 **일반 국민들의 관심을 끌거나 정책꾼들의 관심을 끌게 되는 과정**을 이른다.
- 일반 국민들의 관심을 끌면서 공공에 의하여 **문제나 요구**가 논의되어질 때 그 **이슈**는 **공공아젠다**로 등장하게 된다. 그리고 정책꾼들이 그 아젠다를 갖고 해결방법에 대해서 심각한 관심을 기울이고 논의할 때 **정부아젠다**로 발전한다.

2) 사회복지 분야 이슈화과정의 취약점

- 사회복지정책과 관련된 문제나 이슈는 대개 사회적 약자들의 문제인 경우가 대부분이다. 사회적 약자들은 자신들의 이익과 관련된 문제에 대해서 이슈화하는 능력이 개발되기 힘들다. 그렇기 때문에 사회복지정책 분야에서는 사회복지사들이 이슈화과정에 특별한 관심을 가질 필요가 있다.
- 사회복지정책과 관련된 이슈화가 이루어지는 과정에서는 갈등이 일어날 수 있다. 그런데 사회적 약자들은 이런 갈등에서 자신들의 의견을 강력하게 제시할 수 있는 방법이나 기회에 취약하다. 따라서 사회복지사들의 관심과 참여가 필요하다.

2. 이슈화과정의 참여자들

① 이슈 제기자

- 이슈 제기자는 어떤 문제를 해결하기 위하여 그 문제를 제기하고 국민들에게 널리 인식시키려고 하는 사람이다.
- 문제가 이슈로 전환되는 데는 이슈 제기자의 의도적인 노력이 필요한 경우가 많다.

② 이슈 유발장치

- 이슈 유발장치는 문제가 이슈로 전환하는 과정에서 도움을 주는 어떤 사건을 이른다. 주로 예기치 못한 사건이 이슈 유발장치가 되는 경우가 많다.
  eg. 2014년 2월 발생한 이른 바 '송파 세 모녀 자살사건'은 그동안 있었던 복지사각지대에 대해서 정책을 개편해야 한다는 관심을 불러일으켰다. 그 이전에도 복지사각지대에 대한 문제 해결에 대해서 문제의식은 있었지만 대중의 관심을 끌지 못했다. 그러다가 예기치 않게 발생한 송파 세 모녀 자살사건이 이슈 유발장치가 되어 이후 복지사각지대에 대한 문제 해결을 위한 정책논의가 이루어진 것이다. 그 결과 이른 바 '송파 세 모녀 법'이 제정되었다.

cf. 송파 세 모녀 법
- 국민기초생활보장법 개정
- 긴급복지지원법 개정
- 사회보장급여의 이용 · 제공 및 수급권자 발굴에 관한 법률 제정(사회보장급여법)

- 문제가 이슈로 전환되는 데는 이슈 유발장치가 역할을 하는 경우가 많다.

※ 사회문제가 이슈화 되는 과정
- **이슈 제기자의 노력이 있어야 한다.**
- **또는 이슈 유발장치가 작동하여야 한다.**
- **아니면 이 둘이 함께 일정한 역할을 하여 이루어지게 된다.**

③ 이슈를 다투는 이들(contending parties)

- 이슈화 과정에 참여하는 사람들 중 이해당사자들을 이슈를 다투는 자들이라고 한다. 이들은 이슈에 대해서 관심을 갖고 자신의 이익을 위하여 논쟁에 기꺼이 참여하는 사람들이다.

④ 관련공중(relevant public)

- 이슈화과정에서 관련된 사람들 중 구경꾼이라고 할 수 있는 이들을 관련공중이라고 한다.
- 관련공중은 이슈화과정을 받아들이는 정도, 즉 그 이슈에 관심을 쏟는 정도에 따라

다음과 같이 네 가지로 구분한다.

a. 동일시집단 :

논쟁 당사자들이 제시하는 이슈가 있는 이익과 자신의 이익을 동일시하는 집단이다. 이들은 이슈 갈등에 가장 민감하게 반응한다. 따라서 이들은 이슈에 대해서 비교적 상세히 알고 있으며, 집단 구성원들 사이의 연대감은 다른 집단보다 훨씬 강하다. 또한 이슈에 관련된 어떤 일에 참여할 의사가 매우 큰 집단이다.

b. 관심집단 :

이슈 갈등에 직접적으로 참여하지는 않으나 어떤 특정한 이슈에 대해 관심을 갖고 있는 집단이다. 원래 이들은 이슈에 대해 관심이 많지 않지만 어떤 특정한 문제에 대해서 관심이 있어서 이것이 이슈화될 때는 적어도 일반공중보다는 이슈 논쟁에 대해서 상세히 알고 있다. 따라서 이들은 적절한 이슈화가 제기되면 동원이 가능한 집단이라고 할 수 있다.

c. 관심공중 :

이슈에 대해서 일반적으로 알고 있고 관심도 갖고 있는 집단이다. 비교적 안정된 삶을 살고 교육 수준도 높다. 여론의 지도층이 대개 이 계층으로부터 나온다.

d. 일반공중 :

이슈에 대해 잘 모르며, 관심도 없는 집단이다. 별로 적극적이지 않은 사람들이다. 이슈에 대해서 잘 모르기 때문에 반응도 별로 없다. 이들을 이슈에 끌어들이려면 이슈가 고도로 일반화되어야 한다. 그러나 이들을 이슈에 끌어들인다 하더라도 오래 가지는 않는다.

※ 이슈가 공공아젠다나 정부아젠다로 되기 위한 조건

이슈를 다투는 이들에 의해 제기된 이슈가 동일시집단에서 관심집단, 관심공중, 일반공중으로 확산되어 갈수록 그 이슈는 공공아젠다 지위를 획득하게 되며 또한 정부아젠다에 수록될 가능성이 높아진다.

3. 사회문제의 이슈화 방법

1) 상징을 통하여 문제를 드러내기

- 어떤 문제를 드러내는 데 있어 상징적인 것을 사용하는 것이 강력하다.
- 상징은 그 성격에 따라 이성에 호소하는 상징이 있고 감정에 호소하는 상징이 있다. 이 중 감정에 호소하는 상징이 사회문제를 각인시키는 데 더 효과적이라고 할 수 있다.

2) 이슈 연계하기

- 이미 널리 알려진 이슈와 새롭게 쟁점화할 이슈를 연계하는 것이 이슈 연계하기이다. 이럴 경우 새롭게 이슈화하는 사안이 쉽게 쟁점화될 수 있는 장점이 있다.
- 새롭게 쟁점화할 이슈만 득을 보는 게 아니라 이미 알려진 이슈도 관심을 더욱 증폭시키는 역할을 한다. 즉, 시너지 효과가 나타나기도 하는 것이다.
- 다만, 연계할 이슈가 서로 연관성이 있어야 한다.

3) 제기 시점 선택하기

- 이슈를 어느 시점에 제기하는가에 따라 이슈화가 보다 쉽게 이루어지기도 한다.
- 특히, 사회복지정책의 경우 제기 시점을 어떻게 정하는가에 따라 이슈화가 성공적으로 이루어지는지 결정되기도 한다.
- 가장 적절한 이슈 제기 시점은 해당 문제가 발생했을 때이다.
- 또한 경쟁하는 이슈가 쇠퇴하는 시점에 이슈를 제기하는 것도 하나의 방법이다. 이슈도 생성기, 성장기, 전성기, 쇠퇴기, 소멸기의 과정을 겪게 되는데 경쟁하는 이슈가 전성기일 때 이슈를 제기하면 문제가 이슈로 발전하기 어렵다. 상대 이슈가 쇠퇴하는 시점에 상대되는 이슈를 제기해야 관심을 집중시킬 수 있는 것이다.

3) 제도화된 전달수단 사용하기

- 사회문제를 이슈화할 때 일차적으로 제도화된 테두리 안에서 제시하는 것을 고려해야 한다. 제도화된 테두리라는 것은 법적으로 허용된 범위 안에서 이슈를 제기하는 것이다.
- 제도화된 전달수단 : 선거, 이익집단 활용 등
- 제도화된 이슈 제기는 합법적이고 합리적인 특성을 갖는 반면 효과성에 의문을 가질 수 있다. 왜냐하면 제도화된 방법이라는 것은 제도로 활동성이 보장되는 것인데 이런 것들은 기득권 세력의 입장인 경우가 많다. 기득권 세력이 사회적 취약 계층에게 진정한 관심이 있는지 의문을 가질 수밖에 없기 때문이다.

4) 비제도화된 전달수단 사용하기

- 비제도화된 전달수단을 사용하는 것은 제도화된 전달수단으로 이슈화 과정의 효과성에 의문이 들기 때문에 사용하는 것이다.
- 비제도화된 전달수단으로는 폭력 등과 같은 합법적이지 않은 수단 등이 있다.
- 비제도화된 전달수단은 강력한 인상을 줄 수 있어서 정부아젠다로 선택될 가능성이 높다.
- 다만, 이때 부작용이 있을 수 있기 때문에 수위조절이 필요하다. 제한적으로 사용할 때 효과적이다.

5) 이슈화 견제전략 파악하기

- 이슈화를 반대하는 전략이 있다는 사실을 알아야 이슈화를 성공할 수 있다.
- 이슈화를 견제할 때 전략의 초점을 집단에 두는 것과 이슈에 두는 것이 가능하다.

① 대집단 전략

- 직접적인 대집단 전략 : 직접적으로 집단을 공격함으로써 무력화하는 것이다.
  eg. 전교조와 같은 단체를 공산주의로 몰아붙이는 것이 대집단 전략의 직접적인 전략이다.
- 간접적인 대집단 전략 : 이슈를 가진 집단을 조금씩 무력해지도록 하는 것이다.
  eg. 이슈를 제기한 집단의 지도자를 포섭하거나 집단을 정부기구의 하나로 재편해 주는 것 등이 간접적인 대집단 전략이다.

② 대이슈 전략

- 직접적인 대이슈 전략 : 제기된 이슈 중 극히 일부를 들어주는 전략이다. 직접 들어주는 것 같지만 사실은 조금 들어줌으로써 더 이상 이슈제기를 하지 못하게 만드는 전략이다.
- 간접적인 대이슈 전략 : 제기된 이슈를 인정하면서도 시기상의 문제 등을 제시하여 이슈를 약화시키는 전략이다.

01 사회복지정책 과정의 단계로 옳은 것은?

① 의제형성 - 정책입안 - 정책결정 - 정책평가 - 정책집행
② 의제형성 - 정책결정 - 정책입안 - 정책평가 - 정책집행
③ 정책입안 - 의제형성 - 정책결정 - 정책집행 - 정책평가
④ 정책입안 - 정책결정 - 정책집행 - 정책평가 - 의제형성
⑤ 의제형성 - 정책입안 - 정책결정 - 정책집행 - 정책평가

해설 의제는 아젠다를 의미한다. 정책형성 과정은 사회문제나 요구 발생, 이슈화, 아젠다, 대안형성, 대안선택(정책결정), 정책집행, 정책평가 순으로 이루어진다. 정답 ⑤

02 최근 20년 간 우리나라 사회복지정책의 환경변화에 관한 설명으로 옳지 않은 것은?

① 전 인구 중 노인의 비율이 높아졌다.
② 고용안정성에 대한 정책적 대응의 필요성이 높아졌다.
③ 다양한 문화적 배경의 사회구성원이 증가하였다.
④ 저출산 현상이 주요 사회문제로 등장하게 되었다.
⑤ 높은 수준의 경제성장이 지속됨에 따라 복지재원 마련이 용이해졌다.

해설 현대사회는 정책입안을 위한 여러 사회문제들이 발생하고 있다. 노인문제, 저출산문제, 고용문제, 다문화증가 등이 사회문제로 드러나고 있다. 높은 수준의 경제성장이 이루어졌다고 해서 복지재원 마련이 충분하거나 용이해지는 모습이 나타난 건 아니다. 경제적 수익이 높은 기득권 계층은 오히려 사회복지 재정 지출에 대해서 호의적이지 않다. 정답 ⑤

Chapter 11

사회복지정책의 과정3 : 아젠다 형성과 대안 형성 및 선택

학습Key포인트

○ 아젠다의 종류를 구분하여 설명할 수 있다.
○ 대안형성 과정을 제시할 수 있다.
○ 대안형성의 한계에 관하여 설명할 수 있다.

제1절 아젠다 형성과정

사회문제가 이슈화된 이후 아젠다로 형성되어야 한다. 아젠다로 형성되지 않으면 정책상 논의가 이루어지지 않기 때문이다. 아젠다는 누가 관장하느냐에 따라 종류가 나뉘며 그것이 정책으로 연결될 가능성 또한 달라지게 된다. 따라서 정책형성 과정에서 아젠다의 형성 및 특성에 대해서 파악하는 것이 필요하다.

1. 아젠다의 개념 및 종류

1) 아젠다의 개념

① 아젠다의 개념

- 일반적으로 아젠다(agenda)를 '의제'라고 번역한다. 경우에 따라선 '정책의제'라고 하기도 한다.
- 어떤 문제나 이슈가 공공의 관심을 끌면서 또는 정책결정권자들의 관심을 끌면서 공공정책 형성을 위하여 논의될 수 있는 상태에 놓이는 것을 의미한다. 이런 경우 문제나 이슈가 아젠다의 위치에 놓인다고 할 수 있다.
- 따라서 굳이 번역을 하자면 '의제들의 목록'이라고 할 수 있으나 그렇게 번역하기 보다는 그냥 아젠다라고 사용하는 것이 바람직하다.

② 아젠다가 되기 위한 조건(송근원, 김태섭, 1999)

a. 아젠다는 문제나 이슈로 구성된다.

b. 이런 문제나 이슈는 공공의 관심 또는 정책꾼들의 관심을 불러일으켜 공적인 논의의 대상이 될 수 있는 위치에 있어야 한다.

> **cf. 정책꾼**
> - 문제나 이슈를 공적인 이슈로 제시하거나 논의할 수 있는 기관 또는 사람
> - 대통령, 국회의원, 법원, 고위 공무원, 언론, 정당, 이익단체, 입후보자 등

c. 아젠다는 공공정책 개발을 위하여 논의될 수 있는 의제들의 목록이지만 그렇다고 문서화되어 있을 필요는 없다.

2) 아젠다의 종류

① 아젠다의 임자에 따른 분류

- 아젠다의 임자가 누구냐에 따라서 사적 아젠다와 공적 아젠다로 구분한다.
- 사적 아젠다 - 개인이 가지고 있는 문제나 이슈
- 공적 아젠다 - 공공의 관심을 끌거나 정부의 의사결정권자의 관심을 끌게 되는 문제나 이슈
- 사적 아젠다가 공공의 관심을 끌어 공적 아젠다가 되어야 정책결정 과정에 들어가게 되는 것이다.
- 공적 아젠다도 누구에게 귀속되는가에 따라 대통령 아젠다, 국무총리 아젠다, 법원 아젠다, 선거 아젠다, 언론 아젠다, 정당 아젠다, 이익단체 아젠다 등으로 분류할 수 있다.

② 콥과 엘더의 구분

- 콥과 엘더는 제도권으로 들어갔는지의 여부에 따라 체제 아젠다와 제도 아젠다로 구분하였다.
- 체제 아젠다(systemic agenda)

  공공 아젠다라고도 한다.

  공공의 관심을 끌만 하며 현재 정부 당국이 합법적으로 다룰 수 있는 이슈들로 구성된다. 그러나 반드시 대안을 만들어내야 하는 것은 아니다. 비교적 추상적인 항목들로 문제의 영역을 확인하는 정도의 아젠다로 대안을 형성할 단계의 아젠다는 아니다.
- 제도 아젠다(institutional agenda)

  정부 아젠다 또는 공식 아젠다라고도 한다.

  권위 있는 의사결정권자가 적극적이고도 진지한 관심을 기울이는 이슈들도 구성된다.

체제 아젠다보다는 훨씬 구체적이고 특수한 의제들로 구성된다.

통상 이슈들은 체제 아젠다의 지위를 확보한 후 제도 아젠다로 편입되지만 경우에 따라서는 체제 아젠다를 거치지 않고 제도 아젠다에 수록되기도 한다.

③ 킹돈의 구분

- 정부의 관료들이 실제로 결정할 단계에 이르렀는지에 따라 정부 아젠다와 결정 아젠다로 구분하였다.
- 정부 아젠다(governmental agenda)
  정부의 관료들이 신중하게 관심을 기울이는 이슈들의 목록을 정부 아젠다라고 한다.
  문제의 흐름, 정치의 흐름에 따라 형성된다.
- 결정 아젠다(decision agenda)
  정부 아젠다 중에서 실제적인 결정을 위한 주제들을 결정 아젠다라고 한다.
  문제의 흐름, 정치의 흐름에 더하여 정책의 흐름이 있어야 형성된다.

2. 아젠다의 형성과정

1) 각 과정의 특성

	아젠다 형성과정	대안 형성과정	대안 선택과정
다루는 것	문제	정책대안	정책우선순위
주요 관여자	이해관계자	관료, 학자	정책결정권자
특성	미시적 관점 정치적 성격	규범적 특성 합리적 특성	거시적 관점 공익적 성격

자료: 이수천, 고광신, 전준현(2011), p.168

이슈들의 변화

- 각 과정을 거치면서 이슈들은 통합되기도 하고 분화되기도 한다.
- 이렇게 **이슈들이 역동적인 모습을 갖는 것이 아젠다 형성과정**이라고 할 수 있다.

2) 존스의 이론모형

- 존스는 아젠다 형성과정을 '**문제의 정부귀속 단계**'로 정의하였다.
- 이에 따라 사건 인지 및 문제의 정의 단계, 결집 및 조직화 단계, 대표 단계 등 3단계로 구분하였다.

① 사건의 인지 및 문제의 정의 단계(perception / definition)

- 잠재되었던 사회문제는 어떤 계기를 통하여 국민들에게 드러난다. 이것이 정부가 해결할 문제로 규정되면 아젠다가 되어 논의의 대상이 되는 것이다.

- 이 과정에서 사건을 통하여 국민들이 인지하는 과정을 보게 되고(perception) 또한 사건에 내포되어 있는 것을 문제로 규정하는 과정을 보게 된다(definition).
- 이때 문제가 어떻게 정의되는가에 따라 개인이 해결할 것인지 정부의 조치가 필요한 것인지 결정하게 된다. 그러므로 이 부분은 **갈등이 존재하는 시기**라고 할 수 있다.

② 결집 및 조직화 단계(aggregation / organization)

- 문제가 정의되면 그 문제에 영향을 받는 사람들이 결집된다(aggregation). 그리고 결집된 사람들이 조직을 갖추게 된다(organization).
- 결집 및 조직화는 이후 정책결정 과정에 많은 영향을 미치게 된다.
- 영향력은 결국 **그 문제로 인하여 영향을 받는 사람들의 수, 그들이 결집한 범위, 조직화의 정도 및 조직 형태** 등에서 나타나게 된다.
- 한편, 반드시 많은 수의 결집이 아니라 **활동적 소수가 구성원의 욕구를 잘 드러낼 수도 있다**. 특히 **사회복지정책의 아젠다는 활동적 소수의 역할이 중요하다.** 왜냐하면 사회복지정책 아젠다의 주요 이해당사자는 사회적 약자로 결집 및 조직화를 이루는데 어려움이 많기 때문이다.

③ 대표 단계(representation)

- 사회문제들이 전부 아젠다가 되는 것은 아니다. **문제를 정부로 연결시켜야 한다.**
- 이때 문제를 정부로 연결하는 역할이 대표이다. 결국 문제가 어떻게 대표되는가는 대표자와 대표자의 문제인지에 따라 달라지게 된다. 대표자가 그 문제를 어떻게 인지하는가에 의해 감정이입이 얼마나 일어나는지가 달라지기 때문이다.
- 사회복지정책에서 사회문제를 정부 아젠다로 가져가는 대표적인 대표자는 대통령, 국회의원, 언론인이나 언론기관, 사회복지전문가, 이해당사자가 있다.

3) 아이스톤의 이론모형

- 아이스톤은 일반적인 흐름에 따라 아젠다 형성이론을 모형화하였다.
- 각 단계를 순차적으로 사회문제 인식단계, 이슈화 단계, 공공 아젠다 형성단계, 공무 아젠다 형성단계로 규정하였다.

① 사회문제 인식단계

- 어떤 문제가 관련된 사회집단에 의해서 사회문제로 인식되는 단계이다.

② 이슈화 단계

- 제기된 문제에 대해서 이해집단들이 나타나 찬반을 나타내면서 사회적 갈등을 일으키는 과정이다.
- 사회문제를 정의하는 데 있어 다양한 견해가 있으므로 어떻게 정의하는가에 따라 갈등이 따를 수밖에 없다.
- 이런 견해들의 충돌은 사회적 쟁점으로 드러나게 된다.

③ 공공 아젠다 형성단계

- 사회적으로 쟁점이 형성된 이슈들은 대개 많은 사람들에 의해 정부의 정책적인 해결이 필요하다는 인식을 하게 된다. 이런 이슈들이 모여서 공공 아젠다가 된다.

④ 공무 아젠다 형성단계

- 공공 아젠다 이슈들 가운데 일부가 이슈기업가에 의해 공무 아젠다 목록에 올라가게 된다.
- 모든 공공 아젠다가 전부 공무 아젠다가 되는 것은 아니다.

4) 콥, 로스의 이론모형

- 콥, 로스는 정책 아젠다 형성과정을 이슈의 제기, 구체화, 확산, 진입이라는 과정으로 설명하였다.
- 각 단계가 이루어지는 양상에 따라 아젠다 형성과정을 세 가지로 모형화하였다.
- 외부주도모형, 동원모형, 내부접근모형이 그것이다.

① 외부주도모형

- 정부 밖에서 개인 또는 민간에 의해 이슈가 제기된다.
  이것이 다시 공공 아젠다와 정부 아젠다로 진입하는 경우를 말한다.
- 이때 중요한 역할을 하는 것은 **여론**이다.
- 따라서 이 모형은 여론을 중요하게 여기는 **민주적 정치체계에서의 아젠다를 잘 설명**해 준다.

② 동원모형

- 정부 내부에서 먼저 이슈가 제기되고, 이것을 국민들에게 알려 지지를 얻는 모형이다.
- 정부 아젠다가 공공 아젠다로 이슈가 전달되는 형태이다.
- **소수의 엘리트가 사회문제를 이슈화**하여 정책에 반영하는 형태이다. **주로 정치적으로 미성숙한 나라**에서 사용되는 모형이다. 그러나 선진국에서 이 모형이 사용되지 않는 것은 아니다.

③ 내부접근모형

- 내부접근모형은 정부기관 내에서 이슈를 제기하고 밖으로 공공화하는 작업을 하지 않는 것이다. 즉, 정부 내부에서 이슈제기 및 정책결정이 이루어진다.
- 대표적인 것으로는 신무기 구입에 관한 이슈가 있다.

5) 아젠다 발전단계론

- 아젠다 발전달계론은 엄밀히 이야기하면 아젠다 형성과정과는 거리가 있는 것이다.
- 아젠다 자체가 어떻게 발전해 가는지를 보여주는 것이다. 크게 아젠다 시작단계와 아젠다 조정단계로 구분할 수 있다.

• 아젠다 시작단계
이슈가 발견되고 문제해결을 위하여 프로그램이 개발되는 단계이다. 주로 이슈기업가들이 이슈 제기를 하게 된다. 이슈가 제기되는 단계이기 때문에 정보가 많이 드러나지 않는다.

• 아젠다 조정단계
기존의 이슈들이 재환류되거나 여기에 더하여 새로운 이슈가 더해지는 때이다.
이미 알려진 이슈들이기 때문에 이슈기업가뿐만 아니라 정책꾼들이 활발하게 참여하며, 정보도 많이 공개된 상태이다.

제2절 대안 형성 및 선택과정

대안은 문제해결을 위한 방법이 된다. 대안형성은 사회문제가 발생하는 시점 또는 그런 문제를 인지하는 시점에서부터 만들어지기 시작한다. 다만, 아젠다로 형성된 이후 대안에 대한 논의가 이루어지게 되며 대안 선택과정을 거쳐 정책으로 세워지게 된다.

1. 대안 형성과정

1) 대안 형성과정의 특성

- 사회복지정책과 관련하여 사회문제는 이슈화되어 정책으로 다뤄지든 그렇지 않든 항상 그것을 연구하는 **관료나 학자들에 의해 원인과 대책**이 제시되고 있다. 즉, 대안 형성은 아젠다 형성과 관계없이 이미 독자적인 흐름을 갖고 있다. 그러다 아젠다 형성이후 대안 형성과정에서 그 방안들이 구체적으로 논의되는 것이다.
- 정책대안이란 결국 **사회문제에 대한 해결방안**이라고 할 수 있다.
- 정책대안의 형성과정은 **정책결정자에게 문제해결을 위한 정보를 제공하는 과정**이다.
- 정책대안 형성은 목표설정 과정에서 가치가 개입되긴 하지만 다른 정책과정과 비교하면 **정치적 성격을 비교적 덜 띠게 된다.** 오히려 학문적 성격을 띠는 경향이 있다. 또한 정책과정 중 이해당사자와 상관없이 이루어지는 과정이기에 정치적 성격을 덜 띠는 것이기도 하다.
- 정책대안을 개발하고 비교, 분석, 검토하는 과정은 **기술적 과정이자 지적 활동과정**이다.
- 사회복지정책 대안 형성과정은 여러 학문을 종합적으로 사용하여야 하는 특징이 있다.

core 기술적 과정이자 지적활동 과정으로서의 대안 형성과정

대안 형성은 사회문제가 발생한 시점에서부터 학계에서 이루어지게 된다. 또한 정부 역시 드러나거나 드러나게 될 사회문제에 대해서 미리 대처하는 입장에서 그 문제를 살펴보게 된다. 문제의 원인과 그에 대한 해결방안을 찾아내는 이런 과정은 기술적인 과정이고 지적활동인 경우가 대부분이다. 이해 당사자들이 개입된 정치적인 과정과는 거리가 멀다.

2) 대안 형성과정

① 문제파악

- 문제해결은 문제파악에서부터 시작된다. 문제를 정확하게 파악해야 효율적이고 효과적인 대안 형성이 가능해진다.
- 문제해결에 들어가는 비용이나 자원을 제공하는 사람에 대해 고려하게 된다.
- 문제파악에서 문제가 되는 것은 문제를 어떻게 정의하는가에 따라 갈등하는 양태가 달라진다는 점이다.
- 연구자 자신의 관점도 문제파악에 개입될 수 있다. 연구자는 신중해야 한다.

② 목표설정

- 문제파악이 과거에 대한 작업이라고 한다면 목표설정은 미래에 대한 예측이다.
- 목표는 계량화되어서 도달 정도를 파악할 수 있다.
- 목표체계를 정확하게 구분해야 한다. 즉, 상위목표와 하위목표가 적절하고 정확하게 구분되어야 한다.
- **목표설정이 추상적이서는 안 된다.**

③ 정책수단 확보

- 목표가 설정되었으면 그것을 이루어 나갈 수 있는 정책수단으로서의 정책대안을 만들어내야 한다.
- 정책대안을 만들어내기 위해서는 문제, 상황, 미래에 대한 정보 등을 종합적으로 검토, 분석하여야 한다.
- 때로는 다학제적 접근이 필요하다.

④ 비교와 분석

- 정책수단이 확보되면 끊임없이 비교하고 분석하여 **예측되는 결과들을 점검**해야 한다.
- 모든 정책대안을 사용할 수 없다. 제시된 대안들 중 효과적이고 효율적인 것을 선별하게 된다. 따라서 비교와 분석은 대안 형성과정에서 중요한 역할을 한다.
- 정책 선별과정에서는 결국 **실현가능성과 바람직성이 중요한 관점**이 된다.
  실현가능성은 기술적 가능성과 정치적 가능성을 포함한다.
  바람직성은 능률성, 효과성, 형평성 등이 포함된다.

3) 대안형성기법

① 미래예측방법

- 유추, 경향분석, 마르코프모형, 회귀분석, 델파이기법 등
- 마르코프모형 : 변환확률을 사용하여 과거에 있었던 변화를 토대로 앞으로 나타날 변화를 연속적으로 예측하는 기법이다.
- 델파이기법 : 전문가들의 의견수렴 기법이다.

② 대안비교분석방법

- 비용편익분석, 비용효과분석, 줄서기 분석, 모의실험(simulation), 결정분석 등
- 비용편익분석 : 모든 비용과 편익을 화폐가치로 환산하여 현재 가치로 파악하는 것이다. 문제는 사회복지정책 대안으로 과연 화폐가치로 환산될 수 있는 것들인가 하는 점이다.
- 비용효과분석 : 비용편익분석과 동일하지만 편익을 화폐가 아니라 효과로 보는 것이다. 따라서 이때는 물건의 단위나 용역의 단위로도 나타낼 수 있다.
- 줄서기분석 : 줄서서 기다리는 시간 등의 사회적 비용과 이를 줄이기 위해 투자하는 시설투자의 적정 수준을 찾아내기 위한 분석방법이다. 적정 수준을 찾는 것이 관건이다.
- 모의실험 : 보통 시뮬레이션이라고 한다. 여러 복잡한 상황까지도 설정하여 실험할 수 있다는 장점이 있다.
- 결정분석 : 정책대안들의 결과를 예측하기 위하여 나타날 수 있는 확률적 사건들을 나뭇가지처럼 그려놓고 분석하는 방법이다.

4) 대안 형성과정의 문제점

- 예측능력에 한계가 있다.
- 계량화에 한계가 있다.
  사회복지정책은 주로 사람을 대상으로 한 것이기 때문에 계량화가 쉽지 않다.
- 비용과 시간의 한계가 있다.
  정확한 예측이 가능하다 하더라도 그것을 이루기 위해서는 충분한 시간과 비용이 필요하다. 하지만 정책현장에서는 그 정책의 시기적절성을 고려하지 않을 수 없다.
- 분석가의 근시안적 관점이라는 한계가 있다.
  대안은 주로 관료나 학자에 의해서 마련되는데 관료는 실행의 가능성에 기초하며, 학자는 합리성에 기초하는 경우가 많다. 또한 이들은 국제정세 흐름이나 정책의 변화에 대해서 다소 둔감한 경우도 있다. 이럴 경우 분석가의 근시안적 관점이 예측의 정확성을 방해하는 요인이 되기도 한다.

2. 대안 선택과정

1) 정책결정의 개념

- 정책결정권자가 사회문제 해결을 위한 방법으로 여러 대안 중 하나를 선택하는 과정이다.
- 여러 정책이나 대안들 중 **우선순위**를 다투는 모습으로 나타나기도 한다.

2) 대안 선택과정(정책 결정과정)의 특성

- 권위 있는 결정이다.
- 해결방안의 채택이라는 특징을 갖는다.
- 공익적 성격을 갖는다.
- 정치적 특성을 갖는다.
- 거시적 시각을 갖는다.

※ 정책 결정모형에 대해서는 Chapter 7에서 살펴보았다.

01 사회복지정책의 아젠다 형성과정에 대한 설명으로 옳은 것은?

① 아젠다 형성과정은 대안 구체화과정보다 상대적으로 정치적 성격이 약하다.
② 콥, 로스와 로스(Cobb, Ross & Ross)의 외부주도형 아젠다 형성모델은 후진국에서 자주 볼 수 있다,
③ 아젠다 형성과정에서 초기의 이슈는 변화될 가능성이 없다.
④ 정책과정에 등장한 모든 아젠다가 법이나 제도로 만들어지는 것은 아니다.
⑤ 어떤 정치체제이든 체제의 편향성을 가지며 이는 아젠다 형성을 활성화시킨다.

해설 아젠다 형성과정은 이슈들을 드러내는 과정이기도 하므로 정치적인 특성이 강하다. 오히려 대안 형성과정이 관료나 학자에 의해서 이루어지기에 정치적인 성격이 다소 약하다. 외부주도형 모형은 정부 밖에서 아젠다가 형성되는 것으로 여론이 중요하다. 민주주의적 아젠다 형성을 보여주는 모델이다. 후진국에서 주로 사용하는 것은 정부 내에서 아젠다를 형성하고 이를 밖으로 알리는 동원모형이라고 할 수 있다. 아젠다 형성과정에서 이슈들은 분화와 통합을 이루게 된다. 모든 아젠다가 정책에 반영되는 것은 아니다. 편향성은 결국 아젠다 형성을 한쪽으로 몰게 된다. 따라서 활성화시키는 것과 거리가 멀다.

정답 ④

02 정책대안을 비교분석하는 기준에 관한 설명으로 옳은 것은?

① 사회적 효과성은 정책대안이 가진 사회통합기능에 주안점을 둔다.
② 정치적 실현가능성은 정책대안이 사회계층 간 불평등을 얼마나 시정할 수 있는지와 관련이 있다.
③ 효율성은 정책대안이 가진 기술적 문제와 집행가능성 모두와 관련된다.
④ 사회적 형평성은 정책대안이 가진 정치적 수용가능성을 중요시한다.
⑤ 기술적 실현가능성은 정책대안이 문제해결을 위한 복지서비스를 최대한 창출해낼 수 있는지를 중요시한다.

해설 사회복지정책은 사회통합을 목적으로 한다. 따라서 사회통합은 효과성과 연결이 된다. 정치적 실현가능성은 정치권의 수용여부와 관련되고, 효율성은 투입과 산출의 비율과 관련이 된다. 사회적 형평성은 정책실현으로 사회적 불평등이 해소되는 것과 관련이 되고 기술적 실현가능성은 집행가능성과 관련이 된다.

정답 ①

Chapter 12

사회복지정책의 과정4 : 집행과 평가

학습Key포인트

○ 정책 집행의 특성을 설명할 수 있다.
○ 정책평가의 여러 방법의 특성을 구분할 수 있다.

제1절 정책의 집행

사회복지정책의 결정, 즉 대안의 선택은 집행을 전제로 한다. 결정된 정책이 집행됨으로써 사회문제를 해결하거나 욕구를 충족하는 역할을 하게 된다. 이미 정책결정과정에서 현실적인 실현성을 기반으로 정책결정이 이루어지지만 정책을 집행하는 과정에서도 여러 정치적인 상황이 나타날 수 있다. 따라서 정책집행에 대한 특성에 대해서 파악할 필요가 있다.

1) 정책집행의 개념 및 중요성

- 정책집행이라는 결정된 정책을 실현시키는 과정이다. 따라서 **정책을 구체화**하고 **실체화하는 과정**이라고 할 수 있다.
- 정책의도를 구현하는 과정이므로 중요하다.
- 정책의 수정과 보완은 집행을 해본 후 나올 수 있는 것이다. 정책의 수정과 보완을 위해서도 정책집행은 중요하다.
- 정책집행은 정치적 타협이 현실화되는 과정이므로 중요하다.
- 사회복지정책은 국민의 안정과 생활보장이라는 측면을 갖고 있어서 집행이 중요하다.

2) 정책집행의 특성

① 정책집행의 일반적 특성

- 정책집행에서 가장 중요한 역할을 하는 요소는 관료이다.
- 정책의 모호성, 정치체제의 복잡성, 상황의 가변성 때문에 다양한 참여자의 기대에

부응하기 어렵다.
- 정책집행은 사회적 목표에 따라 집행유형이 달라질 수도 있다.
- 정책집행의 효과성 역시 상황에 따라 달라질 수 있다.
- 지방분권적인 성격이 강하다.
- 여러 참여자들의 상호작용 과정이다.
- 정책집행 과정은 참여자들의 협상과 타협을 통해 원래 정책목표를 왜곡하기도 하고, 지연시키기도 하며, 무산시키기도 한다. 즉, 정책집행은 고도의 **정치적**이라고 할 수 있다.
- 특히 사회복지정책은 재분배와 관련된 것으로 정치적인 성격이 강하다.

② 정책집행의 집행자
- 과거에는 중앙정부에서 관료제적 특성을 갖고 정책을 집행하는 경우가 많았다.
- 그러나 이제는 지방자치제도가 안착됨으로써 중앙정부와 지방정부 모두가 정책의 집행자가 된다.
- 점차 지방분권이 더욱 많아지는 경향이 나타나고 있다.
- 민간위탁 형식도 많이 나타나는 경향 중의 하나이다.

3) 정책집행과 환경

① 정책 자체
- 정책집행의 성공과 실패는 정책 내부적으로는 정책목표의 타당성과 구체화를 통하여 이루어진다.
- 정책목표의 타당성 : 사회문제를 정확히 파악하여 그 문제에 관련된 목표를 설정하였는가?
- 정책목표의 구체성 : 정책목표가 측정할 수 있을 정도로 뚜렷하고 구체적으로 표명되었는가?

② 정책수단 및 절차
- 재원의 확보가 이루어졌는가?
- 서비스 전달체계 및 전달방법이 명확하고 활성화되어 있는가?

③ 정치적 상황
- 정책을 지지하는 집단이 있는가?

제2절 정책의 평가

정책평가는 집행된 정책이 원래 목표했던 바를 잘 이루었는지 살펴보는 것이다. 실행하고 있는 정책이 아무런 효과가 없다면 다른 정책으로 대체하여야 한다. 다만, 어떤 정책은 일정 기간 실행한 후에 효과가 나타나기 때문에 정책평가는 신중하게 이루어져야 한다. 또한 정책을 평가할 때 어떤 기준들을 적용하는가도 중요한 부분이다.

1) 정책평가의 개념 및 중요성

- 정책평가란 정책이 본래 의도했던 바를 어느 정도 이루었는지 판단하는 것이다.
- 정책평가는 정책과정 속에서 결정된 정책사업에 대해서 구체화하며 달성된 정도를 파악하고 환류를 통하여 다음 정책의 수립에 영향을 미친다.
- 정책평가를 통하여 성공과 실패의 원인을 밝혀냄으로써 기존 정책에 대한 수정, 보완, 중단, 확장, 축소, 변경 등을 결정하는데 필요한 정보를 제공하게 된다.

2) 정책평가의 성격

- 사회복지 정책평가는 **기술적인 성격**을 갖는다.
- 정책을 평가하는 데 있어 통계적인 기술과 기법을 활용하여 평가한다.
- 사회복지 정책평가는 **실용적인 성격**을 갖는다.
  정책은 실행을 염두에 두고 이루어지는 것이다. 따라서 정책평가는 정책의 실제 적용성에 관심을 갖는다. 그러므로 실용적 특성을 갖는다고 할 수 있다.
- 사회복지 정책평가는 **사례적 성격**을 갖는다.
  정책결정자에게 제공되는 정책평가 결과는 일반적으로 개별사례에 한정된다.
- 사회복지 정책평가는 **가치 지향적 성격**을 갖는다.
  사회복지정책 평가는 정책집행의 문제점을 지적함과 동시에 정책이 나아가야 할 새로운 방향을 제시해주는 역할을 하기 때문에 가치 지향적이라고 할 수 있다.
- 사회복지 정책평가는 **종합 학문적 성격**을 갖는다.
  정책평가는 수학적, 통계학적, 과학적인 기술뿐만 아니라 정책문제에 대한 종합적인 지식과 정치적 상황이나 행정적 환경에 이르기까지 다양한 것을 활용하게 된다.
- 사회복지 정책평가는 **정치적 성격**을 갖는다.
  정치적이라는 것은 사회복지정책평가에 있어 관련된 여러 환경으로부터 영향을 받게 되는 것을 이른다. 엄밀한 의미에서 평가는 가치중립적인 것을 표명하지만 실제적으로는 정책집행을 둘러싸고 있는 환경을 무시할 수 없다.

3) 정책평가자

- 의뢰자가 원하는 것을 파악할 수 있는 능력이 있어야 한다.
  사회복지정책 평가자는 의뢰하는 사람이 원하는 것이 무엇인지 정확하게 파악하고 평가하여야 한다. 이를 위하여 평가의뢰자 면담 등의 과정을 거칠 필요가 있다.
- 정책평가기법 및 분석기법에 관한 지식을 소유하고 있어야 한다.
  정책평가는 기술적이고 과학적인 과정이다. 따라서 평가기법에 대해서 정확한 이해와 더불어 활용능력을 갖추고 있어야 한다.
- 정책문제 및 정책과정에 관련한 전반적인 지식과 경험을 가지고 있어야 한다.
  정책평가는 평가대상이 되는 정책에 대해서 상당한 지식과 경험이 없이는 불가능하다. 정책입안자나 정책집행자 못지않게 정책에 대해서 전반적인 이해를 하고 있어야 한다.
- 설득능력과 협력을 이끌어낼 수 있는 능력을 갖추어야 한다.
  정책평가자는 정책집행에 대한 단순한 평가자로서의 임무만 하는 것이 아니라 정책집행자로 하여금 정책평가의 결과를 다음 정책에 반영할 수 있도록 해야 한다. 그러므로 설득 및 협력을 끌어낼 수 있는 능력이 있어야 한다.

4) 정책평가의 방법

① 길버트와 테렐의 사회복지정책 분석

- 길버트와 테렐은 사회복지정책평가 및 분석과 관련하여 3P를 주장하였다.
- Process
  과정평가라고 한다. 프로그램을 형성하기 위하여 평가하는 것이다.
- Product
  산출평가라고 한다. 정책의 행정에 대한 평가가 주를 이룬다. 이를 위하여 할당, 전달체계 등으로 구분하여 산출을 평가한다.
- Performance
  성과평가라고 한다. 정책결과로 얻어진 것을 평가하는 것이다.

② 과정평가

- 과정평가는 정책의 집행과정에 대한 평가와 접책집행 도중 야기되는 문제점을 제거하기 위한 평가로 구분할 수 있다.
- 평가성 사정과 모니터링이 대표적인 과정평가이다.
- 평가성 사정 : 어떤 특정 정책에 대해 본격적으로 평가하기에 앞서 평가의 소망성과 가능성을 검토하는 일종의 예비평가이다.
- 모니터링 : 모니터링은 정책집행이 처음 설계한대로 운용되고 있는지 또는 본래 의도한 정책대상에게 혜택이 가도록 집행하고 있는지를 평가하는 것이다.

③ 총괄평가

- 총괄평가는 결과평가이다. 영향평가라고도 할 수 있다.
- 진실험설계, 유사실험설계, 회귀분석 등을 활용한다.

④ 메타평가

- 평가에 대한 평가를 메타평가라고 한다.
- 주로 상급자나 외부전문가에 의해 이루어진다.
- 평가에 사용된 방법의 적절성, 사용된 자료의 오류 여부, 평가로 도출된 결론에 대한 해석의 타당성 등을 검토한다.

⑤ 효과성평가

- 의도했던 정책목표의 성취여부 또는 성취정도를 확인하는 것이다.

⑥ 효율성평가

- 정책결과를 비용적인 측면에서 평가하는 것이다. 비용편익분석이 대표적이다.

⑦ 회수기간법

- 총비용을 가장 빨리 회수해주는 평가방법으로 재정력이 부족한 경우 유용하다. 회수기간이 짧을수록 경제적 타당성이 높다고 할 수 있다.

01 정책분석을 과정평가, 산물평가, 성과평가로 구분할 때 이에 관한 설명으로 옳은 것은?

① 과정분석은 정책의 운영과 관련된다.
② 산물분석은 정책의 계획과 관련된다.
③ 성과분석은 정책의 행정과 관련된다.
④ 정책분석틀을 할당, 급여, 재정, 전달체계로 구분하는 것은 산물분석에 적합하다.
⑤ 정책분석의 3P 중 조사방법론의 이론적 지식에 가장 밀접하게 연관되는 것은 과정분석이다.

해설 과정분석은 정책의 형성과정을 평가하는 것이다. 산물분석 또는 산출분석은 정책의 운영(행정)과 관련된 것들을 평가한다. 할당, 급여, 재정, 전달체계별로 구분하여 평가하는 특징을 갖는다. 모든 평가는 모두 사회복지조사방법론의 이론적 지식을 기반으로 평가한다. 정답 ④

02 길버트와 테렐(Gilbert & Terrel)이 말한 사회복지정책에 대한 분석적 접근방법을 모두 고른 것은?

ㄱ. 과정(process)분석	ㄴ. 산물(product)분석
ㄷ. 성과(performance)분석	ㄹ. 인식(perception)분석

① ㄱ, ㄴ, ㄷ
② ㄱ, ㄷ
③ ㄴ, ㄹ
④ ㄹ
⑤ ㄱ, ㄴ, ㄷ, ㄹ

해설 길버트와 테렐은 과정분석, 산출분석, 성과분석으로 구분하여 제시하였다. 이를 정책분석의 3p라고 한다.
정답 ①

Chapter 13

사회복지정책의 대상과 급여

학습Key포인트

○ 자산조사, 인구학적조건, 기여조건의 특성을 구분하여 설명할 수 있다.
○ 현금급여, 현물급여, 바우처의 특성을 구분하여 설명할 수 있다.

제1절 사회복지정책의 대상

사회복지정책으로 인하여 제공되는 서비스를 받는 사람을 대상이라고 하며, 서비스를 받는 자격에 대한 논의이기 때문에 할당(allocation)이라고도 한다. 우리나라의 자원이 풍부하여 사회복지에 투자할 재원이 많다면 사회복지정책의 대상문제를 고려할 필요가 없다. 하지만 자원이 한정적이기 때문에 누가 급여를 받는 것이 공정한 것인지 또는 바람직한 것인지를 고민하지 않을 수 없다.

1. 인구학적 조건에 의한 대상자 선정

1) 인구학적 조건

- 사회복지정책에 의한 급여를 수급할 대상자를 선정할 때 인구학적인 조건 이외의 어떤 것도 따지지 않는 방법이다.
- 인구학적 조건이란 연령, 자녀출산 등 인구학적인 상황이 일정 조건에 맞으면 급여를 제공하는 것을 말한다.

2) 인구학적 조건에 의한 대상자 선정의 장점

- 수급을 받는 자나 세금을 내는 자 사이의 반복이나 갈등이 적고 사회통합을 보다 원활하게 이루는 장점이 있다.
- 수급자에게 불필요한 낙인감을 주지 않는 장점이 있다.

인구학적 조건에 의하여 대상자를 정하는 방식은 누구라도 대상자가 될 수 있는 방식이다. 가난해서 수급을 받는다는 낙인감이 전혀 생각지 않는다.

- 수급자의 근로동기를 저하시키지 않는 장점이 있다.
  수급자들에게 근로동기를 약화시키는 경우는 수급과 근로가 서로 연결되어 있을 때이다. 인구학적 조건에 의한 대상자 선정은 근로와의 연계가 전혀 없다. 그러므로 수급자의 근로동기를 약화시키지 않는다.
- 수급을 받기 위하여 가족구조를 인위적으로 변화시키는 일이 없는 장점이 있다.
- 정책을 집행하는 데 효율적이라는 장점이 있다.
  인구학적인 조건은 따로 계산을 하지 않아도 된다. 대부분 주민등록이나 출생신고가 법적으로 정해져 있기에 급여를 받을 대상자 선정이 간단하다.

3) 인구학적 조건에 의한 대상자 선정의 단점

- 수직적 소득재분배가 미비하다는 단점이 있다.
  가난한 가정의 세금을 거둬서 부유한 노인에게 노인수당을 지급할 수 있다.
- 대상효율성이 떨어진다는 단점이 있다.
  인구학적 조건에 의한 대상자 선정은 복지욕구의 크기를 따지지 않고 대상자를 선정하기 때문에 대상효율성 측면에서는 약점을 가질 수밖에 없다.
- 많은 재원이 필요하다는 단점이 있다.
  인구학적 조건에 의한 대상자 선정은 꼭 필요한 사람을 대상자로 선정하기보다 많은 대상을 선정하여 급여를 제공한다. 그러므로 많은 복지재원이 필요하게 된다.

2. 기여를 조건으로 한 대상자 선정

1) 기여의 조건

- 사회복지정책의 급여를 받을 사람을 일정한 기여를 조건으로 선정한다.
- 기여에는 물질적인 기여, 사회 · 경제적인 공헌 등이 모두 포함된다.
  eg. 사회적인 기여를 조건으로 급여를 제공하는 대표적인 것이 국가유공자에 대한 보상 차원에서 제공되는 급여이다.
  eg. 경제적인 기여를 조건으로 급여를 제공하는 대표적인 것은 탄광 근로자들에게 우리나라 경제발전에 기여한 것을 바탕으로 급여를 제공하는 것이다.
- 기여방식의 대상자 선정의 대표적인 예는 사회보험이라고 할 수 있다.

2) 기여 조건 대상자 선정의 장점

- 일정 부분 자신이 기여한 것을 기반으로 대상자가 되는 것이므로 낙인감이 없다.
- 자신의 기여를 조건으로 한다는 측면에서 일종의 권리도 형성이 된다.

- 구빈적 성격보다는 방빈적 성격이 크기 때문에 근로동기를 약화시키지 않는다.

3) 기여 조건 대상자 선정의 단점

- 기여에 대한 관리와 계산이 필요하다.

3. 자산조사를 통한 대상자 선정

1) 자산조사

- 사회복지 급여를 받을 대상자 선정방식 중 가장 오래된 방법이다. 17세기 엘리자베스의 빈민법까지 거슬러 올라간다.
- 소득이나 자산을 조사하여 기준에 미치지 못하는 자에게만 급여를 제공한다.
- 가장 오래된 방법이지만 가장 저발전된 제도로 평가를 받기도 한다.

2) 자산조사를 통한 대상자 선정의 장점

- 대상효율성이 높다는 장점이 있다.
  사회복지자원을 꼭 필요한 사람에게만 제공하는 특징이 있다..
- 결과의 평등을 이루는 방법이 될 수 있다는 장점이 있다.
  이미 가난해진 자를 대상으로 구제하는 것이므로 이론적으로 수직적인 소득재분배 효과가 가장 큰 방법이다.

core 수직적 소득재분배

- 부자의 소득이 가난한 자에게 분배되는 것이다.
- 논리적으로 공공부조에 해당하는 방법이 수직적 소득재분배 효과가 가장 크다. 부자에게서 세금을 거둬 가난한 자에게 주기 때문이다.
- 실제적으로는 사회보험이 수직적 소득재분배 효과가 가장 크다. 이론적으로는 자산조사에 의한 급여가 수직적 소득재분배 효과가 가장 크지만 이미 가난해진 사람이라는 한정된 사람에게 재분배하는 것이라서 실질적으로 수직적 재분배 효과가 크지 않다. 반면, 사회보험은 이론상으로는 수직적 재분배 효과가 크지 않지만 전 국민을 대상으로 하기 때문에 실질적으로 가장 큰 수직적 재분배 효과를 나타내고 있다. 파이의 문제인 것이다.

3) 자산조사를 통한 대상자 선정의 단점

- 낙인감을 가질 수밖에 없는 단점이 있다.
  자신이 부족한 사람이라는 것을 자산조사를 통하여 증명해야 한다.
- 소득과 자산을 조사하기 위한 시스템을 가져야 한다는 단점이 있다.

자산을 조사하려면 조사방법과 계산방법이 있어야 하고, 그것을 감당하는 인력이 필요하다.

- 도덕적 문제를 야기할 수 있다는 단점이 있다.
  일정한 조건이 되어야 급여를 받을 대상자가 되기 때문에 이런 조건에 맞추기 위하여 근로를 하지 않음으로써 수입을 일정금액 이하가 되게 하거나 부양의무자의 조항을 맞추기 위하여 서류상 이혼을 하는 등의 도덕적인 문제를 야기할 수 있다.
- 소득이나 자산을 어느 정도로 볼 것인가의 문제도 있다.
  우리나라는 소득만 보는 것이 아니라 소득과 자산을 함께 본다.

소득인정액 = 소득평가액 + 소득환산액

4. 선별주의와 보편주의

- 선별주의
  필요한 사람에게만 급여를 제공하여야 한다는 것이 선별주의이다.
  즉, 대상자를 엄격하게 구분하여 선별하여야 한다는 것이다.
- 보편주의
  사회구성원 모두에게 급여를 제공해야 한다는 것이 보편주의이다.
  즉, 대상자는 사회구성원이면 된다.

제2절 사회복지정책의 급여

급여는 사회복지제도를 통하여 무엇을 제공하느냐의 문제이다. 정책의 최종산물은 결국 급여가 어떤 형태가 되는지로 나타나게 된다. 급여는 그 사회가 추구하는 이념이나 방향성에 따라 결정되는 경우가 많다. 따라서 급여에 대한 이해는 사회복지정책에 대한 이해인 동시에 그 사회의 방향성에 대한 이해이기도 하다.

1. 현물급여

1) 현물급여의 개념

- 현물급여는 **생산된 물품**이나 특정한 **서비스 프로그램**을 대상자에게 직접 제공하는 것이다.

eg. 아동양육에 도움을 주기 위하여 이유식을 위한 분유를 물품으로 지급한다.

eg. 맞벌이 부부의 경제활동 보장을 위하여 베이비시터 프로그램을 제공한다.

2) 현물급여의 장점

- **가장 큰 장점은 대상효율성이 높다**는 것이다.
  대상효율성이란 정부가 지출하는 복지비용이 대상자들에게 직접 돌아가는 비율을 의미한다. 물품이나 서비스로 제공할 경우 다른 용도로 전용이 불가하다.
- 정부의 복지비 지출과 관련하여 **규모의 경제가 가능**하다.
  어떤 문제를 개인이 해결하려면 단위단가가 높을 수밖에 없다. 그런데 국가적인 차원에서 물품을 구입할 경우 규모의 경제에 의하여 단가를 낮출 수 있다.

3) 현물급여의 단점

- 현물급여의 **가장 큰 단점은 운영효율성이 떨어진다**는 점이다.
  운영효율성은 제도로 운영하는 데 들어가는 비용에 대한 비율이다. 현물로 제공할 경우 물품을 쌓아둘 창고, 필요한 지역으로 배송할 배송시스템, 중간 물품창고, 각 가정으로 배송하는 체계 등 복잡한 운영구조를 가져야만 한다. 이런 복잡한 운영구조는 결국 제도에 대한 운용효율성을 떨어뜨린다.
- **대상자의 다양한 욕구를 충족하기에는 미흡하다**는 단점이 있다.
  대상자들이 가진 문제를 해결하는 데 있어서 그들의 욕구를 반영하는 것이 중요하다. 하지만 물품은 어느 하나 또는 소수로 한정될 수밖에 없다. 따라서 대상자들의 욕구가 충족되기에는 역부족이다.
- **낙인감을 지울 수가 없다는 단점**이 있다.
  현물로 받기 때문에 자신이 서비스를 받고 있다는 것을 드러낼 수밖에 없다. 현물급여는 수급권자의 권리를 충분히 반영하지 못하는 단점이 있다.

2. 현금급여

1) 현금급여의 개념

- 현금급여란 말 그대로 **급여를 현금**으로 제공하는 것이다. 사회문제를 해결할 수 있는 경제적 능력을 갖출 수 있도록 **소득의 형태로 급여를 제공**하는 것이다.
  eg. 앞서 현물급여의 예로 아동양육을 위한 분유나 이유식 제공의 경우 물품이 아니라 그것을 살 수 있는 현금으로 지급하여 수급권자가 직접 시장에서 원하는 제품을 구입하게 하는 것이다.

2) 현금급여의 장점

- **낙인감을 받지 않아도 된다.**
- **운영효율성을 높일 수 있다.**
- 대상자의 **소비욕구를 충족**시킬 수 있다.
- 자본주의 **시장경제원리에 적합하게 운영**될 수 있다.

3) 현금급여의 단점

- 현금급여의 **가장 큰 단점은 대상효율성이 떨어질 수 있다**는 점이다.
  수급권자들은 받은 현금을 문제 해결이 아니라 엉뚱한 곳에 쓸 수도 있다. 투입되는 비용이 문제 해결에 직접적인 효과를 얻어야 대상효율성이 높은 것이다.
- **현실적으로 상대적 빈곤감을 더해 줄 수 있다.**
  소득형태로 급여를 주기 때문에 시장의 기능을 유지하는 장점이 있으나 현실적으로 급여가 충분할 수는 없다. 상대적 빈곤감을 더할 여지가 충분히 있다.

※ 현물급여와 현금급여의 비교

	현물급여	현금급여
주요내용	• 생산된 물품이나 복지서비스 형태로 제공 • 대표적인 제도 : 의료급여 • 전통적인 구제제도	• 현금으로 제공 • 대표적인 제도 : 생계급여 등 • 권리측면이 강조됨
장점	• 대상효율성이 높음 • 규모의 경제원리가 적용됨	• 낙인감을 느끼지 않아도 됨 • 운영효율성이 높음 • 소비자 주권이 실현됨 • 시장의 원리를 맞음
단점	• 운영효율성이 떨어짐 • 낙인감 • 다양한 욕구를 반영하지 못함	• 대상효율성이 떨어짐 • 현실생활과 급여액의 차이가 클 경우 상대적 빈곤감 증대

자료: 이수천 외(2011), p.313, 개정법 반영 편집함

3. 바우처

1) 바우처의 개념

- 현금급여와 현물급여를 혼합한 것으로 일종의 증서와 같다.

2) 바우처의 장점

- 현금처럼 사용할 수 있어 시장구조를 왜곡하지 않는다.(현급금여의 장점 채용)
  즉, 선택의 기회와 이용의 편의성이 높다.
- 현금처럼 사용할 수 있기에 낙인감을 갖지 않아도 된다.(현금급여 장점 활용)
- 다른 것에는 사용할 수 없어서 대상효율성이 높은 편이다.(현물급여의 장점 채용)
- **제공업체들의 경쟁을 통하여 서비스의 질을 향상시킬 수도 있다.**

3) 바우처의 단점

- 생각만큼 바우처 활용도가 높지 않아 욕구를 충족하는 데 한계가 있다.
- **서비스 인프라가 구축되어 있어야 한다.** 그렇지 않을 경우 낙인감을 없애는 기능이나 선택권을 보장하는 기능이 원활하게 작동하지 않을 수 있다.
- 서비스를 시장에 맡김으로써 정부의 책임성을 약화시킬 수 있다.

4) 사회서비스 전자바우처 사업

- 국가에서는 돌봄서비스, 아동발달지원 서비스 등의 분야에서 바우처를 활용하는 방안으로 제도화하였다.
- 이러한 사회서비스를 전자바우처와 결합한 것이 사회서비스 전자바우처 사업이다.
- 대상자는 지자체에서 대상자로 선정되면 바우처를 제공받는다. 바우처는 정부가 보조하는 일정금액을(일정단위를) 사용할 수 있는 전자화폐와 같은 것이다. 개인부담금을 제외한 것은 바우처로 제공해 주기 때문에 필요한 서비스를 선택하여 이용할 수 있다.
- 사회복지사들의 블루오션이 될 수 있는 부분이기도 하다.

4. 기타급여

- 간접적인 급여로 **기회**도 있다.
  기회는 취약계층에게 **가산점이나 우선권을 부여**하는 방법으로 이루어진다. 그런데 이런 취약한 계층에게는 기회를 부여하는 것만으로 문제가 해결되지 않는다는 취약점도 있다.
  eg. 여성고용 할당, 장애인고용 할당, 의무교육을 통한 교육받을 기회부여 등
- 간접급여의 또 하나로 **권한**을 들 수 있다.
  권한은 정책결정에 참여할 수 있는 권한을 부여하는 것이다. 자신의 문제를 해결하는 정책을 결정하는 데 참여하여 일정 부분 의사를 반영할 수 있게 하는 것이다. 다만, 취약계층이라서 전문성이 부족하여 효과적이겠는가 하는 문제점은 있다.

01 급여의 형태에 관한 설명으로 옳은 것을 모두 고른 것은?

ㄱ. 현금급여는 선택의 자유를 보장하지만 사회적 통제가 부과된다.
ㄴ. 현물급여는 집합적 선을 추구하고 용도 외 사용을 방지하지만 관리비용이 많이 든다.
ㄷ. 서비스는 클라이언트를 위한 제반 활동을 말하며 목적 외 다른 용도로 사용할 수 없다.
ㄹ. 증서는 일정한 범위 내에서만 교환가치를 가지기 때문에 개인주의자와 집합주의자 모두 선호한다.
ㅁ. 기회는 재화와 자원을 통제할 수 있는 영향력을 의미하며 정책에 관한 의사결정권을 갖는 것을 말한다.

① ㄱ, ㄹ
② ㄴ, ㅁ
③ ㄱ, ㄴ, ㄷ
④ ㄱ, ㄷ, ㅁ
⑤ ㄴ, ㄷ, ㄹ

해설 현금급여는 통제가 부여되지 않는다. 의사결정권을 갖게 하는 것은 권한이다. 기회는일종의 우선권을 부여하는 것이다.

정답 ⑤

02 사회서비스 전자바우처에 관한 설명으로 옳지 않은 것은?

① 급여형태는 신용카드 또는 체크카드로 구현한 증서이다.
② 공급자 중심의 직접지원 또는 직접지불 방식이다.
③ 서비스 제공자의 도덕적 해이를 방지하기 위해 도입되었다.
④ 수요자의 선택권을 보장하기 위한 수단으로 활용되고 있다.
⑤ 금융기관 시스템을 활용하여 재정흐름의 투명성이 높아졌다.

해설 바우처(증서)는 현금급여와 현물급여의 장점을 살리는 급여방식이다. 수요자 입장의 선택권을 보장하는 방법이다.

정답 ②

Chapter 14

사회복지정책의 재원과 전달체계

학습Key포인트

○ 조세, 조세비용, 민간재원의 특성을 구분하여 설명할 수 있다.
○ 사회복지전달체계의 원칙에 대해서 제시할 수 있다.

제1절 사회복지정책의 재원

어느 정책이든지 성공적으로 실현되기 위해서는 재원 마련이 중요하다. 좋은 정책을 세우고도 재원 때문에 실행되지 못하는 경우도 있다. 특히, 사회복지정책은 취약계층에 투입하는 것이 많기에 재원 마련 부분에서 뜻하지 않은 반대를 맞기도 한다.

1. 공공재원

- 사회복지정책의 재원은 크게 공공재원과 민간재원으로 구분된다. 공공재원은 말 그대로 정부나 공공부문에 의해서 재원이 마련되는 것이다.
- 조세, 조세비용, 사회보험료가 대표적인 예이다. 공공재원은 **강제성**이 있어서 **재원 마련이 용이**하다는 장점을 갖는다.

1) 조세

- 국가가 공적인 일을 하기 위하여 국민으로부터 강제로 부담하게 하는 재원이다.
- 국민에게 강제로 부담시키므로 일정금액의 재원을 마련하는 방법으로는 효과가 크다.
- 직접세와 간접세가 있는데 직접세는 일반적으로 누진율이 붙는다. 따라서 직접세는 소득재분배의 효과가 크다.
- 조세는 비용을 마련하기 쉬운 장점이 있는 반면 저항이 클 수 있다. 특히, 수급자와 세금부담자가 다른 경우 조세저항은 더욱 커진다.

2) 조세비용

- 조세는 아니지만 조세와 같은 성격을 갖는 것을 말한다.
- 직접 세금으로 재원을 마련하는 것이 아니라 기업 등이 사회복지를 시행하도록 유도하고 그 경우 세금혜택 등을 제공하는 것이다.
- 이때 국가는 세금을 거둬서 사회복지를 실현해야 하는데 그렇게 하지 않고도 실질적인 사회복지를 실현하는 게 되는 것이다.
- 세금을 거두지 않고도 세금을 거둔 것과 같은 효과를 보는 것이다.

3) 사회보험료

- 사회보험료는 사회보험의 급여를 받기 위하여 내는 갹출금을 이른다.
- 사회보험은 강제적으로 가입하게 되고 보험료를 강제적으로 내게 된다는 점에서 공공재원으로 분류한다.
- 사회보험의 경우 국가 또는 국가가 세운 기관이 관리하게 된다.
- **사회보험료는 조세와는 달리 크게 저항이 일어나지 않는다.** 이는 자신이 낸 보험료로 결국 혜택을 받는 사람도 자신이라는 인식이 있기 때문이다.

2. 민간재원

- 민간재원은 사회복지정책을 실현하기 위한 재원을 국가가 강제로 모으는 것이 아니라 민간에서 자발적으로 마련하는 것이다.
- 대표적으로 이용료, 이용자 부담금, 후원금, 기업복지기금 등이 있다.

1) 이용자 부담금

- 어떤 서비스를 이용할 때 이용자가 지불하는 정해진 금액을 이용료라고 한다. 경우에 따라선 사회복지정책 프로그램도 소비자가 이용료를 전액 부담하고 이용할 수 있다.
- 그러나 사회복지정책은 대부분 취약한 계층을 우선 대상자로 하고 있기 때문에 이용금 전액이 아니라 일부를 부담하게 하는 경우가 많다. 이를 이용자 부담금이라고 한다.
- 이용자 부담금은 다음과 같은 특성이 있다.
  a. 이용자의 권리가 발생한다. 비용의 일부라도 부담한다는 것은 결국 권리가 생성되는 것을 의미한다.
  b. 어쨌든 비용을 지불하게 되기 때문에 무분별한 사용을 자제하게 된다. 공짜로 이용할 경우 낭비하듯이 이용하는 경우가 많다. 그러나 자신의 부담금이 들어가면 함부로 사용하지 않게 된다.

c. 자신이 돈을 내기 때문에 낙인감을 줄일 수 있다. 비용을 일정부분 지불하므로 권리가 생기는 것이다. 결국 서비스 이용에 있어 수치심을 덜 갖게 된다는 것을 의미한다.

d. 그럼에도 불구하고 어쨌든 비용을 부담해야 한다는 점에서 **반드시 이용할 사람이 서비스 밖에 있게 하는 부작용도 있을 수 있다.**

2) 후원금

- 후원금은 개인이나 기업이 각종 사회복지단체에 자발적으로 기여하는 재원이다.
- 정부의 공식적인 재원만으로 사회복지정책을 완전하게 운영할 수 없다는 한계점을 생각할 때 후원금은 중요한 사회복지재원이라고 할 수 있다.
- 다만, 후원을 받는 단체의 부익부, 빈익빈 현상이 나타날 수 있다. 그러므로 사회복지공동모금회와 같은 기관이 적절한 역할을 해줄 필요가 있다.
- 그러나 후원금을 내는 사람은 자신이 후원하고 싶은 기관이나 단체가 있을 수 있고, 자신이 내는 후원금이 어떻게 사용되는지 알고 싶은 욕구도 있는 것이다.

core **사회복지공동모금회**

사회복지공동모금회는 사회복지공동모금회법을 통하여 세워지는 모금기관이다. 주요사업은 모금사업과 배분사업이다. **민간의 사회복지재원을 마련하는 중요한 역할**을 한다.

3) 기업의 복지

- 기업은 기업 자체로 여러 가지 복지제도를 운용한다.
- 이런 기업복지도 넓게 보면 사회복지의 확충으로 볼 수 있다.
- 다만, 기업 간 차이로 인하여 상대적인 박탈감이 생길 수도 있다.

4) 기타

- 가족이나 친지 그리고 이웃들로부터 문제 해결의 도움을 받는 것도 아주 넓은 의미에서는 사회복지재원이라고 할 수 있다.
- 이런 것에 의존하는 정도가 클 경우 사회복지제도 발전에 저해가 되는 요인이 된다.

제2절 사회복지정책의 전달체계

잘 갖춰진 정책도 결국 대상자에게 전달되어야 가치를 발현한다. 사회복지 급여가 대상자의 손에까지 전달되는 체계를 전달체계라고 한다. 전달체계가 얼마나 효율적으로 구성되어 있느냐에 따라 정책의 성공과 실패를 가늠할 수 있는 것이다.

1. 전달체계의 기본원칙

- 전달체계의 핵심은 재화나 서비스를 어떻게 하면 대상자에게 효과적이고 효율적으로 제공하는가의 문제이다. 물론 여기서도 우선 고려할 것은 대상자를 소비자로 여기는 것이다. 대상자를 도움을 받는 사람으로 인식하는 것은 구태적인 발상이다.
- 전달체계의 기본원칙은 통합성, 지속성, 접근성, 전문성이다.

1) 통합성(integration)

- 대상자가 한 곳에서 여러 서비스를 이용할 수 있는 것을 말한다. 흔히 one-stop service는 통합성의 대표적인 예이다.
- 사회복지 대상자는 대부분 여러 문제를 가지고 있다. 이 문제들을 여러 창구에서 해결해야 한다면 불편해서 제도를 제대로 이용하지 못하게 된다. 대상자가 창구 하나만 찾아가도 거기서 모든 서비스가 이루어져야 한다.
  eg. 사례관리는 통합성의 원리를 드러내는 실천방법이다.

2) 지속성(continuity)

- 대상자가 필요로 하는 급여는 끊이지 않고 지속적으로 제공되어야 하는 것을 말한다.

3) 접근성(accessibility)

- 대상자가 언제 어디서나 서비스를 이용할 수 있어야 한다는 점을 반영한다. 아무리 좋은 정책이라도 대상자가 접근할 수 없다면 무용지물이 되는 것이다.
- 접근성에는 다음과 같은 네 가지 성질이 있다.
  a. 제도의 단순성 : 제도가 복잡하면 서비스에 접근할 수 없다.
  b. 지리적 접근성 : 서비스를 이용하기 위하여 움직여야 하는 거리가 가까워야 한다.
  c. 정보의 접근성 : 정보도 접근성 차원에서 검토해야 한다.
  d. 낙인감의 해소 : 낙인감을 받는 모습으로 서비스가 제공되면 서비스 받는 것을 꺼리

게 된다.

4) 전문성(professionalism)

- 서비스 전달은 전문적인 인적자원에 의해서 이루어져야 한다.
- 사회복지사는 사회복지서비스를 전달하는 데 있어 전문인력이다.

2. 전달체계의 주요쟁점

- 전달체계에 대한 전통적인 논쟁점은 서비스를 중앙 또는 지방에서 주도하는가의 문제와 서비스를 공공부문 또는 민간부문에서 감당하는가의 문제이다.

1) 중앙 / 지방

- 전통적으로 사회복지정책 서비스는 중앙에서 주도해 왔으나 지방자체제도가 안착되면서 현재는 많은 것이 지방으로 이전되었다.
  eg. 공공부조, 보육급여, 기초연금은 현재 지방에서 주로 담당하고 있다.
- 중앙을 중심으로 할 경우 일사분란한 집행이 이루어지기 쉽다는 장점이 있으나 필요 이상의 절차를 거쳐야 하는 단점이 있다. 어떤 문제의 해결에 대해서도 절차를 거쳐 해결해야 하기 때문에 상당한 시일이 걸릴 수밖에 없다.
- 지방을 중심으로 할 경우 현실적인 사회복지구현 단위와 맞는다는 점과 의사결정이 수월하다는 장점이 있다. 반면, 지방의 재정자립도가 문제되는 경우가 많다.
- 현대사회복지의 흐름은 탈중앙화이다. 지역사회복지가 강조되는 경향이 나타나고 있다.

2) 공공 / 민간

- 전통적으로 사회복지의 책임은 공공부문에 있었다.
- 그러나 복지국가 위기 이후 운영의 효율성 측면 등에서 민영화 바람이 불고 있다.
- 공공부문에서 감당할 경우 책임성 소재에서 분명한 장점은 있으나 원리원칙에만 의존할 가능성이 크고, 민간부문에서 감당할 경우 신속한 대응이나 처리에는 장점이 있지만 궁극적인 책임성 부분이 약화될 수 있다.
- 현재는 사회복지시설이나 기관을 민간복지재단에 운영을 위탁하는 경우가 많다. 민간에 위탁할 경우 특화된 서비스 창출이나 변화의 장점이 있다. 그러나 민간기관을 어느 정도 신뢰할 수 있는가의 문제가 대두될 수 있다.
- 준시장이라는 방법도 존재한다.

3) 전달체계 변화의 현대적 흐름

- 중앙화 → 탈중앙화 / 지방화
- 공공부문 → 민간무문 활성
- 그러나 이런 흐름은 절대적이라고 할 수 없다. 사안에 따라서 다를 수도 있다.

01 사회복지의 민간재원에 관한 설명으로 옳은 것은?

① 사회복지의 민간재원에는 조세지출, 기부금, 기업복지, 퇴직금 등이 포함된다.
② 기부금 규모는 국세청이 추산한 액수보다 더 적을 것으로 추정된다.
③ 이용료는 클라이언트가 직접 지불한 것을 제외하고 사회보장기관 등의 제3자가 서비스 비용을 지불한 것을 의미한다.
④ 기업복지는 기업이 그 피용자들에게 제공하는 임금과 임금 외 급여 또는 부가급여를 의미한다.
⑤ 기업복지의 규모가 커질수록 노동자들 사이의 불평등이 증가한다.

해설 조세비용은 공공재원이다. 기부금은 알리지 않고 하는 경우도 있어 국세청 추산보다 클 것으로 추정된다. 이용료는 자신의 사용한 서비스에 대해서 지불하는 것이다. 임금은 계약에 의하여 노동의 댓가로 지불하는 것이다. 기업복지의 규모가 커지면 대기업과 중소기업 간 불평등이 야기될 수 있다.

정답 ⑤

02 조세와 사회보험료에 관한 설명으로 옳은 것은?

① 조세는 사회보험료에 비해 소득역진적이다.
② 조세와 사회보험료는 공통적으로 빈곤완화, 위험분산, 소득유지, 불평등 완화의 기능을 수행한다.
③ 조세와 사회보험료는 공통적으로 상한선이 있어서 고소득층에 유리하다.
④ 사회보험료를 조세로 보기는 하지만 임금으로 보지는 않는다.
⑤ 개인소득세는 누진성이 강하고 일반소비세는 역진성이 강하다.

해설 개인소득세는 누진을 적용하는 게 일반적이고, 소비세는 모두에게 동일하기에 역진성이 강하다.

정답 ⑤

Chapter 15

우리나라 사회보장의 틀

학습Key포인트

○ 사회보장의 개념을 설명할 수 있다.
○ 사회보장의 방법 3가지를 구분하여 제시할 수 있다.

제1절 사회보장의 개념

사회복지정책은 결국 사회보장을 이루기 위한 것이다. 복지국가의 특징 중 하나는 사회보장이 제도적으로 이루어져야 한다는 것이다. 그만큼 사회복지정책에 있어 사회보장은 핵심적인 개념이다. 결국 사회보장은 한 사회에서 사회구성원이 건강하고 안전하게 생활할 수 있는 근거가 되는 것이다.

1) 사회보장에 대한 개념

① 베버리지보고서의 사회보장 개념

- 사회보장이란 실업, 질병 및 재해로 인한 소득의 중단 또는 노령, 은퇴, 부양자의 사망, 출산, 결혼 및 사망 등의 예외적 지출에 대비할 수 있는 일정 소득의 보장을 의미한다.
- 베버리지보고서는 이에 대한 대책으로 사회보험을 강조하였다. 그리고 사회보험이 성공적으로 이루지기 위해서는 **완전고용**과 **포괄적 보건서비스**, **가족/아동수당**이 있어야 한다고 전제하였다.

② 국제노동기구(ILO)의 사회보장 개념

- 사회보장이란 사람들이 여러 가지 위험들로 인해 소득이 일시적으로 중단되거나, 소득이 영원히 중단되거나, 지출이 크게 증가하여 사람들이 이전의 생활을 하지 못할 경우 이전의 생활을 유지할 수 있도록 하는 국가의 모든 프로그램을 말한다.

③ **우리나라 사회복지정책에서 사회보장의 개념**

- **사회보장기본법**에서는 사회보장에 대해서 다음과 같이 정의하고 있다.

> "사회보장"이란 출산, 양육, 실업, 노령, 장애, 질병, 빈곤 및 사망 등의 사회적 위험으로부터 모든 국민을 보호하고 국민 삶의 질을 향상시키는 데 필요한 소득·서비스를 보장하는 사회보험, 공공부조, 사회서비스를 말한다.
>
> (자료 : 국가법령정보센터 http://www.law.go.kr)

- 사회보장이란 사회적 위험으로부터 모든 국민을 보호하는 것이다.
- 사회보장이란 국민의 삶의 질을 향상시키는 데 필요한 소득·서비스를 보장하는 것이다.
- 사회보장은 사회보험, 공공부조, 사회서비스로 이루어진다.

2) 사회적 위험의 종류

- 사회보장기본법에서 제시하는 사회적 위험은 출산, 양육, 실업, 노령, 장애, 질병, 빈곤 및 사망 등이다.
- 전통적으로 실업, 노령, 장애, 질병, 빈곤이 사회적 위험으로 여겨졌다. 그런데 시대의 변화에 따라 **출산과 양육이 사회적 위험에 포함**되었다는 점을 인지해야 한다.

3) 사회적 위험에 대처하는 방법

- 베버리지보고서나 국제기구, 우리나라 법 모두 **소득의 보장을 핵심**으로 제시하고 있다.
- 우리나라 법의 경우 '소득과 서비스를 보장하는 것'으로 표현하고 있다. 이는 소득보장을 기본적인 전제로 하면서 동시에 시대적으로 사회서비스를 강화하는 것을 반영한 것이다.

4) 사회보장의 목적

① 기본생활을 보장한다.

- 국가는 국민의 생존권을 보장한다는 의미에서 존재 의미가 있다.
- 국민들의 삶의 안정이나 자아실현에 대해서 폭넓은 보장이 바람직하나 우선적으로 기본적인 생활 보장을 실현하는 것이 일차적 목적이 된다.

② 소득재분배를 한다.

- 소득이 불평등할 경우 사회는 혼란에 빠지게 된다. 따라서 국가는 사회보장제도로 소득을 재분배하는 역할을 한다.
- 소득재분배는 여러 방법이 가능하다.

시간	단기적 재분배	• 사회욕구 충족을 위해 현재 자원을 사용하여 소득재분배 • eg. 공공부조

	장기적 재분배	• 생애에 걸쳐, 세대에 걸쳐 이루어지는 소득재분배 • eg. 국민연금
계층	수직적 재분배	• 부자에게서 가난한 자에게 이루어지는 소득재분배 • **공공부조, 누진적 소득세**
	수평적 재분배	• 동일 소득계층 내에서 이루어지는 소득재분배 • 특정한 조건이 있는 사람에게 급여함으로써 이루어지는 재분배 • eg. **가족수당, 건강보험** (모두 동일하게 내고 있지만 특정 문제가 해당되는 사람에게만 급여 제공)
세대	세대 내 재분배	• 동일한 세대 내에서 이루어지는 재분배 • 대부분 단기적인 재분배
	세대 간 재분배	• 앞 세대와 먼 새대 간의 재분배 • 주로 부과방식으로 운영되는 공적연금제도

- 사회보장은 주로 수직적 소득재분배에 관심을 갖지만 사회보험료의 경우 동일 계층 간의 수평적 소득재분배로 이루어지고 있다.
- 대부분 연금은 현재 지급된다. 즉, 미래세대가 현재 내고 있는 보험료를 가지고 노인 세대에게 지급하는 것이다. 따라서 세대 간 재분배의 성격이 강하다.
- 공공부조는 조세를 기반으로 하여 이루어진다는 점에서 수직적 재분배효과가 이론적으로는 가장 큰 제도이다. 세금은 누진률을 적용하기 때문에 고소득자의 세금이 가난한 자에게 재분배되기 때문이다.
- (**현실적으로는 사회보험의 소득재분배 효과가 가장 크다**. 파이의 문제이다.)

③ 사회적 연대감, 즉 사회통합을 증대한다.

- 사회보장제도는 소득상실의 위험에 노출되어 있는 사람들에게 사회적 연대감을 보여주는 제도이다. 이를 통하여 사회통합을 이루는 것이다.
- 사회보장제도가 원활하게 작동되지 않을 경우 결국 사회는 자본의 소유에 따라 양극화되는 현상이 짙어질 것이다. 그리고 양극화가 짙어지면 결국 사회혼란이 가중되어 이를 해결하기 위한 더 큰 사회적 비용이 들기 마련이다. 따라서 사회보장제도는 소득을 상실한 사람에게만 필요한 것이 아니라, 이미 고소득인 사람에게도 지속적으로 소득과 사회활동을 할 수 있는 장(場)을 제공하기 때문에 긍정적인 효과가 있는 것이다. 즉, **개선된 이기주의적 관점**에서도 사회보장은 필요하다고 할 수 있다.

core **사회보장의 두 얼굴**

- 사회보장은 가난한 사람에게 인간다운 삶을 보장한다는 측면에서도 필요하지만 사회안정을 통하여 기득권을 가진 사람에게도 지속적인 생활의 안정과 소득을 이룰 수 있는 기회를 보장한다는 측면에서도 필요한 것이다. **사회보장의 이면에는 이런 사회통제적 목적도 있다.**

> • 개선된 이기주의는 결국 안정된 사회가 이루어짐으로써 사회적 활동을 지속적으로 해 나가기 위한 동기로 사회보장에 찬성하는 것이다. (노블리스 오블리주도 결국 이런 개선된 이기주의와 연결될 수 있다.)

④ 소득을 보장한다.

- 사회보장은 결국 소득을 보장하는 것이다. 자본주의와 시장경제 체제를 무시할 수 없다. 그러므로 사회보장은 결국 소득의 보장이 핵심이 된다.
  우리나라 사회보장법도 이 부분을 다음과 같이 강조하고 있다.

⑤ 평생안정망을 구축한다.

- 사회보장에서 생애주기에 따른 생활 보장이라는 개념이 강조되고 있다.
- 그렇기 때문에 평생안전망 구축 문제가 지속적으로 논의되고 있다.
- 우리나라 사회보장법에서도 이 부분이 제시되어 있다.

> "평생사회안전망"이란 생애주기에 걸쳐 보편적으로 충족되어야 하는 기본욕구와 특정한 사회위험에 의하여 발생하는 특수욕구를 동시에 고려하여 소득·서비스를 보장하는 맞춤형 사회보장제도를 말한다. (자료 : 국가법령정보센터 http://www.law.go.kr)

5) 사회안전망

- 국가는 전체 사회안전망이 합리적으로 운영될 수 있도록 하기 위하여 일차적 사회안전망과 이차적 사회안전망을 설계하여야 한다.
- 일차적 사회안전망이 제 기능을 하도록 하고 부족한 부분을 이차적 사회안전망이 보완하도록 설계해야 한다.
- 일차적 사회안전망과 이차적 사회안전망의 내용은 다음과 같다.

구분	내용
일차적 사회안전망	• 개인의 노력, 능력, 기여에 의하여 사회안전망을 구축 • 일반적으로 보험의 원리로 안전을 보장한다.
이차적 사회안전망	• 일차적 사회안전망으로부터 이탈하거나 적절한 수준의 급여를 받지 못해 빈곤상태에 처한 사람의 최종적인 욕구를 충족시켜 주는 안전망 • 빈곤하게 된 원인을 가리지 않고 보호한다. • 공공부조

제2절 사회보장제도의 분류

각 나라는 사회보장을 이루기 위한 여러 가지 방법이나 장치를 갖고 있다. 사회보장이라는 말을 처음 사용한 미국의 사회보장법(1935)은 공공부조와 사회보험이 사회보장의 근간이 되었다. 물론 사회보장법 이전에도 공공부조와 사회보험은 발전해왔다. 그런데 사회보장법에서 이 둘은 한 사회에서 최소한으로 이루어져야 할 사회보장에 대해 공동으로 정의하는 역할을 하게 된 것이다. 이후 각 나라에서 사회보장의 방법으로 공공부조, 사회보험과 더불어 사회서비스를 이야기하기에 이른다.

1) 사회보험

- 사회보험은 **방빈적인 제도**로 사회적 위험에 대해서 미리 준비하는 사회보장제도이다.
- 사회보장기본법에서는 사회보험을 다음과 같이 정의한다.
  "사회보험"이란 국민에게 발생하는 사회적 위험을 보험의 방식으로 대처함으로써 국민의 건강과 소득을 보장하는 제도를 말한다.

2) 공공부조

- 공공부조는 구빈적인 제도로 이미 가난해진 사람들을 구제하는 사회보장제도이다.
- 사회보장기본법에서는 공공부조를 다음과 같이 정의한다.
  "공공부조"(公共扶助)란 국가와 지방자치단체의 책임 하에 생활 유지 능력이 없거나 생활이 어려운 국민의 최저생활을 보장하고 자립을 지원하는 제도를 말한다.

3) 사회서비스

- 사회서비스는 여러 대상으로 하여금 인간다운 삶을 살 수 있도록 각종 사회서비스를 제공하는 사회보장제도이다.
- 사회보장기본법에서는 사회서비스에 대해서 다음과 같이 정의한다.
  "사회서비스"란 국가 · 지방자치단체 및 민간부문의 도움이 필요한 모든 국민에게 복지, 보건의료, 교육, 고용, 주거, 문화, 환경 등의 분야에서 인간다운 생활을 보장하고 상담, 재활, 돌봄, 정보의 제공, 관련 시설의 이용, 역량 개발, 사회참여 지원 등을 통하여 국민의 삶의 질이 향상되도록 지원하는 제도를 말한다.

core 사회서비스 전자바우처 사업

사회서비스라는 사회보장의 한 부분과 급여의 형태인 전자바우처가 결합되어 제공되는 사회서비스이다. 이는 제공업체가 지역의 사회복지세력이 될 수 있다는 점에서 경쟁을 통한 서비스 질을 제고할 수 있다는 장점이 있는 제도이다.

또한 필요한 경우 지역사회에서 필요한 사업도 창출할 수 있다는 점에서 사회서비스의 폭을 넓혔다고도 할 수 있다.

현재 주로 노인돌봄사업, 산모지원사업, 아동발달지원사업, 지역사회서비스 사업 등으로 운영되고 있다.

01 소득재분배에 관한 설명으로 옳은 것은?

① 수평적 재분배는 공공부조를 들 수 있다.
② 세대간 재분배는 부과방식 공적연금을 들 수 있다.
③ 수직적 재분배는 아동수당을 들 수 있다.
④ 단기적 재분배는 적립방식 공적연금을 들 수 있다.
⑤ 소득재분배는 조세를 통해서만 발생한다.

해설 수직적 소득재분배는 공공부조가 제일 강하다. 부과방식과 적립방식의 차이를 이해할 필요가 있다. 부과방식은 현재 부과하는 사람의 것으로 대상자에게 급여를 주는 것이고, 적립방식은 자신이 적립한 것으로 받는 것이다. 따라서 부과식은 세대간 이전이 이루어진다. 정답 ②

02 사회안전망에 관한 설명으로 옳지 않은 것은?

① 이차적 사회안전망은 빈곤계층의 기본적 욕구를 충족시켜 주기 위한 목적으로 운영된다.
② 일차적 사회안전망과 이차적 사회안전망은 각자의 목표에 따라 엄격하게 구분하여 운영된다.
③ 일차적 사회안전망은 개인의 노력과 능력으로 확보하게 되는 안전망이다.
④ 이차적 사회안전망은 주로 공공부조제도로 구성되어 있다.
⑤ 일차적 사회안전망은 주로 사회보험제도로 구성되어 있다.

해설 일차적 사회안전망에서 이탈하거나 이것이 부족한 경우 곧 빈곤하게 된 경우 이차적 사회안전망을 통하여 보호하게 된다. 즉, 사회안전망은 일차적 사회안전망과 이차적 사회안전망이 적절하게 역할을 하여 국민이 사회안전망을 구축해야 한다. 정답 ②

Chapter 16

사회보험의 일반적 특징

학습Key포인트

○ 사회보험과 공공부조의 차이를 설명할 수 있다.
○ 사회보험의 원리를 제시할 수 있다.

제1절 사회보험의 개념

우리나라가 구축하는 일차적 사회안전망은 사회보험이다. 사회보험은 19세기 독일에서 시작된 이래도 전 세계에서 사회보장을 이루는 주요방법으로 채택되고 있다. 베버리지보고서도 결국 사회보험을 통하여 사회보장을 이루는 것을 제시하고 있다. 사회보험은 보험방식을 채용해서 사회적 위험에 대처하는 것이다.

1) 사회보험의 개념

- 사회보장기본법에서는 사회보험을 "국민에게 발생하는 사회적 위험을 보험의 방식으로 대처함으로써 국민의 건강과 소득을 보장하는 제도"로 정의하고 있다.
- 사회보험은 사회적 위험에 대처하는 방법으로 이는 사회보장 또는 사회안전망이라는 용어와도 연결된다.
- 보험의 방식으로 대처하는 것이다.
- 국민의 건강과 소득을 보장하는 제도이다.

2) 보험의 원리

- 보험원리의 핵심(核心)은 **위험의 분산**에 있다.
- 보험이라는 것은 보험에 가입한 회원을 기반으로 회원은 각자의 갹출금을 낸다.
- 여러 회원이 함께 문제에 대처하기 때문에 위험이 분산되는 효과가 있다.
- 갹출금을 조금씩 내서 큰 문제에 대처하기 때문에 위험이 분산되는 효과가 있다.

cf. 계와 사회보험
우리나라 전통 중 하나인 계(契)는 계원들이 동일한 문제를 해결하기 위하여 결속한 것이다. 승계, 학계, 상포계 등 다양한 종류의 계가 있었다. 개인으로서는 감당하기 어려운 일들을 계원들이 함께 감당함으로써 사회적 위험에 대처했다는 점에서 계는 사회보험의 원리와 동일하게 위험의 분산원리로 작동되는 특징이 있다. 경제적인 이유가 가미되었다 하더라도 이런 원리는 중요하다. 따라서 우리나라 전통인 계(契)를 계승해서 사회복지제도를 만들었다면 한국적인 사회복지제도가 탄생할 수도 있었을 것이다.

3) 사회보험이어야 하는 이유

- 대처해야 하는 어려움이 개인적인 어려움이 아니라 사회적 위험이기 때문이다.
- 사회적인 위험에 대해서 일반 보험회사는 제품을 만들지 않는다. 리스크를 적절하게 계산할 수 없기 때문이다. 가령, 실업이 언제, 어느 정도로 일어날 것이라는 계산이 가능하다면 그에 맞는 보험설계가 가능할 것이다. 하지만 실업이 언제 어느 정도로 일어날지 예측할 수 없기 때문에 사보험은 이를 감당할 수 없다.
- 그래서 사회보험은 국가가 관장한다. 관리공단도 결국은 국가가 만들어 낸 것이기 때문에 국가가 관장하는 것으로 볼 수 있다.

제2절 사회보험의 특성

사회보험은 위험에 대해서 공동으로 대처하는 것이고, 또한 가난해지기 이전에 가난에 대비해서 세우게 되는 사회안전망이다. 이런 특성으로 인하여 사회보험은 공공부조와 다른 성격을 갖게 되며 사보험과도 다른 성격을 갖게 된다.

1) 사회보험의 일반적 특성

- **각 사회보험제도는 사회적 욕구의 절실성 정도에 따라 도입되었다.**
  보편적으로 어느 나라든지 산업재해보상보험이 제일 먼저 도입된다. 이는 사회보험이라는 제도 자체가 노동자들의 생활을 보장하기 위하여 만들어진 까닭이다. 독일도 원래는 산업재해보상보험부터 만들어졌지만 당시 비스마르크를 신뢰하지 않았던 노동자들이 거부하는 바람이 질병보험이 먼저 시행되는 특성을 나타냈다. **우리나라는 산업재해보상보**

험이 가장 먼저 만들어졌고, 이어서 건강보험, 국민연금, 고용보험, 노인장기요양보험 순으로 도입되었다. 노인장기요양보험은 노인문제가 발생한 이후 만들어져 가장 늦게 도입되었다.

- **적용하기 쉬운 인구집단에서부터 시작하여 전국민에게로 확대되었다.**
  모든 사회보험은 처음에는 일정 규모 이상의 사업장에서부터 시작했다. 그 이유는 비용산출이 비교적 용이했기 때문이다. 대규모 사업장 노동자의 경우 월급명세서가 분명하기 때문에 비용산출이 쉬웠다. 따라서 **공무원이나 일정 이상 규모의 사업장에서부터 실시하여 점차 작은 사업장 노동자에게 적용**하게 되었고, **농어촌 주민에게서 먼저 실시된 이후에 도시 자영업자에게 확대**되어 갔다. 농어촌이 도시자영업자보다 먼저 도입된 것은 토지 등 비교적 계산이 용이한 방편이 있었기 때문이다.
- **기여는 사용자, 노동자, 국가가 공동으로 하게 된다. 다만, 국가의 기여 정도가 약한 편이다.**
  산업재해보상보험을 제외한 네 개의 보험은 모두 사용자와 노동자가 반씩 부담한다. 다만, 농어촌 주민을 대상으로 한 국민연금과 건강보험은 일부 국가가 분담하기도 한다. 대체로 우리나라는 선진국에 비해 제도의 운영정도에 국가가 기여하고 있다.
- 급여의 종류는 다양하지만 보장의 수준이 높은 편은 아니다.
  예로 국민건강보험의 경우 비교적 가벼운 질병에 대해서는 서슴없이 치료를 받을 수 있지만 중병에 대해서는 여전히 보험급여가 적용되지 않아 치료받지 못하는 경우가 발생하고 있다.

2) 사보험과의 유사점과 차이점

① 사회보험과 사보험의 유사점

- 위험에 미리 대처한다는 특징이 있다. 즉, 문제에 대한 예방적 성격을 갖는다.
- 위험을 분산하는 보험의 원리를 적용하고 있다.
- 적용범위, 급여의 종류, 급여방법 등이 상세하고 구체적으로 명시된다.
- 급여를 받을 자격과 급여량에 대해 명확한 계산이 필요하다.
- 보험료를 낸다.
- 사회적 안정에 유익을 미친다.

② 사회보험과 사보험의 차이점

- 사보험이 자발적 가입을 한다면 사회보험은 강제적 가입 원칙을 갖는다.
- 사보험은 개인의 보험료 능력에 따라 보장을 받지만 사회보험은 최저수준을 보장한다.
- 사보험은 개인의 적절성이라는 원리를 갖지만 사회보험은 사회적 적절성이라는 원리를 갖는다.
- 사보험은 계약으로 이루어지지만 사회보험은 법령에 의하여 이루어진다.
- 사보험은 시장원리에 따르지만 사회보험은 정부가 독점한다. 위험의 크기가 달라 계

산이 되지 않기 때문이다. 이 부분이 사회보험을 실시해야 하는 이유이다.

- 목적이나 결과에 대해 사보험은 의견이 각각 다르지만 사회보험은 대체로 의견이 일치한다.
- 사보험은 손실할 경우 보상력이 적은 반면 사회보험은 국가의 조세력으로 보호하게 된다.

3) 공공부조와의 차이점

	사회보험	공공부조
목적	방빈/예방	구빈
대상	전국민(보편주의)	가난한 사람(선별주의)
재원	기여금, 부담금(일부는 조세)	조세
자산조사	실시하지 않는다	실시한다
대상효율성	(공공부조에 비해) 낮다	(다른제도에 비해) 높다
소득재분배	수평적 소득재분배 효과 (수직적, 수평적 소득재분배 효과가 모두 있다. 논리상으로 수직적 소득재분배 효과는 공공부조보다 낮다.)	수직적 소득재분배 효과

4) 사회보험의 원리

- **첫째, 최저생활보장의 원리이다.**

  보장은 최저수준이고 그 이상은 개인의 노력에 맡기는 것이 자본주의 사회의 기본이다. 사회보험에서 이야기하는 최저수준은 가능한 문제 발생 이전의 삶의 수준으로 돌아가는 것을 의미한다.

- **둘째, 소득재분배의 원칙이다.**

  사회보험은 소득재분배가 일어난다는 점에서 사보험과 다르다. 이론상으로는 공공부조의 소득재분배 효과가 가장 크지만, 현실적으로는 사회보험으로 인한 소득재분배 효과가 가장 크다. 그 이유는 사회보험은 전 국민을 대상으로 하기 때문이다.

- **셋째, 보편주의 원리를 채택한다.**

  사회보험은 적용범위에 있어 전 국민을 대상으로 한다. 즉, 대상이 전 국민이다. 그렇기 때문에 보편주의 원리를 적용한 것이라고 할 수 있다. 이에 반하여 공공부조는 선별주의 원리를 채택하고 있다.

- **넷째, 보험료 부담의 원칙이 있다.**

  사회보험에 필요한 재원은 노동자, 사용자, 국가가 함께 조달한다. 노동자는 보험료를 제공함으로써 사회보험을 받을 권리를 갖게 된다.

core **사회보험 재원 주체들의 이유**

- 노동자 – 과실책임의 원칙
  노동자들이 일정 부분 갹출금을 내는 이유는 문제에 대한 책임이 자신에게 있기 때문이다. 따라서 노동자는 마땅히 자신의 책임에 응답하는 차원에서 기여를 하게 된다.
- 사용자 – **무과실책임의 원칙**
  근대법에서는 과실책임의 원칙이었다. 비교적 가내공업 형태였던 당시 재해라는 것은 잘못의 책임이 있는 자가 감당할만한 정도였다. 그러나 산업사회가 되면서 재해의 규모가 커졌다. 그래서 노동자가 아무리 잘못을 했다 하더라도 더 이상 노동자가 모든 책임을 지기 어려운 구조가 되었다. 따라서 비록 사용자는 과실에 대한 직접적인 책임은 없을지라도 위험한 작업장을 가지고 있는 것만으로도 책임을 물어야 한다는 것이 무과실책임 원칙이다. 현대법은 무과실책임 원칙을 받아들이고 있다.
- 국가 – 국민의 생존권 보장
  국가는 국민의 생존권적 기본권을 보장할 의무를 갖는다. 따라서 사회보험에 일정 부분 기여하게 되는 것이다.

01 사회보장의 특성에 관한 설명으로 옳은 것을 모두 고른 것은?

ㄱ. 공공부조는 사회보험에 비해 권리성이 약하다.
ㄴ. 사회보험과 비교할 때 공공부조는 비용효과성이 높다.
ㄷ. 사회수당과 사회보험은 기여 여부를 급여 지급 요건으로 한다.
ㄹ. 사회보험과 공공부조는 방빈제도이고 사회수당은 구빈제도이다.

① ㄱ
② ㄱ, ㄴ
③ ㄴ, ㄷ
④ ㄷ, ㄹ
⑤ ㄱ, ㄴ, ㄹ

해설 사회보험은 기여금을 내기에 권리성을 갖는 반면 공공부조는 조세에 의하기 때문에 권리성이 약하다. 공공부조는 가난한 자에게 급여를 제공하기에 비용효과성이 크다. 사회보험은 기여를 조건으로 하지만 사회수당은 그렇지 않다. 공공부조는 방빈제도이다.

정답 ②

02 현재 우리나라 사회보장기본법에서 정의하는 사회보장의 영역으로 옳은 것은?

① 사회보험, 공공부조, 사회서비스
② 사회보험, 공공부조, 사회복지서비스, 관련 복지 제도
③ 사회보험, 공공부조, 사회복지서비스, 사회수당
④ 사회보험, 공공부조, 사회복지서비스, 사회수당, 관련 복지 제도
⑤ 사회보험, 공공부조, 사회복지서비스, 사회수당, 사회보훈, 관련 복지 제도

해설 사회보장기본법은 사회보장을 사회보험, 공공부조, 사회서비스로 정의하고 있다. 과거에는 사회복지서비스 및 기타 관련제도라고 했으나 현행법에서는 사회서비스로 통합하여 제시하고 있다.

정답 ①

Chapter 17 국민연금과 산업재해보상보험의 이해

학습Key포인트

- ○ 국민연금의 급여종류를 설명할 수 있다.
- ○ 산업재해보상보호험료의 납부자와 납부원리에 대해서 설명할 수 있다.
- ○ 산업재해보상보호험의 급여종류를 설명할 수 있다.

제1절 국민연금의 이해

국민연금은 모든 국민을 대상으로 노년을 준비하는 성격을 갖고 있다. 그 외에도 장애 또는 사망 등에 대해서도 연금을 실시함으로써 국민의 삶의 안정을 도모한다. 국민연금은 이제 시작된 지 30년이 지나 안착된 제도라고 할 수 있다.

1) 국민연금의 목적

- 국민의 노령, 장애, 사망에 대해서 연금을 실시함으로써 국민생활 안정과 복지증진을 도모한다.
- 결국 최종적인 목적은 안정된 노후생활이다.

2) 국민연금의 특성

- 노후생활을 보장한다.
- 소득재분배를 한다. 고소득과 저소독의 **세대 내 소득재분배**와 노인세대와 미래세대의 **세대 간 소득재분배**가 이루어진다.
- 위험을 분산시킨다. 노령, 장애, 사망 등에 대해 보험방식으로 대비한다.
- **보건복지부 관할**이며, **국민연금공단(법인)**이 운영한다.

3) 가입대상

- 가입대상 : 18세 이상 60세 미만인 자(모든 국민이 대상이다.)

공무원연금법, 군인연금법, 사립학교교직원 연금법, 별정우체국법에 적용받는 자는 제외

- 사업장가입자 : 1명 이상 노동자를 사용하는 사업장은 당연가입사업장이다.
- 지역가입자 : 사업장 가입자가 아닌 자
- 임의가입자 : 사업장가입자와 지역가입자가 아닌 사람인데 가입을 원하는 사람
- 임의계속가입자 : 가입하였던 자가 계속 가입을 원할 경우

4) 크레딧 제도

- 특정 대상에 대해서 일정 기간을 추가로 인정해주는 제도
- 군복무 크레딧 : 6개월 가산
- 출산 크레딧 : 2명 이상의 자녀가 있는 가입자, 자녀 2명 : 12개월, 자녀 3명 이상 : 1자녀당 18개월 추가, 모든 합산 기간은 50개월을 초과할 수 없다.
- 실업 크레딧 : 구직급여를 받은 자 중 구직급여 기간을 산입한다. 1년을 초과할 수 없다.

5) 급여의 종류

① 노령연금 : 가입기간 10년 이상, 60세 되는 때부터
가입기간 10년 이상 55세 이상일 때는 원할 경우 조기노령연금 수령
② 장애연금 : 장애등급 1, 2, 3, 4급에 따라 지급
③ 유족연금 : 노령연금 수급권자 등이 사망할 경우 유족이 수급
④ 반환일시금 : 가입기간이 10년 미만인 자가 60세에 이른 때 일시금으로 지급
⑤ 사망일시금 : 가입자 또는 가입하였던 자가 사망하고 유족이 없는 경우 지급
⑥ 부양가족연금 : 수급권자 사망 시 수급권자에 의해 생계를 유지하던 가족에 대한 연금
⑦ 미지급급여 : 수급자가 사망한 경우 수급권자에게 지급하여야 할 급여 중 지급되지 않은 것을 배우자 등에 지급
⑧ 분할연금 : 혼인기간 5년 이상인자가 이혼할 경우

6) 보험료

- 직장가입자 : 소득의 9%를 사업자와 본인이 4.5%씩 부담
- 지역가입자, 임의가입자, 임의계속가입자 : 본인이 9% 모두 부담

7) 국가의 지원

- 국가는 매년 공단 및 국민연금사업을 관리, 운영하는 데 필요한 비용의 전부 또는 일부를 부담한다.

8) 외국인의 적용

- 외국인에 대해서는 상호주의에 입각한다.

제2절 산업재해보상보험의 이해

산업재해보상보험은 우리나라에서 최초로 도입된 사회보험으로 50년이 넘는 역사를 가지고 있다. 산업재해보상보험은 노동자들이 산업재해를 당했을 경우 생활안정 및 직장으로의 복귀를 위하여 마련된 제도이다. 특히, 산업재해보상보험은 사용자가 전액 부담하는 특징이 있어 무과실책임의 원칙을 반영한 제도라고 할 수 있다.

1) 산업재해보상보험의 목적

- 노동자가 업무상 입는 재해에 대해서 신속하고 공정하게 보상하고, 재해노동자의 재활 및 사회복귀를 촉진하기 위하여 실시한다.
- 그 밖의 재해예방과 노동자 보호를 위하여 실시한다.
- 가장 중요한 것은 재해발생 시 노동자에게 보상하고 복귀를 돕는 것이다.

2) 산업재해보상보험의 특성

- **가장 먼저 도입, 실시된 사회보험제도**이다. 1964년에 시행되었다.
- **무과실책임의 원칙을 적용**한다.
- **사업주 전액 부담의 원칙이 적용**된다.
  보험에 사용되는 보험료는 원칙적으로 사업주가 전액 부담한다. 무과실책임의 원칙의 연장이라고 할 수 있다. 따라서 노동자는 산업재해보상보험의 보험료를 내지 않는다.
- **정률보상방식이 적용**된다.
  산업재해로 인하여 손해가 발생했을 경우 손해 전체를 보상하는 것은 아니다. 평균임금을 기초로 정률보상방식으로 지급하게 된다.
- 사업장 중심의 강제가입 원칙이 적용된다.
  산업재해보상보험은 사업장 중심으로 관리가 이루어진다. 그리고 임의가입이 아닌 강제가입이다. 이는 노동자를 보호하는 측면에서 이해하여야 한다.
- 노동자의 보험급여를 받을 권리는 퇴직하여도 소멸되지 않는다.
- **노동부**가 관장하고 **근로복지공단(법인)**이 운영한다.

3) 가입대상

- 노동자 1인 이상 사업장에는 모두 적용된다.
- 다만, 다음에 해당하는 사업장은 제외된다.
  a. 공무원재해보상법, 군인연금법에 따라 재해가 보상되는 사업
  b. 선원법, 어선원 및 어선 재해보상보험법, 사립학교교직원 연금법에 따라 재해보상이 되는 사업
  c. 가구 내 고용활동
  d. 농업, 임업(벌목업은 제외), 어업 및 수렵업 중 법인이 아닌 자의 사업으로 상시근로자 수가 5명 미만인 사업

4) 급여의 종류

- 요양급여 : 노동자가 업무상의 사유로 부상을 당하거나 질병에 걸린 경우 / 산재의료기관에서 요양하는 것을 원칙으로 한다. 요양급여에는 진찰 및 검사, 약제 및 보조기, 처치, 수술, 간호, 간병, 이송 등이 포함된다.
  업무상 재해로 발생한 부상이나 질병이 원인이 되어 추가로 질병이 발견되어 요양이 필요한 경우 추가상병요양급여를 신청할 수 있다.
- 휴업급여 : 노동자가 요양으로 인하여 취업하지 못한 기간에 대해서 70/100에 상당하는 금액을 지급한다. 요양기간 중 취업한 사실이 있을 경우 그 기간을 뺀 기간에 대해서 80/100에 해당하는 부분휴업급여를 실시할 수 있다.
- 장해급여 : 업무상 사유로 부상이나 질병에 걸려 치유한 후 장해가 있는 경우 / 장해등급은 14급까지 있다.
- 간병급여 : 요양급여를 받는 자가 의학적으로 간병이 필요하여 실제 간병을 받는 자에게 지급한다.
- 유족급여 : 노동자가 업무상 재해로 사망한 경우 유족에게 지급한다. 유족보상연금이나 유족보상일시금으로 받을 수 있다.
- 상병보상연금 : 요양급여를 받은 지 2년이 지난 이후 휴업급여 대신 상병보상연금을 지급한다.
- 장례비 : 업무상 재해로 사망한 경우 평균임금의 120일분에 해당하는 금액을 장제를 지낸 유족에게 지급한다.
- 직업재활급여 : 직업훈련비용, 직업훈련수당, 직장복귀지원금, 직장적은훈련비, 재활운동비

5) 업무상 인정되는 재해

- 업무상 사고
  근로계약상 정상적인 업무뿐만 아니라 사업주가 제공한 시설을 이용하던 중 그 시설의

결함이나 관리 소홀로 일어난 사고도 포함된다. 휴게시간이라도 사업주 관리 하에 있다고 볼 수 있으면 재해에 포함된다.

- 업무상 질병
  업무상 발생한 질병뿐만 아니라 업무상 발생한 부상으로 인하여 발생하는 질병도 포함된다.
- 출퇴근 재해
  사업주가 제공하는 출퇴근 수단 이용 중 사고뿐만 아니라 그 경로를 이탈하였더라도 통상적인 출퇴근에 포함되면 재해로 인정된다.
- **노동자가 고의로 일으킨 사고, 출퇴근 사고 등은 제외된다.**

6) 보험료

- 보험료는 전액 사업주가 부담한다. 1인 이상 노동자를 고용하는 사업장은 모두 해당된다.
- 사업장에 따라 재해율을 적용하여 보험료가 책정된다.
- 보험료징수는 '고용보험 및 산업재해보상보험의 보험료징수 등에 관한 법률'에 따른다. (통상 '고용산재보험료징수법'이라고 한다.)

7) 국가의 지원

- 국가는 회계연도마다 예산범위 내에서 보험사업의 **사무집행에 드는 비용을 일반회계에서 부담**해야 한다. 즉, 사무비는 전액 국가에서 지원한다.
- 국가는 회계연도마다 예산범위 내에서 **보험사업에 드는 비용의 일부를 지원할 수 있다.**

8) 국외사업 특례 및 해외파견자 특례

- 국외 근무에서 발생하는 재해에 대해서는 당사국과의 조약과 협정에 따라 적용한다.
- 해외파견 근로자의 경우 가입신청이 있을 경우 법에 따라 적용한다.

01 우리나라 국민연금에 관한 설명으로 옳지 않은 것은?

① 강제가입을 통해 역선택을 방지하고자 한다.
② 저소득자에게는 보험료를 지원하기도 한다.
③ 급여수준의 실질적 가치를 유지하고자 한다.
④ 민간에 위탁, 운영하는 것이 일반적이다.
⑤ 전 국민을 대상으로 가입대상자를 확대하는 경향이 있다.

해설 예측과 계산할 수 없다는 특징으로 인하여 사회보험은 민간에서 맡으려고 하지 않는다. 그러므로 정부가 독점할 수밖에 없다. 국민연금은 보건복지부가 관장하고 국민연금공단이 관리하고 있다.

정답 ④

02 산업재해보상보험제도에 관한 설명으로 옳은 것은?

① 보험료 부담은 사용자와 근로자가 각각 반씩 부담한다.
② 5인 이상 근로자를 사용하는 모든 사업장을 대상으로 한다.
③ 급여의 종류로는 요양급여, 구직급여 및 간병급여가 있다.
④ 근로자의 고의, 과실에 의해 발생한 부상, 질병, 장애도 업무상 재해에 포함된다.
⑤ 60세 이상인 부모 또는 조부모는 유족보상연금의 수급자가 될 수 있다.

해설 산업재해보상보험은 무과실책임 원칙에 의하여 사용자가 전액 부담한다. 1인 이상 노동자를 사용하는 모든 사업장이 적용대상이다. 구직급여는 고용보험의 급여 중 하나이다. 노동자의 고의에 의한 경우에는 재해로 인정되지 않는다.

정답 ⑤

Chapter 18 고용보험, 국민건강보험, 노인장기요양보험의 이해

학습Key포인트

○ 고용보험의 급여를 설명할 수 있다.
○ 국민건강보험의 급여를 설명할 수 있다.
○ 노인장기요양보험의 급여를 설명할 수 있다.

제1절 고용보험의 이해

고용보험은 실업의 예방과 더불어 고용의 촉진 및 노동자의 직업능력 개발을 위하여 실시하는 사회보험이다. 1995년부터 시행되어 20여 년이 지난 제도이다. 따라서 우리나라에 안착된 사회보장제도라고 할 수 있다. 고용보험은 결국 노동자들에게 실업급여를 제공함으로써 삶의 안정과 더불어 고용의 안정을 함께 도모하는 제도라고 할 수 있다.

1) 고용보험의 목적

- 실업을 예방하고, 고용을 촉진하며, 노동자의 직업능력을 개발하고 국가의 직업소개능력을 강화하기 위한 제도이다.
- 노동자가 실업을 했을 경우 생활에 필요한 급여를 실시함으로써 노동자의 생활안정과 구직활동을 촉진하기 위한 제도이다.
- 이런 결과로 경제, 사회발전에 이바지하는 것이 목적이다.

2) 고용보험의 특성

- 흔히 실업급여라고 알려져 있다. 즉, 노동자가 실업을 했을 경우 생활의 안정을 도모한다.
- **고용보험은 통합적 사회보장보험이라는 측면이 있다.** 즉, 실업보험사업, 고용안정사업, 직업능력개발사업 등을 연계하여 보험을 실시하고 있다.
- 고용노동부장관이 관장한다. 다른 관리기관, 즉 공단이 따로 있는 것은 아니다.

3) 가입대상

- 1인 이상 노동자를 사용하는 모든 사업 또는 사업장이 적용 대상이 된다.
- 제외자격
  a. 소정 근로시간이 대통령령으로 정하는 시간 미만인 자
  b. 국가공무원법과 지방공무원법에 따른 공무원 (단, 별정직 공무원과 임기제 공무원은 본인의 의사에 따라 가입이 가능하다.)
  c. 사립학교교직원 연금법의 적용을 받는 자

4) 사업 및 급여의 종류

① **고용안정 및 직업능력개발 사업**

- 고용노동부장관은 피보험자 및 피보험자였던 자, 그 밖에 취업할 의사를 가진 자에 대한 **실업의 예방, 취업의 촉진, 고용기회의 확대, 직업능력개발·향상의 기회 제공 및 지원, 그 밖에 고용안정과 사업주에 대한 인력 확보를 지원하기 위하여** 고용안정·직업능력개발 사업을 실시한다.
- 고용의 기회를 확대한 사업주에게 필요한 지원을 할 수 있다.
- 고용조정에 대해 사업주에게 지원할 수 있다.
- 고용이 어려운 지역으로 사업을 이전한 경우 사용자를 지원할 수 있다.
- 고령자 등을 고용하는 경우 필요한 지원을 할 수 있다.
- 직업능력개발 훈련을 실시하는 사업주에게 그 훈련에 필요한 비용을 지원할 수 있다.
- 피보험자 등이 직업능력개발 훈련에 참여하면 지원할 수 있다.

② **실업급여**

- 실업급여는 **구직급여**와 **취업촉진수당**으로 구분한다.
- 구직급여 : **기초일액의** 60/100, 최저구직급여일액 80/100 (최저임금보다 낮은 경우). 취업 거부나 직업능력개발 훈련 등 거부 시 구직급여 지급을 정지한다.
- 취업촉진수당
  a. 조기재취업수당 : 안정된 직업에 재취직하거나 영리를 목적으로 하는 사업을 영위하는 경우
  b. 직업능력개발수당 : 직업안정기관의 장이 지시한 직업능력개발 훈련 등을 받는 경우에 그 직업능력개발 훈련 등을 받는 기간에 대하여 지급한다.
  c. 광역구직활동비 : 직업안정기관의 소개에 따라 광범위한 지역에 걸쳐 구직활동을 하는 경우
  d. 이주비 : 취업이나 직업능력개발 훈련 등을 받기 위하여 주거를 이전한 경우

③ **육아휴직급여 등**

- 육아휴직급여

- 육아기 근로시간 단축 급여
- 출산전후휴가 급여

5) 보험료

- 보험료징수는 '고용보험 및 산업재해보상보험의 보험료징수 등에 관한 법률'에 따른다. (통상 '고용산재보험료징수법'이라고 한다.)
- 고용안정 사업과 직업능력개발 사업은 사업주가 전액 부담한다.
- 실업급여는 소득 9%에 대해서 사업자와 노동자가 반씩 부담한다.
- 사업자로부터 임금을 받지 않는 직종은 노동자가 전액 부담한다.

6) 국가의 지원

- 국가는 매년 보험사업에 드는 비용의 일부를 일반회계에서 부담하여야 한다.
- 국가는 매년 예산의 범위에서 보험사업의 관리 · 운영에 드는 비용을 부담할 수 있다.

7) 소멸시효

- 규정에 따른 지원금 · 실업급여 · 육아휴직 급여 또는 출산전후휴가 급여 등을 지급받거나 그 반환을 받을 권리는 3년간 행사하지 않으면 시효로 소멸한다.

제2절 국민건강보험의 이해

일상생활에서 발생하는 질병에 대해서 사회보험으로 대처하는 것이다. 질병은 국민의 건강이나 생활안정에 위험이 되는 요소이다. 이 부분에 대해서 국민 전체가 위험을 분산하는 방식으로 대비하는 것이다. 우리나라 국민건강보험제도는 선진국이라고 하는 미국에서도 부러워하는 제도이다. 다만, 보장성에 대해서는 논란의 여지가 있는 것도 사실이다.

1) 국민건강보험의 목적

- 국민의 질병, 부상에 대한 예방, 진단, 치료, 재활과 출산, 사망 및 건강증진에 보험급여를 실시함으로써 국민보건 향상과 사회보장에 이바지한다.
- 진료비로 인하여 가계가 파탄이 나는 것을 방지한다.
- 치료뿐만 아니라 예방도 목적이 된다.

2) 국민건강보험의 특성

- 법률에 의한 **강제가입**이다.
  사회보험은 모두 법률에 의한 강제가입 원칙을 적용한다. 사회적 위험에 대처하기 위하기 때문이다.
- 부담능력에 따른 보험료의 **차등부담 원칙**을 적용한다.
  사회적 연대로 의료비 문제를 해결하려는 것이기 때문에 부담능력에 따라 차등으로 부담한다. 즉, 소득에 따라 차등으로 부담한다.
- **단기보험으로 운영된다.**
  연금제도와 달리 국민건강보험은 1년 단위의 회계연도를 기준으로 수입과 지출을 예정하여 보험료를 계산하고, 지급조건과 지급액도 보험료 납입기간과 상관이 없으며, 지급기간이 단기이다.
- **국내에 거주**하는 사람을 대상으로 한다.
- **보건복지부장관**이 관장하고 **국민건강보험공단**(법인)이 주관한다.

3) 가입대상

- 국내에 거주하는 국민은 건강보험의 가입자 또는 피부양자가 된다.
- 의료급여법, 독립유공자 예우에 관한 법률, 국가유공자 등 예우 및 지원에 관한 법률에 따라 의료급여 및 의료보호를 받는 자는 가입 예외자이다.
- 직장가입자와 지역가입자로 구분한다.
- **직장가입자 : 모든 사업장의 노동자와 사용자, 공무원, 교직원**
  ※ 연금과 달리 국민건강보험은 일반사업장과 공무원, 교직원이 모두 하나로 통합되었다.
- 직장가입자 제외 기준
  a. 고용기간 1개월 미만인 일용노동자
  b. 군인(사병, 임용된 하사 포함), 전환복무된 사람, 군간부호보생
  c. 선거에 당선되어 취임되는 공무원으로 보수나 급료를 받지 아니하는 경우
- **지역가입자 : 직장가입자와 그 피부양자를 제외한 가입자**

4) 급여의 종류

- 요양급여 : 진찰 및 검사, 약제 및 치료재료의 지급, 처지, 수술 및 그 밖의 치료, 예방 및 재활, 입원, 간호, 이송 / 요양급여는 현물급여이다.
- 요양비 : 긴급하거나 그 밖의 부득이한 사유로 요양기관과 비슷한 기능을 하는 기관으로 보건복지부령으로 정하는 기관에서 질병·부상·출산 등에 대하여 요양을 받거나 요양기관이 아닌 장소에서 출산한 경우
- 부가급여 : 임신·출산 진료비, 장제비, 상병수당, 그 밖의 급여를 실시할 수 있다.

- 장애인특례 : 보장구에 대한 보험급여를 할 수 있다.
- **건강검진** : 질병에 대한 조기발견을 목적으로 실시한다.

5) 보험료

- 직장가입자는 보수월액보험료와 소득월액보험료를 합하여 계산한다.
  보수월액보험료의 경우 사용자와 노동자가 반반씩 부담한다. (사립학교 교직원인 경우 교직원 50%, 사용자 30%, 국가 20% 분담)
  소득월액보험료는 노동자가 전액 부담한다.
- 지역가입자의 경우 보험료부과점수에 따른 점수당 금액을 곱하여 산정한다.
- 보험료 경감 대상
  a. 섬, 벽지, 농어촌 등 대통령령으로 정하는 지역에 거주하는 사람
  b. 65세 이상인 사람
  c. 장애인복지법에 따라 등록한 장애인
  d. 국가유공자 등 예우 지원에 관한 법률상의 국가유공자
  e. 휴직자
  f. 그 밖의 생활이 어려운 자나 천재지변 등으로 경감사유가 있는 경우 복지부장관의 고시에 의한 사람

6) 국가의 지원

- 국가는 매년 예산의 범위에서 해당연도 보험료 예상 수입액의 100분의 14에 상당하는 금액을 국고에서 공단에 지원한다.

7) 자격상실 시기

- 다음날 : 사망한 날의 다음 날, 국적을 잃은 날의 다음 날, 국내에 거주하지 않게 된 날의 다음 날
- 당일 : 직장가입자의 피부양자가 된 날, 수급권자가 된 날, 건강보험을 적용받고 있던 사람이 유공자 등 의료보호대상자가 되어 건강보험의 적용배제신청을 한 날

8) 외국인 지원

- 정부는 외국 정부가 사용자인 사업장 근로자의 건강보험에 관하여는 외국 정부와 한 합의에 따라 이를 따로 정할 수 있다.
- 결국 상호주의에 따른다.

제3절 노인장기요양보험의 이해

사회보험 중 가장 늦게 출발한 것이 노인장기요양보험이다. 고령화사회를 맞으면서 노인성 질환에 대해서 노인이나 부양가족의 힘만으로는 대처할 수 없기 때문에 사회보험의 형태로 대처하게 된 것이다. 다른 노인복지정책과 마찬가지로 노인장기요양보험은 노인 자신을 위한 제도이기도 하지만 노인을 부양하는 가족을 위한 제도이기도 하다.

1) 노인장기요양보험법의 목적

- 고령이나 노인성 질병 등의 사유로 혼자서 일상생활을 수행하기 어려운 노인에게 신체활동과 가사활동을 지원하기 위하여 실시한다.
- 노후의 건강증진 및 생활안정을 도모하고 부양가족의 부담을 덜어줌으로써 국민의 삶의 질 행상을 도모한다.
- 노인복지 관련 법제는 노인과 부양가족이 모두 대상이 된다.

2) 노인장기요양보험법의 특징

- 사회보험 중 가장 늦게 도입되었다. 2008년부터 시행하였다.
- 국민건강보험은 각종 질환의 진단 및 치료 등에 관련되어 실시하는 반면 노인장기요양보험은 고령 및 노인성 질환을 가진 자에 대해서 재가 및 요양시설에서 장기간 서비스를 받는 자를 지원한다.
- 국민건강보험법에 따른 보험료를 징수한다. 즉, 국민건강보험법 가입자를 가입자로 여기고 보험료를 징수한다. 보험료 징수를 통합으로 하지만 고지 시 구분하여 고지하며, 관리도 독립회계로 한다.
- 장기요양급여를 받을 권리는 양도 또는 압류하거나 담보로 제공할 수 없다.
- **보건복지부장관**이 관장한다. 다만 보험사업은 **국민건강보험공단**(법인)이 주관한다. 단, 노인장기요양보험을 맡는 부서는 따로 설치한다.

3) 가입대상

- 국민건강보험 가입자를 대상으로 한다.

4) 급여종류

- 재가급여

  방문요양, 방문목욕, 방문간호, 주, 야간보호, 단기보호, 기타재가급여(일상활생, 신체활

동 및 인지활동 지원 등)

• 시설급여
장기요양기관이 운영하는 노인의료복지시설 등에 장기간 입소하여 급여를 받는 경우
※노인의료복지시설 : 노인요양시설, 노인요양공동생활가정
• 특별현금급여 : 가족요양비, 특례요양비, 요양병원간병비

5) 보험료

• 국민건강보험을 기준으로 보험료율을 곱하여 징수한다.
• 장애인 또는 이와 유사한 자는 대통령령으로 전부 또는 일부를 감면한다.

6) 국가의 지원

• 국가는 매년 예산의 범위 안에서 당해연도 장기요양보험료 예상수입액의 100분의 20에 상당하는 금액을 공단에 지원한다.

7) 장기요양 등급

등급	내용
장기요양 1등급	• 심신의 기능상태 장애로 일상생활에서 **전적으로** 다른 사람의 도움이 필요한 자 • 장기요양인정 점수 95점 이상인 자
장기요양 2등급	• 심신의 기능상태 장애로 일상생활에서 **상당 부분** 다른 사람의 도움이 필요한 자 • 장기요양인정 점수 75점 이상 95점 미만인 자
장기요양 3등급	• 심신의 기능상태 장애로 일상생활에서 **부분적으로** 다른 사람의 도움이 필요한 자 • 장기요양인정 점수 60점 이상 75점 미만인 자
장기요양 4등급	• 심신의 기능상태 장애로 일상생활에서 **일정 부분** 다른 사람의 도움이 필요한 자 • 장기요양인정 점수 51점 이상 60점 미만인 자
장기요양 5등급	• 치매환자 • 장기요양인정 점수 45점 이상 51점 미만인 자
장기요양 인지지원 등급	• 치매환자 • 장기요양인정 점수 45점 미만인 자

01 사회보장 급여 중 현물급여가 아닌 것은?

① 산업재해보상보험의 요양급여
② 고용보험의 상병급여
③ 노인장기요양보험의 재가급여
④ 국민기초생활보장의 의료급여
⑤ 국민건강보험의 건강검진

해설 서비스 형태로 주어지는 것도 현물급여이다. 상병급여는 실업 중 질병이나 부상으로 취업이 불가능할 경우 받는 급여로 현금급여이다.
정답 ②

02 보건복지부장관이 관장하는 사회보험제도를 모두 고른 것은?

ㄱ. 국민연금　　ㄴ. 국민건강보험　　ㄷ. 산업재해보상보험
ㄹ. 고용보험　　ㅁ. 노인장기요양보험

① ㄱ, ㄴ
② ㄴ, ㄷ
③ ㄱ, ㄴ, ㅁ
④ ㄱ, ㄷ, ㄹ
⑤ ㄷ, ㄹ, ㅁ

해설 산업재해보상보험과 고용보험은 고용노동부장관이 관장한다..
정답 ③

Chapter 19

빈곤과 사회복지

학습Key포인트

- ○ 빈곤의 절대적 개념과 상대적 개념을 구분할 수 있다.
- ○ 여러 빈곤 측정방식을 구분할 수 있다.
- ○ 로렌츠곡선과 지니계수를 설명할 수 있다.

제1절 빈곤의 개념

역사상 사회복지복지 문제로 가장 오래 된 것은 빈곤의 문제이다. 엘리자베스 빈민법(1601) 이전에도 빈곤의 문제를 해결하기 위한 여러 노력들이 있어 왔다. 빈곤에 대해서도 어떻게 개념을 정의하느냐에 따라 대처방법은 각각 다르기 마련이다. 따라서 사회복지정책이 빈곤을 어떻게 다루는지는 빈곤에 대해서 어떻게 보는가에 따라 달라지는 것이라고 할 수 있다.

1. 절대적 빈곤

1) 절대적 빈곤의 개념

- 빈곤을 과학적으로 측정하려는 시도는 부쓰와 라운트리의 연구에서 시작되었다.
- 이들은 **'사람이 생활하는 데 필요한 최소한의 의식주'**라는 개념으로 빈곤을 정의했다.
- 즉, 사람들이 생활하는 데 필요한 최소한의 의식주를 **'최저생계비'**로 계측한 것이다.
- 이를 계측하는 방법은 전물량방식과 반물량방식이 있는데 어떤 방법을 사용하든지 사람이 생활하는 데 필요한 물건이라는 개념은 시대나 사회에 따라 다를 수 있다는 한계가 있다.

core 국민기초생활보장법에서 이야기하는 최저생계비

- 국민이 건강하고 문화적인 생활을 유지하기 위하여 필요한 최소한의 비용
- 3년마다 계측을 위한 실태조사를 한다.
- 우리나라는 전물량방식으로 계측한다.

2) 라운트리의 빈곤 개념

- 라운트리는 빈곤을 1차적 빈곤과 2차적 빈곤으로 구분하였다.
- 1차적 빈곤
  총수입이 육체적 효율성 유지에 필요한 최저수준을 획득하기에도 어려운 경우이다.
  최저수준은 음식물, 옷, 연료비, 기타 잡비와 주택임대료로 계산한다.
- 2차적 빈곤
  음주, 도박, 부주의 등으로 인해 최저수준 미만이 소득을 갖는 경우를 이른다.
  음주나 도박 등 개인적인 낭비만 없다면 1차적 빈곤을 벗어날 수 있는 상태이다.
- 이때 음식물, 옷, 연료비, 주택임대료 등 필요한 물품을 시장바구니에 담는다는 개념을 갖기 때문에 라운트리의 빈곤 계측 방법을 **전물량방식** 또는 **마켓바스킷 방식(시장바구니 방식)**이라고 한다.
- 마켓 바스킷에 담는 물품과 품목을 결정하고 그것에 대한 시장가격을 곱해서 산정한다.
- **우리나라**의 최저생계비 계측은 **전물량방식**이며, **3년마다 계측**한다. 이 계측으로 기준중위소득이 적정한지를 판단한다.

3) 오르샨스키의 빈곤 개념

- 생필품 목록을 모두 구하기 어렵기 때문에 사용하는 방법이다.
- 가장 합의가 쉬운 적정 표준영양량을 충족할 최저식품비를 계산하여 여기에 엥겔계수 역을 곱하여 전체 최저생계비로 계측한다.
- 이 방식은 일부 품목을 계산하는 것이기 때문에 **반물량방식**(半物量方式)이라고 한다.
- 미국에서 사용하는 방식이다.
- 일부의 품목으로 전체 생계비를 추정할 수 있다는 편리함이 있으나 빈곤선이 엥겔계수의 변화에 따라 큰 차이를 나타나게 된다는 단점이 있다.

cf. 왜 최저식품비에 엥겔계수의 역을 곱할까?

- 엥겔계수는 총소득에서 식료품을 구매하는 데 들어가는 비용의 비율을 의미한다. 즉, '식료품비/총소득'이다.
- 일반적으로 저소득층은 소득의 1/3 정도를 식료품에 사용한다고 한다.
- 최저식품비를 산출하여 엥겔계수의 역, 즉 3을 곱하면 최저생계비가 산출되는 것이다.

2. 상대적 빈곤

- 상대적 빈곤은 절대적 빈곤과는 달리 상대적으로 느끼는 박탈감이나 불평등을 반영한 개념이다. 즉, 빈곤은 절대적인 것이 아니라 다른 사람들과의 비교를 통해 심리적으로 박탈감과 빈곤감을 느끼게 되는 것이다.
- 상대적 빈곤은 **한 사회의 평균적인 생활수준과 비교하여 빈곤을 규정**하는 것으로 그 사**회의 불평등도**를 나타낸다.
- 대체로 복지국가가 발달할수록 상대적 빈곤 개념을 주로 사용하며, 유럽국가의 대부분은 상대적 빈곤 개념을 채택하고 있다.
- 상대적 빈곤 측정의 대표적인 방법은 전체 국민들의 소득의 분포를 보면서 **중위소득**을 기준으로 어느 정도까지 보는가로 결정한다.

core **우리나라는 절대적 빈곤을 기준으로 하는가? 상대적 빈곤을 기준으로 하는가?**

우리나라 공공부조의 급여는 기준중위소득을 기준으로 하고 있다. 따라서 상대적 빈곤 개념을 채택하였다고 할 수 있다.

그런데 우리나라의 국민기초생활보장법에는 최저생계비라는 문구가 여전히 남아 있어 절대적 빈곤의 개념을 완전히 제거했다고 할 수는 없다.

결국, 급여산정에서는 상대적 빈곤을 채택하고 있지만 그 기준이 절대적 빈곤으로 보았을 때 적정한지를 판단하는 구조이다.

정리하면, 우리나라의 빈곤 측정은 절대적 기준(최저생계비, 전물량방식)으로 산정하며, 급여의 대상자는 상대적 기준(기준중위소득)으로 정하고 있다.

3. 주관적 빈곤

- 사람들의 주관적 평가를 토대로 빈곤을 정의하는 것이다.
- 욕구조사를 토대로 빈곤선을 계산하며, 주로 빈곤 연구에 사용할 뿐 정책에서는 사용하기 어려운 한계가 있다.

4. UN의 인간빈곤

- UN은 빈곤을 기아, 영양부족, 건강하지 못한 상태, 교육 및 기본서비스 접근성의 결여, 무주택, 사회차별과 배제 등으로 정의하고 있으며, 여기에 더하여 **의사결정권, 문화생활** 등도 포함하여 '인간빈곤'의 개념을 사용하기도 한다.

제2절 빈곤의 측정

빈곤문제를 해결하기 위해서 반드시 선결되어야 하는 문제는 빈곤을 측정해내야 한다는 것이다. 빈곤을 가려내지 않고서 대책을 세울 수 없기 때문이다. 따라서 각 사회는 그 사회에 맞는 빈곤의 기준을 정하고, 그 기준에 맞는 빈곤을 측정해 왔다. 사회복지정책을 이해하는 데 있어 빈곤을 나타내는 여러 지표에 대한 이해는 필수적이라고 할 수 있다.

1. 빈곤의 측정

1) 빈곤율 측정

- 빈곤을 측정하는 가장 전통적인 방법이다. 전체 인구수 대비 빈곤수를 비율로 나타낸다. 따라서 **빈곤의 규모**를 나타낸다.
- 빈곤선을 어떻게 정의하느냐에 따라 달라질 수 있다.

2) 빈곤갭 측정

- 빈곤율 측정에 대하여 보다 정교한 방법으로 하는 것이다.
- 빈곤선 이하에 있는 사람을 전부 빈곤선 수준까지 끌어올리기 위해서는 어느 정도의 소득이 필요한지를 측정한다. 따라서 **빈곤의 심도**를 나타낸다.
- 빈곤가구에 대해 '빈곤선-가구소득'을 계산하여 모두 합한 것이 빈곤갭이다.
- 국가 간 비교를 위해서는 이 빈곤율을 GDP 대비 비율로 나타낸다.

3) 센(Sen)의 빈곤지표

- 빈곤율, 빈곤갭, 상대적 불평등 등의 세 가지 측면을 모두 고려하여 빈곤 정도를 측정한다.
- 다른 측정보다 세밀하다는 평가를 받는다.

2. 소득불평등의 추정

1) 소득의 여러 개념

① 임금소득 : 노동시장에서 노동을 제공한 대가로 벌어들이는 소득이다.

② 이전소득 : 타인으로부터 이전된 소득이다. 가족이나 친구로부터 이전된 것을 사적 이전소득이라고 하고, 사회복지급여 등 정부로부터 이전된 것을 공적 이전소득이라고 한다.

③ 세전소득 : 소득세 등 각종 세금을 내기 전의 소득을 세전소득이라고 한다.

④ **가처분소득** : 소비나 지출 등으로 자유롭게 사용할 수 있는 소득이다. 세후소득에 이전 소득을 합하여 구하게 된다.

⑤ 총소득 : 말 그대로 소득 전체를 의미하며, 세금을 내기 전의 소득이다. 세전소득에 이전소득을 합한 것이다.

2) 소득 불평등의 측정

① 지니계수

- 로렌츠 곡선을 그려서 구하게 된다. 로렌츠 곡선은 소득의 누적과 인구의 누적을 종과 횡으로 놓고 그린 곡선이다. 완벽하게 평등한 사회는 사선으로 직선 곧 대각선을 이루는 신이 된다. 인구가 증가함에 따라 소득도 똑같은 비율로 누적되어 가기 때문이다. 완벽하게 불평등한 사회는 인구누적비율 100% 선에서 일직선으로 서 있는 사회이다. 한 사람이 모든 소득을 가진 것을 의미하기 때문이다. 그런데 현실적으로는 그 안에서 아래로 처진 타원형 형태로 누적곡선이 이루어진다. 즉, 인구누적비율 시작 부분에서는 소득누적비율이 완만하게 변화하다가 인구누적비율이 100에 가까우면 소득누적비율이 급격하게 올라가는 모양이다. 즉, 소득이 불평등할수록 타원형이 볼록해지는 것이다.
- 이때 로렌츠 곡선에서 완전한 평등을 의미하는 대각선과 현실을 반영하는 로렌츠 곡선의 볼록한 부분에 이르는 부분을 A, 로렌츠 곡선 아래를 B라고 할 때, A/(A+B)로 구한 값이 지니계수이다. A가 없을수록 평등한 사회를 의미한다. 즉, 0에 가까울수록 평등한 사회를 의미하게 된다. 지니계수는 0~1 사이에서 나타나게 된다.

② 10분위 분배율

- 소득을 10분위로 나누고 하위 4분위(1~4등급)를 상위 2분위(9~10등급)로 나눈 비율이다.
- 비율이 높다는 건 분모가 작다는 것이므로 소득격차가 적다는 것을 의미하고, 비율이 낮다는 건 분모가 크다는 것이므로 소득격차가 크다는 것을 의미한다.

③ 5분위 분배율

- 소득을 5분위로 나누구 상위 20% 집단의 평균소득을 하위 20% 집단의 평균소득으로 나눈 값이다.
- 클수록 불균형이 심각
- 낮을수록 균형

01 빈곤과 소득불평등의 측정에 관한 설명으로 옳은 것은?

① 반물량 방식은 엥겔계수를 활용하여 빈곤선을 추정한다.
② 상대적 빈곤은 생존에 필요한 생활수준이 최소한의 수준에 도달하지 못한 상태를 말한다.
③ 라이덴방식은 객관적 평가에 기초하여 빈곤선을 측정한다.
④ 빈곤율은 빈곤층의 소득을 빈곤선 수준으로 끌어올리는데 필요한 총소득을 나타낸다.
⑤ 지니계수가 1일 경우는 완전 평등한 분배상태를 의미한다.

해설 생활에 필요한 최저수준을 절대적 빈곤이라고 한다. 라인데 방식은 주관적으로 최저수준을 묻는 것이다. 빈곤율은 총인구 중 빈곤이 차지는 비율을 의미한다. 지니계수는 0일 경우 완전한 평등을 의미한다. 오르산스키 측정방식(반물양방식)은 식료품비에 엥겔게수를 역으로 곱하여 구한다. 정답 ①

02 빈곤 및 불평등에 관한 설명으로 옳은 것을 모두 고른 것은?

ㄱ. 로렌츠 곡선은 완전평등선에서 아래쪽으로 볼록할수록 평등함을 나타낸다.
ㄴ. 시장소득 기준 지니계수와 가처분소득 지니계수의 차이는 간접세의 재분배효과를 의미한다.
ㄷ. 빈곤갭(poverty gap)이란 빈곤층의 소득을 빈곤선까지 향상시키는 데 필요한 총비용을 말하는 것으로 빈곤한 사람의 규모를 나타낸다.
ㄹ. 상대적 빈곤은 한 사회의 평균적인 생활수준과 비교하여 빈곤을 규정하는 것으로 그 사회의 불평등 정도와 관계가 깊다.

① ㄱ, ㄴ, ㄷ
② ㄱ, ㄷ
③ ㄴ, ㄹ
④ ㄹ
⑤ ㄱ, ㄴ, ㄷ, ㄹ

해설 로렌츠 곡선의 볼록한 선은 현실의 모습을 반영한 것이다. 아래쪽으로 볼록할수록 불평등함을 나타낸다. 시장소득은 세금 이전의 소득을 의미하고 가처분소득은 세금 이후 사용할 수 있는 소득을 의미한다. 이때 세금은 직접세를 의미한다. 따라서 이 둘의 지니계수의 차이는 소득재분배와 관련이 있다. 빈곤갭은 빈곤의 규모가 아니라 심도를 나타낸다. 정답 ④

Chapter 20 공공부조의 개념 및 특성

학습Key포인트

○ 공공부조의 개념을 설명할 수 있다.
○ 공공부조의 기본원리를 제시할 수 있다.
○ 공공부조의 특성을 사회보험과 비교하여 제시할 수 있다.

제1절 공공부조의 개념

빈곤문제에 대처하는 것을 공공부조라고 한다. 우리나라에서는 국민기초생활보장법에 의하여 공공부조가 확립되어 있으며, 그 외에도 빈곤에 대처하는 여러 법령으로 공공부조를 이루고 있다.

1) 공공부조의 개념

- 공공부조는 구빈제도이다. 가난해진 사람에 대해서 국가가 대처하는 제도이다.
- 사회보장기본법에서는 공공부조를 국가와 지방자치단체의 책임하에 생활 유지 능력이 없거나 생활이 어려운 국민의 최저생활을 보장하고 자립을 지원하는 제도라고 정의한다.
- 공공부조의 책임은 국가와 지방자체단체에 있다. 크게는 국가에 있다고 볼 수 있다.

2) 공공부조의 목적

- 국민의 생존권 보장이라는 측면에서 **최저생활을 보장**하는 데 목적이 있다.
- 빈곤층의 최저생활을 보장할 뿐 아니라 **자활을 조성**한다.

제2절 공공부조의 특성

공공부조는 국가가 시행하는 것이다. 따라서 민간에서 시행하는 것과는 다른 여러 가지 특성이 있다. 특히, 우리나라 공공부조는 1999년 국민기초생활보장법의 실시와 더불어 권리성이 강조되고, 2014년 송파 세 모녀 법으로 개정되면서 급여의 체제를 획기적으로 전환한 특성이 있다. 공공부조의 특성을 파악하면 우리나라가 빈곤에 대해 어떤 대처를 하고 있는지를 알 수 있다.

1) 법적 변화로 본 공공부조의 특성 변화

① 근대적 공공부조의 실시

- 1944년 조선구호령의 실시로 근대적 의미의 공공부조가 시작되었다. 조선구호령은 **우리나라 공공부조 법제의 시작이라고 할 수 있다.** 그러나 이 법은 일제가 조선의 침탈을 목적으로 한 일환이지 실질적인 공공부조의 기능을 갖는다고 보기는 어렵다.
- 미군정시대에는 후생국보 등 미군정 명령에 의해서 공공부조가 이루어졌다. 그러나 **실질적인 내용에 있어서는 조선구호령을 벗어나지 않고 있다.** 이 시기 실질적인 사회복지는 외원단체의 원조에 있었다고 할 수 있다.

② 우리나라 법제에 의한 공공부조의 실시

- 1961년 '생활보호법'의 제정으로 우리나라 법제에 의한 공공부조가 실시되었다. 이 법의 제정으로 조선구호령이 폐지되었다(신법우선의 원칙).
- 우리나라의 법제 실시라는 의미는 있으나 내용적인 면에서 크게 달라진 것은 없었다.
- 빈곤에 대한 낙인감이 큰 단점이다.

③ 권리성이 강조된 공공부조의 구현

- 1999년 '국민기초생활보장법'의 제정 및 실행으로 우리나라에서 권리성에 기초한 공공부조가 실시되었다. 이 법에서는 **'수급권', '수급권자'**라는 개념을 사용함으로써 공공부조를 받는 것이 더 이상 가난하여 도움을 받는 개념이 아닌 권리로써 개념화되었다.

④ 사각지대 해소를 위한 공공부조의 변화

- 그동안 복지사각지대에 대한 논의가 계속 있었는데 2014년 2월 발생한 송파 세 모녀 자살사건을 계기로 이슈화되었고, 이 문제 해결을 위하여 국민기초생활보장법이 개정되었다.
- 그동안 단일기준이었던 급여대상자를 **생계급여, 의료급여, 교육급여, 주거급여별**로 구분하였으며, 대상자 선정기준 역시 기초생계비에서 **기준중위소득**으로 바뀌었다.
- 그러나 복지사각지대가 완전히 해소되었다고 볼 수는 없다. 법 개정 이후 송파 세 모녀 사건과 비슷한 사건이 여전히 일어나고 있다.

2) 공공부조의 특성

① 공공부조는 빈곤에 대한 국가의 최후적 대응이다.
- 공공부조는 이미 가난해진 자에 대한 국가의 대처이다.
- 국가가 이 제도를 통하여 최후적으로 빈곤에 대해서 대처하는 것으로 이 제도를 통하여 구제받지 못하면 사실상 대책이 없는 것으로 보아야 한다.
- 최후적 대책이기에 자산조사가 필수적이고, 부양의무자에 대해서도 조사하게 된다.

② 공공부조는 선별주의 제도이다.
- 공공부조는 이미 가난해진 자에 대한 대책이므로 가난한 자만 골라서 대응한다.
- 사회보험이 보편주의를 취한다면 공공부조는 선별주의를 기반으로 하고 있다.
- 즉, 도움이 필요한 사람에게만 도움을 주는 것이다.
- 따라서 대상효율성이 높다고 할 수 있다.

③ 공공부조의 재원은 조세이다.
- 공공부조는 국가가 책임지고 시행하기 때문에 일반조세에 의해서 이루어진다.
- 사회보험은 갹출금으로써 보험료를 내지만 공공부조는 수급권자가 어떤 기여를 했는가를 전혀 고려하지 않는다. 조세를 통하여 재원을 마련한다.

④ 공공부조는 사후적 대응이다.
- 공공부조는 이미 가난해진 자에 대한 대책이므로 사후적 대응이다.
- 사회보험은 사고가 일어나기 이전에 대비하는 의미이므로 방빈적 성격이 있지만 공공부조는 사후에 구빈적인 성격의 제도이다.

⑤ 공공부조의 선정은 빈곤선을 기준으로 한다.
- 공공부조는 일정한 빈곤 기준을 정해놓고 그 이하의 수입을 갖는 자들에 대해서 개입하는 제도이다.
- 이를 계산하기 위하여 소득과 자산조사가 불가피하다.
- 또한 부양의무자가 있으면 부양의무자에 의해서 일차적으로 해결하도록 하기 때문에 부양의무자에 대한 조사도 필요하다.

⑥ 공공부조는 인간다운 삶과 자립 지원을 목적으로 한다.
- 공공부조는 인간다운 삶을 살기 위한 최저한도의 수준을 보장하는 것이다. 최저생계비의 개념은 건강하고 문화적인 최저의 삶으로 정의하고 있다. 결국 인간다운 삶을 위해서는 반드시 이 정도는 보장되어야 한다는 것이다.
- 한편, 공공부조는 계속 급여를 받아서 살라고 하는 것이 아니라 자립을 목적으로 한다. 그래서 자활에 대한 개념이 강화되어 있다.

3) 공공부조의 기본원리

① 생존권보장의 원리

- 국가가 생활이 빈곤한 자에 대해서 빈곤의 정도에 따라 필요한 급여를 실시함으로써 최저수준의 생활을 보장하여야 한다는 원리이다.
- 이에 따라 국민은 국가에 대해 생존권보장을 요구할 수 있는 것이다.

② 국가책임의 원리

- 모든 국민의 최저생활보장에 대한 책임은 국가에 있다는 원리이다.
- 국가와 지방자치단체는 국가발전 수준에 부응하는 사회보장제도를 확립할 의무가 있다. 또한 이에 필요한 재원을 조달할 의무가 있다.
- 사회보장법에서 공공부조를 국가와 지방자치단체의 책임으로 규정하고 있다.
- 빈곤에 대해 국가가 대처하지 않는다면 국가의 존재의미는 없는 것이다.

③ 최저생활보장의 원리

- 생존권을 보장하는 데 있어 국가가 지는 책임은 최저수준에 대한 것이다.
- 사회보험도 '최저수준의 생활보장'이라는 말은 원칙을 갖고 있다. 공공부조와 사회보험의 차이점은 기준이 다르기 때문에 그 정도가 다르다는 점이다. **공공부조는 빈곤선을 기준**으로 하고 있고, **사회보험은 문제 발생 이전 소득을 기준**으로 하고 있다. 따라서 실질적으로 공공부조가 제시하는 최저생활보장이 실질적인 최저생활보장인 것이다.

④ **무차별평등의 원리**

- 생존권에 입각하여 모든 국민이 최저한도의 기본적인 생활권리를 가져야 한다는 이념에서 시작하였기 때문에 빈곤의 원인을 따지지 않는다.
- 게을러서 가난하게 되었는지 등 도덕적 요인도 따지지 않는다.
- 일단 최저기준 이하에 놓였다면 먼저 일정 정도 이상으로 끌어올려야 하기 때문이다.

⑤ **보충성의 원리**

- 부족한 부분을 보충한다는 의미이다.
- 건강하고 문화적인 삶을 살도록 하는 최저한도라는 기준을 정해놓고 소득이 그 이하일 경우 부족한 부분에 대해서만 급여를 실시하는 것이다.

⑥ 자립조장의 원리

- 지속적으로 급여를 받아 살라고 하는 제도가 아니다.
- 또한 자활을 도모함으로써 자립을 조장한다.

⑦ 신청주의 원칙

- 급여를 받기 위해서는 당사자가 신청하는 것을 원칙으로 한다.
- 담당공무원의 직권으로 대상자로 산정하는 것도 가능하다. 다만, 이 경우 본인이 받기를 원하지 않으면 강제로 집행할 수 없다.

⑧ **자산조사의 원칙**
- 가난한 자에게 급여를 실시하는 것이므로 자산조사가 필수적이다.
- 스티그마에서 자유로울 수가 없다.

4) 공공부조의 단점
- 수급자를 선정하는 데 인력과 재정이라는 비용이 들어간다.
- 수급을 위하여 소득을 사정하기 때문에 때로는 수급을 받기 위하여 일을 하지 않는 도덕적 해이가 일어날 수 있다.
- 자산조사는 낙인감을 동반하게 된다.
- 사각지대 해소가 좀처럼 이루어지지 않고 있다.

01 국민기초생활보장제도의 원칙에 관한 설명으로 옳지 않은 것은?

① 가족부양 우선의 원칙
② 자립조장의 원칙
③ 현물급여 우선의 원칙
④ 생존권보장의 원칙
⑤ 보충성의 원칙

해설 급여는 현금급여를 원칙으로 한다. 과거에는 현물급여도 있었으나 국민기초생활보장법의 권리성 강화와 더불어 권리성이 보장되는 현금급여를 원칙으로 하고 있다.

정답 ③

02 국민기초생활보장제도에 관한 설명으로 옳은 것은?

① 자활급여 수급자는 생계급여 대상에서 제외된다.
② 현금급여 기준은 최저생계비보다 높게 책정된다.
③ 근로능력자는 수급대상에서 제외된다.
④ 수급자 선정 요건에 부양의무자의 유, 무가 고려된다.
⑤ 수급자의 생활보장은 시 · 군 · 구 생활보장위원회에서 행한다.

해설 자활급여는 생계급여를 받는 사람들도 포함된다. 보충성의 원리는 최저생계비에서 모자라는 부분을 보충한다는 의미이다. 근로의 유무 등은 고려대상이 아니다. 수급자 선정을 위하여 부양의무자를 살펴본다. 시행은 시·군·구에서 한다. 정부가 책임을 지고 시행하는 것이다.

정답 ④

Chapter 21 공공부조의 수급자 선정과 종류

학습Key포인트

- ○ 부양의무자 관련 제도의 변화를 설명할 수 있다.
- ○ 공공부조의 급여종류를 나열하고 각 수급권 기준을 제시할 수 있다.

제1절 공공부조의 수급자 선정

공공부조는 국가가 이미 가난해진 자에게 급여를 실시하는 것이다. 따라서 이미 가난해진 자를 가려내는 작업이 필요하다. 또한 가난하더라도 돌볼 가족이 있는지 여부를 살펴보게 된다. 그래서 정말 가난한 자에게 급여가 제공되도록 해야 한다. 이를 실현하기 위하여 고도의 계산방법이 필요하게 된다. 또한 수급자 선정과정은 엄격할 수밖에 없다. 이러한 수급자 선정에 대한 엄격성은 자원의 한정성으로 인하여 불가피한 것이다.

1) 수급자 선정방식

- 수급자를 선정하는 데 있어 재산이나 소득을 본다. 소득이 일정 부분 이하이어야 수급자가 될 수 있다.
- 이때 수급자가 될 사람에게 부양의무자가 있다면 부양의무자에게 먼저 부양의 책임을 묻는다. 즉, 부양의무자가 있을 경우 부양의무자가 먼저 부양하도록 한다.
- 부양의무자가 있더라도 부양능력이 없는 경우와 부양을 받을 수 없는 경우 부양의무자의 유무와 상관없이 급여를 실시한다.

2) 소득 산정방식

- 수급자의 자격은 소득이 일정 수준 이하이어야 한다. 일반적으로 소득이라고 하면 임금을 생각한다. 그런데 우리나라에서는 재산도 일정 소득이 발생하는 것으로 본다. 그래서 소득을 산정할 때 **'소득인정액'이라는 개념으로 소득과 자산을 모두 고려한다. 즉, 소득인정액은 소득평가액에 소득환산액을 더하여 산정하게 된다.**

• 소득평가액

소득에 대하여 계산하는 것이다.

소득평가액은 개별가구의 실제소득에도 불구하고 보장기관이 급여의 결정 및 실시 등에 사용하기 위하여 산출한 금액이다.

근로소득, 사업소득, 재산소득, 이전소득을 합한 개별가구의 실제소득에서 장애 · 질병 · 양육 등 가구 특성에 따른 지출요인, 근로를 유인하기 위한 요인, 그 밖에 추가적인 지출요인에 해당하는 금액을 감하여 산정한다.

즉, **실제소득에서 생활관련 지출을 뺀 것**이라고 할 수 있다.

• 소득환산액

자산에 대해 계산하는 것이다.

소득환산액은 **개별가구의 재산가액에서 기본재산액 및 부채를 공제한 금액에 소득환산율을 곱하여 산정한다.**

이 경우 소득으로 환산하는 재산의 범위는 **일반재산, 금융재산, 자동차**로 구분한다. 이때 자동자의 경우 생계에 필요한 것인 경우 제외되기도 한다.

기본재산액은 기초생활의 유지에 필요하다고 보건복지부장관이 정하여 고시하는 재산액을 말한다. 즉, 그 재산이 기초생활 유지에 꼭 필요하다고 여겨지는 부분은 제하여 계산하다는 의미이다.

• 정리하면 다음과 같이 도식화할 수 있다.

소득인정액 = 소득평가액 + 소득환산액

소득평가액 = 실제소득 - 생활관련 지출

실제소득 = 근로소득 + 사업소득 + 재산소득 + 이전소득

생활관련지출 = 장애 · 질병 · 양육 등 가구 특성에 따른 지출요인 + 근로를 유인하기 위한 요인 + 그 밖에 추가적인 지출요인에 해당하는 금액

소득환산액 = Σ{(품목별 재산가액 - 품목별 기본재산액) × 재산료율}

재산품목 : 일반재산, 금융재산, 자동차

3) 부양의무자에 대한 규정

① 부양능력이 없는 경우

- 부양의부자가 생계급여 대상일 경우
- 직계존속을 자신의 주거에서 부양하고 있는 경우
- 중증장애인의 직계비속을 자신의 주거에서 부양하는 경우
- 그 밖에 질병, 교육, 가구 특성 등으로 부양능력이 없다고 보건복지부장관이 정하는 경우

② 부양할 수 없는 경우
- 부양의무자가 군입대한 경우
- 부양의무자가 해외이주를 한 경우
- 부양의무자가 교도소, 구치소, 치료감호시설 등에 수용중인 경우
- 부양의무자에 대해 실종선고 절차가 진행 중인 경우
- 부양의무자가 보장시설에서 급여를 받고 있는 경우
- 부양의무자가 행방불명, 가출 등으로 확인된 경우
- 부양의무자가 부양을 기피하거나 거부하는 경우
- 그 밖에 부양을 받을 수 없는 것으로 보건복지부장관이 정하는 경우

③ 부양의무자라 하더라도 다음의 경우에는 완화하여 적용할 수 있다.
- 부양의무자가 혼인한 딸이거나 혼인한 딸의 직계존속인 경우
- 부양의무자 가구에 '장애인연금법' 따른 중증장애인이 있는 경우
- 노인, 장애인, 한부모가족 등 수급권자 가구의 특성으로 인하여 특히 생활이 어렵다고 보건복지부장관이 정하는 경우

※ 부양의무자의 조건은 계속 완화하는 추세이다.

제2절 공공부조의 종류

공공부조는 빈곤의 다양한 상황에 대처하는 방식으로 변화하였다. 대표적인 빈곤상황은 생계를 유지하는 데 필요한 비용이 부족한 것이다. 사실 공공부조라고 하면 이 부분이 대부분을 차지한다. 하지만 그 외에도 의료적인 조치가 필요한 경우, 교육에 대한 조치가 필요한 경우, 주거에 대한 조치가 필요한 경우를 들 수 있다. 이 네 가지가 공공부조의 핵심이라고 할 수 있다. 그 외에도 여러 급여가 있다.

1) 생계급여

- 수급자에게 의복, 음식물 및 연료비와 그 밖에 **일상생활에 기본적으로 필요한 금품을 지급하여 그 생계를 유지하게 하는 것**이다.
- 생계급여 수급권자는 부양의무자가 없거나, 부양의무자가 있어도 부양능력이 없거나 부양을 받을 수 없는 사람으로서 그 소득인정액이 중앙생활보장위원회의 심의 · 의결을 거쳐 결정하는 금액 이하인 사람으로 한다.

- **소득인정액이 기준중위소득의 30%** 이상인 경우를 기준으로 한다.
- 생계급여 최저보장수준은 생계급여와 소득인정액을 포함하여 생계급여 선정기준 이상이 되도록 하여야 한다.
- **생계급여는 금전을 지급하는 것으로 한다.** 다만, 금전으로 지급할 수 없거나 금전으로 지급하는 것이 적당하지 않다고 인정하는 경우에는 물품을 지급할 수 있다.
- **생계급여는 수급자의 주거에서 실시한다.** 다만, 수급자가 주거가 없거나 주거가 있어도 그곳에서는 급여의 목적을 달성할 수 없는 경우 또는 수급자가 희망하는 경우에는 수급자를 다른 보장시설이나 타인의 가정에 위탁하여 급여를 실시할 수 있다.
- **생계급여의 주무부처는 보건복지부이다.**

2) 주거급여

- 주거급여는 수급자에게 주거안정에 필요한 임차료, 수선유지비, 그 밖의 수급품을 지급하는 것이다.
- 수급권자는 소득인정액이 중앙생활보장위원회의 심의 · 의결을 거쳐 결정하는 금액 이하인 사람으로 한다.
- **소득인정액이 기준중위소득의 43%** 이상인 경우를 기준으로 한다.
- **업무처리는 국토교통부에서 관장한다.**
- **주거급여법에 의한다.**

3) 의료급여

- 의료급여는 수급자에게 건강한 생활을 유지하는 데 필요한 각종 검사 및 치료 등을 지급하는 것이다.
- 의료급여 수급권자는 부양의무자가 없거나, 부양의무자가 있어도 부양능력이 없거나 부양을 받을 수 없는 사람으로서 중앙생활보장위원회의 심의 · 의결을 거쳐 결정하는 금액 이하인 사람으로 한다.
- 현물급여를 원칙으로 한다.
- **소득인정액이 기준 중위소득의 40%** 이상인 경우를 기준으로 한다.
- **주무부처는 보건복지부이다.**
- **의료급여법에 의한다.**

4) 교육급여

- 교육급여는 수급자에게 입학금, 수업료, 학용품비, 그 밖의 수급품을 지급하는 것이다.
- 교육급여 수급권자는 부양의무자가 없거나, 부양의무자가 있어도 부양능력이 없거나 부양을 받을 수 없는 사람으로서 중앙생활보장위원회의 심의 · 의결을 거쳐 결정하는 금액

이하인 사람으로 한다.

- **소득인정액이 기준 중위소득의 50% 이상인 경우를 기준으로 한다.**
- **소관은 교육부장관에게 있다.**

5) 해산급여

- 해산급여는 생계급여, 주거급여, 의료급여를 받는 자 중에서 선정한다.
- 조산(助産)과 분만 전과 분만 후에 필요한 조치와 보호를 급여로 실시한다.

6) 장제급여

- 장제급여는 생계급여, 주거급여, 의료급여 중 하나를 받는 자가 사망한 경우에 해당한다.
- 사체의 검안(檢案) · 운반 · 화장 또는 매장, 그 밖의 장제조치를 하는 것으로 한다.
- 실제로 장제를 실시하는 사람에게 **장제에 필요한 비용을 지급**하는 것으로 한다. 다만, 그 비용을 지급할 수 없거나 비용을 지급하는 것이 적당하지 않다고 인정하는 경우에는 물품을 지급할 수 있다.

7) 자활급여

- 자활급여는 수급자의 자활을 돕기 위하여 실시하는 급여이다.
- 자활급여는 차상위계층에게도 해당된다.
- 자활급여는 (1) 자활에 필요한 금품의 지급 또는 대여, (2) 자활에 필요한 근로능력의 향상 및 기능습득의 지원, (3) 취업알선 등 정보의 제공, (4) 자활을 위한 근로기회의 제공, (5) 자활에 필요한 시설 및 장비의 대여, (6) 창업교육, 기능훈련 및 기술 · 경영 지도 등 창업지원, (7) 자활에 필요한 자산형성 지원 등을 제공하는 것이다.
- 수급자 및 차상위자는 상호 협력하여 **자활기업**을 설립 · 운영할 수 있다.

※ 기준중위소득 산정방식

기준중위소득은 가구경상소득(근로소득, 사업소득, 재산소득, 이전소득을 합산한 소득을 말한다)의 중간값에 최근 가구소득 평균 증가율, 가구규모에 따른 소득수준의 차이 등을 반영하여 가구규모별로 산정한다.

01 우리나라 국민기초생활보장제도에 관한 설명으로 옳은 것은?

① 의료급여는 국가가 진료비를 지원하는 공공부조제도로서 본인부담금이 없다.
② 희망키움통장과 내일키움통장은 자산형성 지원사업이다.
③ 중위소득은 가구경상소득 중간값에 전년도 대비 가구소득 증가율을 곱하여 산정한다.
④ 노숙인은 의료급여 2종 수급권자의 대상에 포함된다.
⑤ 생계급여, 의료급여, 주거급여, 교육급여는 부양의무자 기준이 적용된다.

해설 이런 문제를 해결할 때는 출제의도를 파악하며 문제를 풀어야 한다. 국민기초생활보장제도에 대해서 세세히 알아야 한다. 틀린 것을 구별하기보다는 내용으로 볼 때 ②가 적절한 것을 알 수 있다. 의료급여도 자기부담금이 있다. 중위소득은 가구경상수입의 중간값에 최근 가구소득 평균 증가율과 가구규모별 소득차이 등을 반영하여 결정한다. 노숙인은 의료급여 1종 수급권자가 된다. 교육급여는 부양의무자를 보지 않는다.

정답 ②

02 우리나라 자활사업에 관한 설명으로 옳지 않은 것은?

① 우리나라의 대표적인 노동연계 복지프로그램이다.
② 자활기업은 사회적기업 창업을 전제로 한다.
③ 자활기업에는 차상위계층이 참여할 수 있다.
④ 지역자활센터는 자활사업 참여자들에 대한 관리, 교육, 사업의 운영주체이다.
⑤ 자활사업의 생산품은 시장영역 혹은 공공영역에서 소비된다.

해설 자활기업은 수급자 또는 차상위계층의 대상자들이 서로 협력하여 조합 또는 공동사업자 형태로 만들어지는 기업이다. 발전하여 사회적기업이 될 수 있으나 반드시 사회적기업이 되는 것을 전제로 하는 것은 아니다.

정답 ②

Chapter 22

긴급복지지원제도와 기초연금제도

학습Key포인트

○ 긴급복지지원제도의 특성를 설명할 수 있다.
○ 기초연금제도의 성격을 설명할 수 있다.

제1절 긴급복지제도

긴급복지제도는 위기에 처한 상황에서 도움이 필요한 자에게 신속하게 대처하고 지원함으로써 위기에서 벗어나 건강하고 인간다운 삶을 살게 하는 제도이다. 현대사회는 재난이나 급변하는 사회변화로 인하여 어려움에 처하게 되는 사람들이 있다. 이들에 대해서 긴급하게 대처하지 않을 경우 장기적으로 국가의 도움을 받아야 하는 대상이 된다. 따라서 이들에 대한 긴급한 조치는 국가적인 차원에서도 필요한 것이다.

1) 긴급복지지원제도의 목적

- 이 법은 생계곤란 등의 위기상황에 처하여 도움이 필요한 사람을 신속하게 지원함으로써 위기상황에서 벗어나 건강하고 인간다운 생활을 하게 함을 목적으로 한다.
- 위기상황이란 주소득자(主所得者)가 사망, 가출, 행방불명, 구금시설에 수용되는 등의 사유로 소득을 상실한 경우, 중한 질병 또는 부상을 당한 경우, 가구구성원으로부터 방임(放任) 또는 유기(遺棄)되거나 학대 등을 당한 경우, 가정폭력을 당하여 가구구성원과 함께 원만한 가정생활을 하기 곤란하거나 가구구성원으로부터 성폭력을 당한 경우, 화재 등으로 인하여 거주하는 주택 또는 건물에서 생활하기 곤란하게 된 경우, 그 밖에 지방자치단체의 조례로 정하는 사유 등을 의미한다.

2) 긴급복지지원제도의 특징

- 이 법에 따른 지원은 위기상황에 처한 사람에게 **일시적으로 신속하게 지원**하는 것을 기

본원칙으로 한다.

- 다른 법률에 따라 이 법에 따른 지원 내용과 동일한 내용의 구호·보호 또는 지원을 받고 있는 경우에는 이 법에 따른 지원을 하지 않는다.
- 국가 및 지방자치단체는 이 법에 따른 지원 후에도 위기상황이 해소되지 않아 계속 지원이 필요한 것으로 판단되는 사람에게는 다른 법률에 따른 구호·보호 또는 지원을 받을 수 있도록 노력하여야 한다.
- 국가 및 지방자치단체는 상기한 구호·보호 또는 지원이 어렵다고 판단되는 경우에는 민간기관·단체와의 연계를 통하여 구호·보호 또는 지원을 받을 수 있도록 노력하여야 한다.
- 긴급지원대상자와 친족, 그 밖의 관계인은 구술 또는 서면 등으로 관할 시장·군수·구청장에게 이 법에 따른 지원을 요청할 수 있다.
- 의료종사자, 교육종사자, 사회복지종사자, 공무원, 장애인활동 지원 종사자 등은 긴급복지지원 대상자를 발견할 경우 시·군·구에 신고하여야 한다.
- 긴근복지지원제도는 대상자에게 긴급하게 일시적으로 지원한 후 사후조사를 통하여 평가하게 되어 있다.
- 긴급복지지원제도는 필요한 경우 연장은 가능하지만 제도의 취지는 일시적으로 긴급하게 지원하는 데 있다. 따라서 이 제도의 지원으로 문제가 해결되지 않을 경우에는 공공부조의 도움을 받는 대상이 되는 등의 절차를 밟아야 한다. 또는 지자체의 민간기관과의 연계 등의 도움을 받을 수 있다.

3) 긴급지원의 내용

- 금전 또는 현물(現物) 등의 직접지원

생계지원 – 식료품비·의복비 등 생계유지에 필요한 비용 또는 현물 지원

의료지원 – 각종 검사 및 치료 등 의료서비스 지원

주거지원 – 임시거소(臨時居所) 제공 또는 이에 해당하는 비용 지원

사회복지시설 이용 지원 – 사회복지시설 입소 또는 이용 서비스 제공이나 이에 필요한 비용 지원

교육지원 – 초·중·고등학생의 수업료, 입학금, 학교운영지원비 및 학용품비 등 필요한 비용 지원

그 밖의 지원 – 연료비나 그 밖에 위기상황의 극복에 필요한 비용 또는 현물지원

- 민간기관·단체와의 연계 등의 지원

대한적십자사, 사회복지공동모금회 등의 사회복지기관·단체와의 연계 지원

상담·정보제공, 그 밖의 지원

제2절 기초연금제도

기초연금은 노인들의 생활안정을 위하여 지급하는 연금으로 2008년도 기초노령연금으로 시작하였다. 원래 국민연금의 급여인 노령연금을 받지 못하는 노인들에게 생활보호 차원에서 제공하는 것으로 시작한 제도이다. 여러 차례 개정을 통하여 현재는 기초연금으로 정착하였고, 연금수령의 대상과 수령액이 점차 늘어나고 있는 추세이다.

1) 기초연금제도의 목적 및 수급권자

- 이 법은 노인에게 기초연금을 지급하여 안정적인 소득기반을 제공하는 것이다.
- 노인의 생활안정을 지원하고 복지를 증진하는 것이다.
- 기초연금은 65세 이상인 사람을 대상으로 하며, 소득인정액이 보건복지부장관이 정하여 고시하는 금액 이하인 사람에게 지급한다.
- 제도 시작 당시에는 70세 이상 노인에게 적용하였지만 현재는 65세 이상이면 적용된다.
- 이 제도로 인하여 노인에게 지급되는 교통비 지급 등은 사라졌다.

2) 기초연금제도의 특징

- **무기여 연금이다.**
  국민연금의 노령연금과는 달리 기여 여부와 관련 없이 연금이 제공된다. 노인이 이 사회에 기여한 공로를 바탕으로 지원하는 생활보조 성격이 강하다.
- **재원은 조세에 의한다.**
  기여가 없는 연금이므로 재원은 국가나 지방자치단체가 마련한다. 즉, 조세에 의하여 충당된다.
- **자산조사를 실시한다.**
  연금이라는 명칭을 사용하였지만 65세 이상 노인들 중 일정 기준 안에 들어가는 자들에게 연금을 지급하기 때문에 기준산정을 위하여 자산조사를 실시한다. 따라서 명칭은 연금이지만 공공부조의 성격이 짙다고 할 수 있다.
- **연금액은 기준연금액이나 「소득재분배급여(A급여)에 따른 산식」 또는 「국민연금 급여액」 등을 고려하여 산정된다.**
- 부부가 함께 기초연금 대상자가 될 경우 일정 부분 감액해서 받는다.
- 기초연금 수급자가 사망한 경우로서 그 기초연금 수급자에게 지급되지 않은 기초연금액이 있는 경우에는 그 기초연금 수급자의 사망 당시 생계를 같이 한 부양의무자(배우자와 직계혈족 및 그 배우자를 말한다)는 미지급 기초연금을 청구할 수 있다.

3) 기초연금의 정지

- 특별자치시장 · 특별자치도지사 · 시장 · 군수 · 구청장은 기초연금 수급자가 다음 어느 하나의 경우에 해당하면 그 사유가 발생한 날이 속하는 달의 다음 달부터 그 사유가 소멸한 날이 속하는 달까지는 기초연금의 지급을 정지한다.
  a. 기초연금 수급자가 금고 이상의 형을 선고받고 교정시설 또는 치료감호시설에 수용되어 있는 경우
  b. 기초연금 수급자가 행방불명되거나 실종되는 등 대통령령으로 정하는 바에 따라 사망한 것으로 추정되는 경우
  c. 기초연금 수급자의 국외 체류기간이 60일 이상 지속되는 경우. 이 경우 국외 체류 60일이 되는 날을 지급정지의 사유가 발생한 날로 본다.
  d. 그 밖에 위의 경우에 준하는 경우로서 대통령령으로 정하는 경우

4) 기초연금의 상실

- 기초연금 수급권자는 다음 어느 하나에 해당하게 된 때에는 기초연금 수급권을 상실한다.
  a. 사망한 때
  b. 국적을 상실하거나 국외로 이주한 때
  c. 기초연금 수급권자에 해당하지 아니하게 된 때

5) 기초연금 변화에 대한 전망

- 현재 기초연금은 국민연금의 노령연금처럼 사회보험도 아니고, 그런가 하면 국민기초생활보장제도에 따른 공공부조도 아니다. 자산조사에 의해서 연금이 제공되기 때문에 공공부조의 성격이 강하다고 할 수 있다.
- 비록 연금이라고 하기에는 부족한 제도이지만 노인의 생활안정을 위하여 필요한 제도이다.
- 아울러 향후 노령연금 등과 합쳐져서 노인수당으로 발전한다면 보편적 복지를 이루는 중요한 기틀이 될 것이다. 이미 온전한 의미의 아동수당은 아니지만 아동수당이 시행되고 있어 향후 노인수당으로 변모할 가능성을 배제하기 어렵다.

※ 공적연금제도에 대한 이해

- 기여방식에 따라 기여 연금과 무기여 연금으로 구분된다.
  기여 연금 : 보험료 등 가입자가 일정 부분 기여한 것을 바탕으로 연금이 제공된다.
  무기여 연금 : 국가가 별도의 보험료를 산정하지 않고 일반조세로 재원을 충당한다.
- 재정운영방식에 따라 적립방식과 부과방식으로 구분된다.
  적립방식 : 보험료를 연기금으로 적립하였다가 지급하는 방식이다.
  부과방식 : 매년 전체 가입자가 낸 보험료 등으로 당해연도에 지급해야 할 연금급여를 충당하는 형식이다.

- 연금액 확정방식에 따라 확정기여형과 확정급여형으로 구분된다.

  확정기여형 연금 : 기여금만 결정되고 급여액은 적립한 기여금의 운영결과에 따라 나중에 결정된다.

  확정급여형 연금 : 과거의 소득과 가입기간 등에 의해 달라지는 급여계산 공식에 의해 나중에 받을 연금액이 사전에 결정되어 있는 형태이다.

- 급여의 소득비례에 따라 정액 연금과 소득비례 연금으로 구분된다.

  정액 연금 : 연금수령액 결정에 있어 이전의 소득은 고려하지 않고 동일한 금액을 지급하는 형태이다.

  소득비례 연금 : 과거 소득, 즉 일정기간 또는 가입 전 기간의 소득을 기준으로 급여를 차등으로 지급하는 형태이다.

01 우리나라 공공부조제도에 관한 설명으로 옳지 않은 것은?

① 긴급복지지원제도는 현금급여와 민간기관 연계 등의 지원을 제공한다.
② 국민기초생활보장제도 부양의무자 기준은 복지사각지대 해소를 위해 단계적으로 완화되고 있다.
③ 긴급복지지원제도는 단기 지원의 원칙, 선심사 후지원의 원칙, 다른 법률 지원 우선의 원칙이 적용된다.
④ 의료급여 수급권자에는 「입양특례법」에 따라 국내 입양된 18세 미만의 아동이 포함된다.
⑤ 국민기초생활보장제도 급여 신청은 신청주의와 직권주의를 병행하고 있다.

해설 긴급복지지원제도는 말 그대로 긴급하게 지원하는 것이다. 따라서 선심사 원칙이나 다른 법률 우선 원칙과는 거리가 있다.

정답 ③

02 공적연금에 관한 설명으로 옳은 것을 모두 고른 것은?

ㄱ. 기여여부에 따라 무기여 연금과 기여 연금으로 구분한다.
ㄴ. 급여의 소득비례 여부에 따라 정액 연금과 소득비례 연금으로 구분한다.
ㄷ. 재정방식에 따라 적립방식과 부과방식으로 구분한다.
ㄹ. 기여와 급여 중 어느 것을 확정하는지에 따라 확정기여 연금과 확정급여 연금으로 구분한다.

① ㄱ, ㄴ, ㄷ
② ㄱ, ㄷ
③ ㄴ, ㄹ
④ ㄹ
⑤ ㄱ, ㄴ, ㄷ, ㄹ

해설 공적연금의 방식은 기여여부, 소득비례여부, 재정방식, 기여와 급여의 선택 등에 따라 구분된다.

정답 ⑤

Chapter 23 분야별 복지정책 및 전망

학습Key포인트

○ 아동복지정책, 노인복지정책, 장애인복지정책의 방향성을 설명할 수 있다.
○ 사회서비스전자바우처사업의 성격을 설명할 수 있다.
○ 사회복지정책의 변화에 대한 방향성을 제시할 수 있다.

제1절 분야별 복지정책

사회복지정책은 크게 사회보험, 공공부조, 사회서비스로 구분된다. 사회서비스에 대한 이해는 분야별로 이해하여야 한다. 실제로 각 분야는 고유한 정책을 갖는 형태로 발전하고 있다. 대표적인 분야별 복지정책 중 우리가 개략적으로 살펴볼 필요가 있는 분야는 아동복지분야, 노인복지분야, 장애인복지분야, 사회서비스 전자바우처 사업 등이다.

1. 아동복지정책

1) 아동복지정책의 구분

- 아동복지는 전통적으로 가족기능을 중심으로 세 가지로 구분되었다.
- 지지적 서비스, 보충적 서비스, 대리적 서비스로 구분된다.

① 지지적 서비스

- 부모와 자녀의 관계에서 일어나는 갈등상황을 처리할 수 있도록 가족의 능력을 지원하고 강화하는 서비스이다.
- 기관은 부모나 아동의 역할 기능을 대행해 주는 것이 아니라, 외부에서 사회적 기능을 수행해 원조해 주는 기능을 담당한다.
- 아동상담, 부모 및 가족상담, 부모교육, 가족생활교육 등

- 아동복지기관(종합사회복지관, 아동복지관, 장애인복지관 등)
- 아동상담소(정부기관 상담실, 학교 상담실, 사회기관 상담실 등)
- 건강가정지원센터
- 보호를 필요로 하는 아동이 제일 먼저 고려되어야 하나 전체 지지적 서비스는 전체 아동을 대상으로 하는 서비스도 포함한다.

② 보충적 서비스

- 부모의 실업, 질병, 장애 등으로 부모역할이 부족할 경우 부모역할을 대신해서 보충해 준다.
- **가정 내에서 이루어진다.**
- 소득보충사업 : 국민생활기초보장제도, 소년소녀가장세대, 영유아보육 서비스
- 방과 후 아동지도 : 지역아동센터, 방과후돌봄교실 등
- 지역아동센터는 아동복지의 종합적 기관으로 자리매김하고 있다. 아동의 교육, 양육, 보육, 자치활동 등 종합적인 활동을 하고 있다.

③ 대리적 서비스

- 지지적 · 보충적 서비스로도 보호가 되지 않을 경우 원부모나 원가족의 역할을 대신하여 양육 · 보호하는 서비스이다.
- 가정 외 보호를 하게 된다.
- 이때 원칙은 가정과 같은 환경을 만들어 주는 것이다. 원가적 복귀가 어려울 경우 입양이 가장 가정과 유사한 형태가 된다. 새로운 가정을 만들어 주는 것이기 때문이다. 가정형태에 가까운 것은 가정위탁, 그룹홈, 시설보호 순이다.
- 현재 시설보호 중심에서 가정보호 중심으로 전환되고 있다.
- 또한 양육시설의 경우 아동수의 감소에 따라 보호를 필요로 하는 아동수도 감소, 보호아동수가 줄어들고 있다. 따라서 시설기능을 개편해야 하는 상황에 놓여 있다.

2) 여러 아동복지정책

- 드림스타트 : 취약계층 아동 전반에 대한 사례관리 개념이다.
- 디딤씨앗통장 : 매칭개념의 발달기금 형성 프로그램이다.
- 아동보호전문기관 : 과거 아동보호전문기관은 아동학대 사례 신고에서부터 처리까지 모든 부분을 관장했지만, 법개정으로 인하여 현재는 신고 및 처리는 시군구의 아동학대전담공무원이 담당하고 아동보호전문기관은 아동학대 사례관리를 실시함
- 사례결정위원회 : 아동보호를 심의하는 민관협력 기구

2. 노인복지정책

1) 노인복지정책의 개념 및 기본이념

- 노인복지는 노인이 이 사회에 기여한 공로를 근거로 하여 노인의 삶의 보호하는 것이다.
- 대표적인 노인복지와 관련된 제도는 기초연금제도, 노인장기요양보험제도 등이 있다.
- 이념은 다음과 같다.
  a. 노인은 후손의 양육과 국가 및 사회의 발전에 기여하여 온 자로서 존경받으며 건전하고 안정된 생활을 보장받는다.
  b. 노인은 그 능력에 따라 적당한 일에 종사하고 사회적 활동에 참여할 기회를 보장받는다.
  c. 노인은 노령에 따르는 심신의 변화를 자각하여 항상 심신의 건강을 유지하고 그 지식과 경험을 활용하여 사회의 발전에 기여하도록 노력하여야 한다.

2) 노인복지시설

① 노인주거복지시설

- 양로시설 : 노인을 입소시켜 급식과 그 밖에 일상생활에 필요한 편의를 제공함을 목적으로 하는 시설
- 노인공동생활가정 : 노인들에게 가정과 같은 주거여건과 급식, 그 밖에 일상생활에 필요한 편의를 제공함을 목적으로 하는 시설
- 노인복지주택 : 노인에게 주거시설을 임대하여 주거의 편의 · 생활지도 · 상담 및 안전관리 등 일상생활에 필요한 편의를 제공함을 목적으로 하는 시설

② 노인의료복지시설

- 노인요양시설 : 치매 · 중풍 등 노인성질환 등으로 심신에 상당한 장애가 발생하여 도움을 필요로 하는 노인을 입소시켜 급식 · 요양과 그 밖에 일상생활에 필요한 편의를 제공함을 목적으로 하는 시설
- 노인요양공동생활가정 : 치매 · 중풍 등 노인성질환 등으로 심신에 상당한 장애가 발생하여 도움을 필요로 하는 노인에게 가정과 같은 주거여건과 급식 · 요양, 그 밖에 일상생활에 필요한 편의를 제공함을 목적으로 하는 시설

③ 노인여가복지시설

- 노인복지관 : 노인의 교양 · 취미생활 및 사회참여활동 등에 대한 각종 정보와 서비스를 제공하고, 건강증진 및 질병예방과 소득보장 · 재가복지, 그 밖에 노인의 복지증진에 필요한 서비스를 제공함을 목적으로 하는 시설
- 경로당 : 지역노인들이 자율적으로 친목도모 · 취미활동 · 공동작업장 운영 및 각종 정보교환과 기타 여가활동을 할 수 있도록 하는 장소를 제공함을 목적으로 하는 시설

• 노인교실 : 노인들에 대하여 사회활동 참여욕구를 충족시키기 위하여 건전한 취미생활 · 노인건강유지 · 소득보장 기타 일상생활과 관련한 학습프로그램을 제공함을 목적으로 하는 시설

④ 재가노인복지시설

• 방문요양서비스 : 가정에서 일상생활을 영위하고 있는 노인(이하 "재가노인"이라 한다)으로서 신체적 · 정신적 장애로 어려움을 겪고 있는 노인에게 필요한 각종 편의를 제공하여 지역사회 안에서 건전하고 안정된 노후를 영위하도록 하는 서비스

• 주 · 야간보호서비스 : 부득이한 사유로 가족의 보호를 받을 수 없는 심신이 허약한 노인과 장애노인을 주간 또는 야간 동안 보호시설에 입소시켜 필요한 각종 편의를 제공하여 이들의 생활안정과 심신기능의 유지 · 향상을 도모하고, 그 가족의 신체적 · 정신적 부담을 덜어주기 위한 서비스

• 단기보호서비스 : 부득이한 사유로 가족의 보호를 받을 수 없어 일시적으로 보호가 필요한 심신이 허약한 노인과 장애노인을 보호시설에 단기간 입소시켜 보호함으로써 노인 및 노인가정의 복지증진을 도모하기 위한 서비스

• 방문 목욕서비스 : 목욕장비를 갖추고 재가노인을 방문하여 목욕을 제공하는 서비스

• 그 밖의 서비스 : 그 밖에 재가노인에게 제공하는 서비스

⑤ **노인보호전문기관**

• **학대 피해 노인의 발굴과 처리**

⑥ 노인일자리지원기관

⑦ 학대피해노인 전용쉼터

3. 장애인복지정책

1) 장애인의 정의 및 장애인 복지 기본이념

• "장애인"이란 신체적 · 정신적 장애로 오랫동안 일상생활이나 사회생활에서 상당한 제약을 받는 자를 말한다.

• "신체적 장애"란 주요 외부 신체 기능의 장애, 내부기관의 장애 등을 말한다.

• "정신적 장애"란 발달장애 또는 정신질환으로 발생하는 장애를 말한다.

• 장애인복지의 기본이념은 장애인의 완전한 사회참여와 평등을 통하여 사회통합을 이루는 데에 있다.

• 장애인의 권리

a. 장애인은 인간으로서 존엄과 가치를 존중받으며, 그에 걸맞은 대우를 받는다.

b. 장애인은 국가 · 사회의 구성원으로서 정치 · 경제 · 사회 · 문화, 그 밖의 모든 분야의 활동에 참여할 권리를 가진다.

c. 장애인은 장애인 관련 정책결정과정에 우선적으로 참여할 권리가 있다.

2) 장애인 복지시설

- 장애인 거주시설 : 거주공간을 활용하여 일반가정에서 생활하기 어려운 장애인에게 일정 기간 동안 거주 · 요양 · 지원 등의 서비스를 제공하는 동시에 지역사회생활을 지원하는 시설
- 장애인 지역사회재활시설 : 장애인을 전문적으로 상담 · 치료 · 훈련하거나 장애인의 일상생활, 여가활동 및 사회참여활동 등을 지원하는 시설
- 장애인 직업재활시설 : 일반 작업환경에서는 일하기 어려운 장애인이 특별히 준비된 작업환경에서 직업훈련을 받거나 직업생활을 할 수 있도록 하는 시설
- 장애인 의료재활시설 : 장애인을 입원 또는 통원하게 하여 상담, 진단 · 판정, 치료 등 의료재활서비스를 제공하는 시설

4. 사회서비스 전자바우처 사업

1) 사회서비스 전자바우처 사업의 개념

- 사회서비스는 일반적인 의미에서 개인 또는 사회전체의 복지증진 및 삶의 질 향상을 위해 사회적으로 제공되는 서비스를 말하며 공공행정(일반행정, 환경, 안전), 사회복지(보육, 아동, 장애인, 노인 보호), 보건의료(간병, 간호), 교육(방과후활동, 특수 교육), 문화(도서관, 박물관, 미술관 등 문화시설 운영)를 포괄하는 개념이다.
- 바우처는 이용 가능한 서비스의 금액이나 수량이 기재된 증표(이용권)로 전자바우처는 서비스 신청, 이용, 비용 지불 / 정산 등의 전 과정을 전산시스템으로 처리하는 전달수단이다.
- 사회서비스 전자바우처 사업은 결국 사회서비스를 전자바우처라는 제도를 통하여 제공하는 것이다.

2) 사회서비스 전자바우처 사업의 관계자

- 대상자 : 시 · 군 · 구에서 수혜자로 인정받은 자
- 보건복지부 : 대상자 선정기준, 서비스유형 및 바우처 지급방법, 사회서비스본부의 조직과 운영에 관한 내용, 기준 / 방법 / 절차에 대한 기반마련 등의 역할을 한다. 제도가 전체적으로 운영되도록 하는 기반을 마련하고 제공한다.
- 시 · 군 · 구 : 대상자의 신청접수, 선정, 통지, 제공기관의 신청접수, 선정 및 통지를 하는 실질적인 업무를 맡는다.
- 사회보장정보원 : 서비스 결제승인, 자금관리, 결제매체 등의 사업을 관리한다.

• 제공기관 : 보건복지부에서 사회서비스 제공기관으로 인정받아 대상자들에게 사회서비스를 제공한다.

3) 주요사업

• 노인돌봄서비스 : 방문서비스, 주간보호서비스, 노인단기가사서비스, 치매가족휴가지원서비스 등
• 장애활동지원 : 장애인 활동지원
• 지역사회투자사업 : 지역사회서비스투자사업, 산모신생아건강관리지원, 가사간병방문지원 등
• 장애아동지원 : 발달재활서비스, 언어발달 지원
• 발달장애인지원 : 발달장애인 부모상담 지원

제2절 사회복지정책에 대한 전망

사회복지정책은 머물러 있지 않는다. 유기체와 같아서 늘 변화하고 있다. 더욱이 시대의 변화에 따라 정책은 변화할 수밖에 없다. 따라서 사회복지정책이 어떻게 변화해 왔는지 또한 어떤 방향으로 변화해 나갈지 완벽하게 전망하는 것은 불가능하다. 다만, 변화에는 일정한 방향이 있다. 이런 방향에 대해서만큼은 제대로 파악하고 있어야 한다.

1) 인권의 강화

• 사회복지정책은 다른 어떤 정책보다 인권과 밀접한 관련이 있다. 인간 자체를 다루기 때문이다. 따라서 인권이 더욱 강화되어 나갈 것이란 점은 자명하다.
• 실제로 국내 사회복지법의 변화를 보면 인권을 강조하는 방향으로 개정되어 가고 있다.

2) 가족기능의 강화

• 현대사회는 가족이 해체되어 가는 모습이 많이 나타난다. 그런데 아이러니하게도 사회복지는 가족의 기능을 보완하고 보강하는 방향으로 나갈 수밖에 없다. 가족은 인간의 생활에 가장 안정적인 기초가 되기 때문이다.
• 국제조약들은 점점 가족의 기능을 강조하는 방향으로 나가고 있으며 우리나라 사회복지법제 역시 이런 반영을 나타내고 있다. 따라서 정책은 가족의 가능을 보강하는 방향으로 나가게 되어 있다.

3) 통합적인 관점

- 클라이언트가 가진 문제는 단편적이지 않다. 여러 문제를 가지고 있기 때문에 클라이언트 입장에서 통합적인 서비스가 필요하다.
- 현대사회 복지정책은 이런 통합성에 관심을 갖고 있다.
- 사례관리가 더욱 강조되는 것은 이런 변화를 담고 있는 것이다.

4) 노동과 연계

- 사회복지는 점점 노동과 연계되고 있다. 근로장려세제와 같은 것도 결국 복지와 노동을 연계하는 것이다.
- 자원의 한정성 때문에 복지 자체만 늘리기보다는 노동과 복지를 연동하여 나가는 것이 구제적인 추세이다.

5) 다문화 관점

- 다문화시대가 되었다. 따라서 사회복지정책도 다문화를 지향하는 모습으로 변화하고 있다. 이미 다문화가정 지원센터가 있을 뿐 아니라 여러 제도에서 다문화에 대해 배려하는 경향들이 나타나고 있다.
- 적용이라는 개념을 그동안 동화라는 입장에서 보아왔지만 이제는 통합이라는 입장에서 보는 것을 반영하고 있으며, 문화상대주의적인 요소를 반영하고 있다.
- 다문화에 대한 정책이 더욱 신장되어 갈 것이다.

cf. 다문화적응

① 분리 : 자기문화 중심, 주류문화 거부
② 주변화 : 자기문화 중시, 주류문화 일정 부분 수용
③ 동화 : 자기문화를 내려놓고 주류문화에 소속
④ 통합 : 주류문화와 자기문화를 모두 수용

기출문제

01 우리나라 근로연계복지정책에 관한 설명으로 옳지 않은 것은?

① 복지급여에 대해 개인보다 국가책임을 강조한다.
② 수급자의 근로유인을 강화하는 것이 목적이다.
③ 취업 우선전략과 인적자원 투자전력이 활용된다.
④ 자활지원사업이 근로연계 복지정책에 해당한다.
⑤ 취업을 위한 직업훈련을 강조한다.

해설 근로와 복지를 연계하는 것은 개인의 책임을 강조하는 것이다. 복지국가 위기 이후 나타나는 현상이다. 워크페어(work fare)라는 개념을 이해하자. 일하는 자에게 복지를 제공하는 개념이다.

정답 ①

02 사회보장기본법상 사회서비스에 관한 설명으로 옳지 않은 것은?

① 주체는 민간부문을 제외한 국가와 지방자치단체이다.
② 대상은 도움이 필요한 모든 국민이다.
③ 분야는 복지, 보건, 의료, 교육, 고용, 주거, 문화, 환경 등이다.
④ 상담, 재활, 돌봄, 정보의 제공, 관련시설의 이용, 역량개발, 사회참여 지원 등을 내용으로 한다.
⑤ 인간다운 생활을 보장하고 국민의 삶의 질이 향상되도록 지원하는 제도이다.

해설 사회서비스는 민간 역시 서비스 제공의 주체로 끌어들인다. 가장 대표적인 게 사회서비스전자바우처사업이다. 민간의 참여를 활성화하는 것이 복지의 추세이다.

정답 ①

참고문헌

강영실(2008), 「사회복지정책의 이해」, 신정.
국가법령정보센터 http://www.law.go.kr
김종일(2009), 「사회복지정책론」, 학현사.
김태성 · 홍선미(2006), 「사회복지개론」, 청목출판사.
다음백과 http://100.daum.net/
박경일(2008), 「사회복지정책론」, 공동체.
법제처 국가법령정보센터 http://www.law.go.kr/
사회복지교육연구센터(2015), 「1급사회복지사기본서 사회복지정책론」, 나눔의집
서강훈, 사회복지용어사전, 아담북스 http://100.daum.net/encyclopedia/view/
송근원 · 김태성(2007), 「사회복지정책론」, 나남출판.
이수천 · 고광신 · 전준현(2011), 「사회복지정책론」, 나눔의집.
이정우(2006), 「사회복지정책」, 학지사.
원석조(2014), 「사회복지정책론」, 공동체.
현외성(2014), 「핵심 사회복지정책론」, 양서원.
현외성 · 강욱모, 학습용어사전, 천재교육 편집부 https://koc.chunjae.co.kr/main.do#!
한국복지행정학회(2008), 「사회복지정책론」, 양서원.
Dror, Y(1983), *Public Policy Making Reexamined*. New Brunswick: Transaction Books.
Dye, T. R.(1998), *Understanding Public Policy(9th ed.)*, New Jersey: Prentice Hall.
Georgy, V. and P. Wilding(1967), *Welfare and Ideology*, [김영화 · 이옥희 역(1999)], 「복지와 이데올로기」, 한울.
Gilbert, N(1983), *Capitalism and the Welfare State: Dilemmas of Social Benevolence*. New Haven, CT: Yale University Press.
Gilbert, N. and P. Terrell(2002), *Dimensions of Social Welfare Policy*(5th ed.). Boston: Allyn and Bacon.
Lasswell, H, D. and A. Kaplan(1970), *Power and Society*. New Haven: Yale Univ. Press.
Mishra, M(1981), *Theories and Practice of Welfare(2nd ed.)*. London: Macmillan.
Pierson, C(1991), *Beyond the Welfare State?*. [현외성 · 강욱모 옮김(2007)], 「전환기의 복지국가」, 학현사.
Romanyshyn, J. M(1971), *Social Welfare: Charity to Justice*. New York: Random House.
Wilensky, H. and C. N. Lebeaux(1965), *Industrial Society and Social Welfare*. N.Y.: Free Press.

제2영역 ▮ 사회복지행정론

Chapter 01 사회복지행정의 특성과 역사
Chapter 02 조직관리이론
Chapter 03 사회복지조직의 원리
Chapter 04 사회복지조직의 형태(형태, 유형과 이사회/위원회)
Chapter 05 사회복지서비스 전달체계
Chapter 06 리더십의 개념과 리더십 이론(개념, 필요성, 이론)
Chapter 07 리더십의 유형 및 수준과 리더십 개발
Chapter 08 조직문화
Chapter 09 기획
Chapter 10 의사결정과 의사전달
Chapter 11 인사관리1 : 인사관리, 직원훈련
Chapter 12 인사관리2 : 임파워먼트와 슈퍼비전
Chapter 13 인사관리3 : 동기부여와 갈등관리
Chapter 14 인사관리4 : 직무평가, 직무만족과 소진, 인사관리 최근경향
Chapter 15 재정관리1 : 재정관리와 예산모형
(재정관리, 예산의 수립, 예산체계 모형)
Chapter 16 재정관리2 : 예산 확보 · 집행과 회계 · 감사
Chapter 17 마케팅과 홍보
Chapter 18 사회복지의 평가
Chapter 19 욕구조사와 프로그램 설계
Chapter 20 프로포절 작성과 프로그램평가
Chapter 21 정보관리시스템과 문서관리
Chapter 22 사회복지행정의 환경변화와 관리

Chapter 01
사회복지행정의 특성과 역사

학습Key포인트

- ○ 행정이 갖는 특징을 키워드로 제시할 수 있다.
- ○ 사회복지행정의 특성을 설명할 수 있다.
- ○ 사회복지행정의 흐름을 역사적 순서에 따라 나열할 수 있다.

제1절 사회복지행정의 특성

사회복지정책은 실현을 목표로 세워지는 것이다. 사회복지정책이 아무리 멋진 그림을 그리고 있더라도 결국 행정을 통하여 실현되지 않으면 아무 소용이 없는 것이다. 사회복지행정이라는 것은 사회복지를 실현시켜 나가는 구체적이고 체계적인 과정이다.

1) 사회복지행정과 일반행정

- 사회복지행정 : 사회복지조직이 실행하는 행정
- 일반행정 : 정부 관료제를 중심으로 이루어지는 제반 활동

① 사회복지행정과 일반행정의 공통점

- 행정이라는 것은 문제를 발견하고 해결하기 위하여 계획을 개발하고 수행하는 모든 과정을 포괄한다. 즉, **문제해결과정**이라고 할 수 있다.
- 행정은 서로 관련되어 상호작용하는 부분들의 **기능적인 체계**이다. 부분들이 전체적으로 체계를 이루어 기능한다.
- 행정은 개인이자 집단이 **효과적으로** 기능하도록 지원하는 과정이며, 또한 **최적의 효율성**을 높이기 위한 과정이다.
- 행정은 관리운영의 객관화와 인적자원 활용 간에 **적절한 균형을 유지**시키는 기능을 한다.
- 행정은 조직원의 위치에 관심을 갖고 조직의 **목표, 가치, 방법에 조직원들이 일체감**

을 갖도록 관심을 기울인다. 이로써 조직문화를 만들어간다.
- 행정은 **공공의지(public will)를 실행하는 체계**이다. 결국 행정은 미래지향적이라고 할 수 있다.
- 행정은 가치판단을 필요로 하는 대안의 선택과정이다.
- 행정의 주요영역은 의사소통, 집단관계, 행정에의 참여 등이다.
- 행정은 조직의 목표를 달성하기 위하여 기획, 예산편성, 예산집행, 직원배치, 인사관리, 사업 실시, 서비스 평가 등이 이루어지는 과정이다.

② 사회복지행정과 일반행정의 차이점
- 사회복지조직은 휴먼서비스조직이기 때문에 인간을 대상으로 한다는 점에서 **도덕적, 윤리적 가치판단이 강조된다.**
- **클라이언트와 일선 사회복지사의 관계가** 효과성이나 효율성에 중요한 영향요인이 된다.
- 일반행정이 범국민적 차원에서 행정을 펼치는 반면 사회복지행정은 **특정한 지역사회 내의 클라이언트를 위한 성격의 서비스**를 산출한다.
- 클라이언트를 대상으로 하기 때문에 **사회문제의 해결**이나 **욕구의 충족**이 사회복지행정의 주된 내용이 된다.
- 사회복지조직이 이루는 행정은 **일반행정과 관리에 관한 지식을 초월하는 범위**를 갖는다. 즉, 전문사회복지의 독특한 성격을 갖는다.
- 또한 다양한 지식과 기술을 요한다. 지역사회의 정치, 경제, 사회에 대하여 관계해야 하기 때문이다. 그래서 사회복지사를 지역사회를 기반으로 한 전문가라고 하는 것이다.
- 따라서 사회복지행정은 **사회복지사의 전문적 직무수행 역량에 크게 의존**한다.
- 사회복지행정은 행정전문가나 조직관리자 외에 **모든 구성원의 참여를 독려**한다.
- 사회복지조직의 크기, 범위, 구조, 프로그램 형태는 광범위하고 다양하다.

core **사회복지행정의 키워드**

조직, 목표, 정책을 서비스로 전환, 체계적 활동, 과정

2) 사회복지행정의 이념

- 사회복지행정의 이념이란 궁극적으로 지향해야 할 가치기준이다.
- 사회복지행정에 대한 평가의 기준이 된다.

① 합법성 - 법, 정관에 적합한 운영을 해야 한다.

② 효율성
- 다만, 사회복지행정은 사람을 다루기 때문에 과연 효율성만 고려할 수 있는가라는 의문이 들기 때문이다. 그러나 행정적인 입장에서는 어차피 자원의 부족함이라는 면이

있기 때문에 효율성을 원칙으로 해야 한다.

③ 효과성

④ **형평성**

- **평등의 관점**을 반영하는 것이다. 사회적으로 열악한 계층에게 보다 많은 양질의 서비스를 제공하여야 한다.
- 여러 가지 사회복지문제를 해결함에 있어 **소수자나 불리한 입장에 있는 사람의 이익을 고려**해야 할 필요가 있음을 내포하고 있다.

⑤ 접근편의성

- 접근편의성은 반드시 지리적인면만 이야기하는 것이 아니다. 행정절차의 편리성, 정보접근의 용이성 등도 모두 접근편의성이라는 입장에서 볼 수 있는 개념들이다.

⑥ 책임성

- 사회복지조직이 목표를 달성하고자 하는 노력을 의미한다. 즉, 클라이언트의 문제나 욕구해결에 얼마나 노력을 하는가의 문제이다.

3) 사회복지행정의 특수성

① 도덕적 가치지향

② 인간 사이의 상호작용

③ 사회적 책임성

④ 기술의 불확실성과 전문가의 중요성

- 사회복지조직에서 사용하는 기술은 사회복지학에 한정된 기술만이 아니라 **다양한 실천기술을 도입**하게 된다. 그리고 사회복지조직이 대상으로 삼는 **클라이언트가 갖는 문제는 클라이언트의 수만큼이나 다양할 수밖에 없다.**
- 어떤 클라이언트에게도 정형화된 틀을 갖고 접근하기가 어렵고 결정적일 수 없다.
- **결국 서비스를 제공하는 사람의 전문적인 판단과 기술에 의존하게 된다.**

⑤ 목표의 모호성

- 사회복지조직의 목표는 누구나 다 볼 수 있는 수치로 나타내기 어려운 경우가 많다. **추상적인 목표를 갖는 경우가 많다.** 따라서 목표가 모호하다고 할 수 있다.
- 그래서 정부의 정책방향, 후원자의 후원 정도나 의지, 서비스 이용자 및 가족의 욕구, 전문가적인 판단, 관련 타기관과의 관계 속에서 **타협하며 목표가 설정되기도 한다.**

⑥ 성과의 모호성

- 사회복지조직이 산출하는 성과는 결국 클라이언트의 변화라고 할 수 있다. 그런데 이러한 변화가 일정한 형태를 갖는 것은 아니다.
- 따라서 결과가 성공적인 것인지를 비판하는 기준이 모호할 수밖에 없다.

⑦ 효과성 / 효율성 척도의 부재

- **인간을 원료로 하고, 도덕적 가치를 고려해야 하며, 제공하는 기술에 대하여 확신하기도 어렵고, 결과에 대한 평가기준 또한 모호하다.**
- 이로 인해 제공된 서비스의 효과성이나 효율성을 평가하는 것이 사실상 어렵다. 또한 평가에 적합한 척도도 부재한 실정이다.

4) 사회복지행정의 과정

사회복지행정의 과정을 POSDCoRB(E)라고 한다.

① Planning(기획)

- 목표설정 및 목표달성을 위한 과업을 설정하는 단계이다.
- 과업의 결정은 변화하는 목표에 따라 달라질 수 있다. 사회복지행정가는 변화하는 목표에 맞춰 과업을 계획하고 방법과 기술을 결정해야 한다.

② Oranization(조직)

- 설정한 목표를 달성하기 위하여 직무를 배분하고 조직을 구성한다.
- 조직구성에 있어 구성원들의 역할과 책임이 분명하지 않으면 구성원들 간 갈등이 생기고 비효율적이고 비효과적인 조직이 된다.

③ Staffing(인사)

- 직원을 채용하고, 훈련하고, 근무조건을 부여한다. 채용과 해고가 있는 과정이다.
- 사회복지행정가는 직원의 임면(任免)뿐만 아니라 훈련과 교육, 적절한 근무환경의 유지까지도 책임져야 한다.

④ Directiong(지시)

- 사회복지조직의 목표를 달성하기 위하여 지도, 감독하는 단계이다.
- 행정책임자는 조직의 주도자로서 끊임없이 여러 가지 결정을 하고 그 결정을 구체적이며 일반적인 명령, 지시, 봉사의 형태로 구체화하는 과정이다.

⑤ Coordinating(조정)

- 조직활동에서 구성원을 연결하는 중요한 기능이다.
- 사회복지행정가는 부서 간, 직원 간 효과적인 의사소통망을 만들어 유지, 조정해야 한다.
- 이를 이루기 위하여 위원회를 조직한다. 위원회는 프로그램, 인사, 재정 및 긴급한 문제 상황, 임시적인 활동을 다루게 된다.

⑥ Reporting(보고)

- 사회복지행정가가 조직에서 일어난 일에 대해서 직원, 이사회, 지역사회, 행정기관, 후원자 등에게 알려주는 과정이다.

- 주요활동은 기록, 정기적인 감사, 조사연구가 있다.

⑦ Budgeting(재정)

- 사회복지조직은 재정을 투명하게 사용하여야 한다.
- 사회복지행정가는 중, 장기적인 계획을 수립하여 회계규정에 따라 재정을 운영할 책임이 있다.

⑧ Evaluating(평가)

- 사회복지행정을 통하여 클라이언트에게 제공된 것에 대한 평가이다.
- 서비스의 효과성과 자원투입, 산출과 관련된 효율성을 평가한다.

제2절 사회복지행정의 역사

사회복지행정의 변화를 보기 위하여 역사를 살펴보게 된다. 여기서는 대별적인 사회복지행정의 흐름을 보는 것을 목적으로 하기에 미국 사회복지행정의 역사와 한국 사회복지행정의 역사에 대해서 개략적으로 살펴본다.

1. 미국 사회복지행정의 역사

1) 1935년 사회보장법 이전 시기

① 사회복지전문가의 사회복지행정에 대한 인식

- 19세기 말부터 사회복지행정에 대한 관심이 일어나기 시작했으나 20세기 초까지만 해도 전문직의 실천형태로써 실질적인 인정을 받지는 못했다.
- 이 시기는 광범위한 접근을 하는 **전문직을 강조하는 주장**들이 대두되었다.

② 사회사업대학의 사회복지행정에 대한 인식

- **밀포드(Milford) 회의**(1929)

  사회사업의 기본적인 기술들을 망라하는 하나의 교과과정이 제안되었다.

  케이스워크, 그룹워크, 지역사회조직(이상 전통적인 3대 사회사업), 사회사업조사, 행정이 교과과정에 포함되었다.

  특히, 사회사업기관에 필요한 조직구조의 틀과 기준, 효과적인 서비스 전달체계를 위한 조직상이 배경을 언급하였다.
- 이 시기는 사실상 사회복지행정에 대한 체계적인 발전이 있었던 시기는 아니다.

2) 1935년 사회보장법 이후

① 대공황과 사회보장법

- 1929년 대공황 발생 이후 1932년까지 미국 노동자들의 1/4이 실업을 맞았다.

> **cf. 대공황**
> 앞서 1920년대의 미국경제는 호황을 이루었으나 1929년 10월 주식시장이 붕괴되면서 호경기는 막을 내렸다. 경기는 계속 후퇴해 1932년까지 미국 노동자의 1/4이 실직했다. 불황은 정치영역에까지 영향을 미쳐 극단세력이 확산되고 자유민주주의의 위신이 떨어지는 중대한 상황이 전개되었다. 1930년대에 전체주의로 기울지 않은 나라들은 제2차 세계대전이 발발한 1939년까지 대량실업과 불황에 시달렸다.
>
> 자료 : 다음백과

- 실업자와 경제적 파탄자를 위하여 1934년 연방긴급구호청을 설립하고 **1935년 사회보장법**을 제정한다.
- 사회보장법의 골자는 연방과 주의 **공공부조와 노령연금, 실업급여**이다.
- 연방긴급구호청이라는 기관이 발족함으로써 공공구제기관에서 업무를 할 때 필요한 인적구성, 업무분담, 서비스계획 및 실행 등 **사회복지행정에 대한 수요가 급증**하였다.
- 이를 해소하기 위하여 **사회복지대학들이 공공행정의 봉사자를 양성하는 방향으로 교과과정을 개정**하였다.
- 이렇게 배출된 공공기관 및 민간기관의 활동가들이 활동하면서 행정개념 및 실천이론 개발의 기초가 되었다.

② 사회복지행정의 개념과 이론의 정립

- 사회복지대학에서 행정에 관한 이론적이고 전문적인 교육을 받은 실천가들이 협력하여 사회복지행정을 사회복지의 핵심적 지식, 가치, 기술 등에 맞는 실천방법을 정립하였다.
- **사회복지행정만이 적용할 수 있는 독특한 특성을 조건화 하였다.** 즉, 급여와 서비스의 적합성, 클라이언트 중심의 서비스, 전문적 능력, 프로그램의 효과성, 운영의 효율성 등 서비스 질의 제고를 강조했다.

③ 빈곤과의 전쟁 이후 침체

- 1960년대 빈곤과의 전쟁 정책 수행에 따른 사회적 변화가 컸는데, 사회복지기관들이 이에 제대로 대처하지 못하여 사람들의 관심에서 밀려났다.
- 지역사회조직사업이 발달하면서 사회복지행정은 침체를 맞게 되었다.

④ 베트남 전쟁 이후 새로운 정비(→ 발달기)

- 1970년대 베트남과의 전쟁에서 패배한 이후 경제적 악화와 인플레이션으로 사회복지에 대한 정부의 책임이 높아졌다. 이에 따라 사회복지행정은 심각한 도전에 직면했다.

- 이런 도전에 요구하기 위하여 사회복지행정이 오히려 발달하게 된다.
- 1976년 '사회사업행정'(Administration in social work) 출간이 이루어진다.
- 사회복지행정의 원칙, 이론, 역할에 대한 시례 및 모델이 정립되었다.

3) 1980년 레이건 행정부 이후 시기

① 신자유주의의 등장

- 1980년대에 영국과 미국에서 대처리즘과 레이거노닉스라는 이름으로 새로운 자유주의가 일어난다.
- 신자유주의는 **작은 정부와 민영화**의 기치를 들고 **복지축소정책**을 실시하였다.

② 레이건 정부의 사회복지 역할 축소

- 1980년대 레이건 행정부는 연방정부의 사회복지 역할을 축소하는 정책을 펼쳤다.
- 이런 행정부의 복지 축소는 민간복지자원의 개발로 이어진다. 이런 점에서 그동안 공 공영역에서 발전하던 행정이 민간기관에서 발전하는 모습이 나타나기 시작했다.
- 서비스 연계조직의 출현과 자원 제공처의 다양화로 인하여 사회복지행정의 책임성 있는 수행요구가 강조되었다.

2. 우리나라 사회복지행정의 역사

1) 일제시대

① 종교단체 의한 자애정신과 일제의 인보관 도입

- 1906년 감리교선교단체에 의하여 원산에서 **반열방**이라는 인보관이 설치되었는데 우리나라 사회복지관의 효시라고 할 수 있다.
- 1921년 미국 감리교 선교부에서 종로구 인사동에 **태화여자관**을 설치하였다. 이로써 현대적 의미의 민간사회복지 활동이 시작되었다고 할 수 있다.
- 1921년 조선총독부 내부국에 사회과가 신설되었다. 우리나라 사회복지행정의 시작이라고 할 수 있다. 다만, 그 내용은 지극히 시혜적이고 한정적이었다.
- 1921년 조선사회사업연구회가 설립되었다. 민간사회복지조직들의 연합과 더불어 사회조사 등을 목적으로 설립되었다.
- 1930년대 조선총독부에서 서울 곳곳에 사회복지관을 설립하였다.

② 조선구호령에 의한 공공구호행정 시작

- 일제는 1944년 **조선구호령**을 실시하였다. 이는 일본에 있는 복지8법을 그대로 모방하여 들여온 것이다.
- 조선구호령의 실시로 우리나라도 근대적인 사회복지가 시작되었다.

※ **이 시기 사회복지의 특징**

일제시대의 사회복지 조처는 수탈정책의 일환이다. 이 시기 실질적인 복지는 선교사들의 종교단체가 자애심을 바탕으로 한 봉사에서 이루어졌다고 할 수 있다.

2) 미군정기

- 미군정기에는 주로 미군정 명령에 의해서 사회복지가 이루어졌다(후생국보 3A호, 후생국보 3C호 등).
- 미군정은 **사회복지행정보다는 구호물자의 효율적 배분에 더 관심**을 가졌다. 그러나 내용상으로 볼 때 일제시대에 발령한 조선구호령과 큰 차이가 나지 않았다.
- 1947년 이화여자대학교에 기독교사회사업학과가 설치되었다.
- 1955년 보건사회부가 사회복지에 대한 전반적인 업무를 관정하게 되었다.
- **한국전쟁 이후** 우리나라 사회복지는 **외국원조단체의 지원활동이 주를 이루었다**. 외국원조단체의 활동은 주로 구호물자를 나눠주는 데 치중했다.

※ **이 시기 사회복지행정은 주로 구호물자를 어떻게 효율적으로 나눠주는가에 대한 것이어서 실질적인 사회복지행정이 발달했다고 보기는 어렵다.**

3) 사회복지 입법기

- 실질적인 우리의 사회복지가 시작되었다는 의미를 갖게 된다.
- **1961년 생활보호법 제정**
- 1967년 한국사회사업가협회가 창립되었다.
- 7개 대학에 사회사업과가 설치되었다. **사회복지행정이 교과목으로 채택되었다**. 사회복지행정의 학문적 중요성을 인식하였다고 볼 수 있다.

  ※ 1960년대는 **이용시설보다는 생활시설이 주를 이루었다.**
- **1970년 사회복지사업법 제정**

  ※ 1970년대는 **외원기관이 본국으로 철수하는 시기**이기도 하다. 이로써 민간사회복지시설은 운영에 필요한 자원의 부족현상이 나타났다.

4) 사회복지행정의 체계화 시기

- 1980년대는 사회복지행정을 체계화하는 시기라고 할 수 있다. 급속한 **산업화**로 **도시화**가 급속하게 이루어지면서 각종 사회문제가 대두되었다. 군사정부가 퇴진하면서 **민주화**가 급속도로 진전되었다. 이에 따라 **국민의 복지수요가 팽창**하게 되었다. 정부는 아동, 노인, 장애인 등에 대한 각종 서비스 **관련법을 제정 또는 개정**함으로써 대처하였다. **그 결과, 1980년대 후반 전문적인 사회복지조직이 증가하였고 급격히 증가**하였다.

- 1982년 **사회복지사윤리강령이 채택**되었다. 이로써 전문직으로서의 사회복지사의 기본요소를 갖추게 되었다.
- **1983년 사회복지사업법 개정**으로 그동안 사회복지기관 종사자들을 **사회복지사로 통칭하고 자격증을 발급**하기 시작하였다.
- **1987년 사회복지전문요원제도**를 실시하였다. 이들로 하여금 공공부조 업무를 담당하게 하였다.
- 1988년 사회복지행정론 교재가 처음으로 출간되었다. 이후 1990년대에는 사회복지행정론을 거의 모든 대학에서 필수과목으로 다루게 되었다.

5) 사회복지행정의 안정 및 활성화 시기

- **1991년 사회복지사업법 개정**으로 **사회복지전담공무원과 복지사무전담기구**를 설치할 수 있는 법적 근거를 마련하였다. 이때 사회복지전담공무원은 별정직으로 구성할 수 있게 하였다.
- 1993년 보건복지사무소 시범사업을 운영하였다.
- **1997년 사회복지사업법 개정**으로 시설설치 주체를 다양화하였고 **3년에 1회 이상 시설평가를 하도록 하였다.** 민간의 사회복지서비스 참여 확대와 더불어 시설운영의 개방성과 투명성 확보를 위한 장치를 마련한 것이다.
- **1998년 시, 도 사회복지협의회 법인화**를 실시하였다. 지역사회복지협의회는 민간복지의 조정, 연구를 주로 관여한다.
- **1998년 11월 사회복지공동모금회**를 설립하였다. 이로써 사회복지의 민간재원 확충과 더불어 기부문화 조성에 획기적인 기여를 하게 되었다.
- 1999년 사회복지행정학회를 창립하였다.
- **1999년 사회복지전담공무원을 별정직에서 사회복지직으로 전환**하였다.
- **1999년 국민기초생활보장법을 제정**
- **2003년 사회복지사업법 개정**으로 **사회복지사 1급 국가자격시험을 실시**하게 되었다.
- 2004년 사회복지사무소 시범사업을 실시하였다.
- **2005년 지역사회복지협의체를 운영**하였다.
- **2006년 7월 주민생활지원서비스 전달체계를 실시**하였다. 복지와 관련된 주된 업무를 시 · 군 · 구에서 펼치게 하였다.
- 2007년 주된 업무들이 시 · 군 · 구로 이전됨에 따라 **동사무소를 행정 중심이 아닌 주민편의 중심인 주민센터로 명칭을 바꿨다.**
- **2008년 노인장기요양보험제도를 실시**하였다.
- 2009년 사회복지서비스 제공의 효율화를 이루고 수용자 중심의 통합적 서비스 제공이라는 목적으로 사회복지 서비스의 공공부문과 민간부문을 정비하고 사회복지통합관리망

구축을 위해 희망복지전달체계를 마련하였다.

- **2010년** 사회복지시설의 신고, 변동관리, 온라인보고, 보조금 및 각종 복지급여 지급의 전자적 처리를 **사회복지통합관리망**을 통해서 시행하였다.
- **2012년 희망복지지원단이 설립**되어 **통합사례관리**를 적용하게 되었다.
- **2013년 사회보장정보시스템을 개통**하였다. 이로써 복지정보를 공유하고, 중복구제를 조정하며, 사업의 이력 관리, 부정수급 방지 등의 사무를 일원화하여 처리하게 되었다.
- 2014년 송파 세 모녀법 제정으로 **지역사회복지협의체를 지역사회보장협의체로 전환**하였고 **지역사회복지계획도 지역사회보장계획**으로 전환하였다.
- 2018년 사회복지사 3급 양성과정을 폐지하였다. 그동안 사회복지사는 국가자격으로 1, 2, 3급을 취득할 수 있었으나, 이후로는 1, 2급만 취득하게 되었다.

core 최근에 사회복지행정에서 강조되는 경향성

- 지역중심 사회복지가 강조되고 있다.
- 시설평가가 강조되고 있다.
- **사회복지 주체의 다양화와 더불어 경쟁이 강조되고 있다.**

그런데 이는 한편으로는 **복지의 시장화라는 비판**을 면할 수 없다. 이론상으로는 서로 경쟁하기 위하여 서비스가 제고되어야 하지만 담합, 이익추구 등이라는 부작용이 일어날 수 있다.

- **사회복지사의 전문성이 강화되고 있다.**

사회복지사제도는 이미 국가적 제도 시스템을 갖추고 있다. 그동안 대학졸업과 관계없이 발급되던 3급이 종료된 점이나 사회복지사들의 보수교육이 강화되는 등 전문가적 자질 및 능력 향상이 계속 강조되고 있다.

- **수요자 중심의 사회복지서비스로 바뀌고 있다.**

01 사회복지조직의 특성에 관한 설명으로 옳지 않은 것은?

① 사회복지사의 전문성과 자율성을 인정한다.
② 클라이언트와 사회복지사의 관계에 따라 서비스의 효과성이 좌우된다.
③ 1980년대 후반부터 지역사회 이용시설 중심의 사회복지기관이 증가했다.
④ 다양한 상황에서 윤리적 딜레마와 가치 선택에 직면한다.
⑤ 조직의 목표가 명확하거나 구체적이기 어렵다.

해설 사회복지실천은 인간을 대상으로 하는 것이기에 효과성을 객관적으로 입증하기가 어렵다.

정답 ③

02 한국 사회복지행정의 역사에 관한 설명으로 옳지 않은 것은?

① 6.25 전쟁 이후 외국원조기관을 중심으로 사회복지시설이 설립되었다.
② 1960년대 외국원조기관 철수 후 자생적 사회복지단체들이 성장했다.
③ 1980년대 후반부터 지역사회 이용시설 중심의 사회복지기관이 증가했다.
④ 1980년대 후반부터 사회복지전문요원이 배치되기 시작했다.
⑤ 1990년대 후반에 사회복지시설 설치기준이 허가제에서 신고제로 바뀌었다.

해설 외원기관의 철수 이후 우리나라의 사회복지는 실질적으로 발전했다고 보기는 어렵다.

정답 ②

Chapter 02 조직관리이론

학습Key포인트

○ 조직관리이론을 시간적 흐름에 따라 구분할 수 있다.
○ 개방적이고 긍정적인 조직관리이론을 구분할 수 있다.
○ 현대조직관리이론 변화의 방향성을 제시할 수 있다.

제1절 고전적 관리이론

고전적 관리이론은 조직구성원들이 주로 경제적인 이유에 의해서 동기화된다고 보고 있으며 또한 조직이나 구성원 간의 목표가 일치하는 경향이 있다고 보는 견해이다. 효율성과 효과성을 중심으로 조직이 어떻게 목표를 이루어 가는가에 관심을 갖는 것이다.

1. 관료제이론

- 막스 베버(Max Weber)가 처음으로 제시한 조직이론이다.
- **전문적 기술 지식을 바탕**으로 **최고의 효율성을 구현**하는 조직체계이론이다.
- 조직의 구조와 과정을 조정하기 위해서는 **합리적 규칙에 기초한 통제**가 이루어져야 한다.
- 인간의 개성보다는 공적인 지위에 기반을 두고 상위 지위의 사람이 하위 지위의 사람을 통제하는 시스템이다.
- 계층적 구조를 갖는다. 흔히 피라미드 구조라고 한다.
- 관료제는 각 구성원의 특정한 업무에 대해서 분업적인 책임을 갖는다.
- 관료제에서는 사적 감정이나 개인적 감정을 중요하게 다루지 않는다. 오히려 이런 것들은 공적인 것 뒤로 밀리게 된다.
- 정책결정은 상위 관료에게서 이루어지고, 하위 지위는 실행하는 일을 담당한다.
- 비인간적인 특성이 나타난다.

• 지나치게 규정에 얽매여 유연성을 저해한다.
• 의사소통이 일방향적이기 때문에 의사소통에서 역기능이 나타나기도 한다.
• 행정은 일을 이루기 위하여 이루어지는 것으로 관료제에 매이게 되면 행정에만 몰두하는 경향을 갖게 된다. → 행정관리이론이 대두하게 된다.

2. 과학적 관리이론

• 테일러(Taylor)가 창시하였다.
• 조직의 최상목표를 **합리성과 효율성**에 둔다. 작업의 효과성과 효율성을 높이기 위해서는 **노동의 분업, 작업형태의 합리화, 노동시간의 효율적 관리**를 핵심으로 한다.
• 과학적 관리의 단계

단계	내용
목표설정	직원들의 업무를 효율적으로 수행할 수 있는 방안을 강구한다.
직무의 과학적 분석	일의 형태, 분량, 시간을 파악하여 소요시간을 표준화한다.
관리의 원칙 수립	적절한 일일 과업량을 결정하고 **분업을 통해서 과업을 부여**한다.
경제적 보상	**과업성과를 임금과 연계**시킨다. 즉, 더 많은 성과를 낸 사람에게 임금을 더 지급한다.

• 조직과 관련된 많은 외적요인에 대해 관심을 갖지 않는다. 일종의 폐쇄체계이다.
• 조직의 목표를 설정할 수 있는 사람은 소수의 행정관료이다.(엘리트주의)
• 사람과의 관계의 중요성을 무시한다. → 이렇게 인간에 대한 관심이 없다는 한계 때문에 **인간관계 관리법**이 대두되게 된다.

제2절 인간관계 관리이론

과학적 관리이론 등 고전적 관리이론이 인간에 대한 이해를 무시하고 있다는 점에서 인간의 다양한 요소에 관점을 두고 나온 조직관리이론이 인간관계이론이다. 인본주의이론은 인간을 감정・정서, 사회성을 가진 존재로 보고 그들의 관리에 있어서도 이런 점을 고려해야 한다는 것이다. 인간주의를 실현하는 것을 강조한다.

1. 인간관계이론

- 호손공장실험 : 자유롭게 대화도 할 수 있도록 한 작업렬에서 성과가 더 높을 뿐만 아니라 불량률도 적게 나타났다.
- **조직 내에서 노동자의 생산성 곧 작업능률은 물리적인 환경조건에 좌우되는 것이 아니라 집단 내의 동료나 상대의 인간관계에 의해 크게 좌우된다.**
- 조직 내에서 인간관계는 비공식적인 면에서 이루어지는 것이므로 자신이 보다 더 친밀감을 느끼는 구성원이 있을 경우 이런 **비공식적 집단이 개인의 태도와 생산성에 강한 영향**을 미친다.
- 노동자는 전통적 관리이론에서 제시하는 경제적이고 금전적인 보상과 합리적인 행동보다는 **비경제적인 요인인 사회적 욕구, 심리적 욕구, 친구집단의 지지, 집단의 인정, 자아실현의 욕구 등에 따른 행동을 중시한다.**

core **과학적 관리이론과 인간관계이론의 비판**

- 과학적 관리이론 : 인간 없는 조직을 강조한 측면이 있다.
- 인간관계이론 : 조직 없는 인간을 강조한 측면이 있다.

2. XY이론

- 맥그리거(McGregor)는 인간의 본성과 행위에 관하여 각각 상이한 가정을 바탕으로 X이론과 Y이론을 발전시켰다.
- X이론은 지시와 통제가 행해지는 전통적 관리이론과 관련이 깊고, Y이론은 인간의 권리와 제안이 고무되고 지지되며 민주적인 참여가 이루어지는 작업상황과 분위기를 강조한다.

① X이론

- **사람은 본래 일하는 것을 싫어한다.** 가능하면 일을 하지 않으려고 한다.
- 이런 특성 때문에 조직의 목표를 달성하기 위해서는 **통제와 지시가 필수적이다.**
- 사람은 지시받기를 좋아하고, 야망이 적으며, 책임을 회피하고, 안정을 원한다.

② Y이론

- **사람은 본래 일하기를 좋아한다.** 육체적, 정신적 노력의 지출은 놀이나 휴가같이 자연스러운 것이다.
- 대부분의 사람들은 조직의 문제해결에 있어서 비교적 높은 수준의 상상력과 창의력을 발휘한다. 이때 **자기만족과 자기실현의 욕구가 중요한 보상이 된다.**
- 사람은 자신이 책임을 지고 싶어 한다. 책임을 맡고 그것에 대해서 기꺼이 책임을 지고자 하는 것이다. 책임을 회피하려는 것은 인간의 본성이 아니다.

- 조직의 **효율성이나 생산성은 구성원들이 자아실현을 할 수 있는 구조가 마련될 때 극대화**할 수 있다.
- 매슬로우의 욕구이론 중 하위 3단계 곧 생리적 욕구, 안전의 욕구, 사랑과 소속의 욕구는 X이론과 연결된다. 상위 2단계 곧 자아존중의 욕구와 자아실현의 욕구는 Y이론과 연결된다.

3. Z이론

- 룬트슈테트(Lundstedt)가 주장한 이론이다. XY이론을 보완한 것이다.
- **사람들 중에는 X이론에도 Y이론에도 속하지 않는 부류가 있다. 이들은 특수한 것에 관심을 갖고 동기화되는 사람들이다.**
- 특수분야에 종사하는 사람들이나 과학자들, 학자들이 여기에 속한다.
- **이들은 자유방임적이고 고도로 자율적이다.** 관리자는 구성원들이 자유의지에 따라 행동하도록만 관리하면 된다. 그런 분위기만 조성하면 이들은 자유롭게 자기를 발현하여 생산성을 높인다.
- 인위적인 동기부여는 가능한 자제한다.

4. W이론

- 지도자의 솔선수범적인 노력과 구성원들 간의 유대감이 형성되는 것을 이른다. 전문지식과 기술보다는 더 창의적이고 더 많은 생산성을 높인다는 이론이다.
- 특히, 한국적인 상황에서 적용되는 이론이다.

※ 과학적 관리론과 인간관계이론의 비교

	과학적 관리론	인간관계이론
시기	1930년대 이전	1930년대 이후
중심요소	직무중심	인간중심
구조	공식적 구조를 분석	비공식적 구조를 분석
인간관	노동자의 기계화, 부품화 정태적인 인간관	노동자를 감성적인 인간으로 인식 동태적 인간관
Y, Y이론	X이론과 연결됨	Y이론과 연결됨
능률성	기계적 능률을 강조	사회적 능률을 강조
동기요인	물질적, 경제적 동기	비경제적, 인간적 동기

자료 : 사회복지교육연구센터(2014), p.65

제3절 체계이론

고전적 관리론과 인간관계이론이 다분히 기계적인 입장에서 인간과 조직을 바라보았다고 할 수 있다. 그런데 구조기능주의적 입장과 체계이론적 입장이 관리론에 적용되면서 이런 기계적 입장을 벗어나 보다 종합적인 상호작용을 보게 되었다. 특히, 체계이론은 관리이론에서 환경을 보게 하는 특징을 갖는다. 체계이론은 개방체계이론으로 확장되어 나가면서 관리이론에서 보다 다양한 측면을 보게 하였다.

1. 체계이론

- 체계란 상호작용을 하는 부분들로 구성된 전체를 이른다.
- 기존의 고전 모형들은 조직을 폐쇄적으로 보았다. 구조기능주의와 체계이론의 조직이 적용되면서 조직을 개방된 체계로 인식하기 시작했다.
- 사회복지행정에서 체계이론은 사회복지조직도 하나의 유기체로 안정을 유지하기 위하여 **투입 → 전환 → 산출**의 체제를 가지고 안정을 유지한다고 본다.

2. 개방체계이론

1) 상황이론

- 생물학적 이론에 기반하여 전체가 각 부분으로 나뉘어져 **유기체적인 상호연관관계**를 맺음으로써 전체의 안정을 유지한다.
- 고전모형과 인간관계모형에서 제시하는 기계적 인간과 폐쇄적 체계를 근본적으로 부정한다. 즉, 개방체계이론이다.
- **조직이 환경에 적합해야 효과적이기에 상황적합이론이라고도 한다.**
- 효과적인 조직은 다양할 수 있으며, 사회복지조직 관리자가 상황이론을 적용할 때 우선적으로 고려해야 하는 것은 사회복지조직의 특성과 욕구를 분명히 파악하는 것이며, 또한 환경적 특성을 잘 파악하는 것이다.
- 사회복지조직을 하나의 유기체로 보고 투입 → 전환 → 산출의 체제를 가지고 안정을 유지한다고 본다.

투입(input)	: 각종 자원, 클라이언트, 사회복지사 등
전환(transformation)	: 서비스를 직접 전달하는 과정
산출(output)	: 개입의 결과를 통해 전달체계를 평가 및 분석하여 환류

- 사회복지조직은 환경적 변화에 크게 좌우되기 때문에 그에 따른 조직구조와 관리스타일의 적용이 절실히 요구된다는 점에서 이론적 타당성이 높다.

2) 정치경제이론

- 상황이론처럼 조직과 환경의 상호작용에 초점을 두지만 **자원과 권력관계를 중심으로 전개되는 역동적인 상호작용**에 따라 조직의 성패가 좌우된다고 본다.
- 조직이 생존과 발전에는 두 가지 기본적인 자원이 있다. 그 하나는 **정치적인 자원**(합법성, 권력)이고 다른 하나는 **경제적인 자원**이다. 이 둘은 필수적이다. 정치적 자원은 조직의 목표달성 및 생존에 지대한 영향력을 행사하고, 경제적인 자원은 그런 목표를 달성하는 데 필요한 자원이 된다. → **과업환경을 강조하는 것이다.**
- 조직의 관리자는 조직의 생존과 발전에 결정적인 영향을 미치는 요인을 면밀히 분석하여 **능동적으로 대처하는 전략을 수립**하여야 한다.
- **자원의존이론**에 따라 조직의 관리자가 취할 수 있는 효과적인 전략으로는 **완충**(buffering)**과 연계**(bridging)가 있다. 그러나 **크리밍**(creaming) 현상에 대해서 주의해야 한다.

> **cf. 자원의존이론**
> - 자원이존이론은 조직이 생존하는 데 인적, 물적, 무형의 자원에 초점을 두면서 조직과 환경과의 관계를 설명하는 이론이다. 기본적인 전제는 다음과 같다.
>   a. 조직은 자원을 획득하는 데 있어 환경을 의존한다.
>   b. 조직은 전략적 선택을 한다. 즉, 조직은 자원의 확보를 위하여 환경에 의존하지만 그렇다고 환경에 매이는 것은 아니다.
>   c. 조직은 환경에 영향을 미친다. 즉, 환경을 관리하려고 한다.
>
> **cf. 크리밍(creaming) 현상**
> - 사회복지조직이 투입비용을 줄이고 자원을 극대화시키기 위하여 비교적 성공가능한 방법만 결정하는 것을 이른다.

- 자원과 정치가 사회복지조직에 중요한 것은 맞지만 **사회복지조직은 근원적으로 조직을 이끄는 가치와 이념이 있다는 것을 간과하고 있다.**

3) 의사결정이론

- 마치와 시몬(March & Simon)에 의해 주창되었다.
- 마치와 시몬은 **인간이 가지고 있는 합리성은 절대적이거나 완전한 것이 아니라 주관적인 것**이라고 본다. 이런 합리성에 기초하여 의사결정을 하기 때문에 **의사결정은 최적이 아닌 만족할만한 수준에서 이루어진다**는 것이다.

제4절 현대조직이론

현대조직이론은 여러 가지로 나타난다. 전체적인 특성은 인간 자체와 수요자에 대한 관심을 갖는다는 점이다. 조직이라는 것은 결국 인간을 위하여 있는 것이기에 포스트모더니즘적인 영향이 나타나면서 인간에 대한 관심이 깊어진다고 할 수 있다. 여러 행정조직들은 이런 현대조직이론들의 경향에 따라 수요자 중심 또는 이용자 중심의 서비스로 개편하고 있으며, 또한 조직 내에서 의사결정 역시 전 구성원이 참여하는 방향으로 전환되고 있다.

1. 총체적 품질관리(Total Quality Management: TQM)

- TQM은 조직이 산출하는 **서비스의 질을 향상시켜 궁극적으로 소비자 만족을 추구**하는 것이다. 이를 위하여 **조직문화와 서비스의 질적 향상을 위한 효과적인 관리기법을 통합적으로 운영**하는 조직관리방법이다.

> **cf. 총체적 픔질관리(TQM)의 키워드**
> - Total : **총체적**이란 고객 요구 확인에서부터 고객만족 평가까지 모든 업무에서 질적인 측면에 대한 조사를 적용하는 것을 의미한다.
> - Quality : **품질**이란 고객의 기대를 만족시키며 나아가 고객의 만족을 넘어서는 것을 의미한다.
> - Management : **관리**란 지속적인 질 향상을 위한 능력의 개발과 유지를 의미한다.

- 고개의 욕구나 필요에 따라 조직의 목표가 설정되는 고객 중심의 관리이다.
- 수요자 중심, 이용자 중심, 소비자 중심, 클라이언트 중심의 특성이 있다.
- 서비스의 **질은 궁극적으로 고객이 결정**한다.
- **서비스의 질은** 제공단계보다는 차라리 **계획단계부터** 세워져야 한다.
- 서비스의 높은 질은 개인의 노력보다는 **사람들이 시스템과 함께 일할 때** 만들어진다. (조직 내에서 협력을 해야 한다.)
- 서비스의 질은 **투입과 과정에 대한 지속적인 개선 노력**을 필요로 한다. 질적 개선은 **직원들의 참여**로 이루어진다. 서비스 질은 **조직의 사명**을 요구한다.
- TQM을 성공적으로 시행하려면 조직의 리더와 조직원들이 자발적으로 참여하는 것이 전제되어야 하는데 **한국 사회복지조직은 조직특성상 이런 선행조건을 충족하기가 어렵다** (한국복지행정학회, 2010). TQM을 실시하기 위한 충분한 지식이 결여되어 있다.

2. 학습조직이론

- 학습조직이란 끊임없이 지식을 창출하고 획득하고 확산하는 데 능숙한 조직을 말한다. 급변하는 환경 속에서 새로운 지식에 대한 학습 없이는 성공할 수 없다는 점을 조직관리에 접목한 것이다.
- 특히, **강점관점을 기반**으로 하여 조직구성원을 **학습을 통하여 임파워링하여** 클라이언트에게 보다 더 효과적인 서비스를 제공하여야 한다는 조직이론이다.
- **구조적인 변화보다는 인적자원의 변화**가 조직유효성 향상에 더욱 기여한다는 입장이다.

3. 목표관리이론(Management By Objective: MBO)

- 드럭커(Drucker)가 처음 주창하였다.
- MBO는 참여의 과정을 통해 조직단위와 **구성원들이 맡아야 할 생산 활동의 단기적 목표를 명확히 하고** 체계 있게 설정하여 그에 따른 **생산 활동을 수행도록 한다**. 그리고 **활동의 결과를 평가하여 환류시키는 체계**를 갖는다.
- 명확한 목표설정과 책임한계를 규정한다.
- 시간과 자원 배분에 있어 효율성을 도모할 수 있다. 그리고 업무배분의 합리화를 기할 수 있게 된다.
- Y이론 전략에 의한 참여자의 동기를 유발시키고 기관에 대한 개인별 기여가 가능하다.
- **폐쇄체계를 가정**하고 있기 때문에 환경적 요인을 무시한다.
- **실현가능성에만 집착**하여 장기적이고 궁극적인 목표를 세우는 데 소홀할 수 있다.

> **cf. 크리밍현상 & 실현가능성 집착**
> - 크리밍현상 : 개방체계이론의 정치경제이론에서 나타나는 현상
> - 실현가능성 집착 : MBO에서 궁극적 목적보다는 실현가능성에만 집착하는 현상
> - 모두 궁극적 목표를 도외시하고 있다.

4. 벤치마킹(Benchmarking)

- 벤치마킹이란 지속적인 경쟁지위를 확보하기 위해 최고의 기업과 비교하여 창조적 모방을 통해 그 차이를 뛰어넘으려는 방법이다.
- 부단히 자기혁신을 도모하는 방법이다.
- 사전준비가 부족한 경우 단순히 벤치마킹으로 자기를 혁신할 수는 없다.

5. 애드호크러시 이론(Adhocracy)

- 애드호크러시(Adhocracy)는 미래학자 앨빈 토플러(Toffler)의 '미래의 충격'(Future Shock)에서 등장한 말이다. 애드호크러시라는 단어의 기원은 2차 세계대전 당시 특수임무를 수행하던 기동타격대인 애드혹(ad hoc) 팀에서 유래한다. 이 팀은 특별한 임무를 위하여 구성되어 활동하다가 임무가 완료되면 해체하고, 또 임무가 주어지면 다시 구성하였다가 해체하는 성격을 갖는다.
- 따라서 일반적으로 애드호크러시는 **'특별임시위원회'**라고 번역되기도 한다.
- **구조가 복잡하지 않아야 한다.** 특별한 일에 대해서 구성되는 만큼 구조가 복잡해서는 운영이 곤란하다.
- **형식주의나 공식성에 얽매이지 않아야 한다.** 문제해결에 초점을 맞추기 때문에 형식주의나 공식적인 것에 얽매여서는 곤란하다.
- **의사결정권이 분권화되어 있어야 한다.**
- 환경변화에 신속하게 대응해야 한다.
- 표준화를 거부하며 공식적인 규칙이 존재하지 않는다.
- 외부환경과 소비자들의 요구변화에 따라 조직을 유지, 변화시키기 위하여 **즉각적이고 효율적인 대응이 가능한 조직으로 변경**한다. → **프로젝트조직과 매트릭스조직으로 구성**한다.

6. 임파워먼트이론(Empowerment)

- 임파워먼트란 **실무자들의 업무수행능력을 제고**시키고, **관리자들의 권한을 실무자에게 이양**하여 그들의 책임범위를 확대시킴으로써 종업원들이 보유하고 있는 잠재능력이나 창의력을 최대한 발휘하도록 하는 방법이다.
- 결국 구성원, 즉 사람을 활용하는 기술이다.
- **철학적 기반**은 사람(구성원, 종업원)이 잠재력을 가지고 있다는 **강점관점**이다.
- 임파워먼트이론은 사회복지사의 능력을 최대한 발휘하게 하며, 직무 몰입을 극대화할 수 있다.
- 업무수행상의 문제점, 그 해결방안을 가장 잘 알고 있는 것은 실무를 담당하고 있는 사회복지사들이다. 클라이언트의 문제는 클라이언트가 가장 잘 알고 있다.
- 지시, 점검, 감시의 노력과 비용이 절감된다.

01 메이요(E. Mayo)가 제시한 인간관계이론에 관한 설명으로 옳은 것은?

① 생산성은 근로조건과 환경에 의해서만 좌우된다.
② 심리적 요인은 생산성 향상에 영향을 미친다.
③ 사회적 상호작용은 생산성 향상에 부정적인 영향을 미친다.
④ 공식적인 부서의 형성은 생산성 향상으로 이어진다.
⑤ 근로자는 집단 구성원이 아닌 개인으로서 행동하고 반응한다.

해설 인간관계이론은 비공식적인 인간관계가 생산성에 영향을 미친다는 이론이다. 정답 ②

02 테일러(F. W. Taylor)의 과학적 관리론에 관한 설명으로 옳은 것을 모두 고른 것은?

ㄱ. 직무의 과학적 분석: 업무시간과 동작의 체계적 분석
ㄴ. 권위의 위계구조: 권리와 책임을 수반하는 권위의 위계
ㄷ. 경제적 보상: 직무성과에 따른 인센티브 제공
ㄹ. 사적 감정의 배제: 공식적인 원칙과 절차 중시

① ㄱ, ㄴ
② ㄱ, ㄷ
③ ㄴ, ㄹ
④ ㄱ, ㄴ, ㄷ
⑤ ㄱ, ㄷ, ㄹ

해설 과학적 관리이론은 업무효율을 위하여 업무를 분석하고 보상에 따른 효과를 강조한다. 우계구조와 공식적인 원칙과 절차 중시는 고전적 관료이론이다.. 정답 ②

Chapter 03

사회복지조직의 원리

학습Key포인트

○ 일반조직과 사회복지조직의 특성을 구분할 수 있다.
○ 조직의 구성요소를 제시할 수 있다.
○ 사회복지조직의 원리를 설명할 수 있다.

제1절 사회복지조직의 구성

조직이라는 것은 어떤 목표를 달성하기 위하여 형성되는 것이다. 사회복지조직 역시 사회복지서비스 제공을 위하여 일정한 형태를 갖는 조직의 특성을 그대로 갖게 된다. 그러므로 사회복지조직을 이해할 때는 우선 조직의 일반적 성격을 이해하여야 한다. 그런데 사회복지조직은 여기에 더하여 휴먼서비스조직으로서의 특징을 갖기 마련이다. 사회복지조직을 이해하는 데는 이렇게 조직의 특성뿐 아니라 휴먼서비스조직으로서의 특성까지 비교하여 살펴보아야 한다.

1. 사회복지조직의 개념 및 특성

1) 조직의 일반적 특성(고재욱 외, 2018)

- 조직은 그 자체의 목표를 가지고 있다. 대규모 조직은 추구하는 목표가 대개 복수이며 그 종류도 여러 가지이다.
- 인간활동에 의한 구성이다. 조직은 사람의 행동으로 구성되지만 개별적인 구성원의 존재와는 구별되는 실체를 형성한다.
- 조직에는 분화와 통합에 관한 공식적인 구조와 과정이 있다. 공식적인 구조와 과정은 비공식적, 자생적 관계에 의하여 수정된다.
- 비교적 높은 합리성이 있다. 조직활동은 다른 사회적 집합체들의 경우보다 비교적 높은 합리적 지배를 받는다. 그러나 합리성은 완전한 것은 아니다. 비합리적인 요인의 개입으

로 인해 합리성은 제약된다.

• 경계가 있고 환경과 교호작용이 있다. 조직에는 경계가 있어 조직과 그 환경을 구별하게 해 준다. 조직은 사회적체제 또는 개방체제로서 경계를 가지고 있으며 경계 밖의 환경과 교호작용을 한다.

• 조직은 시간선상에서 움직여 가는 통태적 현상이다.

2) 사회복지조직의 특성

① 사회복지조직의 대상은 인간이며 동시에 클라이언트이다.

• 사회복지는 인간을 대상으로 한다. 구체적으로는 클라이언트이다. 클라이언트가 인간이기 때문에 도덕성을 중시하게 되고 전체적 접근방식에 의한 개별화된 클라이언트의 욕구를 구현하는 데 관심을 갖는다.

• 사회복지조직이 제공하는 서비스는 사회적 가치에 제약을 받게 된다. 따라서 도덕적으로 정당성이 확보되어야 한다.

• 클라이언트는 투입(input)이면서 동시에 산출(output)이 된다.

② 사회복지조직 내 목표는 모호성이 많다.

③ 사회복지조직의 기술은 불확실성을 갖는다.

• 인간에 관련된 기술은 늘 변화해 나가는 특성이 있다. 따라서 인간을 대상으로 하는 사회복지조직은 사용하는 기술이 늘 변화하는 특성을 갖는다. 따라서 기술의 확실성을 기대하기가 어렵다. 최근 발달한 기술이라 하더라도 그것이 클라이언트에게 일률적으로 적용될 수는 없다.

• 이런 기술의 불확실성은 역설적으로 사회복지조직이 전문가에 의존하게 만든다. 변화하는 시대 속에서 전문가적인 안목과 자질이 있어서 만족스러운 서비스를 제공할 수 있기 때문이다. 그리고 사회복지전문가가 주로 사용하는 기술은 **인간관계기술**이라고 할 수 있다.

④ 직원과 클라이언트는 거래관계를 형성한다.

• 사회복지서비스는 기관의 직원 곧 사회복지사와 클라이언트가 **계약을 맺음으로**써 전달되게 되어 있다. 따라서 직원과 클라이언트의 관계는 조직의 성패를 좌우하는 주요한 요인이 될 수 있다.

⑤ 사회복지조직은 효과성, 효율성에 대한 척도가 부재한 경우가 많다.

⑥ 사회복지조직은 전문가에 의존하는 경향성이 있다.

• 사회복지조직의 업무는 조직관리자의 지시뿐만 아니라 전문적인 교육 내용, 전문적 활동에의 참여, 전문지지집단의 이용가능성 등에 따라 실천이 달라지게 된다.

• 사람을 대상으로 한 업무는 전문성에 의존할 수밖에 없다.

⑦ **사회복지조직은 환경에 대한 의존성이 크다.**

- 사회복지조직은 조직 자체로 운영되기보다는 지자체, 지역의 다른 기관 등과 관련성을 맺을 수밖에 없다. 뿐만 아니라 정부의 복지정책 등과 같은 **거시적인 제도의 영향**도 무시할 수 없다. 자원측면에서는 **지역의 여러 자원**을 고려하여야만 한다. 이런 모든 것들은 결국 환경이다. 사회복지조직의 업무는 환경적인 영향을 크게 받을 수밖에 없다.
- 환경은 일반환경과 과업환경으로 구분할 수 있다.
  a. 일반환경 : 경제, 정치, 사회, 인구, 법 등이 일반환경이다. 조직 자체적으로 변화시킬 수 있는 것이 아니다.
  b. 과업환경 : 재정자원 제공자, 권한부여자, 클라이언트, 보고적 서비스 제공자, 경쟁조직 등이 과업환경이다. 조직운영에 직접적으로 영향을 미치는 요인들이라고 할 수 있다.

2. 사회복지조직의 구성요소

1) 복잡성

- 복잡성은 조직 내에 존재하는 분화의 정도를 의미한다. **분화란 조직의 하위단위로 세분화되는 과정이나 상태**를 의미한다.
- 조직의 복잡성은 수평적 분화, 수직적 분화, 지역적 분산 등 세 가지 형태로 나타난다.
- 이 요소들 중 어느 하나라도 증가하면 조직은 더욱 복잡해지는 특성을 갖는다. 그리고 조직의 복잡성이 늘어날수록 의사소통과 조정 및 통제의 곤란성이 그만큼 더 증가한다고 할 수 있다.

① 수평적 분화

- 수평적 분화는 조직의 목표나 계획을 효과적으로 달성하기 위하여 **필요한 업무활동을 정확하게 파악**하고 이를 다시 세분화해서 개인에게 할당하는 것을 말한다.
- 이 경우 조직의 규모가 너무 커지는 경향이 있어 유사한 업무들을 묶어 다시 **부문화**하는 과정이 필요하다.
- 결국 수평적 분화는 조직의 단위부서들 간의 횡적 분화의 정도라고 할 수 있다.

> **cf. 부문화**
> - 개인에게 할당된 전문화된 다양한 업무들을 효과적으로 관리하기 위하여 일정한 기준에 의해 서로 유사한 과업이나 업무활동을 다시 결합해서 별개의 단위나 부서로 집단화시키는 것이다.

- 조직규모가 커지면서 직무전문화에 의하여 세분화된 일들이 많아지면 업무 중복에 따른 낭비가 있을 수 있고 또한 각각 세분화된 업무 하나하나를 관리할 사람도 없게 된다. 이를 통일적으로 조정, 관리하기 위해서는 부문화를 진행하여야 한다.

② 수직적 분화

- 수직적 분화란 과업의 분화가 수직적 상하관계를 갖고 분화하는 것을 말한다.
- 이를 조직의 **길이** 또는 **깊이**가 늘어나는 것이라고 할 수 있다. 다른 말로는 **계층적 분화, 위계적 분화**라고도 할 수 있다.
- 조정하고 통제하기 위하여 만들어지는 위계구조가 결국 수직적 분화라고 할 수 있다.
- 수직적 분화가 증가할수록 조직의 계층이 증가하는 것을 볼 수 있고, 그만큼 조직이 더욱 복잡해지는 것이라고 할 수 있다.

③ 지역적 분산

- 지역적 분산이란 조직의 물리적 시설이 지역적으로 분산되어 있는 것을 말한다.
- 조직은 동일한 정도의 수평적, 수직적 분화의 조직구조를 가지고 동일한 경영활동을 여러 지역에서 수행할 수가 있다. 이렇게 여러 지역에서의 분산된 경영활동이 증대될수록 조직의 복잡성은 늘어나는 것이다.
- 지역적 분산을 공간적 분산이라고도 한다.

2) 공식화

- 공식화는 조직 내의 직무가 표준화되어 있는 정도를 말한다.
- 조직이 조직구성원들의 행동을 지휘, 통솔하기 위하여 규정이나 규칙에 어느 정도 매여 있는가의 문제이다.
- 공식화의 장점은 다음과 같다.
  a. 조직구성원의 행동을 규제해서 사적인 요소의 영향력을 줄인다.
  b. 조직구성원의 업무에서 발생하는 편차를 줄인다.
  c. 조정을 보다 용이하게 한다.
- 공식화의 단점은 다음과 같다.
  a. 지나친 공식화는 조직구성원들의 태도나 행위에 부정적인 영향을 준다.
  b. 조직을 경직화시켜 변화하는 환경에의 신속한 적응을 어렵게 만든다.

3) 집권화

- 집권화는 의사결정권이 조직계층 내에 어느 단일점에 집중되는가를 말한다.
- 집권화는 주로 조직의 상층부에 의사결정 및 통제권한이 집중되어 있는 상태를 말한다.

- 반대로, 분권화는 의사결정의 권한이 조직의 하위계층에 대폭 이양되어 있는 상태를 말한다.
- 따라서 집권화와 분권화는 상대적인 개념이지 절대적인 개념이 아니다.
- 집권화와 분권화의 장단점은 다음과 같다.

	집권화	분권화
장점	• 통일된 정책의 수립과 집행 • 통제와 지도감독의 수월 • 재원의 절감 • 위기에 대한 신속한 대응 • 조직기능의 중복문제 해결 • 혁신, 변화, 갈등의 신속한 해결	• 신속한 의사결정 • 업무의 감소 • 자발적 협조 유도 • 책임감 증진 • 조직의 협조관계 용이
단점	• 조직을 관료적이고 권위주의적인 성격으로 몰고감 • 획일화에 의한 창의성 및 자발성 저해	• 지도감독 및 통제의 약화 • 업무의 중복 및 행정력의 분산 • 지역이나 조직 간 편차가 발생

자료: 퍼시픽북스 학술편찬국(2012), p.116 수정.

core 조직의 구성요소 정리

조직의 구성요소를 과업이나 권한 측면에서 정리하면 핵심은 다음과 같다.

복잡성	분화정도 (수평 / 수직 / 지역)
공식화	직무 표준화 정도 (자율권의 정도)
집권화	권한의 배분 정도 (상위계층에 의사결정이 집중되어 있는지)

제2절 사회복지조직의 원리

조직화라는 것은 조직을 가장 잘 구조화시키고 능률적으로 관리하기 위하여 여러 요소들을 유기적으로 묶는 것을 의미한다. 사회복지조직 역시 이런 조직화의 기술을 응용하여 조직을 구성하게 된다.

1) 계층제의 원리

- 계층제란 조직구성원 간의 권한과 책임을 배분하고 명령, 지휘, 복종의 관계를 명시하는

것이다.

- 계층제의 장점은 의사전달 통로를 공식화하여 상하 간의 의사소통의 방법을 만들어 낸다는 점이다. 반면, 계층제가 너무 심화될 경우 의사소통이 차단되어 구성원의 사기저하 등의 문제를 발생시킬 수도 있다.

2) 명령통일의 원리

- 한 조직원은 한 사람의 직속상관으로부터만 명령을 받아야 한다는 것이다.
- 명령통일의 원칙이 세워질 경우 의사전달의 혼란을 막을 수 있고 책임소재를 분명하게 할 수 있다. 반면, 무리하게 한 명의 상급자만을 통해 명령하고 감독하는 경우 업무의 효율이 저하될 수 있고 전문성 발휘에 방해가 될 가능성이 있다.

3) 통솔범위의 원리

- 상관이나 감독자의 통솔대상자 수나 조직단위가 한정되어야 한다는 것이다.
- 통솔범위는 통솔자의 통솔능력의 한계에 의해서 결정된다.
- 통솔범위에 영향을 미치는 요인으로는 직무의 성질, 감독자의 능력, 업무시간의 한계, 조직의 역사와 규모, 기관의 공간여건, 조직관리의 상태, 기관감당자의 사회심리적 요인 등을 들 수 있다.

4) 분업 및 전문화의 원리

- 전문분야별로 조직구성원에게 한 가지 주된 업무를 분담시키는 것이다.
- 조직의 규모가 확대되고 업무처리의 전문성이 증가할수록 더욱 필요해지는 원리이다.
- 분업 및 전문화 원리의 장점은 보다 능률적으로 과업을 수행할 수 있으므로 신속하게 업무처리가 가능하다는 것이다. 반면, 개인의 업무수행에 대한 흥미를 상실할 경우 조직 내 단위 간의 조정이 어렵고 더 많은 비용이 들 수 있다.

5) 조정의 원리

- 목표달성을 위하여 조직원들의 행동을 유도하기 위하여 실시하는 것이다.
- 분업에 따른 필연적 원리라고 할 수 있다.

6) 권한에 준하는 책임의 원리

- 조직 내에는 상급자에게 일정한 권한이 주어진다. 그런데 권한에는 그에 따른 책임도 함께 주어지는 것이다.

7) 부문화 및 부서화의 원리

- 부문화 또는 부서화의 원리는 업무분화에 의해 부서와 직무의 증가로 업무의 효율성이 저하되고 갈등도 증가하게 될 때 조직의 효율성을 위해 목적이나 기능에 따라 조직을 개편하는 것을 말한다.
- 이때 여러 가지 기준에 따라 부문화를 이야기할 수 있다.
- **수 기준 부문화** : 같은 역할을 하는 사람들을 한 슈퍼바이저 아래 소속시키는 것이다. 개인의 능력 차이를 고려하지 못하는 단점이 있다.
- **시간 기준 부문화** : 업무시간을 2교대 또는 3교대로 하여 업무를 부문화하는 것이다. 조직의 기능이 단편화될 가능성이 있다.
- **기능 기준 부문화** : 사업, 재무, 총무, 인사 등과 같이 중요한 기능에 따라 동질적 업무들을 묶어서 조직하는 것이다.
- **지리적 영역 기준 부문화** : 잠정적 고객이나 클라이언트의 거주지역에 따라 부문화하는 것이다. 서비스의 효율성을 높이고 서비스 책임자를 분명히 할 수 있지만 장기적으로 보면 업무단위 간의 업무량의 격차가 생기고 서비스를 받지 못하는 사람이 나올 수 있다.
- **서비스 기준 부문화** : 개별사회사업, 집단사회사업, 지역사회조직사업 등 사회복지사업 서비스 방법에 따라 부문화하는 것이다.
- **고객 기준 부문화** : 아동, 장애인, 노인 등과 같이 클라이언트와 문제에 따라 부문화하는 방법이다.
- **서비스 접근통로 부문화** : 클라이언트가 서비스에 접근할 수 있는 통로별로 업무를 부문화하는 것이다.

01 조직 구성요소에 관한 설명으로 옳은 것은?

① 집권화 수준을 높이면 의사결정의 권한이 분산된다.
② 업무가 복잡할수록 공식화의 효과는 더 크다.
③ 공식화 수준을 높이면 직무의 사적 영향력이 높아진다.
④ 과업분화가 적을수록 수평적 분화가 더 이루어진다.
⑤ 수직적 분화가 많아질수록 의사소통의 절차가 복잡해진다

해설 분화가 많아지면 의사소통의 절차는 복지해질 수밖에 없다. 정답 ⑤

02 사회복지조직에서 업무를 구분하여 인력을 배치하는 부문화(departmentaion)방법에 관한 설명으로 옳은 것은?

① 관리자가 통솔할 수 있는 조직구성원의 수를 기준로 하는 방법은 업무단위 간 개인들의 능력차를 반영한다.
② 2교대 또는 3교대 등과 같이 업무시간을 기준으로 하는 방법은 일반사회복지조직에서도 광범위하게 활용된다.
③ 서비스 제공, 모금, 프로그램 기획 등 기능을 기준으로 하는 방법은 업무단위 간 협조를 끌어내기 어려울 수 있다.
④ 서비스 대상자의 거주지역을 기준으로 하는 방법은 업무단위 간 업무량 격차를 해소한다.
⑤ 가족문제, 비행문제 등 문제유형을 기준으로 하는 방법은 다양한 문제를 가진 클라이언트에게 서비스를 효과적으로 전달하는 데 유리하다.

해설 수 기준 부문화(①)는 개인들 간 능력차를 반영하지 않는 특성이 있다. 시간 기준 부문화(②)는 생활시설이나 요양시설에서는 적용되지만 일반시설이나 기관에서는 적용하는 경우가 드물다. 지리적 영역 기준 부문화(④)는 업무단위 간 업무량의 차이를 좁히지 못하는 단점이 있다. 고객 기준 부문화(⑤)는 문제별로는 효과성이 좋지만 다양한 문제를 가진 경우에는 통합적 서비스를 받아야 하기 때문에 오히려 효과성이나 효율성이 떨어진다. 정답 ③

Chapter 04

사회복지조직의 형태(형태, 유형과 이사회/위원회)

학습Key포인트

○ 사회복지조직의 형태를 구분할 수 있다.
○ 동태적 사회복지조직의 종류를 나열하고 각 특징을 제시할 수 있다.
○ 이사회와 운영회를 구분하여 설명할 수 있다.

제1절 사회복지조직의 형태와 유형

사회복지조직도 서비스를 위하여 조직형태를 갖기 때문에 조직이론에 의하여 살펴보아야 한다. 경우에 따라 필요한 조직의 형태와 유형은 각기 다를 수밖에 없다. 제공하는 서비스, 클라이언트, 조직 자체의 요건에 따라 사회복지조직은 전통적인 조직에서부터 동태적인 조직까지 다양하게 조직을 구성할 수 있다.

1. 사회복지조직의 형태

1) 공식조직과 비공식조직

① 공식조직

- 공식조직은 조직목표를 달성하기 위하여 **법령 등 공식적인 방법에 의하여** 업무역할의 할당과 권한 및 책임이 부여되는 조직이다.
- 공식적 조직은 권한관계체제 중심, 지위상의 상하관계 형성, 인위적 조직, 문서화, 능률화, 전체적 질서를 강조한다.
- 공식조직은 **분업, 위계질서, 구조, 통솔범위**라는 4가지 구조적 원리를 갖는다.

② 비공식조직

- 비공식적 조직은 구성원 상호 간 접촉이나 친근성으로 인해 자연발생적으로 형성된 조직으로 구조가 명확하지 않은 조직이다.

- 현재의 직책, 과거의 관계, 개인적 특성이나 욕구에 따라 자연발생적으로 형성되고 소멸된다.
- 비공식조직은 모든 공식조직 속에 존재하면서 공식적 조직에 영향을 미친다. 긍정적인 영향으로는 구성원들에게 심리적 안정을 제공하거나 행동의 기준을 제공해 준다는 점이다. 반면, 부정적 영향으로는 사사로운 정에 끌려 업무를 진행하는 등 정실행위의 만연 등으로 조직질서를 해칠 수 있다.

core 비공식조직의 장단점

장점	• 심리적 안정 부여로 업무의 능률 증대 • 구성원 상호 간 자유롭고 활발한 의사소통의 증대 • 욕구불만에 대한 해소(분출효과) • 공식조직의 유지에 도움
단점	• 파벌형성으로 인한 공식조직의 약화 • 개인적 이익을 도모하는 정실행위 • 비공식조직이 커질 경우 목적전치의 현상이 나타남 • 비합리적인 의사결정이 이루어질 수 있음 • 긴장과 압박을 조장함으로써 변화의 방해물이 될 수 있음

2) 수직조직과 수평조직

① 수직조직

- 수직조직은 **상하 명령계통을 갖는 조직**이다. 일반적으로 국장 → 과장 → 계장 → 계원으로 조직이 이루어진다.
- 계선조직(라인조직)이라고도 한다.
- 수직조직의 장점

  권한과 책임의 한계가 명확하고 **업무수행이 능률적**이다. 단일기관으로 구성되어 **의사결정이 신속**하다. **강한 통솔력**을 행사할 수 있어 **조직의 안정성**을 확보할 수 있다.
- 수직조직의 단점

  업무량이 과중되어 각 조직 간 조정이 곤란해짐으로써 조직운영의 비능률성을 초래할 수 있다. 책임자의 주관적이고 독단적인 결정과 조치로 인하여 **조직이 경직**될 수 있다. 특수분야에 관한 **전문가의 지식과 경험을 활용할 수 없으며** 유능한 인재를 잃게 되면 조직의 기능이 마비될 수 있다.

② 수평조직

- 수평조직은 수직조직이 그 기능을 원활하게 수행할 수 있도록 지원, 조정, 촉진함으로써 조직목표의 달성에 간접적으로 공헌하는 조직이다.

- 주로 자문, 권고, 협의조정, 정보의 수집, 기획, 인사, 회계, 법무, 조달, 홍보 등의 기능을 한다.
- 막료조직 또는 참모조직이라고도 한다.
- 수평조직의 장점
  기관장의 통솔범위가 확대됨으로써 대규모 조직에 유리하다. **전문지식과 경험을 활용**함으로써 객관적이고 합리적인 의사결정이 가능해진다. 수평적인 업무의 조정과 협조가 가능하며 **조직의 융통성과 신축성을 향상**시킬 수 있다.
- 수평조직의 단점
  수평조직에 소용되는 **경비가 증가**할 수 있으며 **행정지연의 우려**가 있을 수 있다. 수평조직과 수직조직 간의 **책임전가**가 이루어질 경우 **의사소통의 혼란**을 가져올 수 있다. 수평조직의 권한이 확대되면서 중앙집권화의 기능이 약화될 수 있다.

3) 집권형 조직과 분권형 조직

① 집권형 조직

- 집권형 조직은 조직 내 의사결정이 소수의 상위층에게 집중되어 있는 조직이다.
- 행정권한이 상급기관, 중앙행정기관 등에 유보되어 있는 조직이다.
- 집권형 조직의 장점
  통일된 정책의 수립과 집행이 가능하다. **행정통제와 지도감독이 용이**하다. 대량의 업무처리로 **비용절감의 효과**를 볼 수 있다. 조직의 위기 등에 **신속히 대처**할 수 있다. **업무조정이나 지역 간의 격차를 시정**하기 쉽고, **행정의 중복 및 분열을 방지**할 수 있다.
- 집권형 조직의 단점
  관료적이고 권위주의적인 성격이 강해서 형식주의에 빠지기 쉽다. 이럴 경우 오히려 행정의 실효성을 거두기 어려워진다. **획일화**로 인하여 부서나 지역의 특수성을 반영하지 못하고 구성원의 **자발성을 저해**할 수 있다.

② 분권형 조직

- 분권형 조직은 의사결정에 참여하는 집단이 분산되어 있거나 위임되어 있는 경우이다.
- 의사결정 권한이 하급기관, 지방자치단체 등에 위임되어 있는 경우이다.
- 분권형 조직의 장점
  대규모 조직에서 높은 효율성을 보인다. **최고행정가의 부담을 감소**시켜 주고 조직 내 **구성원의 책임을 강화**시켜 준다. 하위부서 간 횡적인 협조관계가 원활해짐으로써 **참여가 유도**될 수 있다. **부서나 지역 실정에 맞는 행정**을 펼칠 수 있다.
- 분권형 조직의 단점
  효과적인 지도감독이나 통제의 미약으로 **행정업무의 중복**이 일어나기 쉽다. **행정지연**이나 **행정력의 분산**이 이루어지기 쉽다.

4) 위원회조직

- 조직의 목표달성에 도움을 주고자 특별한 과업이나 문제해결을 위하여 조직과는 별도로 구성되는 활동조직이다.
- 일상적인 업무를 수행하는 조직이 아니다.
- eg. 상임위원회-인사, 예산 / 임시위원회-운영규정 개정

5) 동태적 조직

- 종전의 전통적인 조직들은 대개 기능별로 전문화하거나 부문화를 하기 때문에 경직되기 쉽고 이런 조직은 신속히 대응할 문제가 발생할 경우 효과적으로 일처리를 하기 어렵다.
- 보다 환경에 유연하게 대처할 수 있기 위하여 신속하게 대응할 수 있는 조직형태가 요구된다. 이런 조직을 동태적 조직이라고 한다.
- 동태적 조직에는 프로젝트조직과 매트릭스조직이 있다.

① 프로젝트조직(Task Force Team)

- TF팀은 어떤 특정과제나 목표달성을 위하여 관련되는 여러 부분의 기능부서들로부터 전문지식과 능력을 갖춘 사람들을 선발하여 편성한 임시적 조직이다(고재욱 외, 2018).
- 프로젝트를 위하여 모인 조직이고 프로젝트가 종료되면 구성원들은 원래의 조직으로 돌아간다.
- **부서 간의 경계 없이 다양한 전문성을 가진 구성원으로 팀을 조직하여 임시적 운영**을 한다. 따라서 구성원의 관계는 **수평적 관계**이다.
- TF팀의 장점
  조직이 구성되어 있는 동안 **대량의 자원과 재능을 집중**할 수 있다. **책임과 평가가 명확**하다.
- TF팀의 단점
  임시조직이기 때문에 정책이 집행되지 않거나 변질될 가능성이 있다.

② 매트릭스조직(Matrix Organization)

- 매트릭스조직은 전통적인 기능별 조직과 프로젝트조직이 결합해서 양 조직의 단점을 보완하고 장점을 살리기 위하여 고안된 조직이다(고재욱 외, 2018).
- 결국 **매트릭스조직은 임시조직이 아니라 공식조직으로 전환된 형태**라고 볼 수 있다.
- 전문성을 기초로 조직되고 민주적 의사결정에 의해 운영된다.
- 구성원은 각자 기능부서에 속하면서 부서 상사에게 보고하고 동시에 특정 프로젝트 관리자에게도 보고하는 **이중적인 구조**를 갖는다.

- 매트릭스조직의 장점

  종업원의 능력과 재능을 최대한 활용할 수 있다. 소비자의 특별한 요구나 급변하는 환경에 **신속한 대처**가 가능하다.
- 매트릭스 조직의 단점

  이중구조라는 점에서 단점이 발생한다. **책임과 권한이 애매**하며 **조정을 위한 의사결정의 지연**이 일어나기 쉽고, **계통 간의 권력다툼**이 발생하기 쉽다.

③ 팀조직

- 팀(Team)조직은 과거의 전통적 조직체계인 부, 과, 계의 조직을 업무재편을 통해 통합, 분할하여 하나의 팀으로 전환하여 팀장 중심으로 업무가 이루어지도록 하는 조직이다.
- 소수의 상호보완적인 기술을 가진 집단이다.
- 팀의 성공요건 및 장단점

  a. 관리층의 이해와 지지가 필요하고 상하층간의 신뢰가 전제되어야 한다.

  b. 훈련과 능력개발을 위한 투자가 필요하다.

  c. 조직목표에 대해 정확하게 인식하고, 목표성취를 위한 모험과 결과에 대한 책임감을 가져야 한다.

  d. 장점 : 신속한 의사결정과 자율적 책임을 진다. 조직간 유연성이 있다.

  e. 단점 : 팀간 갈등이 심화될 수 있으며 개별적 창의성을 약화시킨다.

④ 네트워크조직

- 네트워크조직은 환경변화에 보다 신속하고 적절하게 대응할 수 있도록 **외부자원의 효과적 활용**을 꾀하는 조직이다.
- 보유한 자원의 **핵심사업에 집중**하고 나머지는 **아웃소싱**(outsourcing)한다.

2. 사회복지조직의 유형

1) Etzioni의 권력형태에 따른 조직유형

- 권력의 구분과 관여의 유형 매트릭스에 따라 9가지 조직 유형이 나타나는데 조직은 다음 세 가지 중 하나의 유형을 취하는 것이 일반적이다.
- **강제적 조직** : matrix(**강제적 권력, 소외적 관여**) eg. 강제수용소, 교도소, 정신병원
- **공리적 조직** : matrix(**보상적 권력, 타산적 관여**) eg. 산업조직으로서의 기업체
- **규범적 조직** : matrix(**규범적 권력, 도덕적 관여**) eg. 종교조직, 정치조직, 병원, 학교, **사회복지조직**

2) Blau와 Scott의 수혜자 유형에 따른 조직유형

- 1차적인 수혜자에 따라 조직유형을 구분하였다.
- **상호수혜조직 : 조직의 회원이 일차적 수혜자** eg. 정당, 종교단체, 노동조합
- **사업조직 : 사업체의 소유자가 일차적 수혜자** eg. 주식회사, 은행
- **서비스조직 : 클라이언트가 일차적 수혜자** eg. **사회복지조직**, 병원
- **공공조직 : 일반대중이 일차적 수혜자** eg. 행정기관, 군대조직

3) Gilbert Smith의 업무의 통제성에 따른 조직유형

- 관료조직 : 위계구조, 분업, 문서, 능률추구
- 일선조직 : 조직의 주도권이 일선업무 담당자에게 있음. 고객과 가까이에서 복지서비스를 전달. 각 업무 단위가 상호독립적. 사무단위의 직접적 통제가 어려움.
  eg. **실천 현장의 사회복지사가 일선조직이다.**
- 전면적 통제조직 : 관리자가 엄격한 통제를 한다.
  eg. 정신병원, 교도소, 양로시설, 구치소
- 투과성 조직 : 조직구성원 또는 참여자가 자발적으로 참여한다. 조직의 문화나 규정에 의한 통제성이 약하고 조직의 활동이 거의 노출되지 않는다. eg. **자원봉사조직**

4) Hasenfeld의 클라이언트 상태와 조직의 기술에 따른 조직유형

- 클라이언트의 상태와 조직기술의 조합으로 조직유형을 구분
- 조직기술
  - 인간식별(인간유별)기술 : 개인적 속성은 변화시키지 않고 다른 사회적 집단으로부터 바람직한 반응을 야기하는 사회적 명명과 공식적 지위를 부여함으로써 클라이언트의 변화를 시도한다.
  - 인간유지기술 : 개인적 복지 및 안녕을 약화하는 것을 예방하거나 완화하고, 현상태로 유지하게 하는 것이다.
  - 인간변화기술 : 개인적 속성에 직접적인 변화를 시도한다.
- 클라이언트 상태와 조직기술에 따른 조직유형

		사용기술		
		인간유별기술	인간유지기술	인간변화기술
클라이언트 상태	정상 기능	유형1 대학신입생선발 신용카드회사	유형3 사회보장형 휴양시설	유형5 국공립학교 YMCA
	비정상 기능	유형2 소년법원, 진료소	유형4 공공부조사무소 요양시설	유형6 병원, 수용치료센터

제2절 사회복지조직의 이사회와 위원회

사회복지조직에 있어서 이사회와 위원회는 조직의 운영에 중요한 역할을 한다. 즉, 이사회나 위원회는 사회복지조직의 정보수집, 목표수립, 평가 등을 통하여 조직이 실제로 기능하게 하는 역할을 한다. 사회복지조직은 이사회나 위원회의 지원을 받아 기관을 효율적으로 운영하게 되어 있다.

1. 이사회

1) 이사회의 개념

- 이사회는 사회복지조직이 목표를 달성할 수 있도록 **법률적인 책임**을 지고 **조직의 정책을 결정**하는 기구이다.
- 대부분 사회복지조직은 이사회를 설치하는 것이 법률로 명시되어 있다. 사회복지법인의 경우 반드시 이사와 감사를 두어야 한다.

2) 이사회의 기능 및 책임

- 기관이 법인체를 형성한다. 즉 **법인격을 형성하는 최고 의결기구이다.**
- 과업과 인사정책에 대해서 조직을 설정하고, 기관장을 선정한다. 이러한 활동에 대해서 평가한다.
- 재원확보와 지출에 대한 책임을 진다. 예산을 설정하고 재원을 조달한다.
- 기관을 운영한다.

2. 위원회

1) 위원회의 개념

- 사회복지조직이 목표를 달성하는 데 필요한 전문적 지식이나 기술로 지원한다.
- 상임위원회 : 재정, 인사, 주민과의 관계유지 등 조직에서 정규적으로 발생하는 일에 대한 특별업무를 취급한다.
- 임시위원회 : 운영규정을 개정하는 등 비정규적인 특별업무를 취급한다.
- 운영위원회 : 사회복지시설들은 시설운영계획의 수립·평가, 사회복지 프로그램의 개발·평가, 시설 종사자의 근무환경 개선, 시설 거주자의 생활환경 개선 및 고충처리, 시

설 종사자와 거주자의 인권보호 및 권익증진, 시설과 지역사회의 협력 등을 **심의하기** 위하여 운영위회를 설치하여야 한다. 이는 **법률적 사항**이다.

2) 위원회의 장단점

① 위원회의 장점

- 조직 전반에 관한 사항에 대해서 협조와 정보제공을 하여 조직이 효율적이게 한다.
- 여러 전문가의 견해를 심의를 통하여 반영할 수 있다.
- 지역주민의 참여 등 참여적 행정이 가능하다.
- 행정책임자의 결정을 보조한다.

② 위원회의 단점

- 위원회 유지에 비용이 들어간다.
- 신속한 의사결정이 힘들다.
- 이해관계자들의 참여로 인하여 정치적으로 이용될 가능성이 있다.
- 책임성이 약하다.

core **이사회와 위원회의 차이점**

- 이사회는 의사결정 기구이고, 위원회는 심의, 자문, 건의하는 기구이다.
- 이사회는 최고행정책임자가 주로 참석하고, 위원회는 실무자가 주로 참석한다.
- 이사회에는 클라이언트가 참여하는 경우가 드물지만, 위원회에는 클라이언트가 참여하기도 한다.

01 다음에서 설명하는 조직구조는?

○ 일상 업무수행기구와는 별도로 구성 ○ 특별과업이나 문제해결을 위한 전문가 중심 조직 ○ 낮은 수준의 수직적 분화와 공식화

① 기계적 관료제 구조
② 사업부제 구조
③ 전문적 관료제 구조
④ 단순구조
⑤ 위원회 구조

해설 일상업무수행기구와는 별도로 구성되는 것은 위원회 조직이다. 정답 ⑤

02 지역사회 차원에서 공공과 민간의 협력, 연계에 유리한 조직구조는?

① 관료조직
② 위계조직
③ 피라미드조직
④ 대행자조직
⑤ 네트워크조직

해설 네트워크조직은 외부자원을 효과적으로 활용하고자 하는 조직이다. 주요 자원에 집중하고 그 외에는 아웃소싱(outsourcing)하는 형태이다. 따라서 공공과 민간의 협력 및 연계에 유리하다. 관료조직, 위계조직, 피라미드조직은 모두 동일한 모습이라고 할 수 있다. 정답 ⑤

Chapter
05
사회복지서비스 전달체계

학습Key포인트

○ 전달체계의 특성과 원칙을 제시할 수 있다.
○ 전달체계의 필요성을 설명할 수 있다.
○ 시대적 변화에 따른 전달체계의 개선방향 및 문제에 대응하는 서비스 전달체계 개선방향을 제시할 수 있다.

제1절 사회복지서비스 전달체계의 개념 및 원칙

정책에 의하여 생산된 사회복지서비스는 일정한 경로를 거쳐 클라이언트에게 전달된다. 이러 과정의 체계를 전달체계라고 한다. 전달체계가 구축되어 있지 않으면 아무리 좋은 서비스가 결정된다 하더라도 클라이언트에게 서비스가 전달될 수 없기 때문이다. 전달체계는 결국 사회복지 행정의 과정이라고 할 수 있다.

1. 전달체계의 개념 및 구분

1) 사회복지서비스 전달체계의 개념 및 구성요소

① 사회복지서비스 전달체계

- 전달체계(delivery system)란 서비스의 제공자와 클라이언트를 연결시키는 체계이며, 조직적인 장치이다.
- 좁은 의미에서 실제 서비스가 전달되는 사회복지사와 클라이언트 사이의 체계를 말한다.
- 넓은 의미에서 이러한 서비스의 전달을 지원하는 행정적 지원까지 포함한다.

② 전달체계의 구성요소

- 할당 : 누구에게 서비스를 제공할 것인가?

- 급여 : 무엇을 제공할 것인가?
- 전달 : 누구에게 어떻게 전달할지의 방법에 대한 문제
- 재정 : 어떤 재원을 사용할 것인가?

2) 사회복지서비스 전달체계의 구분

① 중앙화, 지방화의 구분
- 과거에는 중앙에 집중되어 있었으나 현대에는 지방화가 가속화되고 있다.
- 지방화는 사회복지실천영역에서 서비스제공이라는 장점은 있지만 지방의 재정자립도의 편차가 크다는 문제가 있다.

② 구조기능적 구분
- **행정관리체계** : 서비스의 기획, 지원, 관리하는 체계. eg. 보건복지부, 시 · 도, **시 · 군 · 구**
- **집행체계** : 전달자가 서비스를 직접 전달하는 체계. eg. **읍 · 면 · 동**, 사회복지시설이나 기관

③ 운영주체별 구분
- **공적전달체계** : 정부나 공공기관(공단 등)이 운영하는 경우. **관료성, 지속성, 공공성, 안정성**. 보건복지부 → 특별시, 광역시, 도 → 시 · 군 · 구 → 읍 · 면 · 동 → 대상자
- **사적전달체계** : 민간 또는 민간단체. **융통성, 신속성, 유연성, 전문성, 창의성, 다양성**. 복지재단, 자원봉사단체, 사회복지시설, 개인 등

2. 전달체계의 원칙

1) 전문성의 원칙

2) 적절성의 원칙

3) 포괄성의 원칙

- 클라이언트는 **다양한 문제나 욕구**를 가지고 있다. 따라서 **다양한 서비스로 다각적, 종합적으로 접근**해야 한다.
- 흔히 one-stop-service라고 한다.
- 포괄성을 달성하는 네 가지 방법

일반적 접근방법	한 사람의 전문가가 한 사람의 클라이언트가 가지고 있는 문제를 동시에 해결
전문적 접근방법	한 사람의 클라이언트가 가지고 있는 여러 문제에 대해서 각 분야의 전문가들이 각각의 문제를 해결

집단적 접근방법	여러 전문가들이 하나의 팀이 되어 문제를 해결
사례관리방법	한 명의 전문가가 다양한 문제를 가진 클라이언트의 문제에 대해 지속적으로 책임을 지고 문제해결, 필요 시 다른 전문가 연결

4) 통합성의 원칙

- 클라이언트의 문제를 해결하기 위하여 서비스 프로그램들은 서로 연관되어야 한다. 이로써 서비스의 중복이나 누락이 생기지 않아야 한다.
- 사례관리에서 받는 여러 서비스는 각각 개별적으로 존재하는 것이 아니라 서로 연관되어 있어야 한다.

core **포괄성과 통합성의 구분**

- 포괄성과 통합성은 잘 구분되지 않는다. 단순히 포괄적인 서비스가 되어야 한다거나 통합적인 서비스가 되어야 한다는 명제는 쉽게 구분이 되지 않는다.
- 구별방법은 **'다양성'이 강조되면 포괄성**으로 본다.
- **'사례관리'나 '서로 연관'이 강조되면 통합성**으로 보면 된다.

5) 지속성의 원칙

6) 평등성의 원칙

- 사회복지서비스는 클라이언트의 연령, 성별, 종교, 소득, 지역, 지위에 관계없이 모두 평등하게 제공되어야 한다.
- 절대적 평등과 상대적 평등의 개념을 모두 포함한다.

cf. 평등의 개념
- 절대적 평등(결과의 평등, 산술적 평등) : 조건 없이 모두 동일하게
- 상대적 평등(공평) : 같은 것은 같게, 다른 것은 다르게
- 기회의 균등 : 결과가 아니라 출발선을 같게
- 법 앞의 평등 : 모든 국민은 법 앞에서 평등

7) 책임성의 원칙

- 사회복지조직은 서비스 제공에 대해 위임받은 조직이므로 서비스 전달에 책임을 가져야 한다.
- 책임의 대상은 국가, 지방정부, 클라이언트에 대해서 형성된다.

8) 접근성의 원칙

- 클라이언트가 서비스에 접근하기 용이해야 한다. 즉, 클라이언트가 서비스를 이용하는데 있어 막히는 것이 있어선 안 된다.
- 지리적 접근성을 가장 많이 이야기한다.
- 접근성은 절차의 단순성, 정보에 대한 접근성 등을 모두 포함한다.

9) 재활 및 자활목적의 원칙

3. 행정적 측면에서의 전달체계 기본원칙

- 기능분담의 체계성의 원칙
  상부 - 중간 - 하부로 연결되는 기능상의 분담이 체계적으로 이루어져야 한다.
- 전문성에 따른 업무분담의 원칙
  전문가, 준전문가, 비전문가의 업무분담이 요구된다.
- 책임성의 원칙
  사회에 대한 책임, 대상자에 대한 책임, 전문가에 대한 책임으로 서비스의 효과성과 연결된다.
- 통합조정의 원칙
  업무 수행 시 관계기관, 관계자들 간의 연계, 조정이 원활해야 한다.
- 지역사회참여의 원칙
  지역사회 주민의 참여를 비롯하여 자원의 동원, 활용 및 전체의 의식증대에 기여해야 한다.
- 조사 및 연구의 원칙
  서비스의 효과성이나 효율성을 평가하거나 프로그램의 개발 등을 위한 조사 및 연구 기능을 수행해야 한다.

제2절 사회복지전달체계의 필요성과 문제점

사회복지서비스 전달체계는 지속적으로 변화해 왔다. 이는 완벽한 전달체계가 존재하지 않는다는 것을 역설한다. 사회복지를 바라보는 인식이나 이념의 변화 역시 전달체계의 변화를 가져오는 원인이 된다. 이렇게 전달체계가 변화해 왔다는 점은 앞으로도 변화가 계속 이루어질 것을 이야기하고, 동시에 현재 전달체계의 문제점이 변화의 시작점이라고 할 수 있다. 현재 우리나라 사회복지서비스 전달체계는 공적체계로 중앙정부와 지방정부가 있고, 민간전달체계로 여러 사회복지시설이나 기관들이 있다. 전달체계 변화 전망을 위해서는 이 체계들의 필요성과 문제점을 파악해 볼 필요가 있다.

1. 공공전달체계 중 중앙정부

1) 전달체계로서 중앙정부의 필요성

- 중앙정부가 서비스의 책임을 가질 경우 **공공재적인 성격이 강한 서비스와 규모의 경제성을 갖는 서비스**에 대해서 **평등과 사회적 적절성**을 달성할 수 있다.
- 중앙정부는 다양한 복지욕구를 체계화하여 다양한 프로그램을 통한 통합이나 조정이 가능하고 **지속적이면서도 안정적인 체계를 유지**할 수 있다.

2) 전달체계로서 중앙정부의 문제점

- 중앙정부는 아무래도 수급자들과는 거리가 있기 마련이다. 따라서 수급자의 선택권이 반영되기 어렵고 수급자들의 효용을 극대화하는 데 한계가 있다.
- 자원의 비효율 배분문제가 발생할 수 있다.
- 독점성으로 인하여 가격과 질에 있어서 수급자에게 불리할 수 있고 민간에 비해 수급자가 접근하기 어려울 수 있다.
- 조직이 관료제화되어 있어 욕구의 대응이 느리다. 그리고 지역의 특수한 욕구에 대해서는 융통적이지 못하다.
- **관련 부서들이 각각 분리하여 설립**되어 있으므로 **통합성이 결여**되어 있고, **업무가 중복**되는 것이 있다. 따라서 **책임소재가 불분명**한 경우가 있다.
- 상명하달식의 수직적 전달체계를 가지고 있어 업무의 자율성이 부족하며 전문인력이 부족하다.

2. 공공전달체계 중 지방정부

1) 전달체계로서 지방정부의 필요성

- 지역사회는 **사회복지실천이 이루어지는 현장과 동일**하다는 특성을 갖는다. 이런 특성으로 인하여 **지역주민의 욕구를 중앙정부보다 더 효율적으로 해결**할 수 있다.
- 지방정부 간 경쟁으로 인하여 질 높은 서비스가 창출될 수 있다.
- 창의적이고 실험적인 서비스 개발이 용이하여 수급자들의 욕구에 적극적으로 대처하는 것이 가능하다.

- **수급자들이 정책결정에 참여할 기회가 많아져** 수급자의 입장이 반영될 가능성이 높다.

2) 전달체계로서 지방정부의 문제점

- 지방정부는 **재정자립도에 있어 편차가 크다**. 따라서 **지역 간 불평등이나 갈등을** 야기할 수 있다. 이는 지역 간 위화감 조성 등으로 사회통합을 목적으로 하는 사회복지서비스가 오히려 사회통합을 저해하는 모순을 낳기도 한다.
- 지방정부 재정의 취약성은 프로그램의 **안정성과 지속성에 취약**할 수 있다.

3. 민간전달체계

1) 민간전달체계의 필요성

- **정부가 제공하는 서비스가 미치지 못하는 자에 대해서 서비스를 제공할 수 있다.**
- **정부가 제공하지 못하는 서비스를 제공할 수 있다**. 클라이언트의 욕구가 날로 변화해 나가는 상황이어서 정부는 이에 모두 응할 수가 없다.
- **동일 종류 서비스에 대한 선택의 기회를 부여할 수 있다.**
- **사회복지서비스의 선도적 개발과 보급이 가능하다**. 민간의 특징은 필요한 부분에 즉흥적으로 대처할 수 있다는 점이다.
- **민간의 사회복지참여 욕구를 해소시켜 준다.**
- **정부의 사회복지활동에 대한 압력단체로서의 역할을 할 수 있다.**
- **국가의 사회복지비용을 절감하게 한다**. 신자유주의 이후 복지다원주의(welfare pluralism)로 민간의 참여가 확대되는 추세를 보이고 있다.

2) 민간전달체계의 문제점

- 민간의 경우 서비스 간 연계가 부족하여 통합적 서비스를 제공하지 못하는 경우가 있다.
- 직원의 수준이 높지 않아 조정업무와 사회복지 전반에 대한 연구개발이 미흡하여 전문가적 책임성의 인식이 낮은 편이다.
- 직원의 빈번한 교체로 인하여 서비스의 지속성이 부족한 경우가 있다.
- 지역사회복지협의회가 조정역할을 하여야 하는데 실질적으로 그런 역할을 충분히 하지 못하고 있다.

제3절 사회복지전달체계의 개선전략

사회복지서비스 전달체계를 개선하는 것은 무엇을 목표로 하는가에 따라 달라진다. 서비스 전달체계의 효율성과 효과성을 제고하는 것을 목표로 하는지, 서비스를 배분하는 방법을 합리적이면서 효율적으로 제고하는 것을 목표로 하는지, 아니면 서비스의 통합성을 증진하는 것을 목표로 하는지 등 전략에 따라 개선방안이 도출될 수 있다.

1. 서비스 개선의 주요전략

1) 의사결정의 권위와 통제의 재구조화

① 협조체제 구축

- 전달체계 기관을 중앙집권화 또는 연합화하여 통합적이고 포괄적인 것으로 발전시키는 전략이다.
- **중앙집권화** : **행정적인 통일화**를 의미한다. 즉, 사회복지 관련 업무를 하나의 통일된 전달체계로 통합하는 것이다.
- **연합화** : 절단체계 기관 간 **자발적 상호 공조체계**를 갖는 것이다. 주로 각 기관이 가지고 있는 자원을 지역적으로 집권화하는 것으로 중앙집권화와 같이 **행정적 통일화는 이루어지지 않는 것이다.**

② 시민참여 제도의 도입

- 의사결정 권위를 전달체계 기관과 클라이언트에게 재배분하는 전략이다.
- 클라이언트와 비슷한 사람들이 의사결정에 참여함으로써 보다 더 적절히 클라이언트의 욕구에 부응할 수 있다.
- 접근의 용이성 및 책임성을 보장할 수 있다.

2) 업무분담의 재조직화

① 전문가 역할 부여

- 서비스 대상자가 계층적으로, 인종적으로, 문화적으로 서비스를 전달하는 전문가와 다를 경우 서로 이해하지 못하고 서비스가 제대로 전달되지 못할 수 있다.
- 이럴 경우 전문가와 클라이언트 중간에서 연결해 줄 수 있는 사람을 찾아 전문가 역할의 일부를 부여하는 전략이다.

② 전문가의 조직적 상황에서의 분리

- 서비스 전달조직이 관료화되어 있어 전문가가 자신이 가진 전문적 지식을 제대로 활

용할 수 없는 경우가 있다.

- 이럴 경우 전문가를 조직으로부터 벗어나 전문성과 자율성을 발휘할 수 있도록 하는 전략이다.

3) 전달체계의 구조변경

① 접근촉진

- 서비스의 접근을 더욱 쉽게 할 수 있게 만드는 전략이다. 서비스의 접근에 보다 쉽게 만들어 주는 또 하나의 서비스를 만드는 것이다.

② 전달체계 중복화

- 의도적으로 서비스의 전달체계를 중복화시키는 전략이다. 이렇게 함으로써 서비스 선택권을 강화시켜주거나 거리가 멀어 서비스 이용이 불편한 경우 같은 서비스를 지원하는 조직이나 기관을 근거리에 중복하여 두는 것이다.

2. 배분방법

- 배분전략은 1970년대 이후 사회복지비용 증가와 더불어 경제성장의 둔화로 사회복지서비스를 무한정 확대해 나갈 수 없게 되자 관심을 갖게 된 전략이다.
- 제한된 자원으로 많은 사람들의 욕구를 충족시킬 수 있도록 배분하는 것에 관심을 가졌다.
- 공급억제전략과 수요억제전략이 있다.

1) 공급억제전략

① 클라이언트에 대한 제한을 강화

수혜자의 자격요건을 까다롭게 하여 서비스 이용률을 낮추는 것이다.

② 서비스 희석화

서비스의 양은 제한적인데 수요자가 많을 경우 서비스 질을 낮추는 대신 상대적으로 양을 늘리는 전략이다. 많은 수용자가 서비스를 이용할 수 있도록 클라이언트와의 접촉시간 단축, 사례의 조기 종결, 전문가의 질을 낮추기, 자원봉사로 대체하기 등의 방법을 사용한다.

2) 수요억제전략

- 서비스 접근을 방해하는 물리적, 시간적, 사회적 장벽을 제거하지 않음으로써 수요를 억제하는 전략이다.
- 또는 그러한 장벽을 의도적으로 생기게 한다.

eg. 대기자 명단제 도입, 교통이 불편한 곳에 배치, 서비스에 대한 홍보를 하지 않기 등

3. 서비스 통합성 증진 전략

① 종합서비스센터
- 하나의 서비스 기관에서 여러 서비스를 제공할 수 있도록 한다.
- eg. 장애인종합복지관, 종합사회복지관처럼 여러 사업을 하게 한다.

② 인테이크의 단일화

③ 종합적인 정보와 의뢰

④ 사례관리

⑤ 트래킹(tracking)
- 서로 다른 기관들이 자신들이 다루었던 클라이언트에 대한 정보를 서로 공유하는 것이다.
- 이 시스템을 적용하면 클라이언트가 받은 서비스의 경로와 행적을 추적하여 정보를 파악할 수 있게 된다.

4. 전달체계 변화의 주요 실태

1) 일선 복지서비스 전달체계 개편과정

① 보건복지사무소 시범사업(1995.7~2000.7)

② 사회복지사무소 시범사업(2004.1~2006.6)

③ 주민생활지원서비스로 개편(2006.7~현재)
- 수요자 중심의 맞춤형 통합서비스 전달체계 구축
- 민관협력의 거버넌스(governance)체제를 갖춰 참여복지 실현

④ 지방자치단체는 전담기구를 설치할 수 있다.(현재)

2) 민관협의체

① 지역사회복지협의체(2005.8~2014.12)

② 지역사회보장협의체(2014.12~현재)

3) 복지를 민간에서 창출하도록 함

① 유치원 / 어린이집

② 재가노인복지센터

③ 사회서비스 전자바우처 사업

core **사회복지서비스 전달체계 개편의 최근경향 키워드**

최근개편 키워드	수요자 중심, 상향식 의사전달, 주민참여, 통합시스템
반대되는 키워드	공급자 중심, 하향식 의사전달, 정부중심, 체계의 분리, 집권화

01 공공 사회복지전달체계에 관한 설명으로 옳은 것은?

① 사회복지전담공무원 제도 이후 사회복지전문요원 제도가 실시되었다.
② 보건복지사무소와 사회복지사무소 시범사업은 동시에 진행되었다.
③ 읍·면·동 복지허브화 사업 이후 읍·면·동사무소가 주민자치센터로 변경되었다.
④ 지역사회복지협의체가 지역사회보장협의체로 명칭이 변경되었다.
⑤ 사회서비스원 설치 후 전자바우처 방식의 사회서비스 사업이 시작되었다.

해설 지역사회복지협의체는 민관협의를 위하여 만들어진 기구이다. 또한 지역사회보장협의체로 변경되었다..

정답 ④

02 사회복지전달체계 구축 원칙에 관한 설명으로 옳지 않은 것은?

① 서비스 비용 부담을 낮춤으로써 접근성을 높일 수 있다.
② 서비스 간 연계성을 강화함으로써 연속성을 높일 수 있다.
③ 양·질적으로 이용자 욕구에 부응함으로써 적절성을 높일 수 있다.
④ 최소 비용으로 최대 효과를 얻음으로써 전문성을 높일 수 있다.
⑤ 이용자의 요구나 불만을 파악함으로써 책임성을 높일 수 있다.

해설 최소 비용으로 최대 효과를 보는 것은 효율성이다. 전문성은 전문가에 의해 전문적인 서비스를 받게 하는 것이다.

정답 ④

Chapter 06 리더십의 개념과 리더십 이론(개념, 필요성, 이론)

학습Key포인트

- ○ 특성이론과 행동이론을 구분하여 설명할 수 있다.
- ○ 관리격자이론의 개념틀을 제시할 수 있다.
- ○ 리더십이론의 최근 경향을 제시할 수 있다.

제1절 리더십의 개념

사회복지조직은 다른 조직과 마찬가지로 목표를 성취하기 위해 존재한다. 조직은 이런 목표를 효과적이고 효율적으로 이루기 위하여 구성원들이 제역할을 잘하면서 서로 협력해야 한다. 이렇게 조직의 목표를 이루기 위해서는 개인과 집단 사이를 연결하고 인도하는 리더가 어떤 리더십을 보이는가가 중요하다.

1) 리더십의 개념

- 로빈스와 저지(Robbins & Judge, 2013)는 '리더십은 설정된 비전이나 목표를 성취하도록 사람들에게 영향력을 행사하는 능력'이라고 하였다. 트랙커(Trecker, 1971)는 '리더십은 공동목표를 달성하는 데 있어 사람들이 협동하여 일하도록 영향을 주는 능력'이라고 하였다. 플레쉬맨(Fleishman, 1973)은 '리더십은 어떤 목표를 지향하거나 목표의 달성을 지향하도록 의사소통과정에서 개인 간에 영향력을 행사하려고 하는 시도'라고 하였다.
- 리더십의 개념을 종합하면 다음과 같은 하위 차원이 리더십에 포함되어야 한다.
  - a. 리더십에는 **집단이 성취해야 할 목표**가 들어 있어야 한다.
  - b. 리더십에는 구성원이 자발적으로 **목표지향적인 행동을 촉진**하는 것이 들어 있어야 한다.
  - c. 리더십에는 **그러한 행동들을 촉진하는 영향력**이 들어 있어야 한다.

2) 리더십의 주요속성

- **지속성** : 프로그램이 실패하거나 수정이 필요한 경우 처음부터 다시 계획하고 변화시켜 나가야 하는 끈기가 필요하다.
- **시간의 가치와 역동성** : 조직의 효과적인 운영을 위해 시간의 중요성을 인식해야 한다.
- **타협** : 개방적인 자세를 갖고 타인의 의견을 경청할 수 있어야 한다.
- **유연성** : 기관의 정책과 목표 범위 내에서 구성원들에게 가능한 많은 자유를 허용하여야 한다.
- **창의성** : 기관의 서비스를 향상시키고 새롭고 효과적인 방법을 계획하고 창출해야 한다.

제2절 리더십이론

리더십을 이해하기 위해서는 리더십에 대해서 여러 관점을 갖는 이론을 살펴볼 필요가 있다. 각 리더십이론은 리더의 어떤 면을 보느냐에 따라 다른 강조점을 갖는 것을 보게 된다. 즉, 리더의 개별 성향에 초점을 맞추는지, 리더의 효율적인 행동에 초점을 맞추는지, 리더십과 환경의 관계에 초점을 맞추는지 등에 따라 다른 강조점을 갖는다.

1. 특성이론

1) 특성이론의 개념 및 특성

- 1940~1950년대에 주창된 이론이다.
- 리더들은 평범한 사람이 지니지 못한 어떤 **비범한 특성을 타고난다**는 이론이다.
  eg. 신체적 능력, 언어적 능력, 지능, 성격, 학력, 동기부여성 등

2) 특성이론의 한계

- 특성이론에서 말하는 리더의 특성을 구체적으로 찾아내는 데는 실패했다.
- 상황의 요구와 구성원들의 욕구를 무시하였다.
- 리더가 하위자들의 행동에 영향을 미치기 위해 나타날 수 있는 행동유형을 알려주지 못했다.
- 보편적인 특성만 추구하려는 경향이 있다.

2. 행동이론

1) 행동이론의 전체적인 개념 및 특성

- 1950~1960년대에 주창된 이론이다.
- 기질특성에 따라 리더를 구분하는 것에 대한 반대로 시작되었다.
- 효과적인 **리더는 특별한 리더십 행동유형을 갖고 있다**는 것이다.
- 효과적인 행동을 밝혀냄으로써 **리더십을 전수할 수 있고**, **훈련을 통해 누구에게나** 리더십을 개발할 수 있다.

2) 오하이오 연구

- 오하이오 주립대학에서 '리더 행동기술 질문지'를 개발하여 조사하였다. 이를 토대로 리더의 행동유형을 구분하였다. 행동유형은 구조화 행동요인과 배려 행동요인 두 가지 차원에서 5가지 행동유형이 나타난다고 분석하였다.
- **구조화 행동요인**
  리더가 과업을 조직화하고 정의하며 업무를 할당하고 의사소통망을 확립한다. 그리고 업무집단의 성과를 파악하고 일에 대해서 상세한 설명을 하여 완수할 수 있게 한다.
- **배려 행동요인**
  신뢰, 상호존중, 우정, 지원, 구성원의 복지 등에 관심을 나타내는 행동을 보인다. 일을 수행하면서 구성원들의 어려움과 특별한 상황을 고려하여 지지해주고 반응해 준다.
- 연구결과, 구조화와 배려 사이에서 **어느 한쪽으로 치우치지 않은 리더가 높은 성과와 만족을 가져왔다.**

3) 미시건 연구

- 미시건 대학교 사회조사연구소에서 리더의 행동유형에 따라 업무성과와 만족도가 높아지는가에 대한 연구를 하여 직무중심 리더십과 구성원중심 리더십 유형으로 구분하였다.
- **직무중심 리더십**(직무중심적 행동)
  오하이오 연구의 '구조화 행동요인'과 유사하다. 세밀한 감독과 합법적인 강제력을 활용하여 업무계획표에 따라 업무를 실천하고 평가한다. 직무중심 리더십은 기획, 통제, 조정, 업무지원 등의 내용을 중심으로 구성된다.
- **구성원중심 리더십(관계지향적 행동, 종업원 중심적 행동)**
  오하이오 연구의 '배려 행동요인'과 유사하다. 인간지향적이고 책임을 위임한다. 구성원의 복지, 욕구, 승진, 개인적 성장에 관심을 갖는다. 구성원중심 리더십은 친근감을 표시하고 감사를 표시하며 인정하는 등의 내용으로 구성된다.
- 연구결과는 오하이오 연구와 달리 **구성원중심 리더십이 상대적으로 높은 생산성**을 보이는 것으로 나타났다.

4) 관리격자이론

- 시카코대학의 블레이크(Blake)와 머튼(Mouton)이 제시한 이론이다.
- 리더십을 '인간에 대한 관심'과 '생산에 대한 관심'이라는 두 개의 축을 중심으로 각 9단계로 설정하여 교차하여 형성되는 부분 81개 중 5개를 리더십 유형으로 제시하였다.

인간에 대한 관심	1 (낮은)	5	9 (높은)
높은 9	1-9형 **컨트리클럽형** 인간욕구, 편안한 분위기, 관계중심		9-9형 **팀형** 조직 목표 + 인간에 대한 신뢰, 추종자의 참여 강조
5		5-5 **중도형** 직무수행과 사기 요인을 적절히 균형	
낮은 1	1-1형 **무기력형** 목표달성과 사기유지에 최소한의 노력만		9-1 **과업형** 인간요소에 별로 관심 없고 과업에만 관심, 철저한 지시와 통제

생산에 대한 관심

- 연구결과, **팀형 리더십**이 가장 높은 성과를 보이는 것으로 나타났다.
- 어느 하나가 가장 이상적인 리더십 유형이라기보다는 상황에 적합한 리더십 유형이 효과적이라고 보기 시작했다. → 상황이론의 시작점이 된다.

5) 행동이론의 한계

- 행동이론에서 제시하는 리더십 행동유형이 효과에 미치는 상관성에 대해서는 입증하지 못했다.
- 상황에 따라 상이하게 나타나는 결과에 대해 설명하지 못했다.

3. 상황이론

1) 상황이론의 전체적인 개념 및 특성

- 1960~1970년대에 주창된 이론이다.
- 성공적인 리더의 행동이나 특성은 상황에 따라 다르다는 것을 강조한다.
- 리더의 권한, 리더가 수행하는 과제의 성격, 부하의 능력과 동기, 외부환경의 속성 등에 따라 효과적인 리더십이 변화한다는 이론이다.

2) 피들러(Fiedler)의 상황적합이론

- 피들러는 상황적 요소와 리더 유형의 상관성에 초점을 두었다. LPC(Least Performance Coworker Score) 평점을 개발하여 측정하여 연구하였다. 이에 따라 관계지향적 리더와 과업지향적 리더로 구분하였다.

> **cf. LPC(Least Performance Coworker Score)**
> 가장 함께 일하기 싫었던 동료를 생각하면서 자신의 리더십을 점검하는 체크리스트이다. 함께 일하기 싫었던 사람을 긍정적으로 받아들이는 사람은 관계지향적인 행동을 하는 것으로, 부정적으로 받아들이는 사람은 과업지향적인 행동을 하는 것으로 구분하였다. 즉, LPC점수가 높을수록 관계지향적이고 낮을수록 과업지향적이라고 할 수 있다.

- 상황이 매우 유리하거나 불리할 경우에는 과업지향형 리더십이 효과적이고, 상황이 유리하지도 불리하지도 않을 경우에는 관계지향형 리더십이 효과적이라고 보았다.
- 상황에 따라 리더십 유형을 선택해야 한다고 보았다.

3) 하우스(House)의 경로-목표 이론

- 오하이오 연구와 브롬의 기대이론을 결합하여 제시한 리더십 행동유형이다.
- 리더는 부하로 하여금 조직목표를 달성할 수 있다고 기대하는 행동경로를 명확하게 밝혀주고 보상을 쉽게 받을 수 있다고 믿게 해야만 동기부여가 되어 성과를 높일 수 있다고 보았다.
- 상황적 요건(부하의 상황 / 업무의 상황)에 따른 4가지 리더십 유형을 제시하였다.
  - a. 지시적 리더십 : 해야 할 사항을 정확하게 언급하면서 이끌어 간다.
  - b. 지지적 리더십 : 종업원들의 욕구와 복지를 위해 노력하면서 이끌어 간다.
  - c. 성취지향적 리더십 : 종업원에 대한 믿음과 함께 도전적인 목표를 제시하며 이끌어 간다.
  - d. 참여적 리더십 : 종업원의 견해를 존중하면서 참여유도와 격려를 통해 이끌어 간다.
- 지시적 리더의 행동은 비구조화된 과업에 종사하는 조직에 효과적이고, 지지적 리더의 행동은 구조화된 일상적 과업을 수행하는 조직에 효과적이다.

4) 허시(Hersey)와 블랜차드(Blanchard)의 상황이론

- **부하직원의 상황**에 주목하여 리더십 행동유형을 결정하였다.

• 리더십 유형을 부하직원의 능력과 의지에 따라 4가지 유형으로 구분하였다.

		능력	
		있다	없다
의지	있다	위임형 리더십	제시형 리더십
	없다	참여형 리더십 (유사결정에 참여시킴)	지시형 리더십

5) 상황이론의 한계

• 상황변수라는 것이 행동이론 주창자들이 제시한 것보다 더 복잡할 수 있다.
• 연구들에서 사용한 척도들이 불명확하다는 한계를 가지고 있다.

4. 최근이론

1) 거래적-변혁적 리더십

• 리더가 조직의 안정에 초점을 두는지, 조직이 변화에 초점을 두는지에 따라 구분한다.
• 거래적 리더십과 변혁적 리더십으로 구분한다.

① 거래적 리더십

• 구성원을 개인적 관심에 치중하는 **이기적인 존재**로 보았다. 따라서 리더는 **보상 등 거래를 통해서 구성원에게 동기를 부여**한다.
• **안정지향적 리더십**으로 업무의 할당, 결과의 평가, 통제 등 일상적인 리더의 행동을 강조한다.

② 변혁적 리더십

• 조직의 문화와 노선을 변동시키려는 **변화추구적이고 개혁적인 리더십**이다.
• 환경변화에 민감하게 대처하여 새로운 비전, 조직문화, 규범을 창출하고, 그것이 새로운 현실이 되도록 추종자들의 지지와 신뢰를 확보하여 나간다. (**확실한 비전제시**)
• **부하조직원을 임파워먼트해 나가는 특성**을 갖는다.
• **카리스마가 있는 지도력**이다.

2) 경쟁적 가치 리더십

• 단순화 또는 이분화된 리더십이 아니라 **통합적 관점을 유지**하는 리더십 이론이다.
• 외부지향-내부지향과 통제위주-유연성 위주를 축으로 하여 4가지 유형으로 제시하였다.
• 비전 제시형 리더십(외부지향-개방적) : 조직활동의 유연성을 추구한다. 기관을 변화시키고 적응시키는 특성을 갖는다. (↔ 분석형)

- 분석형 리더십(내부지향-구조적) : 통제위주의 상반된 가치를 주장한다. 기관활동의 지속성을 향상시킨다.
- 동기부여형 리더십(유연성-비집권성) : 조직구성원 간의 인간관계향상에 가치를 둔다. 기관 구성원의 관계를 향상시킨다. (↔ 목표달성형)
- 목표달성형 리더십(통제-규율위주) : 조직의 생산성을 최대화하기 위한 공식적인 리더십을 지향한다. 기관이 생산력을 극대화한다.
- (사회복지조직의 리더로 가장 적합한 것은 비전제시형 리더십이라고 할 수 있다.)

3) 서번트(Servant) 리더십

- 서번트 리더십이란 현장 실무자들에게 권한과 책임을 위임하고 이들이 업무수행을 잘할 수 있도록 지원해 주는 리더십이다.
- 급변하는 경영환경 속에서 고객과 시장의 요구에 신속하게 대응하기 위하여는 현장 실무자들에게 권한과 책임을 행사하도록 해야 한다. 구성원에게 주인의식을 부여하여 자발적인 참여와 헌신을 유도하는 리더십이다.

4) 셀프(Self) 리더십

- 셀프 리더십이 나오게 된 배경
  - 모든 조직은 처한 상황에 맞는 리더십을 요구하는 역동적인 기관이라는 가정을 한다.
  - 또한 리더와 구성원의 경계가 분명한 분위기, 즉 리더십이 공유된 분위기에서 집단적 차원의 성취가 이루어진다고 보았다.
  - 교육수준이 높은 신세대 노동자들의 작업능률이 저하되는 원인은 권위와 위계질서를 강조하는 전통적 관리방식에 있다고 본다.
  - 신세대들이 자신들의 열정을 조직이 아닌 자신의 일에 바치고자 하기 때문에 지시와 통제를 받을 경우 조직에 견디지 못하고 자신의 잠재적 능력을 발휘하지 못한다고 본다.
  - 이런 신세대 노동자들에게는 개인적 통제와 책임감을 강조하는 셀프 리더십이 적당하다.
- 결국 셀프 리더십(Self Leadership)이란 기본적으로 상사의 통제, 규정, 규칙 같은 외적 조건이 없이도 구성원 스스로 자신의 행동을 돌아보고 주도적으로 책임감 있게 업무를 수행한다는 것이다. 즉, 스스로 행동을 돌아보고 개선해 나가는 특성을 갖는다.

01 퀸(R. Quinn)이 주장하는 혁신적 슈퍼바이저가 가져야 할 능력으로 옳지 않은 것은?

① 유연한 변화를 만들기 위한 의사소통 능력
② 비판적, 창의적 사고 능력
③ 슈퍼바이지(supervisee)의 개인성과를 점검하는 능력
④ 조직을 둘러싼 변화를 판단할 수 있는 능력
⑤ 조직구성원과 이해관계자들 간의 갈등을 예방할 수 있는 능력

해설 퀸은 경쟁적 가치를 주장하였다. 비전제시형 지도자는 변화와 적응을 향상시켜 가는 리더십을 갖는다. 슈퍼바이지의 개인성과를 점검하는 능력은 목표달성가형이라고 할 수 있다.

정답 ③

02 섬김 리더십(servant leadership)에 관한 설명으로 옳은 것을 모두 고른 것은?

ㄱ. 인간 존중, 정의, 정직성, 공동체적 윤리성 강조
ㄴ. 가치의 협상과 계약
ㄷ. 청지기(stewardship) 책무 활동
ㄹ. 지능, 사회적 지위, 교육 정도, 외모 강조

① ㄱ, ㄷ
② ㄴ, ㄹ
③ ㄷ, ㄹ
④ ㄱ, ㄴ, ㄷ
⑤ ㄱ, ㄴ, ㄷ, ㄹ

해설 서번트리더십은 현장 실무자들에게 책임과 권한을 위임하고 이들이 업무수행을 잘할 수 있도록 지원하는 리더십이다. 이는 인간존중과 공동체적 윤리성을 기반으로 하며, 청지기적인 책무를 강조하는 개념이다.

정답 ①

Chapter 07

리더십의 유형 및 수준과 리더십 개발

학습Key포인트

- 리더십의 유형을 구분하고 특성을 제시할 수 있다.
- 리더십 수준에 따른 역할을 구분하여 제시할 수 있다.
- 각 수준별 리더십 개발항목을 나열할 수 있다.

제1절 리더십의 유형 및 수준

리더십이론은 리더십에 대한 여러 이론형성 과정을 살핀 것이다. 이제 리더십의 유형은 이런 리더십이 대별적으로 어떻게 나타나는가를 보여준다. 크게 보았을 때 지시적 리더십, 참여적 리더십, 자율적 리더십으로 구분할 수 있다. 그런데 중요한 것은 이들은 딱 잘라 구분되는 게 아니라 그 수준에 따라 특성이 여러 가지로 나타날 수 있는 것이다.

1. 여러 유형의 리더십

1) 지시형 리더십

- 명령과 복종을 강조한다. 독선적이다. 조직구성원을 보상-처벌의 연속선상에서 통제한다.
- 장점 : 지시형 리더십은 통제와 조정이 쉽고 정책의 해석과 집행에 일관성이 있다. 의논이 필요 없고 신속한 결정이 가능하다. 위기시기에 기여할 수 있다.
- 단점 : 조직원의 사기를 저하시킬 수 있다. 적대감과 소외감을 초래하고 경직성을 피할 수 없다.

2) 참여형 리더십

- 민주적 리더십이라고 할 수 있다. 결정에 있어 부하직원을 결정과정에 참여시킨다.
- 의사소통의 경로가 개방되므로 새로운 정보의 교환이 활발하게 이루어질 수 있다.

- 장점 : 민주적 리더십은 동기유발적이고 개인의 지식과 기술을 잘 활용한다. 또한 개인의 중요성을 강조하는 특성이 있다.
- 단점 : 참여에 시간이 걸린다. 긴급한 결정을 할 경우에는 부적합할 수밖에 없다. 책임이 확산되어 활동성이 떨어질 수 있다. 참여기술을 학습하기 어렵다. 구성원 모두가 비슷한 지식과 지위가 있을 때 잘 이루어진다.

3) 자유형 리더십

- 방임적 리더십이라고 할 수 있다. 대부분의 의사결정권을 부하직원에게 위임한다. 즉, 부하직원이 스스로 프로그램의 목표를 세우고 그에 따르는 계획을 세울 수 있게 한다.
- 특별과업 해결을 위한 전문가 중심 조직에 적합하다. 자문기관으로서의 역할을 한다.
- 리더의 통제나 영향력이 매우 적어 구성원들은 조직의 규칙이나 정책을 위반하지 않는 범위 내에서 자유 재량권을 행사할 수 있다.
- 장점 : 조직원의 능력을 마음껏 발휘할 수 있는 장을 만들어 준다.
- 단점 : 일의 처리에 대한 정보제공이 부족하고 내부갈등에 개입이 어려워 혼란을 야기할 수 있다.

2. 리더십의 연속성

- 탄넨바움(Tannenbaum)과 슈미트(Schumidt)는 연속선상의 리더십을 제시하였다.
- 의사결정 과정에서 부하직원의 참여가 낮은 수준에서 높은 수준으로 변화해감에 따라 리더의 유형도 제시적, 참여적, 위임적인 형태로 변화한다는 것이다.

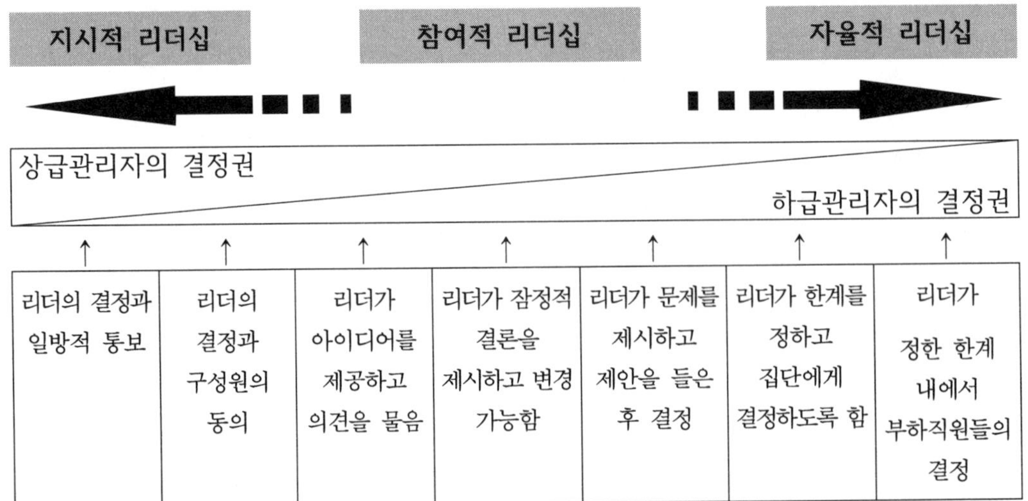

자료 : 사회복지교육연구센터(2014), p.177 참고.

3. 계층별 리더십 수준

1) 최고관리층 리더십

- 최고관리층이란 사회복지조직을 이끌어 나가고 전반적인 책임을 지는 사람들을 의미한다.
- 최고관리층은 사회정책을 사회복지행정으로 전환하고, 필요한 재정을 획득하며, 정치적 지지를 얻어내는 책임을 지고 있는 계층이다.
- 조직 외부의 다양한 이익집단 그리고 지역사회와 네트워크를 가져야 하고, 조직 내, 외부 환경 변화에도 적절히 적응하여 조직을 이끌어 나가야 한다.
- 최고관리층은 다음과 같은 의사결정을 해야 한다.
  a. 조직의 기본적인 임무를 설정한다.
  b. 임무를 수행하기 위한 서비스의 기술을 선정한다.
  c. 내부구조를 발전시키고 유지한다.
  d. 변화를 주도하고 수행한다.

2) 중간관리층 리더십

- 중간관리층은 조직의 중요한 프로그램 부서를 책임지고 있는 사람이다.
- 정책결정에 있어 최고관리자를 보조하고 정책을 집행하는 기능을 수행한다.
- 하위관리층을 향하여서는 최고관리층의 지시를 전달하는 역할을 한다.
- 최고관리층을 향하여서는 하위관리층의 욕구나 관심사를 대변하는 기능을 수행한다.
- 중간관리층은 다음 두 가지 기술을 필요로 한다.
  a. **수직적, 수평적 연결기술** : 최고관리층과 직원의 연결(수직적) / 동료 간의 협조와 조정(수평적)
  b. **인간관계기술** : 개개 직원들의 욕구를 조직의 목표에 통합시키는 인간관계기술

3) 하위관리층 리더십

- 하위관리층은 일선 사회복지사들을 관리하고 접촉하는 슈퍼바이저들이다.
- 일선 프로그램을 지도감독한다. 업무를 분담하고 일선 직원들에게 충고와 지침을 제공한다. 기술이 부족한 직원들에게는 기술을 가르치거나 개인적인 성과를 평가한다.
- 케이스를 다루는 결정에 있어서 일선 직원을 상담하는 주요 책임을 담당한다.
- 단위 감독자, 조정자, 팀리더의 역할을 수행한다.
- 하위관리층이 가져야 할 기술은 다음과 같다.
  a. **전문적 기술** : 슈퍼바이저로서 직원과 자원을 효율적으로 사용하도록 도움을 주는 기술로 일선 직원들의 업무를 조직화하고 조정하는 데 도움을 준다.
  b. **형평에 대한 관심** : 보상과 제재의 분배가 공정해야 한다.

※ 리더십 수준과 기술

계층	수행 및 특성	주요기술
최고관리층	• 행정목표의 설정과 정책결정 • 변혁을 위한 의사결정 수행 • 자원의 동원, 관리 • 행정의 통제, 조정 • 조직의 일체성과 환경에 대한 적응성 확보	의사결정(개념적)기술
중간관리층	• 최고관리층과 직원의 연결 • 하급자에 대한 감독, 통제 기능 • 동료 간의 협조, 조정의 수평적 기능	인간관계기술
하위관리층	• 슈퍼바이저 • 업무의 기술적 측면에 대한 충고와 지시 제공 • 슈퍼비전을 위한 전문적 기술이 필요	기능직(사무적)기술

제2절 리더십의 개발

특성이론으로 리더십을 보는 것을 제외하면 리더십을 개발하고 발전할 수 있는 것으로 보고 있다. 현대 리더십이론은 모든 사람을 대상으로 리더십을 이야기하고 훈련을 통하여 모두 바람직한 리더십을 개발할 수 있는 것으로 이야기한다. 리더십 개발은 비단 리더에게만 관계되는 게 아니라 모든 구성원에게 관계되는 것이라고 할 수 있다.

1. 리더십의 측정

- 리더십 측정은 리더의 역할과 기술의 정도를 측정하는 작업이다. 리더십 측정은 엄밀하게 이야기해서 정확한 척도가 없어서 쉽지만은 않은 작업이다. 그래도 리더십 개발을 위해서는 각 요소에 대한 리더십 측정이 불가피한 면이 없지 않다.
- 리더는 여덟 가지로 구분하고 또 다시 이를 기술에 따라 네 가지로 구분할 수 있다.

① 경계-확장기술

- 새로운 전달체계의 구축 및 개선, 효과적인 프로그램 개발 준비, 법률의 영향분석, 각종 연합회의 활용, 언론과의 관계 개발

- 혁신가, 중개자로서의 사회복지사

② 인간관계기술

- 유능한 직원의 모집과 효과적인 조직 형성, 직원의 문제해결 능력 개발
- 조언자, 촉진자로서의 사회복지사

③ 조정기술

- 조직의 원활한 기능 수행과 질서정연한 업무의 흐름에 필요한 정보의 수집 및 배분, 조직의 문제해결이나 조정, 시간관리 및 규칙과 같은 기준에 대해 잘 이해시켜 주는 역할
- 점검자, 조정자로서의 사회복지사

④ 지도기술

- 조직 내 구성원의 적절한 업무수행을 자극, 에너지 투입, 역할의 명료화, 업무진행에 대한 모니터링 및 환류의 제공, 확실한 역할기대 설정
- 생산자, 감독자로서의 사회복지사

2. 리더십의 개발

1) 개인 수준의 리더십 개발

- 개인행동 수준에서 리더십을 개발하는 방법으로는 강의, 사례연구, 역할연기, 감수성 훈련, 행동 모형화, 교류분석 등을 들 수 있다.
- 강의 : 리더십이론과 기술에 대한 강의를 통해 개인의 리더십을 향상시킨다.
- 사례연구 : 특정 훈련에 필요한 사례를 분석하고 토의하여 바람직한 리더십 증진방법에 대해 학습하는 것이다.
- **역할연기**(role play) : 리더와 성원의 역할을 맡아 역할연기를 해봄으로써 리더십을 개발한다.
- **감수성 훈련** : 대인관계의 감수성 증대를 통해서 인간관계 능력과 조직의 유효성을 향상시키는 기법이다. 감수성 훈련은 참여자 간의 소개와 친밀한 관계를 유도한다. 이론교육, 상호작용, 경험토의, 피드백의 교환 등을 반복적으로 수행함으로써 내면에 있는 감수성을 더욱 예민하게 발전시키는 방법이다.
- 행동 모형화 : 강의, 시청각교육, 역할연기방법에 피드백 강의기법을 적용하여 개인의 기술향상이나 행동개선을 가져오게 하는 훈련기업이다.
- 교류분석 : 개인의 성장과 변화를 위한 체계적인 심리치료법이다.

2) 집단 수준의 리더십 개발

- 집단행동 수준에서 리더십을 개발하는 방법으로는 팀 구축, 집단대면, 과정자문, 제3자

조정, 설문조사 피드백 등을 들 수 있다.

- 팀 구축 : 작업집단 구축법이다.
- 집단대면 : 집단 사이의 지원적인 관계를 조성하기 위하여 변화담당자가 중심이 되어 집단 간의 상호 이해를 증진시키고, 잠재되어 있는 문제를 인식시켜 해결책을 모색하는 것이다.
- 과정자문 : 과정상담법이다. 문제에 대해 외부의 전문가가 자문을 해주는 방법이다.
- 제3자 조정 : 개인 간 혹은 집단 간 갈등해결을 근본목표로 삼고 있다.
- 설문조사 피드백 : 집단이나 조직문제에 대해서 구성원들로부터 설문조사를 실시한다. 이후 이것을 피드백 자료로 활용하여 구성원들로 하여금 자신의 집단과 조직문제를 해결해 나가도록 한다.

3) 공동체 수준의 리더십 개발

- 관리격자이론을 바탕으로 6단계의 리더십 개발단계를 통하여 개인행동개발부터 조직행동개발에 이르기까지 이상적인 리더의 실현을 목적으로 한다.
- 다양한 능력측정과 개인과 집단의 자기평가, 지식, 기술, 행동개발 방법을 고안하였다.

1단계	그리드 세미나 단계	조직구성원의 리더십 행동 유형을 학습, 조직구성원의 행동유형을 직접 측정, 피드백을 통한 행동조정
2단계	팀 개발	1단계 행동유형을 실무에 적용하고 그 결과를 조직의 구성원과 함께 토의
3단계	집단 간 행동개발	집단 간의 갈등과 스트레스의 원인을 분석하고 상호 협조적인 태도와 행동을 유도
4단계	이상적 모형개발	전체 조직체의 목적설정을 포함한 전체 조직적인 사고와 행동을 개발
5단계	모형의 실천	계속적인 행동의 개선과 개발을 추진
6단계	이상적 모형의 정착	시도한 기법들의 실제효과를 측정 및 평가하여 조직을 안정시킴

core 사회복지조직에서 리더십의 필요성

- 구성원들이 규칙과 규정을 준수하도록 동기부여를 하는 기능이 있다.
- 환경변화에 대응하는 기능이 있다.
- 조직의 내부적 변화를 조직에 통합시키는 기능이 있다.
- 조직의 목표와 구성원의 목표가 일치하도록 유도하는 기능이 있다.

01 지시적 리더십과 비교하여 참여적 리더십이 갖는 장점은?

① 정책의 해석과 집행에 일관성이 있다.
② 명령과 복종을 강조하므로 통제와 조정이 쉽다.
③ 신속한 결정이 가능하므로 위기에 도움이 된다.
④ 보상과 처벌을 중심으로 통제하고 관리한다.
⑤ 구성원들 간 정보교환이 활발해질 수 있다.

해설 일관성, 통제와 조정, 신속한 결정, 보상과 처벌 등은 모두 지시적 리더십의 특징이다. 참여적 리더십은 구성원 간 정보교환이 활발한 반면 긴급한 의사결정에는 다소 적절하지 않은 면이 있다.

정답 ⑤

02 권한을 위임하는 데 필요한 지도자의 태도와 능력에 대한 쿤츠(Koontz)와 오도넬(O'Donnel)의 설명으로 옳은 것을 모두 고른 것은?

ㄱ. 지도자는 하급자들보다 능력 면에서 뛰어나야 한다.
ㄴ. 지도자는 하급자의 실수를 허용할 수 있어야 한다.
ㄷ. 지도자는 하급자들을 구체적으로 통제할 수 있어야 한다.
ㄹ. 지도자는 하급자의 아이디어가 채택되어 실현될 수 있는 기회를 준다.

① ㄱ, ㄴ, ㄷ
② ㄱ, ㄷ
③ ㄴ, ㄹ
④ ㄹ
⑤ ㄱ, ㄴ, ㄷ, ㄹ

해설 지도자가 하급자보다 뛰어나거나 지도자가 하급자를 통제할 수 있는 것은 위임이 아니라 지시형이라고 할 수 있다. 권한을 위임하려면 하급자에 대해서 개방적인 태도를 가져야 한다.

정답 ③

Chapter 08

조직문화

학습Key포인트

○ 조직문화의 개념과 특성을 설명할 수 있다.
○ 조직문화의 형성과 유형을 설명할 수 있다.
○ 사회복지조직에서의 조직문화 변화를 제시할 수 있다.

제1절 조직문화의 특성

문화는 인간이 살아가면서 만들어내는 유무형의 모든 것을 말한다. 조직도 유기체로서 생성, 성장, 소멸을 하면서 일정한 문화를 만들어내기 마련이다. 이런 조직문화는 어느 날 갑자기 하루아침에 생기는 것이 아니다. 오래 세월을 거쳐 형성되는 것이다. 그러므로 조직문화를 이해하면 그 조직의 특성과 방향성을 알 수 있게 된다. 행정에서 조직문화를 이해하는 것은 필수적인 작업이라고 할 수 있다.

1. 조직문화의 개념 및 의의

1) 조직문화의 개념

- 로빈스(Robbins & Judge, 2013)는 조직문화를 '구성원들이 공감적으로 형성시킨 가치시스템으로 다른 조직으로부터 구분되도록 해주는 특성'이라고 하였다.
- 어치(Ouchi, 1981)는 조직문화를 '조직의 전통에 의해서 영향 받는 것으로 조직의 분위기를 결정하는 조직의 가치관, 신조, 행동패턴을 규정하는 기준'이라고 하였다.
- 스체인(Schein, 1990)은 조직문화를 '조직체 또는 집단이 내외환경과의 적응 및 통합과정에 적용하는 기본전제로서 조직구성원의 가치관과 사고방식 그리고 행동을 지배하는 요소'라고 하였다.

2) 조직문화의 의의

- 조직문화는 조직이 가지고 있는 가치와 신념에 의해 형성되는 그 조직 고유의 분위기라고 할 수 있다. 이런 조직문화는 결국 조직관리에 영향을 미친다.
- 조직문화는 조직 내적인 측면에서 구성원들에게 조직의 정체성을 공유하게 하고, 의사소통이나 의사결정 그리고 과업수행에 영향을 미친다.
- 조직문화는 조직 외적인 측면에서 환경과의 관계에 영향을 미친다.
- 최근에는 조직의 상호작용에 관심을 갖는다. 이에 따라 조직문화가 더욱 강조되는 경향이 있다.

3) 조직문화의 본질적 특성 7가지(Robbins & Judge, 2013)

① 혁신과 위험부담
조직의 구성원이 혁신적이고 위험을 감수할 수 있도록 장려되는 정도

② 세부사항에 대한 관심
조직의 구성원이 정밀하고, 분석적이고 세부적인 것에 관심을 갖는 정도

③ 산출지향
관리층이 기술이나 과정보다는 결과나 산출에 집중하는 정도

④ 사람지향
관리층의 경영의사결정이 조직구성원에 대해서 산출의 영향을 고려하는 정도

⑤ 팀지향
개인보다는 팀을 중심으로 활동이 조직되는 정도

⑥ 적극성
사람들이 느긋하기보다는 적극적이고 경쟁적인 정도

⑦ 안정성
조직활동이 성장에 대조하여 현 상태를 그대로 유지하려는 정도

2. 조직문화의 구성과 강도

1) 조직문화의 구성요소(7s)

① 공유가치(Shared value)
- 조직구성원들이 공통적으로 가지고 있는 가치관이다.
- 다른 조직문화 구성요소에 지배적인 영향을 주는 핵심요소이다.
- 조직문화형성에 있어 가장 중요한 역할을 한다.

② 전략(Strategy)
- 조직체의 장기목표와 계획 그리고 이를 실현하기 위한 자원배분 패턴을 포함한다.

- 조직체의 장기발전 방향과 기본성격을 결정하고 조직문화의 다른 구성요소들에 많은 영향을 준다.

③ 구조(Structure)
- 조직체의 정책수행에 필요한 틀이다.
- 조직구조와 직무설계 그리고 권한한계와 방침 등 구성원들의 역할과 그들 간의 상호관계를 지배하는 공식요소들을 포함한다.

④ 관리시스템(System)
- 조직경영에 있어 관리제도와 절차를 말한다.
- 조직경영의 의사결정과 일상운영의 틀이 되는 보상제도, 인센티브, 경영정보와 인사시스템, 경영계획과 목표설정 시스템, 결과 측정과 조정 및 통제 등을 포함한다.

⑤ 구성원(Staff)
- 조직체의 인력구성을 말한다.
- 여기에는 구성원들의 능력, 전문성, 신념, 욕구, 동기, 지각, 태도, 행동패턴 등이 포함된다.

⑥ 관리기술(Skill)
- 조직체의 각종 기술을 말한다.
- 하드웨어기술, 소프트웨어기술, 갈등관리기술, 변화관리기술 등이 여기에 포함된다.

⑦ 리더십 스타일(Style of Leadership)
- 구성원들을 이끌어나가는 경영자의 관리스타일을 말한다.
- 구성원들의 행동조성은 물론 그들 간의 상호작용관계와 조직분위기에 직접적인 영향을 주는 요소이다.

※ 이 요소들은 서로 밀접하게 연결되어 있고 전체적으로 조직문화에 영향을 미친다. 이들이 매우 밀접하게 그리고 일관성 있게 상호의존적으로 연결되어 있을수록 전체적으로 강한 문화를 형성한다(이학종, 박현준, 2009).

2) 조직문화의 강도

- 조직의 믿음과 가치들이 더 깊게 공유될 때 강해진다.
- 조직의 믿음과 가치들이 더 넓게 공유될 대 강해진다.
- 조직의 믿음과 가치들이 분명하게 위계되었을 때 강해진다.
- 조직문화와 같이 하는 리더십이 강할 때 강해진다.
- 조직구성원이 오랫동안 조직에 헌신할 때 강해진다.
- 조직의 규모도 영향을 미칠 수 있다.

3. 조직문화의 기능

- 조직문화는 일상적으로 일어나는 업무관행이나 의사결정관행에 영향을 미친다.
- 조직문화는 조직의 정책이나 전략을 선택하는 데 영향을 미친다.
- 조직문화는 조직이 처한 내외부적 환경에 대처하거나 조직에 적합한 기술을 선택하는 데 영향을 미쳐 조직의 성과를 극대화할 수 있도록 한다.
- 조직문화는 조직 내에 있는 다른 소집단들을 통합하게 하는 역할을 하기도 한다.

제2절 조직문화의 형성과 유형

조직은 일정기간에 걸쳐 문화를 형성한다. 이때 문화는 형성과 변화의 과정을 거치게 된다. 물론 쉽게 변화하는 것은 아니다. 유기체의 특성은 급격한 변화가 아니라 점진적인 변화를 이루기 때문이다. 조직문화 자체를 유지하는 성격도 있는 것이다. 체계론적인 입장에서 보면 개방체계가 건강하다. 따라서 조직문화라는 것도 바람직한 방향으로 변화해나가는 모습을 가져야 한다. 이런 과정에서 조직문화는 여러 유형을 보이게 된다.

1. 조직문화의 형성과 변화

1) 조직문화의 형성

- 조직문화의 형성에 있어서 **가장 중요한 것은 조직설립자 또는 최고경영자의 경영이념과 철학**이다. 설립자 또는 경영자의 경영이념이나 철학은 조직이 지향하는 가치관의 형성에 직접적인 영향을 미친다. 그리고 이것이 조직의 역사 속에서 구성원들에게 뿌리를 내려 조직문화가 형성된다.

  eg. 명지대학교를 포함한 명지학원은 유상근 박사가 학교를 설립할 때 하나님을 사랑하고, 이웃을 사랑하며, 자연을 사랑하는 실용적인 인재양성이라는 철학으로 설립하였다. 이에 따라 명지대학교는 실용적인 부분에서 많은 영향력 있는 일들을 이루어내는 특성을 보이고 있다.

2) 조직문화의 유지와 전파

- 조직문화에 적합한 사람을 선발, 오리엔테이션 및 훈련과 교육, 최고경영자의 발언과 행동, 조직 내에서의 행사들을 통해 유지, 전파된다.

- 조직문화는 의사소통을 통해 조직구성원들을 사회화시킨다. 이로써 특정한 형태의 가치와 규범을 형성하게 하는 특성을 갖는다.

3) 조직문화의 변화가 용이한 상황

- 조직이 극단적인 위험에 처해 있을 때
- 조직의 리더십이 기본 가치체계와 다른 대안적인 새로운 가치체계를 가진 새로운 리더에 의해 변화될 때
- 조직의 수명주기상 형성기에 있을 때
- 조직의 규모가 상대적으로 작을 때
- 조직의 기존문화가 강하게 존재하지 않을 때

2. 조직문화의 유형

- 조직문화 유형은 어느 하나의 이론적 배경으로 유형화하기가 힘들다. 다양한 가치가 복합적으로 구성되어 여러 가지 조합이 가능하기 때문이다.
- 연구의 목적과 범위에 따라 접근방법이 다르게 나타나기도 한다.

① 가치관의 초점과 원천에 근거하여
- 기능적-전통적, 기능적-카리스마적, 엘리트적-전통적, 엘리트적-카리스마적 유형이 있다.

② 위험정도와 피드백 속도에 기초하여
- 강인한 남성문화, 열심히 일하고 열심히 노는 문화, 투기적으로 조직이 운영되는 문화, 과정을 중시하는 문화유형이 있다.

③ 준거의 초점과 변화추구 정도에 따라
- 적응성문화, 사명문화, 몰입문화, 일관성문화 등이 있다.

④ 사회집단의 구성원들 사이의 교환구조
- 생산적문화, 관료적문화, 전문적문화 등이 있다.

⑤ 조직문화 차원으로 분류
- 환경적 차원, 내부적 차원, 진화적 차원을 제시하여 각 차원별로 다양한 문화가 있다.

3. 사회복지조직의 문화방향

1) 사회복지조직 문화변화의 흐름

- 고전적 관료제가 1980~1990년대에 TQM, 고객제일주의, 조직혁신, 리엔지니어링, 벤치마킹

등의 이름으로 관료제적인 성격에서 고객중심의 고품질 조직관리 문화로 변화되어 갔다.

- 사회복지조직에서도 공급자적인 측면에서 수요자적인 측면으로 조직문화가 이동한 것이다. 더 나가 수요자적 측면에서 서비스 질을 중시하는 문화로 바뀌고 있는 것이다.
- 이런 사회복지조직문화의 변화는 조직구성원의 가치관 혁명과 패러다임의 변화가 있어야 가능하다. 이런 변화에서 나타나는 공유된 신념, 이미지, 조직비전을 받아들이는 것이 함께 나타나야 한다.

2) 사회복지조직문화의 변화가 나아갈 방향

- 새로운 조직문화의 도입은 조직분위기 조성에 영향력이 큰 최고위층 관리자의 의지에 달려 있다. 따라서 그들의 이해와 의지표현이 급선무이다.
- 최고관리층에서 결정되었다고 해서 일방적으로 강요하는 하양식 전달은 혁신이 아니다. 현실의 문제점을 분석하고 이상적 문화를 설계하는 모든 과정에서 구성원들의 참여와 공감대가 형성되어야 한다.
- 일시적인 붐 조성이나 전시적인 행정으로 끝나서는 안 된다. 지속적인 후속작업을 통하여 제도개편과 인식개선이 뒤따라야 한다.
- 구호나 슬로건의 타의적 전개방법보다는 사회복지사 자신의 의식개혁과 약점보완으로 시작하여 이상적 문화를 구축하는 순서로 나아가야 할 것이다.

01 조직문화에 관한 설명으로 옳지 않은 것은?

① 조직의 정체성을 결정하는 일련의 가치와 신념이다.
② 조직과 일체감을 갖게 함으로써 구성원의 정체감 형성에 기여한다.
③ 조직의 믿음과 가치가 깊게 공유될 때 조직문화는 더 강해진다.
④ 경직된 조직문화는 불확실한 환경에 대처하도록 돕는다.
⑤ 조직 내에서 자연적으로 생길 수 있다.

해설 조직문화가 경직된 경우 변화에 대해서 유연할 수가 없다.. 정답 ④

02 조직문화와 조직성과의 연관성에 관한 설명으로 옳지 않은 것은?

① 조직의 핵심가치를 공유하는 조직구성원이 많을수록 조직성과가 향상된다.
② 조직문화가 조직의 전략과 일치할수록 조직성과를 향상시킨다.
③ 조직문화는 변화가 쉬워 조직성과에 긍정적인 영향을 준다.
④ 환경적응적 조직문화는 조직외부 이해당사자들의 기대실현을 적절한 수준으로 고려하여 조직성과를 향상시킨다.
⑤ 조직문화와 조직성과는 긴밀한 관계를 갖는다.

해설 문화는 쉽게 변하는 게 아니다. 그 문화가 형성되기까지 많은 시간이 흐르면서 형성된 것이기에 변화 역시 천천히 이루어지는 것이 일반적이다. 급격한 변화는 전쟁, 혁명 등이 일어난 때이다. 정답 ③

Chapter 09 기획

학습Key포인트

○ 기획에 연결되는 키워드를 제시할 수 있다.
○ 기획의 과정에서 다뤄야 할 주요 내용을 제시할 수 있다.
○ 기획을 할 때 상황에 맞는 활용 방법을 제시할 수 있다.

제1절 기획의 개념과 과정

사회복지조직은 대상자에게 특정 서비스를 제공함으로써 문제의 해결이나 욕구의 충족을 목표로 행정집행의 기능을 갖는다. 이때 대상자에 대해서 또는 지역사회복지에 대해서 어떤 목표, 어떤 서비스, 어떤 과정을 통하여 서비스가 이루어질지 계획을 세워야 한다. 목표달성의 극대화와 더불어 비용의 최소화를 추구하여야 하는 사회복지조직의 특성상 기획은 중요한 역할을 하고 있음을 알 수 있다.

1. 기획의 개념 및 필요성

1) 기획의 개념과 특성

① 기획의 개념

- 과정론적인 입장에서 기획은 '특정의 행동목표를 달성하기 위해서 활용 가능한 미래의 방법, 절차를 의식적으로 개발하는 과정으로 효율적 목표달성을 위한 최적의 수단 선택과 관련되어 효과성과 효율성을 추구하는 행정의 과정'이라고 할 수 있다(고재욱 외, 2018).
- 체계론적인 입장에서 기획은 '어떠한 행동이 취해지지 않으면 바람직한 미래가 도달하지 않을 수 있으며, 그 행동이 취해진다면 바람직한 결과가 도래될 개연성이 증가된다고 믿어지는 상황에서 그 행동이 취해지기 전에 상호연관된 결정들의 집합을 형

성하고 평가하는 일련의 과정'이라고 할 수 있다(이종수 외. 2014).

- **결국 기획이란 조직의 목표를 달성하고자 미래에 취할 행동을 위하여 결정을 준비하는 체계적인 방법이며 과정이라고 할 수 있다.**

② 기획의 특성(장인협 · 이정호, 2004)

- 기획은 **고위층의 관리기능**을 나타내는 것으로 그것을 타인에게 위임하거나 소홀히 다룬다면 기관에 악영향을 초래한다.
- 기획이란 현재에서 시작하여 **미래까지 연장되는 것**이다.
- 기획은 **질서정연해야 한다.** 기획은 목표설정에서부터 목표달성에 필요한 프로그램을 합리적 방법으로 전환하는 것이다. 우연적이거나 비공식적일 수 없다.
- 효과적인 기획은 목적, 프로그램 책임, 관계 등이 명확해야 한다. 즉, 결과가 뚜렷해야 한다.

  a. 기획은 **역동적**이어야 한다. 기획은 변화하는 조건들과 새로운 발전들을 고려하고 변화에 상응하기 위한 적응성을 길러야 한다.

  b. 기획은 **행동위주**이어야 한다. 기획은 그 자체가 목적이 아니라 **목적을 이루는 수단**에 불과하다. 따라서 효과적이고 적극적인 행동으로 이루어져야 한다.

core 기획에 연결되는 키워드

미래지향적, 계속적인, 동태적인, 과정지향적인, 의사결정과 연관, 목적을 이루기 위한 수단

2) 기획의 필요성(Skidmore, 1995)

- 기획은 **효율성 증진**을 위해서 필요하다.
- 기획은 **효과성 증진**을 위해서 필요하다.
- 기획은 **책임성 증진**을 위해서 필요하다.
  사회복지행정은 국가의 기금이나 개인이 후원금을 사용한다. 따라서 서비스의 효율성과 효과성을 통해서 책임을 보여야 한다. 이를 위해서는 기획이 필요하다.
- 기획은 **사회복지조직의 사기**를 위해서 필요하다.
  기획과정에는 많은 조직성원이 참여할 수 있고 참여를 통하여 조직구성원은 조직과 목표에 기여할 수 있다. 이런 과정을 통하여 인정과 성취감을 얻을 수 있다. 기획은 곧 사회복지조직 구성원의 사기를 진작시키는 역할을 하고 있다.

2. 기획의 유형

1) 위계수준에 따른 유형

위계수준	기획의 유형
최고관리층	목표, 정책, 장기적 계획, 조직 전체 영역
중간관리층	할당, 사업계획, 보완적 목표, 정책
감독관리층	구체적 사업계획, 일정표, 단기목표, 운영기획
관리실무자층	일상적 업무 및 사소한 절차에 국한

자료 : 고재욱 외(2018), p.176

2) 시간차원에 따른 유형

- 장기기획
  주로 1년 이상의 기획을 의미한다. 외부환경을 중시하고 주기적으로 조직의 목적과 목표를 재설정한다. 창의성과 미래에 대한 비전을 가져야 한다.
- 단기기획
  주로 1년 미만의 사업기획을 의미한다. 구체적인 행동과 실행방법에 대해서 지향할 것들로 구성된다. 장기계획과 상호 밀접한 관련성을 갖고 **장기기획 속에 통합되어야 한다.**
- 하위계층에서 상위계층으로 올라갈수록 단기기획에서 장기기획으로 책임이 조정된다.

3) 대상에 따른 유형

- 전략기획
  조직의 구체적 목표의 설정 및 변경, 우선순위의 설정, 자원의 획득, 사용, 분배를 위한 정책을 결정하는 과정이다.
- 운영기획
  프로그램 차원에서 획득된 자원을 목표달성을 위하여 관리하는 과정이다.

3. 기획의 과정

1) 기획의 3가지 형태

① 자원기획 : 재정기획, 시설 및 장비에 관한 기획, 소비물자기획, 인사기획
② 프로젝트기획 : 개별 프로그램이나 집단 프로그램에 대한 기획
③ 개인기획 : 개인이 달성해야 할 목표를 설정하고 그에 필요한 활동과정을 기술하는 것

2) 기획의 과정

core 기획의 논리적 순서

목표설정 → 자원의 고려 → 대안모색 → 결과예측 → 계획결정 → 구체적인프로그램 수립 → 개방성 유지

① 목표설정
- 목적(purpose)을 달성하기 위한 몇 가지 목표(goal)가 설정되어야 하고, 목표를 달성하기 위한 세부적인 목표(objective)가 설정되어야 한다.
- SMART objective : 구체적(Specific), 측정 가능한(Measurable), 실현 가능한(Attainable), 결과지향적인(Result-oriented), 시간구조(Time-boundary, 달성 시한이 명시된)

② 자원의 고려
- 구체적인 세부목표가 설정되면 설정된 목표를 달성하기 위한 정보를 수집한다. 이때 기관의 물적, 인적 자원을 고려해야 한다.
- 지역사회 내 다른 자원의 연계를 고려해야 한다.

③ 대안모색
- 세부목표 설정과 자원의 고려가 이루어지면 **여러 가지 대안을 나열(열거)**하여야 한다.
- 대안은 많을수록 좋다.

④ 결과예측

⑤ 계획결정
- **우선순위**에 따라 최종적인 결정을 내린다.
- 우선순위는 **대안의 중요성**과 **실현가능성**에 따라 이루어진다.

⑥ 구체적인 프로그램 수립
- 합의된 목표에 도달하기 위한 구체적인 프로그램을 기획하는 단계이다.
- 청사진, 도표를 작성하는 일을 포함하며 단계적 개요가 기록된다.
  (일시, 장소, 대상, 일정, 예산, 기대효과 등)

⑦ 개방성 유지
- 프로그램 수행에 있어 **변화에 대해서 발전적이고 합리적인 변경을 수용**할 수 있어야 한다. (**개방성**과 **융통성**)

제2절 기획에 활용되는 기법

기획을 할 때 사용하는 여러 기법들이 있다. 간단하게는 간트 차트에서부터 복잡하게는 SWOT 분석까지 여러 방법이 활용될 수 있다. 각 기법들의 특징에 따라 유용하게 사용하면 기획을 하는 데 있어 보다 수월성과 효율성을 가질 수 있다. 다만, 이런 기법들은 어디까지나 기획에 활용하는 것이지 그 자체가 목적은 아니다.

1) 간트 차트

- **시간별 활동계획표**라고 할 수 있다.
- 일정 기간동안 이루어야 할 과업과 활동을 시간(기간)별로 나열하는 것이다.
- 세부적인 활동은 포함하지 않으며 과업 간의 연결정도도 표시되지 않는다. (단순명료함)
- **상대적으로 복잡하지 않은 사업을 기획할 때 유용하게 사용할 수 있다.**

2) 프로그램평가 검토기법

- Program Evaluation and Review Techniques: PERT)
- 1950년대 미해군의 핵잠수함 건축과정에서 고안된 것이다.
- **PERT는 특정 프로그램의 목표에 따라 이와 관련된 과업과 활동, 세부활동 간의 관계를 논리적으로 시간순서에 따라 도식화하는 것이다.**
- 시간계획을 논리적 흐름에 따라 연결시켜 도식화함으로써 **주어진 일정 안에 완수해야 되는 과업을 규정하고 통제하는 데 유용**하다.
- **최초과정에서 최종과업에 이르는 가장 긴 경로를 임계통로**(critical path)라 하고, 최종과업을 달성하기 위해 걸리는 최소한이 소요시간을 나타낸다.

3) 월별 활동계획 카드

- 간트 차트와 동일한 방법으로 월별로 해당하는 공간에 카드를 붙이게(걸게, 올려놓게) 되었다는 점에서 다르다.
- 계획의 시간변경을 쉽게 할 수 있다는 장점이 있다.
- **간트 차트처럼 과업 간 연결정도는 나타나지 않는다.**

4) 방침관리기획

- PDCA 사이클을 활용한다. (Plan→ Do → Check → Action)
- 구성원 전체가 목표를 달성하는 데 있어 예외상황이 나타날 수 있다. 이를 **조정하는 개념**이 기획방법이다.

5) SWOT 분석

- 프로젝트를 실행하는 데 있어 조직 내 / 외부의 환경을 분석하는 것이다.
- **내부환경**은 프로젝트를 수행하는 데 있어 **강점**(Strength)**과 약점**(Weekness)을 파악하는 것이다. **외부환경**은 프로젝트를 수행하는 데 있어 **기회**(Opportunity)**와 위기**(Threat)를 파악하는 것이다.

내부환경

Strength	Weekness
Opportunity	Threat

외부환경

SO 전략 (강점-기회 전략)	• 환경의 기회를 활용하기 위해 조직의 강점 사용 • eg. 후원자 증기에 따른 프로그램 확장
ST 전략 (강점-위기 전략)	• 환경의 위기를 회피하기 위하여 조직의 강점 사용 • eg. 정부예산 삭감에 따라 실비 고객확보
WO 전략 (약점-기회 전략)	• 조직의 약점을 극복하기 위해 환경의 기회 활용 • eg. 재정부족에 대한 대안으로 공동모금회 배분신청
WT 전략 (약점-위기 전략)	• 환경의 위협을 피하고 조직의 약점을 최소화하는 전략 • eg. 내부적으로 낭비요소 제거

6) 논리모델

- 논리모델은 프로그램에 투입되는 자원과, 시행하고자 하는 활동 프로그램, 달성하고자 하는 결과 간의 관계를 논리적인 체계로 도표화는 것이다.
- 일반적으로 다음과 같은 순서를 갖는다 : 투입 → 전환 → 산출 → 성과

01 다음 설명에 해당하는 프로그램 관리기법은?

> ○ 프로그램 진행 일정을 관리하는 목적으로 많이 활용됨
> ○ 프로그램을 구성하는 활동들 간 상호관계와 연계성을 명확하게 보여줌
> ○ 임계경로와 여유시간에 대한 정보를 파악할 수 있음

① 프로그램 평가 검토기법(PERT)
② 간트 차트(Gantt Chart)
③ 논리모델(Logic Model)
④ 임팩트모델(Impact Model)
⑤ 플로우 차트(Flow Chart)

해설 임계경로와 시간에 대한 정보를 파악할 수 있는 기법은 프로그램평가검토기법이다. 정답 ①

02 PERT에서 프로그램 시작부터 모든 활동의 종료까지 소요되는 최소한의 시간 경로를 찾는 방법은?

① 최소경로(Minimal Path)
② 임계경로(Critical Path)
③ 기술경로(Technical Path)
④ 혼합경로(Mixed Path)
⑤ 기대경로(Expected Path)

해설 프로그램평가 검토기법(Program Evaluation and Review Techniques: PERT)에서 시작에서 종료까지 최단거리를 의미하는 것은 임계경로(Critical Path)이다. 정답 ②

Chapter 10 의사결정과 의사전달

학습Key포인트

○ 의사결정이론의 종류와 특성을 구분하여 설명할 수 있다.
○ 의사결정 기술을 나열하고 그 특성을 설명할 수 있다.

제1절 의사결정

사회구성체로서의 개인이나 조직은 매순간 크고 작은 의사결정을 하게 된다. 또한 사회복지조직의 행정책임자도 매일 의사결정을 하여야 한다. 그리고 이러한 결정은 결국 서비스의 전달에 영향을 미치게 된다. 특히, 사회복지조직은 휴먼서비스를 감당하는 조직이라는 점에서 의사결정에 있어 도덕성과 윤리성 등의 제약을 받기 마련이다. 따라서 의사결정에의 개념, 기법, 모형 등에 대해서 이해할 필요가 있다.

1. 의사결정의 개념 및 방법

1) 의사결정의 개념

- 의사결정은 조직의 목표를 달성하기 위해 여러 대안 중 하나를 채택하는 것이다.
- 이때 최선의 방안을 선택하는 것이 중요하다.

2) 의사결정의 방법

- 직관적 결정

합리성보다는 감정에 의존하여 가장 옳다고 느껴지는 것을 결정하는 방법이다. 사회복지에 있어 직관적 결정은 직원의 채용, 해고와 같은 인사에 중요한 역할을 하기도 한다. 다만, 직관적 판단은 합리성에 의존하는 것이 아니므로 주의를 기울여야 한다.

• 판단적 결정
개인이 가지고 있는 지식과 경험에 의존하여 결정하는 방법이다. **대부분의 결정은 판단적 결정**에 의해서 이루어진다.

• 문제해결 결정
합리적인 절차를 통해서 이루어지는 결정이다. 즉각적인 결정이 주로 필요한 경우에 사용된다. 정보수집, 연구, 분석의 과학적이고 객관적인 과정이 포함된다.

2. 의사결정의 모형

1) 합리모형

① 합리모형의 개념 및 특성

- 인간이 합리적인 존재라는 가정에서 나온 모형이다.
- 정책결정권자는 가장 합리적인 모습으로 가장 최선의 선택을 한다는 것이다.
- 이렇게 하기 위해서는 정책결정권자는 모든 대안을 알아야 하며, 모든 대안의 결과를 예측할 수 있어야 한다.

② 합리모형의 한계

- 가장 이상적인 모델이지만 과연 인간이 이렇게 합리적일 수 있는가의 문제가 제기된다. 설령 인간의 합리성이 가능하더라도 현장에서는 이런 모든 대안을 시뮬레이션해 볼 시간적 여유가 없다.
- 사실상 실현가능성이 약하다.

2) 점증모형

① 점증모형의 개념 및 특성

- 기존에 실시하는 정책을 약간 변형하여 새로운 정책으로 결정하는 것이다.
- 이미 확보된 예산이나 지지층이 있어 현실적으로 큰 부담 없이 결정할 수 있고, 실행할 수 있다.

② 점증모형의 한계

- 급진적으로 변화해 나가는 현대사회에서는 적용하기가 어렵다.
- 보수적인 결정이 이루어지기 때문에 기득권에게 유리한 측면이 있다.

3) 혼합모형

① 혼합모형의 개념 및 특성

- 합리모형과 점증모형의 장단점을 함께 고려하여 절충한 것이다.
- 인간의 정보처리 능력의 한계를 인정한다(합리모형 비판). 또한 점증모형은 창조적이지

못함을 비판한다(점증모형 비판). 그러면서 이 둘의 장점으로 해결방안을 결정한다.

- 문제가 발생했을 경우, 비용과 편익을 고려하여 대안을 찾고(합리이론 선택), 이를 바탕으로 현실적으로 현재의 정책을 수정, 보완하여 결정하는 것(점증이론 선택)이 바람직하다고 본다.

② 혼합모형의 한계

- 중간자적인 입장은 양쪽으로부터 비난을 받을 수밖에 없다.
- 실제 결정에 있어서는 점증모형을 선택하는 것과 크게 다르지 않다.

4) 만족모형

① 만족모형의 개념 및 특성

- **제한된 합리성에 기초**하여 결정하는 것이다. 제한된 합리성이란 완전히 합리적인 것은 아닐지라도 **만족할만한 정도에서 결정**하는 것을 의미한다. 결국, 합리모델의 제약점을 극복하고자 하는 방안이다.
- 실용적이라고 할 수 있다.

② 만족모형의 한계

- 만족할만한 근거를 어디서 가져올 수 있는지에 대한 의구심이 제시된다. 그것을 측정할 척도의 부재로 문제가 된다.
- 즉, 주관적일 수 있다는 한계를 가지고 있다.

5) 최적모형

① 최적모형의 개념 및 특성

- 점증모형과 만족모형의 보수성에 불만을 갖고 주장된 모형이다.
- 체계론적인 시각에서 파악하고 **정책성과를 최적화**하려는 모델이다. 즉, 투입보다 산출이 커야 한다.
- 최적화를 위해서는 경제적 합리성뿐만 아니라 직관, 판단, 창의성 등과 같이 **초합리적인 요인도 동시에 고려**해야 한다.
- 합리성뿐만 아니라 초합리성까지 동원하기에 최적의 모형을 찾아내는 장점이 있다.

② 최적모형의 한계

- 정책결정 전반에 대해서 이야기하다보니 최적의 의미가 불분명해진다.
- 또한 초합리성을 사용한다고 하지만 초합리성과 합리성의 관계가 모호하다.

6) 공공선택모형

① 공공선택모형의 개념 및 특성

- 바람직한 민주적 의사결정 과정을 주요 내용으로 하는 모형이다.

- 구성원 모두가 결정에 참여하여 의사를 개진함으로써 결정한다.
- 사회복지에 사용되는 자원이 (준)공공재라는 측면에서 바람직한 모습을 갖고 있다.

② 공공선택모형의 한계

- 그러나 모두의 의견을 반영한다는 것이 쉬운 일은 아니다.
- 의사결정에 일정한 시일이 소요된다.

7) 쓰레기통모형

① 쓰레기통모형의 개념 및 특성

- 의사결정이 합리성이나 협상, 타협 등에 의해서 이루어지는 것이 아니라 **우연성, 임의성**에 의해서 이루어진다는 견해이다.
- 쓰레기통에 온갖 것들이 모이듯이 의사결정이 이루어질 여러 흐름이 우연히 한곳에 모여서 의사결정이 이루어진다는 모형이다. 이때 흘러가는 여러 흐름은 **문제의 흐름, 대안의 흐름, 정책결정참여자의 흐름, 정책선택의 흐름** 등이다.
- 급변하는 시대에 정책결정의 유동성에 대해서 잘 설명하고 있다.

② 쓰레기통모형의 한계

- 급변하는 시대의 정책이나 의사결정에 대해서 잘 설명하고 있지만 모든 정책결정에 대한 설명을 하지는 못하고 있다.

3. 의사결정 기술

1) 개인 의사결정 기술

① 의사결정나무분석

- 개인이 여러 대안을 선정하고 각 대안을 선택했을 경우 나타날 결과에 대해서 그림으로 그려보는 방법이다. 그림이 나무와 비슷하다 하여 의사결정나무분석이라고 한다.
- 적절하지 않은 대안이나 실현가능성이 적은 대안은 가지치기를 하듯이 쳐내며 최종적인 의사를 결정한다.

② 대안선택흐름도표

- 어떤 사항의 연속적인 진행과정에서 Yes와 No로 답변할 수 있는 질문들을 연속하적으로 하여 예상하는 결과들을 정하는 도표이다.
- 도표의 기호

투입/산출 : ▱ 질문 : ◇ 처리 : □

2) 집단 의사결정 기술

① 델파이기법(Delphi)

- 전문가집단에 대한 의사수렴기법이다.
- 전문가들에게 해당문제에 대해서 의견을 설문으로 구한다. 이때 각 전문가들은 서로 소통하지 않는다.
- 취합된 자료 중 극단치(out-lier)를 제외한다.
- 취합된 자료를 전문가들에게 피드백하면서 다시 의견을 설문한다. 이때 전문가는 이전의 견해와 다른 의견을 표명할 수 있다.
- 여러 차례 반복되는 과정을 거쳐 의견을 수렴한다.

② 브레인스토밍(Brainstorming)

- 10명 전후의 집단을 구성하여 일정시간 동안 자유롭게 토의한다. 자유연상법에 따라 의견을 자유롭게 제시한다.
- 이때 상대방의 의견에 대한 반박은 절대 하지 않는다. 또한 상대방의 의견에 덧대서 의견을 개진할 수도 있다.
- 토의가 끝난 후 내용을 정리하여 의사결정한다.
- 토의하는 과정에서 다른 사람에 의해서 영향을 받을 수 있다.
- 사회자의 역할이 크지 않다.

③ 명목집단기법(nominal group technique)

- 명목집단기법은 브레인스토밍을 수정하고 확장한 방법이다.
- 브레인스토밍은 토의과정에서 서로에 대해 감정적 영향이 생길 수 있다. 이것이 부담스럽기 때문에 개선한 것이다.
- 언어적인 토의를 하지는 않는다. 누군가가 제시한 의견에 대해 대안을 문서로 제시하고 차례대로 읽는다.
- 차례대로 읽은 대안에 대해서 찬반 의견을 표명하는 정도의 간단한 토의를 한다.
- 투표로 최종적인 안을 결정한다.
- 감정이나 분위기상의 왜곡을 회피할 수 있다.

④ 초점집단기법(FGI: Focus Group Interview)

- 해결해야 할 문제에 대해서 전문가나 당사자로 구성된 초점집단을 구성한다.
- 자유롭게 의견을 개진하게 하고 사회자가 인도한다.
- 해당 문제에 대해서 심도 깊은 의견을 나눌 때 사용하기 좋다.
- 구성원은 의견을 이야기하면서 서로 영향을 주고 받을 수 있다.

⑤ 공청회

- 국가나 지방자치단체의 의사결정과정에서 국민을 참여시키는 방법이다. 따라서 민주주의에 부응하는 제도이다.

• 다만, 공청회에 참여하는 사람들은 이해당사자인 경우가 많다. 따라서 정치적인 성격을 띌 수가 있다.

제2절 의사전달

건강한 사회복지조직은 의사전달(communication)이 원활하게 이루어진다. 아무리 좋은 의사결정이 이루어졌다 하더라도 의사전달이 잘못 이루어진다면 사회복지조직이 받을 위기는 커지게 된다. 행정에서 의사전달은 기획된 결정을 전체적으로 이루어나가는 과정에서 필수적이라고 할 수 있다.

1. 의사전달의 개념 및 원칙

1) 의사전달의 개념

• 의사전달이란 조직의 목표를 달성하기 위하여 리더십의 발휘, 동기유발, 합동적 노력 등을 위한 필요한 활동이다.

• 조직의 한 구성원으로부터 다른 구성원에게로 서로 이해될 수 있는 상징, 기호, 동작 등을 통하여 사실이나 생각 또는 감정을 전달함으로써 생각과 행동 또는 태도에 영향을 미치는 쌍방의 과정이다.

2) 의사전달의 원칙

• 명료성, 일관성, 적당성, 적시성, 분포성, 적응성, 통일성, 관심과 수용

2. 의사전달의 유형

1) 공식적 의사전달

• 조직 내에서 공식적인 경로를 통하여 의사를 전달한다. 주로 공문서를 수단으로 한다.

• 장점 : 상급직원의 권위유지, 의사전달의 확실성, 의사의 활용성, 명확한 책임소재

• 단점 : 신축성이 없고 배후사정을 전하기 어렵다. 상황변화에 신속한 적응이 어렵다.

2) 비공식적 의사전달

- 공식적 경로를 떠나 친밀감이나 신뢰 등을 통해서 의사가 전달된다. 주로 소문, 메모 등을 수단으로 한다.
- 장점 : 상황변화에 신속성과 적응성이 높다. 긴장완화 및 소외감 극복, 융통성이 있다. 배후사정을 상세히 전할 수 있다.
- 단점 : 책임소재 불분명, 개인목적에 역이용, 의사결정에 활용 불가능, 공식 의사소통을 마비시킬 수 있고 상급자의 권위가 손상될 수 있다.

3) 의사전달에는 수평적 의사전달과 수직적 의사전달도 있다.

4) 의사전달의 장애

- 불신 분위기, 계층제의 역기능, 비공식적인 통로, 집단충성

01 다음 설명에 해당하는 의사결정 기법은?

> ○ 대면하여 의사결정
> ○ 집단적 상호작용의 최소화
> ○ 민주적 방식으로 최종 의사결정

① 명목집단기법 ② 브레인스토밍
③ 델파이기법 ④ SWOT기법
⑤ 초점집단면접

해설 명목집단기법은 상호작용하는 것에 대한 부담을 줄이기 위하여 해당 주제에 대해서 토론하지 않고 자신의 의견을 써서 발표하고 투표로 결정하는 방식이다. 따라서 대면하여 의사결정을 하는 방법이면서 동시에 상호작용을 최소화하는 방법이라고 할 수 있다. 투표로 결정하기에 민주적 의사결정이라고도 할 수 있다..

정답 ①

02 의사결정에 관한 설명으로 옳지 않은 것은?

① 직관적(Intuitive) 방법은 합리성보다는 감정이나 육감에 근거하여 결정한다.
② 문제해결적(Problem-solving) 방법은 정보수집, 연구, 분석과 같은 합리적인 절차를 통해 이루어진다.
③ 판단적(Judgemental) 방법은 비정형적 방법이며, 기존 지식과 경험에 의해 기계적으로 결정하는 것이다.
④ 정형적(Programmed) 의사결정은 절차, 규정, 방침에 따라 규칙적인 의사결정행위가 전개된다.
⑤ 비정형적(Non-programmed) 의사결정은 사전에 결정된 기준 없이 이루어지며 보통 단발적이고 예상하지 못한 상황에 대한 결정이다.

해설 판단적 방법은 기존의 지식이나 경험이 아니라 개인이 갖고 있는 지식이나 경험을 바탕으로 결정하는 것이다.

정답 ③

Chapter 11

인사관리1 : 인사관리, 직원훈련

학습Key포인트

○ 인사관리의 핵심요소를 설명할 수 있다.
○ 직무분석, 직무기술, 직무명세를 구분하여 설명할 수 있다.
○ 직원능력개발방법을 나열하고 특성별로 구분할 수 있다.

제1절 인사관리

사회복지행정에서 인사관리가 차지하는 비중은 적지 않다. 사회복지조직은 결국 인적자원을 통하여 서비스를 실행하게 되기 때문이다. 사회복지조직이 성공적인 서비스를 이루기 위해서는 인적자원의 선발에서부터 교육, 배치, 역량강화 등 인사관리를 적절하게 할 때 가능해지는 것이다. 따라서 인적자원관리의 필요성에서부터 과정까지 전반적인 특성을 파악하는 것이 중요하다.

1. 인사관리의 개념과 필요성

1) 인사관리의 개념 및 기능

- 인사관리는 인적자원관리(Human Resource Management)라고도 할 수 있다.
- 조직이 필요로 하는 인적자원을 조달, 유지, 개발, 활용하는 일련의 체계라고 할 수 있다.
- 기관의 운영 목적을 달성하기 위하여 인적자원을 최대로 활용하기 위한 활동이다.
- 인사관리의 핵심적인 요소는 업무분석, 업무성과에 대한 평가, 직원개발, 보상 등이다.
- 인사관리의 기능

채용	조달	모집, 충원, 선발
	배치	직무분류와 할당, 임금지불, 승진, 이직, 해고
제재규약		작업환경에 대한 노동자들과의 규율, 고충처리, 협상, 절차 호소
개발		사기와 동기부여, 사정, 코치, 훈련
통제 및 적응		관리자와의 관계, 정보유지 및 예산체계, 인적관리제도의 설계

조달과 배치는 실질적으로 새로운 조직원을 신규로 충원하는 과정이다.
개발은 신규조직원뿐만 아니라 기존조직원들의 소양과 능력개발도 포함한다.

2) 인사관리의 필요성

- 조직의 생산성 향상을 위해 필요하다.
- 조직의 작업생활의 질을 고양시키기 위해 필요하다.
- 인적자원의 이용과 관련된 모든 필요한 법과 규칙 준수를 위해 필요하다.
- 개선된 기업관계 개발을 위해 필요하다.
- 모든 수준에서 의사소통과 합의점을 개발하는 데 필요하다.

2. 인사관리의 기능과 구성요소

사회복지조직에서 공통적으로 논의할 수 있는 핵심적인 인사관리는 **업무분석 및 업무성과에 대한 평가, 직원개발, 보상**이다.

1) 성과관리

① 업무분석

- 업무의 산출 혹은 서비스의 생산에 필요한 과업들을 분석하는 과정이다.

② 업무설계

- 특정 작업 단위 혹은 개인들에게 할당하는 과정을 말한다. 업무분석에 기초하여 세워진다.
- 업무설계의 내용
업무에 대해 가지고 있는 기대를 명료화한다. 직원의 평가를 가능하게 한다. 직원 이직 시 업무를 지속적으로 유지할 수 있게 한다. 직원확보욕구를 파악할 수 있게 한다. 직원의 과업수행과 조직이 목적, 목표 사이의 관계성을 모니터링하여 업무에 대한 재조정을 가질 수 있게 한다. 직원의 훈련과 개발의 방향을 명료화한다. 업무성과와 임금수준의 형평성을 확인할 수 있게 한다. 핵심적인 업무와 주변적인 업무에 대한 파악을 가능하게 한다.

③ 성과평가

- 업무성과의 평가를 설계하고 실행하는 과정이다.

2) 개발관리

- 인력의 개발관리는 훈련, 개발 및 경력관리 등으로 나누어 생각해 볼 수 있다.
- 이는 결국 조직구성원의 업무능력을 향상시켜 직원 개인 및 조직의 욕구를 충족시키고

환경적 요구에 대응할 수 있게 함으로써 인적자원의 효용성을 극대화시키는 것이다.

3) 보상관리

- 보상이란 고용관계에서 피고용인에게 주어지는 모든 형태의 재정적 보답, 서비스, 부가임금을 의미한다.
- **인사관리에서 보상은 핵심적이다.** 그 이유는 보상이 **직원의 노력에 대한 대가의 성격**을 갖기 때문이다. 그러면서 또한 이것은 **직원에게 동기부여**가 되기도 하기 때문이다.

core **인사관리의 핵심(구성요소)**

성과관리, 개발관리, 보상관리

3. 인사관리의 과정

인사관리의 일반적 과정 : 충원계획수립 → 모집 → 선발 → 임용 → 오리엔테이션 → 평가 → 승진 → 해임

1) 충원계획수립

- 조직이 필요로 하는 유능한 인재를 채용하여 조직계획을 이루려고 세우는 계획이다.
- 단기, 중기, 장기적인 차원으로 나눠서 직원충원계획을 세우는 것이 필요하다.
- 이러한 목적을 달성하기 위하여 인적자원의 수요예측, 공급예측, 인적자원 소요량 결정, 활동계획, 인적자원의 예산, 통제 등의 활동이 수행된다.

2) 모집

- 모집은 공석 중인 직위에 자격을 갖추어 지원하는 사람들을 유치하는 과정이다.
- 먼저 해당직무에 대한 직무분석이 이루어져야 하고, 이를 바탕으로 직무기술서와 직무명세서가 작성되어야 한다.

① 직무분석

- 직무를 수행함에 있어서 직원에게 요구되는 기술, 지식, 능력, 책임 등과 같은 여러 요건을 결정하는 과정이다.

② 직무기술서

- **직무분석을 토대로 직무 자체에 대해 기술해 놓은 것이다.** 직무명칭, 직무개요, 장비, 환경, 작업활동 등이 포함된다.
- 직무의 성격, 내용, 수행방법, 직무에서 기대되는 결과 등을 간략하게 정리해 놓은 문

서이다.

③ 직무명세서

- 특정업무를 만족스럽게 수행하는 데 필요한 지식, 기술, 능력, 기타 특성 등을 명시해 놓은 문서이다. **직무수행자의 요건과 관련된 사항이다.**

3) 선발

- 선발은 객관성, 타당성, 신뢰성이 보장되어야 한다.
- 표준화된 시험방법으로 필기시험, 실기시험, 면접시험 등이 있다.

종류		장점	단점
필기시험	주관식	• 통찰력, 판단력 등 사고력 측정이 가능하다. • 시험출제에 적은 시간이 소요된다.	• 채점자의 객관성이 문제될 수 있다. • 채점에 시간과 경비가 소요된다.
	객관식	• 객관성을 확보하기 쉽다. • 채점이 용이하다.	• 사고력을 측정하기에는 적절하지 않다.
실기시험		• 타당도가 높아진다.	• 다수를 대상으로 실시하기에 어려움이 있다. • 채점에서 객관성이나 신뢰성이 문제될 수 있다.
면접시험		• 태도, 창의성, 협조성, 성격 등 종합적인 사정이 가능하다.	• 면접관이 선입견이 개입될 가능성이 높다.

4) 임용

- 새로운 직원의 책임이 구체적으로 설명되어야 한다. 보수, 부가급여, 근무시간, 직원회의 등 직무관련 정보와 의무에 대해서 자세하게 설명되어야 한다.
- 엽관주의 : 임용기준을 혈연, 지연, 학연, 정당관계 등에 두는 것이다.
  (cf. '엽관'이란 선거에서 도와준 사람에게 적절한 직위를 주는 것을 이른다.)
- 실적주의 : 개인의 객관적인 능력, 자격, 실적 등에 바탕을 두고 누구에게나 차별 없이 기회를 부여한다.

5) 오리엔테이션

- 조직에 대한 이해, 부서에 대한 이해, 과업과 조직 내 위치에 대한 이해, 자신의 경력 개발 경로에 대한 이해 등을 제고시킴으로써 직원을 사회화하는 데 많은 기여를 할 수 있다.

6) 평가

- 직원의 업무수행에 대해서 평가한다. 이를 통해 직원이 자신이 얼마나 업무를 잘 수행하는지를 알게 할 수 있다. 승진 및 업무발전을 위한 토대로 사용할 수 있다.

7) 승진과 해임

- 승진은 직무에 대한 직원의 수행결과에 기초하여 지위와 보수를 발전시키는 것이다.
- 해임은 어떤 지위나 맡은 임무를 그만 두게 하는 것이다.

제2절 직원훈련

선발된 직원들은 저마다의 능력개발이 필요하다. 그리고 직원의 능력을 개발하기 위해서는 적절한 방법을 사용해야 한다. 사회복지조직은 인적자원에 대해서 저절로 개발될 것이라고 생각해서는 안 된다. 인적자원이 중요성을 인식하고 필요하고 적절한 훈련기회를 제공해야 한다.

1. 직원능력개발의 종류

1) 신규채용자 훈련

- 새로운 직원에게 조직의 서비스 및 지역사회에 대해서 소개하는 과정으로 적응훈련 또는 기초훈련이라고도 한다. 보통 오리엔테이션이라고 한다.
- 조직의 역사, 미션, 목적, 기본정책, 규정, 조직구조, 급여, 보상체계 등이 주로 소개된다.

2) 일반직원 훈련

- 직무수행의 개선을 위해서 일반직원들에게 필요한 기법을 습득하게 하는 훈련이다.
- 장기적이고 지속적으로 실시되어야 한다. 흔히 보수교육이라는 말로 많이 사용된다.

3) 감독자 훈련

- 슈퍼바이저는 일선에서 지도감독을 맡는 관리자를 의미한다.
- 업무수행에 필요한 지식, 사기, 리더십, 의사전달, 인간관계, 인사관리 등을 교육한다.
- 회의를 많이 사용한다.

4) 관리자 훈련

- 최고관리자 계층에 속하는 중, 고급 관리자에 대한 훈련이다.
- 주로 정책수립과 리더십에 대한 것들을 교육한다.
- 사례발표, 토의 등을 많이 사용한다.

2. 직원능력개발의 방법

- 직원의 능력을 개발하는 방법으로는 여러 가지가 활용될 수 있다. **회의, 강의, 토의, 계속교육, 슈퍼비전, 사례발표, 역할연기, 신디케이트, 직무순환, OJT, 감수성 훈련, 임시대역** 등이 있다.

① 토의

- 한 주제에 대해서 소수의 사람이 먼저 주제를 발표하고 그에 대해서 토의하는 것이다.
- 자유롭고 공개적인 분위기에서 여러 사람의 의견을 모을 수 있다.
- 토론 : 주제에 대해서 찬반으로 나뉘어 의견을 개진한다.
- **포럼**(Forum) : 공개토론의 성격이 짙다. 소수 인원이 특정 주제를 발표하고 발표자와 청중 간 질의응답 과정을 통해서 토의해 나간다. 사회자는 원만한 진행을 위해서 발표나 질의 등의 시간관리를 한다. 청중이 직접 토론에 참가한다는 특징이 있다. 문제의 인식을 넓히는 역할을 한다.
- **패널**(Panel) : 배심원 토의라고 할 수 있다. 사회자의 진행에 따라 주제에 대해서 전문적인 지식이나 경험이 풍성한 사람이 토의하고 연수자들은 그 토의를 듣는 방법이다. 서로 반대되는 의견에 대해서 토론을 하는 경우가 많다.
- **심포지엄**(symposium) : 관심 있는 주제를 가지고 서로 이야기를 나누는 일종의 교양 모임이라고 할 수 있다. 같은 주제에 대해서 전문가 2~3인이 자신의 의견을 발표하고 사회자의 진행으로 전문가와 청중 사이에 질의응답을 갖는다. 같은 주제에 대해서 다양한 의견을 들 수 있다는 장점이 있지만 집단강연식으로 변질될 수도 있다. 전문가 간의 의견교환은 하지 않는다. 또한 의견을 조정하려는 목적을 갖지 않는다.

② 계속교육

- 학교교육이 끝난 사회복지조직원에게 전문성 유지 및 향상을 위하여 계속적으로 필요에 맞게 교육하는 것이다.

③ 사례발표

- 조직 내에서 특정한 사례에 대해서 발표하고 토론함으로써 문제이해능력, 해결능력을 개선하는 방법이다.

④ 신디케이트

- 분임토의라고도 한다. 주어진 문제에 대해서 분임별로 토의를 한 후 다시 모여서 토론하는 방식이다.

⑤ 직무순환

- 순환보직이라고도 한다. 일정한 훈련계획 하에 순차적으로 직무를 담당하게 함으로써 지식과 경험을 쌓게 하는 방법이다.

⑥ OJT(On the Job Training)

- 근무현장에서 이루어지는 교육이다. 일상적인 업무를 수행하면서 교육이 이루어진다. ↔ off-JT (직장 밖에서 이루어지는 훈련이다.)

⑦ 임시대역

- 공연에서 배역을 대신해 연기시키는 데서 유래한 교육방법이다. 상사의 부재 시를 대비하여 직무를 대리하게 하는 방법이다.

01 다음에서 설명하는 인적자원개발 방법은?

> ○ 짧은 시간에 많은 사람을 대상으로 교육내용을 체계적으로 전달할 때 사용
> ○ 직원들에게 사회복지시설 평가제도에 대한 이해를 높여서 기관평가에 좋은 결과를 얻도록 하기 위하여 사용

① 멘토링 ② 감수성 훈련
③ 역할연기 ④ 소시오 드라마
⑤ 강의

해설 짧은 시간에 많은 사람을 대상으로 체계적인 교육을 하기에 적합한 방법은 강의이다. 그 외 제시된 방법들은 오랜 관계에서 시행되거나 체계적인 교육을 하기에 적합하지 않은 것들이다.

정답 ⑤

02 인적자원관리의 구성요소에 관한 설명으로 옳지 않은 것은?

① 조확보: 직원모집, 심사, 채용
② 개발: 직원훈련, 지도, 감독
③ 보상: 임금, 복리후생
④ 정치: 승진, 근태관리
⑤ 유지: 인적자원 유지, 이직관리

해설 승진이나 근태관리는 인사에 속하는 요소이다.

정답 ④

Chapter 12 인사관리2 : 임파워먼트와 슈퍼비전

학습Key포인트

○ 직원의 역량을 강화하는 방법을 제시할 수 있다.
○ 기능에 따른 슈퍼비전의 종류를 제시할 수 있다.
○ 사회복지현장에서 이루어지는 슈퍼비전의 여러 종류를 제시할 수 있다.

제1절 임파워먼트

임파워먼트(empowerment)라는 개념은 긍정심리학의 영향으로 나온 것이다. 임파워먼트는 사람은 그 자체 내에 자질이나 잠재성이 있어서 개발할 기회를 주면 얼마든지 변화할 수 있다고 보는 관점이다. 임파워먼트는 직원을 훈련하는 방법 중 하나로 생각해 볼 수 있는데 특히, 인간중심적인 관점에서 직원훈련에 대한 관점을 제공해 준다.

1) 임파워먼트의 개념

- 역량강화란 조직, 지역사회가 자신들의 주변 일들에 대한 통제성을 획득하고 기관이나 사회의 민주적 과정에 관여하는 기제나 과정을 의미한다,
- 사회복지조직이 제공하는 서비스의 질적 수준을 향상시키고 조직전체의 역량강화를 위해서는 직원의 역량강화도 필요하다.
- 인사관리에서 역량강화는 현재는 비록 부족할지 모르지만 지지, 지원, 기회가 주어진다면 직원의 조직활동과 직무성과는 향상될 것이라고 기대하는 것이다.
- **인사관리에서 임파워먼트는 사람에게 중심을 두는 관리기법이다.**

2) 임파워먼트의 방법

① 클라이언트에 대한 태도

- 사회복지조직은 클라이언트와 함께 일해야 한다.

- 클라이언트에 대해 갖는 관념이 부정적이고 희망적이지 않을 경우 클라이언트를 위하는 자신의 업무가 부담스럽게 된다.
- 역량강화를 위해 클라이언트는 자원, 능력, 장점을 가진 존재이므로 스스로 문제를 해결할 수 있는 존재로 볼 수 있어야 한다.

② 보상의 적절한 사용

- 보상을 적절히 사용하여 직원의 동기부여와 사기진작을 이룬다. 이럴 경우 역량이 강화되어 긍정적인 역할 및 업무수행에 도움이 된다.

③ 자기성찰과 자기관리

- 직원이 스스로 자기에 대해서 돌아보고 자기 스스로를 발전시켜 나가도록 한다.
- 자기설창과 자기관리는 스스로가 자율성을 갖고 자신의 활동 및 역할을 규정하며 스스로 성과를 설정하여 관리해 나간다는 측면에서 중요하다.

제2절 슈퍼비전

슈퍼비전은 사회복지조직에서 직원개발을 위하여 주로 사용하는 방법이다. 슈퍼비전은 사회복지조직에서 직원이 서비스를 보다 효과적이고 효율적으로 제공할 수 있도록 지식과 기술 그리고 심리적 안정을 제공하는 데 지도감독자가 이를 제공함으로써 직원의 역량을 개발해 나가는 방법이다.

1. 슈퍼비전의 개념 및 목표

1) 슈퍼비전의 개념

- 슈퍼비전(supervision)은 서비스를 효과적이고 효율적으로 전달하기 위하여 직원이 가지고 있는 지식과 기술을 발전시키는 것이다. 또는 이미 가지고 있는 지식이나 기술을 잘 사용하도록 하는 것이다.
- 슈퍼바이저가 필요에 따라 지식과 기술을 가르치거나 지도해 주기도 하고 심리적인 지지를 해 주기도 한다.

2) 슈퍼비전의 목표

- 슈퍼비전의 목표는 궁극적으로 클라이언트에게 보다 더 적절한 서비스를 제공하게 하기

위한 것이다.

- 보통 슈퍼비전을 사회복지사를 통제하는 것으로 생각하는 경우가 많은데, 그보다는 사회복지사가 서비스를 효과적이고 효율적으로 제공하도록 하는 행정적인 과정이다.
- 슈퍼바이저는 슈퍼바이지(supervisee)를 지지하고, 용기를 북돋아주며, 정보를 제공하고, 경청하는 역할을 한다.

2. 슈퍼바이저(supervisor)

1) 슈퍼바이저의 지위

- 슈퍼바이저는 **일선 사회복지사와 행정가 양쪽에 대해 책임**을 진다. 즉, **중간관리자**로서 일선업무에 대한 책임을 짐과 동시에 행정가들에게 일선업무를 연결하는 역할을 한다.
- 사회복지사(슈퍼바이지)들을 통해서 클라이언트를 간접적으로 접촉한다.
- 사회복지사가 클라이언트를 잘 도울 수 있도록 원조를 한다.
- 행정가와는 다르게 자신의 업무환경과 기관에서 이루어져야 하는 업무 등과 관련이 된다.

2) 슈퍼바이저의 역할

① 행정의 상급자로서의 역할

- 업무분배를 질적인 부분와 양적인 부분을 고려하여 적정하게 하고, 분배된 업무를 정확하게 이해하도록 한다.
- 슈퍼바이지가 기관의 정책이나 과정 및 규정을 잘 지키고 있는지 지도감독한다.
- 업무를 처리하고 조직의 통제와 책임성을 유지하도록 하는 행정적인 과정을 강조한다.

② 교육자로서의 역할

- 직접 서비스를 제공하는 사회복지사에게 전문적인 지식과 기술을 증진시키는 역할을 한다.
- 전통적인 교육을 강조한다.
- 슈퍼바이지가 부족한 부분에 대해서 교육을 실시한다.

③ 상담자로서의 역할

- 사회복지사가 자신의 업무에 대해서 편안하고 좋은 감정을 갖도록 하는 역할을 한다.
- 사회복지조직의 업무는 클라이언트를 대면하여 진행하는 것이므로 소진(消盡, burn-out)되는 경우가 많다. 슈퍼바이저는 수퍼바이지가 이런 소진이 이루어지지 않도록 심리적인 안정을 제공하는 역할을 한다.
- 사기진작의 요소가 있다.

3) 슈퍼바이저의 조건과 자질

- 슈퍼바이지에게 도움을 줄 수 있도록 실질적인 **실천기술과 경험**을 갖추고 있어야 한다.
- 풍부한 지식을 가지고 있어야 한다.
- 인간의 한계를 인정할 줄 아는 솔직함이 있어야 한다.
- 슈퍼바이지들이 자신에게 접근이 용이하도록 접근성을 가져야 한다.
- 감사와 칭찬 등 긍정적인 보상을 활용할 줄 알아야 한다.
- 진지한 자세를 가져야 한다.

core **'혁신적' 슈퍼바이저의 역할과 자질**

보수적이고 신중한 슈퍼바이저(또는 리더)는 의사소통 및 의사결정체제, 인사관리체계, 교육과 평가체계 등에서 **통제와 내부지향적인 가치를 실현**하려는 경향을 갖는다. 따라서 점검자, 조정자로서의 역할을 하려고 한다.

반면, 혁신적 또는 모험적 슈퍼바이저(또는 리더)는 융통성과 외부지향적인 가치를 실현하고자 한다. **변화에 대한 유연함, 창의적인 비판이나 의견, 독창적 사고** 등을 중요하게 생각한다.

3. 슈퍼비전의 유형

카두신은 사회복지 슈퍼비전을 행정적 슈퍼비전, 교육적 슈퍼비전, 지지적 슈퍼비전으로 구분하였다.

1) 행정적 슈퍼비전

- 사회복지사가 자신이 맡은 업무를 잘 진행하도록 지시 및 지도한다. 또는 행정적 업무를 돕는다.
- 행정적 슈퍼비전 내용
  직원의 채용과 선발, 일선 사회복지사의 임명과 배치, 업무계획, 업무에 대한 모니터링, 업무위임, 의사소통기술, 업무의 협조, 변화대행자로서의 슈퍼비전과 행정상급자로서의 슈퍼비전

2) 교육적 슈퍼비전

- 사회복지사에게 업무에 필요한 전문적인 기식과 기술 등을 증진시킨다.
- 교육적 슈퍼비전 내용
  교수, 훈련, 학습촉진, 정보기능, 경험과 지식의 공유, 안내, 명확화, 제안, 전문성 성장을 제고, 문제해결을 찾도록 일선 사회복지사를 원조

3) 지지적 슈퍼비전

- 일선 사회복지사가 스스로 업무를 수행할 수 있도록 용기를 북돋아 준다.
- 업무자의 사기를 유지하고, 직무와 관련된 불만을 원조하며, 전문가로서 보람을 느끼도록 하고, 기관에 대한 소속감을 갖게 하며, 직무수행에 있어 안정을 느끼게 하는 슈퍼비전이다.
- 지지적 슈퍼비전의 내용
  스트레스 유발상황의 방지, 일선 사회복지사의 스트레스 해소, 일선 사회복지사의 스트레스 대처 원조, 결정에 대한 책임의 공유, 업무관련 긴장의 완화, 동료를 위한 지지의 제공, 심리적 지지

4. 사회복지조직에서의 슈퍼비전

1) 개별 슈퍼비전과 집단 슈퍼비전

① 개별 슈퍼비전

- 전통적인 슈퍼비전 모형으로 슈퍼바이저와 사회복지사(슈퍼바이지)가 1:1의 관계로 슈퍼비전을 이룬다.
- 개별화된 상황을 전제로 하다 보니 보다 많은 토의시간을 가질 수 있어 초보 사회복지사의 슈퍼비전에 유익하다.
- 슈퍼바이지의 학력, 실무경력, 기관에서의 경험 등을 고려하여 슈퍼비전 횟수를 정하고, 성격적인 강점과 약점, 전문적 지식이나 기술의 강점과 약점 등에 대해서 슈퍼비전을 하게 된다.

② 집단 슈퍼비전

- 사례발표나 회의, 프로그램 계획과 수행평가에 대한 토론 등을 활용하여 동료 간 또는 슈퍼바이지 간에 경험을 서로 공유하면서 원활한 의사소통을 꾀한다.
- 한 명의 슈퍼바이저가 비슷한 수준의 여러 명의 슈퍼바이지를 담당하는 모형과 슈퍼바이저 없이 동료 간에 이루어지는 모형으로 구분할 수 있다.

3) 직접 슈퍼비전과 간접 슈퍼비전

① 직접 슈퍼비전

- 슈퍼바이저가 사회복지사가 행하는 것을 직접 관찰하면서 필요한 때 즉각적으로 슈퍼비전을 제공한다.

② 간접 슈퍼비전

- 슈퍼바이저가 사회복지사의 활동에 대하여 관찰이 불가능할 경우 사회복지사의 설명을 듣거나 기록을 통하여 슈퍼비전을 제공한다.

4) 공식적 슈퍼비전과 비공식적 슈퍼비전

① 공식적 슈퍼비전

- 행정적인 의미에서 적절한 준비를 거쳐서 진행한다.
- 이때 슈퍼비전은 정기적인 성격, 시간의 제한, 기록, 요점 토의, 구체적 행동수정 등의 요소를 갖는다.

② 비공식적 슈퍼비전

- 사전에 시간제약과 토의한 사항에 대해서 준비 없이 이루어지는 슈퍼비전이다.
- 충분한 토의나 기록이 불가능한 모형이다.
- 가장 바람직하지 못한 형태의 슈퍼비전이다.

5) 기타 슈퍼비전

- 직렬 슈퍼비전 : 두 업무자가 동등한 자격으로 상호 간에 슈퍼비전을 제공한다.
- 케이스 상담 : 업무자와 상담인의 체계로 형성된다.

01 퀸(Quinn)이 제시한 혁신적 슈퍼바이저가 가져야 할 능력으로 옳지 않은 것은?

① 유연한 변화를 만들기 위한 의사소통 능력
② 비판적, 창의적 사고 능력
③ 슈퍼바이지(supervisee)의 개인성과를 점검하는 능력
④ 조직을 둘러싼 변화를 판단할 수 있는 능력
⑤ 조직구성원과 이해관계자들 간의 갈등을 예방할 수 있는 능력

해설 슈퍼바이지의 개인성과를 점검하는 능력은 전통적 의미의 슈퍼비전에서 슈퍼바이저의 역할이다. 혁신적 슈퍼바이저는 변화하는 세상에 대한 적응을 중요하게 본다. 따라서 유연성, 융통성, 창의적 비판 등을 중요하게 여긴다.

정답 ③

02 사회복지서비스 기관에서의 슈퍼비전에 관한 설명으로 옳지 않은 것은?

① 카두신(A. Kadushin)은 슈퍼비전을 행정적, 지지적, 교육적 기능으로 설명한다.
② 긍정적 슈퍼비전은 사회복지사의 소진 예방에 도움을 준다.
③ 슈퍼바이지(supervisee) 간 동료 슈퍼비전은 인정되지 않는다.
④ 사회복지사의 관리 및 통제의 수단으로 활용된다.
⑤ 슈퍼비전의 질은 슈퍼바이저의 역량에 좌우한다.

해설 동료 슈퍼비전은 슈퍼비전의 한 유형이다. 특정한 슈퍼바이저 없이 동료들이 동등한 자격으로 참여하는 슈퍼비전 모형이다. 슈퍼비전이 사회복지사를 관리하고 통제하는 수단으로 활용되는 것은 전통적인 모습에서 존재하는 것이다.

정답 ③

Chapter 13

인사관리3 : 동기부여와 갈등관리

학습Key포인트

○ 동기를 부여하는 방법을 여러 이론에 따라 제시할 수 있다.
○ 갈등관리 전략을 제시할 수 있다.

제1절 동기부여

인사관리에서 중요한 하나는 조직구성원들에게 동기를 부여하는 것이다. 업무를 수동적으로 처리하는 것과 동기가 부여되어 처리하는 것은 질적으로 다를 수밖에 없다. 이는 업무를 처리하는 조직원에게만 영향을 미치는 것이 아니라 동기가 부여된 직원의 업무처리, 즉 서비스를 받게 되는 클라이언트에게도 영향을 미치게 된다. 따라서 사회복지조직 구성원에 대한 동기부여에 대해서 사회복지행정은 관심을 가질 수밖에 없다.

1. 동기부여의 개념 및 일반적 과정

1) 동기부여의 개념

- 동기란 사람들로 하여금 어떤 행동을 일으키게 하는 내적 요인이나 마음의 상태를 말한다. 동기부여는 그러한 동기가 일어나게 하는 조직적인 활동이라고 할 수 있다.
- 동기부여란 일반심리학에서 인간행동을 예측하는 이론전개를 위하여 개발된 용어이다. 즉, 어떤 사람을 자극하는 행동을 불러일으키거나 또는 다른 사람으로 하여금 바람직한 행동을 수행하도록 이끄는 것이라고 정의할 수 있다.
- 정리하면, 동기부여란 사람들에게 자발적 내지는 적극적으로 책임을 가지고 일을 하는 의욕이 생기게 하는 것으로 목적달성을 위하여 행동을 유발하는 행동과정이라고 할 수 있다(이원우 외, 2008)

2) 동기부여의 일반적 과정

- 일반적으로 동기부여의 순환과정을 다음과 같이 제시한다.
  욕구(Needs) → **충동**(Drives) → **목표**(Goals) → **만족**(Satisfaction) → **욕구**(Needs)
- 동기부여와 관련된 이론은 내용이론(욕구이론)과 과정이론으로 분류되는데, 욕구이론은 어떤 욕구를 충족시키면 동기가 유발되는가에 초점을 맞춘 반면 과정이론은 특정한 욕구를 어떻게 충족시킬 것인가에 초점을 맞춘다.

2. 동기부여이론

1) 내용이론(욕구이론)

① 매슬로우의 욕구위계이론

- 매슬로우는 욕구를 5단계로 보았다. 생리적 욕구, 안전의 욕구, 사랑과 소속의 욕구, 자존의 욕구, 자아실현의 욕구로 구분하였다.
- 각 단계는 위계적이라고 보았다. 또한 4단계까지는 결핍되는 문제가 발생한다고 해서 결핍욕구라고 하였고, 자아실현의 욕구는 이런 결핍과는 성질이 다른 것이라고 해서 자아실현의 욕구 또는 메타욕구라고 하였다. 자아실현의 욕구는 성장욕구이다.
- 생리적 욕구와 안전의 욕구는 하위그룹에 속하는 욕구로 주로 외부요인(임금, 고용기간) 등에 의해서 충족되는 반면 사랑과 소속의 욕구, 자존의 욕구, 자아실현의 욕구는 상위그룹에 속하는 욕구로 내부요인에 의해서 충족된다고 보았다.
- 매슬로우는 반드시 그런 것은 아니지만 욕구에는 위계가 있어 하위욕구가 충족되어야 상위욕구가 발생한다고 주장하였다.

② 알더퍼의 ERG이론

- 매슬로우의 욕구이론을 조직환경에 적용하여 수정한 것이 앨더퍼의 ERG이론이다.
- 그는 하위욕구와 상위욕구는 기본적 차이가 있으며 경험을 토대로 핵심이 되는 욕구를 세 가지로 분류하였다.
  a. Existence(존재욕구) : 배고픔, 목마름, 거처 등과 같은 모든 형태의 생리적, 물리적 욕구를 말한다. eg. 임금, 쾌적한 물리적 작업조건
  [cf. 매슬로우의 생리적 욕구와 안전의 욕구]
  b. Relatedness(관계욕구) : 직무에서 타인과의 대인관계와 관련된 모든 욕구를 말한다.
  [cf. 매슬로우의 사랑과 소속의 욕구와 자존의 욕구 일부]
  c. Growth(성장욕구) : 창조적, 개인적 성장을 위한 한 개인의 노력과 관련된 욕구이다. 한 개인이 자기 능력을 그대로 이용할 수 있을 뿐만 아니라 새로운 능력개발을 필요로 하는 일에 종사함으로써 성취할 수 있다.
  [cf. 매슬로우의 자존욕구 일부와 자아실현의 욕구]

- 하위수준의 욕구가 충족될수록 상위욕구의 자극은 더욱 강하게 일어나고, 상위욕구가 충족되지 않을수록 하위욕구의 강조는 더욱 커진다.
  eg. 자신이 능력에 맞는 보람된 일을 하지 못하게 되는 경우에 개인이나 동료와의 관계를 더욱 깊게 함으로써 채워지지 않는 성장욕구를 대신해서 관계욕구에서 한층 더 만족을 느끼려고 한다(이학종 외, 2009).

③ 허즈버그의 동기-위생 이론

- 불만족을 제거하는 위생이론과 만족을 증가시키는 동기이론으로 구분하여 설명하였다.
- 위생요인과 동기요인 두 가지로 이야기하기 때문에 2요인이론이라고도 한다.
- 동기요인
  개인으로 하여금 열심히 일하게 하고 성과도 높여주는 요인이다.
  업무에 대한 만족감, 맥그리거의 Y이론, 직무 그 자체, 직무성취, 인정, 승진 등
  인간의 정신적 측면, 자아실현의 욕구, 존경의 욕구 등 상위욕구와 연결됨
  동기부여의 요소는 직무만족감(성취 · 인정, 향상, 일 자체, 성장가능성, 책임)을 들 수 있다.
- 위생요인
  조직체에서 이 요인들이 갖추어지지 않으면 구성원은 극도로 불만족해져서 조직체를 떠나는 등 성과에 좋지 않은 영향을 준다. 반면 이 요인이 잘 갖춰진다 하더라도 이 요인들이 조직구성원들로 하여금 열심히 일하도록 동기를 부여하지는 않는다.
  맥그리거의 X이론, 조직의 정책, 관리, 감독, 급여, 대인관계, 노동 조건 등
- 위생요인이 동기행동을 작용시키지 못하는 것처럼 동기요인의 결여가 불만족을 초래하지는 않는다.

core **동기요인과 위생요인**

동기요인	위생요인
도전감, 성취감, 인정감, 성장가능성, 책임감, 승진기대	임금, 작업조건, 회사의 정책, 작업안정, 대인관계, 감독

④ 맥클랜드의 성취동기이론

- 동기를 부여하는 욕구를 권력욕구, 친교욕구, 성취욕구로 제시하였다.
- 권력욕구
  구성원에게 통제력을 행사하거나 행동에 영향을 미치려는 욕구
  높은 권력요구를 가진 사람들이 영향력과 통제를 행사하는 데 관심을 가지고 있다.
- 친교욕구
  귀속욕구, 관계욕구라고도 한다.

다른 사람과 친근하고 밀접한 관계를 맺으려는 욕구

- 성취욕구
  어려운 일을 달성하려는 욕구, 다른 사람과 경쟁하여 능가하고 싶은 욕구

⑤ 맥그리거의 XY이론

- X이론 : 사람은 원래 일하기를 싫어한다. 동기부여 방식 – 저차원의 욕구충족이나 지시 등
- Y이론 : 사람은 원래 일하기를 좋아한다. 동기부여방식 – 고차원의 욕구충족, 조직 목표와 개인 목표의 조화, 민주적 관심

2) 과정이론

① 브룸의 기대이론

- 인간의 동기는 기대, 수단, 가치에 의해 부여된다.
- 자신의 노력에 대해 목표성취에 도움을 줄 것이라 확신을 갖게 될 때 더욱 크게 동기부여된다.

② 아담스의 형평성 · 공평성 이론

- 개인의 행위는 타인과의 관계에서 공평성을 유지하는 방향으로 동기부여가 이루어진다.
- 업무에서 공평하게 취급받으려고 하는 욕망은 개인으로 하여금 동기를 갖게 한다.
- 자신의 투입/산출이 동종의 다른 직무종사자의 투입/산출과 비교할 때 대등함이 인지되면 공평성을 느끼고 만족하게 된다.

제2절 갈등관리

과거에는 갈등을 부정적인 것으로 보아 되도록 갈등이 일어나지 않게 관리하는 것을 갈등관리의 주된 목표로 삼았다. 하지만 현대사회에서는 갈등을 필연적인 것으로 보고 그것을 어떻게 관리하는가에 더 관심을 갖는 경향이 나타나기 시작했다.

1. 갈등의 원인

- 집단 간의 지나친 갈등은 조직에 부정적일 수밖에 없다. 하지만 적절한 갈등은 구성원에게 최선의 행동을 유발하게 한다.

• 갈등의 원인은 여러 가지를 이야기할 수 있다. 여러 가지 요인 중 어느 하나에 의해서 갈등이 야기되기보다는 복합적으로 갈등을 야기하게 된다.

1) 상호의존성

과업성과를 위해 협조, 정보교환 등 조정적인 작업이 이루어져야 한다. 이런 작업은 협력이 유인을 제공하는 한편 갈등의 기회도 제공하게 된다.

2) 제한된 자원

제한된 자원에 대해서 행동주체 간 의견이 불일치할 경우 갈등이 촉발하기도 한다.

3) 목표의 차이

행동주체 간에 서로 양보할 수 없는 목표를 가진 경우 서로의 목표를 달성하기 위하여 갈등이 촉발되기도 한다.

4) 지각 차이

사람은 저마다 가진 가치관이 전부 다르다. 이런 가치관의 차이와 더불어 경험, 시간 안목, 지위, 역할, 목표 등에 대한 지각의 차이가 갈등을 가져오기도 한다.

5) 지위 신분상의 불일치

지위 신분상의 변화가 일어났을 때 갈등이 촉진되기도 한다.

6) 조직의 분화

조직의 분화도 갈등의 원인이 될 수 있다.

7) 의사소통의 왜곡

조직 내에서 의사소통이 왜곡될 경우 역시 갈등의 원인이 된다. 가장 원초적인 갈등의 원인이라고 할 수 있다.

2. 갈등관리 전략

1) 갈등예방 전략

• 아직 갈등이 발생하지 않았지만 발생할 가능성이 있는 역기능적인 갈등요인을 미연에 발견하여 방지하는 것이 중요하다.

- 갈등의 원천을 기본적으로 진단하는 것이 선결과제이다.
- 갈등예방을 위해 **개방적인 의사소통**이나 **합리적인 문제해결 방법**을 습득한다.
- 건전한 인간관계 형성을 위한 교육이나 훈련의 기회가 마련되어야 한다.

2) 갈등적응 전략

- 현재 조직 내의 갈등상황이나 그 원칙을 근본적으로 변화시키지 않고 사람들기 거기에 적응하도록 만드는 전략이다.
- 갈등해결 방법들이 중요시되며 상호협력과 타협 협상을 통해 갈등을 해결한다.
- 갈등을 중재하거나 해결하는 방법을 교육, 훈련시키는 기구를 설치한다.
- 갈등을 건설적으로 관리할 수 있는 조직을 설치할 필요가 있다.

3) 갈등조장 전략

- 조직의 효과성 제고를 위해 **순기능적 갈등을 조장할 필요성이 있을 때** 사용한다.
- 구성원 간의 경쟁을 유도할 수 있는 분위기를 조성한다.
- 자신들의 의견을 피력할 수 있는 토론기회를 조장한다.
- 조직구조의 변경이나 기능적 조직단위의 확대를 실시한다.
- 의식적으로 의사결정 경로를 변경하여 갈등을 촉진시킨다.
- 이질적인 구성원들을 집단에 유입시키는 인사정책을 실시한다.
- 경쟁적인 환경의 조성 등을 고려한다.

기출문제

01 사회복지행정가 A는 직원의 불만족 요인을 낮추기 위하여 급여를 높이고, 업무환경 개선을 위한 사무실 리모델링을 진행하여 조직의 성과를 높이고자 하였다. 이때 적용한 이론은?

① 브룸(V. H. Vroom)의 기대이론
② 허즈버그(F. Herzberg)의 동기위생이론
③ 스위스(K. E. Swiss)의 TQM이론
④ 맥그리거(D. McGregor)의 XY이론
⑤ 아담스(J. S. Adams)의 형평성 이론

해설 불만족을 제거하는 위생이론과 만족을 증가하는 동기이론을 설명하고 있다. 히즈버기의 동기위생이론을 설명하고 있다.

정답 ②

02 동기부여에 관한 설명으로 옳지 않은 것은?

① 매슬로우(Maslow)의 욕구이론에서는 하위욕구가 충족되어야 상위욕구가 나타나게 된다.
② 아담스(Adams)의 형평성이론에서는 노력과 보상 간의 공정성이 동기부여의 핵심요소이다.
③ 알더퍼(Alderfer)의 ERG이론에서 존재욕구, 관계욕구, 성장욕구는 동시에 추구될 수 있다.
④ 허즈버그(Herzberg)의 동기위생이론에서 봉급과 근무환경은 위생요인이다.
⑤ 맥클랜드(McClelland)의 성취동기이론은 X, Y이론에 바탕을 두고 있다.

해설 맥그리거의 X, Y이론에 바탕을 둔 이론은 허즈버그의 동기위생이론과 매슬로우의 욕구이론이다.

정답 ⑤

Chapter 14 인사관리4 : 직무평가, 직무만족과 소진, 인사관리 최근경향

학습Key포인트

○ 직무평가의 의의를 설명하고 원칙을 제시할 수 있다.
○ 소진의 원인을 설명하고 소진을 방지하는 전략을 제시할 수 있다.
○ 인사관리의 최근경향을 제시할 수 있다.

제1절 직무평가와 직무만족

인사관리를 하려면 조직 내에서 조직구성원이 감당한 직무에 대한 평가를 하여야 한다. 이때 직무평가의 목적은 해당 직무를 더욱 효과적이고 효율적으로 관리하기 위함이다. 그렇기에 직무평가는 타당성이 담보되어야 한다. 아울러 직무에 대한 만족에 따라 조직구성원은 자신의 일에 대해서 능률적으로 감당하는 일이 가능해진다. 그렇지 않을 경우 소진을 경험하게 된다.

1. 직무평가

1) 직무평가의 의의 및 원칙

① 직무평가의 의의

- 직원에 대한 직무평가란 직무수행정도를 평가하는 것이다. 여기에는 직무능력 평가와 직무만족도평가가 함께 포함된다.
- 직무능력평가 : 조직, 프로그램의 목적 성취에 대한 기여도를 평가한다.
- 직무만족도평가 : 업무자들이 일과 업무환경에 대하여 지닌 태도나 인지상태를 파악하는 것이다.

② 직무평가의 원칙

- 평가대상자의 참여와 관여 속에서 이루어져야 한다.
- 모든 대상자들에게 일관되게 적용되는 방법과 기준을 지속적으로 수행해야 한다.

- 업무활동에 대한 피드백을 통해 지속적으로 수행되어야 한다.
- 평가대상자가 수행한 업무와 결과, 행동에 초점을 두어야 한다.
- 문제를 악화시키기보다는 문제를 해결해 나가는 데 기본적인 목적이 있다.
- 직무평가의 기준으로는 생산성, 효율성, 효과성, 서비스의 질 등이 있다.

2) 직무평가의 도구

① 도표평정식

- 왼쪽에 평가기준이 되는 요소를 나열하고 오른쪽에 직무수행의 등급을 나열하여 평가자가 체크한다.
- 직위 간 직무의 차이를 구별하지 못하는 단점과 평가요소가 일반적이라는 평가라고 할 수 있다.

② 개조서열식

- 각각의 평가요소에 대해서 모든 직원을 등급별로 분류하도록 한다.
- 평가자들이 모든 직원들에 대해서 최상에서 최하까지 등급을 부과한다. 1등부터 꼴찌까지 순위가 매겨지는 방법이다.
- 평가에 따라서 서열이 매겨지므로 지나친 경쟁을 일으킬 수 있다.
- 평가요소가 구체적이지 못해 평가의 한계가 있다.

③ 이분비교식

- 각각의 평가요소에 대해서 평가되고 있는 직원과 비슷한 직위의 다른 사람과 비교하여 상대적인 평가를 부여하는 방법이다.
- **등급을 매기거나 서열을 정하는 것은 아니다.**
- 자신을 제외한 나머지 같은 서열 내의 다른 직원들과 비교한다.
- 평가요소가 다소 구체적이라는 장점이 있다.

④ 강제배분식

- 많은 사람들을 평가하는 경우 소수의 사람만이 최상과 최하의 등급을 받고 나머지는 중간에 집중하는 경향이 있으므로 강제적으로 등급의 비율을 정하여 강제적으로 점수를 분산시키는 방법이다.
- ABCD 네 등급으로 구분하여 A등급은 20%, B등급은 30%, C등급은 30%, D등급은 20%로 배분했다면 평가대상자를 이 비율에 맞춰서 등급을 매긴다.
- 어느 한쪽으로 집중화되는 것을 막는 평가방법이다.

⑤ 중요사건평가식

- 직원들의 업무중에서 특별히 좋은 사건과 바람직하지 못한 사건을 기록하는 것이며, 지속적인 평가와 업무에 대한 피드백을 제공할 수 있다.
- 이때 피드백은 좋은 사건은 강화를 하기 위함이고, 바람직하지 못한 사건은 교정하기

위한 것이다.

⑥ 행동계류평정식

- 중요사건평가식을 전문화한 방식이다.
- 중요사건들은 전문가를 이용한 델파이기법을 통하여 등급을 정한다. 그리고 그 사건과 관련된 행동의 효과성에 대한 판단을 한다.
- 장점은 전문가의 의견에 따른 객관성을 높일 수 있다는 점이고, 단점은 시간과 노력이 많이 소모된다는 점이다.

core **직무평가의 과제**

- 평가대상자의 업무와 책임을 명확하게 반영할 수 있는 평가의 기준설정이 필요하다.
- 객관성을 확보할 수 있는 다양한 측정방법의 개발이 필요하다.
- 다양한 평가자의 설정과 함께 평가와 관련된 훈련이 필요하다.

※ 평가는 평가로만 머무르기보다는 보상(급여, 인센티브)와 승진 및 승급 문제가 뒤따르게 된다.

2. 직무만족

1) 직무만족의 개념 및 특성

- 직무만족이란 직무수행자가 직무를 수행하는 과정에서 경험하거나 직무수행의 결과로 얻어지는 성취감들의 욕구만족 함수를 이른다.
- 조직원은 자기의 직무에 대해서 얼마나 만족하느냐에 따라 조직에 대하여 긍정적일 수도 있고 부정적일 수도 있다.
- 직무만족은 조직효과성의 중요한 요인이 된다.
- 직무만족은 내적만족과 외적만족으로 구분할 수 있다.

2) 직무만족의 종류

① 내적만족 : 직무의 난이도, 도전감, 중요성, 다양성, 책임 등 직무 그 자체의 내재적 가치가 주는 만족감

② 외적만족 : 보상, 작업환경, 승진 등 직무수행의 결과에 따라 직무 외적으로 부여된 외재적 가치가 주는 만족감

3) 직무만족의 측정기법

- 단일한 직무만족 측정도구 : 호포크 척도, 브레이필드와 로스 척도, 얼굴표정 척도, 퀸과 스테인즈 척도
- 여러 측면의 합산 척도 : 직무기술지표(JDI), 니메소타 만족설문지, 조직반응 지표 등

3. 소진

1) 소진의 개념 및 특성

- 직업에서 경험하는 스트레스와 고통들에 대한 반응으로 직무에서 멀어져 가는 과정을 말한다. 직무에 대한 이상, 열정, 목적의식, 관심 등이 점차적으로 상실되어 가는 과정이다.
- 소진은 장기적으로 사람들과 밀접하게 관계를 유지하는 과정에서 정서적 압력을 많이 받는 서비스 계통의 종사자에게 많이 나타난다.
- **신체적, 정서적, 정신적 고갈상태**를 말한다.

2) 소진의 단계

단계	내용
열성의 단계	희망과 정열을 갖고 많은 시간과 노력을 투자하는 단계이다.
침체의 단계	보수, 근무시간, 근무환경에 신경을 쓰고 개인적인 욕구충족을 중요시하는 단계이다.
좌절의 단계	자신의 직무수행능력과 일 자체의 가치에 의문을 갖는 단계이다. 클라이언트와 직접적인 접촉을 피하고 피로, 두통, 복통 등을 호소하는 단계이다.
무관심의 단계	정신적, 신체적으로 기권상태에서 클라이언트에게 무관심해지거나 그 직업을 떠나는 단계이다.

3) 소진의 영향

① 사회복지사 자신에게 미치는 영향

- **신체적 현상이 나타난다.**
  소진을 경험하게 되면 육체적으로 쉽게 피곤하고 자주 아픔을 호소하게 된다. 불면증, 소화장애, 편두통, 당뇨병, 여러 위장계열 질환을 겪게 되고 식습관과 체중의 변화가 일어난다.
- **사회적으로 고립되는 현상이 나타난다.**
  일하러 가기 싫어지고, 일에 집중력이 떨어지며, 흥미를 잃게 된다. 조직 내에서 활동이나 작업이 유연하지 못하여 신뢰를 상실하고 다른 사람에 대한 부정적인 태도도 증가한다. 조직에서의 생활과 개인적인 생활 간에 혼돈이 발생한다.
- **정서적으로 메말라가는 현상이 나타난다.**
  도움이나 희망이 없다는 듯한 부정적 태도를 취한다. 정서적인 고갈상태를 경험하며 **부정적인 자아개념**을 갖게 된다.

② 조직에 미치는 영향

- 직무태만과 직무생산성의 저하로 인하여 임무완수의 시간이 연장되거나 지연된다.
- 직업을 그만두거나 바꾸는 이직이 잦아지고 조직이 추구하는 과업과 목표를 달성하는 것이 어려워진다. 효과성이나 효율성이 떨어진다. 직무불만족으로 인하여 조직의 서비스 질이 저하된다. 장기적으로 행정비용의 과다지출을 야기한다.

③ 전문직에 미치는 영향

- 전문직으로서의 예술적 요소를 발휘하지 못한다(공감, 진실성). 클라이언트와의 관계가 단절되고 동료를 향한 비판적 태도가 증가한다.

④ 클라이언트에 미치는 영향

- 클라이언트에 대하여 무관심하거나 냉소적인 반응을 보인다.
- 클라이언트가 말하는 내용에 대해 집중하지 못한다.
- 클라이언트에 대한 비인간적인 태도를 갖는다(비난, 진단내림, 정형화시킴).

4) 소진방지 전략

① 개인적 차원

- 직접행동 : 환경적인 스트레스 요인을 통제한다.
  eg. 사회적 지지집단, 워크숍, 근무시간 자유선택, 임금인상, 역할교대 등
- 완화행동 : 환경적 요인에 대한 변화를 꾀할 수 없을 때 혼란을 경감시키기 위한 행동
  eg. 중재, 긴장완화, 운동, 여가활동 등

② 조직적 차원

- 조직의 사명, 목적, 목표를 분명히 하고 이를 구성원들과 공유한다.
- 조직 안에서 인간관계를 바람직하게 형성할 수 있는 분위기를 조성한다.
- 비효율적인 서류 업무 및 부수적인 업무를 줄인다.
- 다양한 근무제도를 도입한다.
- 지속적인 슈퍼비전과 직원훈련을 실시한다.
- 정서적 지지를 한다.

제2절 인사관리의 최근경향

과거의 인사관리는 상급자가 하급자의 작업이나 노력 등을 관리하는 게 주를 이루었다. 그런데 최근에는 인간 자체에 대한 관심의 증대와 더불어 급격하게 변화하는 시대적 요구에 대처해야 한다는 측면이 강조되고 있다. 인사관리도 이에 따라 전통적 방식보다는 보다 인간중심적이고 혁신적인 방법으로 변화하고 있다. 이러한 인사관리에 대한 최근경향은 업무생활의 질을 향상시키는 운동이 일어나고 있다(Quality of Working Life, QWL). 즉, 업무자들의 생산성을 저해하는 조직 내의 문제들을 극복하기 위한 방법으로 업무생활의 질을 향상시키려는 운동이다.

1) 참여적 자기관리

- QC(Quality Circle) : 조직구성원들이 문제해결을 위하여 구성한 소집단이다. 업무의 운영과 관리에 필요한 개선 목표를 설정하고 달성하고자 한다.
- **클라이언트-성과 모니터링 시스템** : 클라이언트를 환자가 아닌 주요한 '자원'으로 재규정하고, 클라이언트의 피드백에 높은 중요도를 부여한다. 그들의 피드백은 업무자들이 클라이언트에 대한 성과를 모니터링하는 데 도움을 준다고 간주한다.

2) 업무의 재구조화

- 직무확충 : 동일한 직무에 **각기 다른 과업들을 병합하여 직무내용의 확충**을 도모한다.
- 직무확대 : 조직원의 재량권이나 의사결정권을 확대한다. 하급직원들이 **상급직원들이 갖던 의무를 일부 취하게 하는 방법**이다.
- 직무충실 : 신체적 활동의 내용을 다양화할 뿐 아니라 여기에 다시 판단적 · 의사결정적 내용을 곁들인 것으로 **수직적 확대를 의미**한다.
- 직무순환 : 주기적으로 다른 업무를 수행하게 하는 것이다.
- 직무공유 : 특별한 유형의 시간제 근로이다. 하나의 전일제 직무가 두 명의 업무자에게 나누어진다.
- 유연한 업무시간 : 각자에게 편리한 시간을 정하여 정해진 시간만큼 일하게 한다. 전문직 중심의 자기관리 업무집단의 성격을 띠는 직무들에 활용가능성이 있다.

3) 혁신적 보상급여 체계

- 유연급여시스템 : 급여 항목을 늘여놓고 개인별 한도의 총액 내에서 직원들이 자신의 욕구에 따라 스스로 급여를 선택할 수 있도록 한다. 조직의 한정된 급여 내에서 직원들이 각자의 효용성을 극대화할 수 있는 방법이다.

- 이익공유 : 비용절약에 관한 노력이나 아이디어를 내고, 그로 인해 발생하는 추가적인 이익을 되돌려 받도록 한다.
- EAP(Employee Assistance Program, 직원지원 프로그램) : 직원과 그 가족을 대상으로 알코올, 결혼, 정신건강 등에 관련된 서비스를 24시간 지원한다. 대개 지역사회 내에서 관련된 서비스를 제공하는 기관과 연계하여 제공한다. 직원들의 삶을 향상시켜 효과성을 높이고자 하는 방법이다.

4) 업무장소의 개선

- 사무실의 구조의 인체공학적 배치, 사무실 가구와 집기의 개선, 건강관리시설 갖추기 등

기출문제

01 직무수행평가 순서로 옳은 것은?

ㄱ. 실제 직무수행을 직무수행 평가기준과 비교
ㄴ. 직원과 평가결과 회의 진행
ㄷ. 평가도구를 사용하여 직원의 실제 직무수행을 측정
ㄹ. 직무수행 기준 확립
ㅁ. 직무수행 기대치를 직원에게 전달

① ㄷ - ㄹ - ㅁ - ㄱ - ㄴ
② ㄹ - ㄷ - ㄴ - ㅁ - ㄱ
③ ㄹ - ㅁ - ㄷ - ㄱ - ㄴ
④ ㅁ - ㄱ - ㄷ - ㄴ - ㄹ
⑤ ㅁ - ㄹ - ㄴ - ㄷ - ㄱ

해설 직무를 평가하기 위해서는 기준을 확립하고 이를 바탕으로 직무수행에 대한 기대치를 직원에게 전달하는 것이 먼저 실행되어야 한다. 이후 실제 측정도구를 활용하여 측정하고, 측정한 것을 평가기준과 비교하고, 최정적으로 평가결과 회의를 진행하게 된다. 정답 ③

02 시간이 많이 소요되지만 타당성이 높은 직무수행능력평가는 무엇인가?

① 개조서열실(alteration raking)
② 중요사건평가식(critical incident)
③ 이분비교법(paired comparison)
④ 행동계류평정식(behavioral anchored rating scale)
⑤ 도표평정식(graphic rating scale)

해설 행동계류평정식은 중요사건평가식을 전문화시킨 것이다. 중요사건에 대해 전문가 델파이기법을 통하여 정한 후에 평정하는 것이다. 전문적인 방법이지만 시간이 오래 걸리는 단점이 있다.
정답 ④

Chapter 15

재정관리1 : 재정관리와 예산모형 (재정관리, 예산의 수립, 예산체계 모형)

학습Key포인트

○ 재정관리의 개념을 설명할 수 있고 예산수립의 원칙을 제시할 수 있다.
○ 예산의 종류를 구분하여 설명할 수 있다.
○ 예산의 모형별 특성을 설명할 수 있다.

제1절 재정관리와 예산

사회복지조직의 운영을 위하여 재정관리가 필요하다. 재정관리는 조직의 예산준비에서부터 시작하여 예산의 집행, 결산, 평가 등의 전 과정을 의미한다. 현실적으로 사회복지조직은 충분한 자원을 확보하기가 어렵다. 따라서 예산을 잘 세워 집행하는 것이 서비스를 이루는 과정에서 중요한 일이 된다.

1. 재정관리의 개념 및 중요성

1) 재정관리의 개념

- 재정관리는 조직이 목표를 달성하기 위해 필요한 재정자원을 합리적이고 계획적으로 동원하고 배분하여 효율적으로 사용하고 관리하는 과정이다.
- 재정관리에는 예산(재정계획)을 수립하고(예산수립), 예산상의 수입(세출)과 지출(세출) 활동을 관리하며(예산집행), 재정자원의 수입과 지출에 대한 기록과 정리(회계)를 하고, 재정관리의 전반적인 과정을 평가(재정평가)하는 절차로 이루어진다(한동일 외, 2011).
- 사회복지조직의 재정관리는 무형의 서비스를 제공하는 전체과정에 대한 명확한 규정이 어렵기 때문에 매우 미묘하게 다루어질 수밖에 없다.

2) 재정관리의 중요성

- 재정관리는 기관의 생존과 직결된 사항이다.
- 재정운영의 중요성 강조는 최근의 경향이다. 정부, 지방자치단체, 재정지원자는 자신들이 제공하는 재정이 어떻게 쓰이는지 관심을 갖게 된다. 따라서 사회복지기관은 최근 들어 재정의 투명한 운영 등의 욕구에 직면하고 있다.
- 재정관리는 기관의 기획과정과 평가과정에서 매우 중요한 영향력을 갖는다. 이는 예산이 결정되어야만 기관의 기획과 평가노력이 실현될 수 있기 때문이다.

2. 예산수립

1) 예산수립의 개념

- 예산이란 일정한 기간동안 계획된 세입과 세출을 명시한 목록이다.
- 공공 사회복지조직은 예산회계법의 적용을 받고 민간 사회복지조직은 법인재무 · 회계규칙의 적용을 받는다.
- 일반적으로 예산은 1년간의 조직의 목표를 금전적으로 표시한 것이고 1년 동안의 재정활동의 감사장치를 제공한다.
- 회계연도는 정부 회계연도와 동일하게 1년이다(1월1일에서 12월 31일).

2) 예산수립의 성격

- **정치적 과정이다**. 예산은 자원배분에 초점을 맞춘다. 자원배분에 대한 의사결정은 정치적으로 이루어진다.
- **사업기획의 과정이다**. 예산은 조직의 목표달성을 위한 사업수행이다.
- **사업관리 과정이다**. 관리자가 각 단위의 조직 활동과 그 책임자 및 시행일정을 검토한다.
- **회계절차 과정이다**. 자금의 내적, 외적 흐름을 통제하고 재정활동을 승인하는 근거가 된다.
- **인간적인 과정이다**. 예산은 클라이언트와 예산을 집행하는 조직성원, 지역사회성원들에게 큰 영향을 미친다.
- **미래를 변화시키는 과정이다**. 장래의 활동계획에 대한 재정계획이므로 미래의 목표를 새로 설정할 수 있고 이에 따른 새로운 활동을 한다.

3) 예산의 원칙(한동일 외, 2011)

① 공개의 원칙

예산운영의 모든 과정과 상태가 공개되어야 한다.

② 명료성의 원칙

예산의 내용은 모든 국민이 이해할 수 있도록 짜여야 한다.

③ 사전의결의 원칙

예산을 집행하기 이전에 의회의 의결을 거쳐야 한다.

④ 엄밀성의 원칙

예산상 세입의 추계와 세출은 가능한 정확해야 한다.

⑤ 예산 총계주의 원칙(예산 완정성의 원칙)

한 회계연도의 모든 수입을 세입으로 하고, 모든 지출을 세출로 하여 이를 예산에 계상하여야 한다.

한 회계연도의 모든 세입과 세출을 예산에 계상함으로써 예산의 규모, 수지균형, 예산의 흐름 등을 명료하게 파악할 수 있도록 하자는 것이다.

⑥ 한정성의 원칙

예산은 사용목적, 사용범위, 사용기간에서 서로 명확한 한계가 있어야 한다.

⑦ 단일성의 원칙

정부의 재정활동을 손쉽게 알아볼 수 있도록 정부예산은 하나로 존재하여야 한다.

⑧ 통일성의 원칙

정부의 모든 세입은 하나의 일반기금으로 납부되고 여기서 모든 세출이 나와야 한다. 이 원칙은 세입과 세출 간에 특별한 직접적인 관계가 있는 경우를 제외하고는 특정한 세출과 세입이 직결되는 것을 금지한다.

4) 예산의 종류

① 본예산

- 행정부에 의해서 편성되어 의회에서 의결이 확정된 예산
- 사회복지조직의 경우 대표는 법인회계에 속하는 예산을 편성하여 매 회계연도 개시 30일 전에 이사회의 의결을 거쳐 확정하고 이를 시설의 장에게 통보한다.

② 수정예산

- 수정예산은 정부가 예산안을 국회에 제출한 후 부득이한 사유로 인하여 그 내용의 일부를 수정하여 제출하는 예산안이다.
- 사회복지조직에서는 일반적으로 정부의 보조금은 다음 회계연도 기간 동안에 주어지게 되므로 수정예산의 편성은 반드시 필요하다.

③ 추가경정예산

- 예산이 국회의 의결에 의하여 확정된 이후에 생긴 이유로 이미 성립된 예산을 변경할 필요가 있는 경우에 편성되는 예산이다.

- 사회복지시설의 예산이 성립되고 회계연도가 개시된 이후 새롭게 발생한 사유로 이미 성립된 예산에 변경을 가할 필요가 있을 때 시설장은 법인이사회에 추가로 예산을 편성하여 제출하는데 이를 추가경정예산이라고 한다.
- 본예산과 추가경정예산은 별개로 성립되지만 일단 성립되면 시설예산의 총규모를 파악하기 위하여 하나로 통합, 운영된다.

④ 준예산

- 예산안이 회계연도 개시 전까지 의회에서 의결되지 못하는 경우에 의결될 때까지 법이나 법률이 정하는 범위 내에서 정부가 전년도 예산에 준하여 지출할 수 있는데 이를 준예산이라고 한다.

제2절 예산모형

예산을 수립할 때 무엇을 가장 중요한 요소로 보는가에 따라 여러 모형들이 가능해진다. 개별적으로 품목별 예산, 성과주의 예산, 계획예산, 영기준 예산으로 구분된다. 예산을 수립 할 때는 이 중 어느 하나를 선택하여 실행하기보다는 두 가지 이상이 결합되어 사용되는 경우가 대부분이다.

1) 품목별 예산

① 품목별 예산의 개념

- 돈의 액수를 단순하게 목록화하는 것이다. 가장 널리 사용되는 방법으로 매우 간단한 형태를 갖는다.
- 명백하게 정의된 상호독립적인 각 품목에 따라 예산을 편성한다.
  eg. 인건비, 소모품비, 출장비 등
- 예산은 목적에 의해서가 아니라 품목의 성격에 따라 구분된다.
- **주로 전년도 예산을 주요 근거로 하여 일정금액만큼 증가시키는 점증주의 예산형식을 취한다.**

② 품목별 예산의 장점

- **간편하고 비용을 조절**할 수 있다.
- 각 범주들은 시간이 지남에 따라 제한되고 고정된다.
- 할당된 양과의 관계에 있어서 지출이 감시되도록 해준다. 즉, **예산통제의 효과**가 있다.

- 예산 항목별로 지출이 정리되므로 **회계에 유리**하다.

③ 품목별 예산의 단점

- 점진적 특성으로 인해 예산 증감을 신축성 있게 할 수 없다.
- 점진적 증가는 증가에 대한 충분한 자료를 제공하는 것은 아니다.
- 예산의 신축성 저해와 기능의 중복이 발생한다.
- 특정 세부목표를 성취하기 위해 어떻게 공급될 것인지를 명확하게 보여주지 않는다.
- 프로그램비용과 행정비용을 비교할 근거를 제공하지 못하고 있어서 중요한 효과성을 측정할 수 없다.
- 효율성, 생산성, 질을 결정하는 데 사용될 수 있는 정보를 제공해 주지 않는다.
- 예산결정에 외부기준이 존재하지 않는다.

2) 성과주의 예산

① 성과주의 예산의 개념

- 성과주의 예산은 점증적인 예산을 기반으로 한 품목별 예산의 단점을 보완하기 위하여 제시되는 방법이다.
- 성과주의 예산은 각 사업 및 세부사업에 대한 성과목표에 근거를 두고 비용을 선정하는 예산이다.
- 조직활동을 기능별 또는 사업별로 나누고 이를 다시 세부사업으로 나누어 세부사업 단위의 원가를 계산하고 여기에 업무량을 곱해서 예산액을 정한다.
  [**단위원가 × 업무량 = 예산액**]
- 성과를 평가하기 위한 예산반영이므로 성과가 좋은 사업에 대하여 예산에 인센티브를 주는 방식이다.

② 성과주의 예산의 장점

- 일반인들도 기관의 목표와 사업을 분명히 이해할 수 있다.
- **단위 원가를 계산해서 자금을 배분함으로써 합리성을 도모한다.**
- 사업별로 통제하기 쉽고 사업의 효율성을 기할 수 있다.
- 예산집행에 있어서 신축성을 부여한다.
- 장기계획의 수립 및 실시에 도움을 준다.
- 예산편성에 있어 자금배정을 합리화할 수 있다.
- 행정부의 정책이나 계획수립을 용이하게 하며, 입법부의 예산심의를 간편하게 한다.

③ 성과주의 예산의 단점

- 업무측정단위와 단위원가를 산출해내기가 곤란하다.
- 재정의 비용 효과성에 치중하여 프로그램의 효과성에 대해 소홀히 할 수 있다.
- 회계책임이 명백하지 못하고 충분한 공금관리 확보가 곤란하다.

- 기능의 통합을 지나치게 확대시킬 우려가 있다.
- 품목별 예산에 비해 엄격한 통제가 곤란하다.

3) 계획예산

① 계획예산의 개념

- 성과주의 예산과 비슷한 예산형식으로서 **성과주의 예산이 비용을 산출물에 결부**한다면 **계획예산은 프로그램 목표에 치중**하는 것이다. 즉, 결과에만 치중한다.
- 장기적인 기획수립과 단기적인 예산편성 프로그램 작성을 통하여 유기적으로 결합함으로써 자원배분의 의사결정을 합리적으로 일관성 있게 행하려는 예산체계이다.
- **장기적인 계획으로 예산을 편성하므로** 자원배분을 합리적으로 할 수 있고 미래 비전과 관련된 사업과 예산을 연계시킬 수 있다.

② 계획예산의 과정

- 조직의 장기적이고 일반적인 목표를 확인 또는 개발한다.
- 일반적이고 장기적인 목표를 위하여 구체적이고 시간 제한적이며 계량적인 목표를 잠정적으로 정한다.
- 구체적 목표달성과 관련된 사실에 대한 정보를 수집한다.
- 수집된 자료를 근거로 구체적인 목표를 설정하고 우선순위를 정한다.
- 목표달성을 위한 수단으로 기존 프로그램을 포함한 제반 대안들을 개발하고, 그것들의 실제적 또는 예상되는 효과성과 효율성을 비교, 분석하여 최적의 것을 선택한다.
- 선정된 프로그램에 대한 예산을 수립, 예상되는 수입원천과 접촉하여 실행 가능성을 검토한다.
- 현실성 있게 예산안을 수정한다.
- 최종적인 예산안을 선택한다.

③ 계획예산의 장점

- **조직목표를 보다 정확하게 파악할 수 있다.**
- 여러 목표 가운데 **가장 긴급한 것을 선택할 수 있다.**
- 목표달성을 위한 수단의 분석이 가능하다.
- 합리적 의사결정이 가능하다.
- 장기적 사업계획에 대한 객관적 신뢰도가 높다.
- **조직의 통합적 운영이 편리하다.** 즉, 기획과 예산이 통합되어 운영된다.

④ 계획예산의 단점

- **결과에만 치중하여 과정을 무시하는 경향이 있다.**
- 여러 가지 이해관계 및 정치적 요인이 개입되므로 목표설정이 어렵다.
- **최고책임자에게 권한을 집중시키는 경향이 있다.**

- **달성되는 효과의 정량화 및 계량화에 어려움이 있다.**
- 예산이 과학적 합리성에 의해서 편성되므로 이사회의 예산심의에 있어 이사들의 발언권이 제약을 받는다.
- 조직품목과 예산이 직접 연결되지 않기 때문에 실제운영에서 환산작업이 어렵다.
- 직접비용이 아닌 간접비의 배분을 어떻게 할 것인지가 어렵다.

4) 영기준 예산

① 영기준 예산의 개념

- 과거의 예산 우선순위나 관행에 구애받지 않고 영(Zero)에서 출발하여 업무계획을 수립하고 채택된 프로그램에 관해서만 예산을 편성하는 방식이다.
- 전년도 예산을 고려하지 않은 **영기준을 적용**하여 체계적으로 **비용편익분석과 비용효과분석**을 하고 **우선순위를 결정**한다. 이에 따라 예산을 편성한다.

② 영기준 예산의 장점

- **예산의 절약과 사업의 쇄신에 기여한다.**
- **재정운영, 자금배정의 탄력성을 유지할 수 있다.**
- **하의상달식 촉진으로 사업의 효과성을 상승시킨다.**
- 관리자의 참여를 확대시킨다.
- 자원배분의 합리성을 기할 수 있다.

③ 영기준 예산의 단점

- 사업의 축소, 폐지가 쉽지 않다.
- 목표설정 기능, 계획의 기능이 위축된다.
- 심리적, 정치적 요인이 무시된다.
- 업무부담의 과중 및 분석기법의 적용한계 등의 문제점이 있다.

기출문제

01 다음은 어떤 예산편성 모형에 관한 설명인가?

> • 전년도 예산과 무관하게 매년 프로그램 우선순위에 따라 예산을 편성한다.
> • 사업의 우선순위에 따라 합리적으로 재원을 배분한다.
> • 효율적이고 탄력적이고 재정운영이 가능하다.
> • 여러 개의 독자적인 목표를 가지고 활동하는 예산결정단위를 선정한다.

① 품목별 예산
② 성과주의 예산
③ 영기준 예산
④ 프로그램 기획예산
⑤ 기능주의 예산

해설 영기준 예산은 전년도 예산을 무시하고 제로(zero) 베이스에서 모든 것을 살펴본다. 따라서 가장 합리적인 성격을 갖는다. 반면, 심리적, 정치적 요인이 배제되며 비용편익분석 및 비용효과분석을 해낼 수 있는 기술력이 필요하다.

정답 ③

02 사회복지조직의 재정관리에 관한 설명으로 옳지 않은 것은?

① 「사회복지법인 및 사회복지시설 재무 · 회계 규칙」을 따른다.
② 사회복지법인과 시설은 매년 1회 이상 감사를 실시한다.
③ 시설운영 사회복지법인인 경우, 시설회계와 법인회계는 통합하여 관리한다.
④ 사회복지법인의 회계년도는 정부의 회계년도를 따른다.
⑤ 사회복지법인이 설치 · 운영하는 시설의 경우 시설운영위원회에 보고하고 법인 이사회의 의결을 통해 예산편성을 확정한다.

해설 사회복지법인이 시설을 운영할 경우 법인회계와 시설회계는 서로 구분하여 편성하고 집행하여야 한다.

정답 ③

Chapter 16

재정관리2 : 예산 확보 · 집행과 회계 · 감사

학습Key포인트

- ○ 사회복지시설의 예산 확보 방안을 설명할 수 있다.
- ○ 예산의 집행원칙을 설명할 수 있다.
- ○ 사회복지법인 및 시설의 회계와 감사를 설명할 수 있다.

제1절 예산의 확보와 집행

재정관리에 있어 필요한 사업에 대한 자금배분의 계획뿐만 아니라 계획된 예산을 어떻게 마련하는가도 중요하다. 또한 마련된 자원을 활용하여 예산을 집행할 때 어떤 점들을 주의해야 하는지도 중요하다. 사회복지조직의 예산은 기관의 자체적인 기금이라기보다는 정부의 지원이나 민간의 후원이 많기 때문에 (준)공공재로 보아야 한다. 따라서 예산확보와 집행에 있어 보다 철저해야 할 필요가 있다.

1. 예산확보

1) 정부보조금

- 사회복지법인, 사회복지사업을 수행하는 비영리법인, 사회복지시설 보호대상자를 수용하거나 보육, 상담 및 자립지원을 하기 위하여 사회복지시설을 설치 · 운영하는 개인 등은 정부보조금 지급대상에 포함된다.
- 국가나 지방자치단체가 이미 교부한 보조금이라도 거짓이나 기타 부정한 방법으로 보조금을 교부받은 경우, 보조금을 사업목적 이외로 사용한 경우, 법인이 사회복지사업법이나 시행령을 위반할 경우에는 그 전부 또는 일부를 환수할 수 있다. 반환명령을 내릴 수 있다.

- **위탁비** : 본래 중앙정부나 지방자치단체가 행해야 할 사업을 민간 사회복지시설에 맡기는 것을 위탁이라고 한다. 이 경우 정부의 책임하에 시설이나 기관이 서비스를 제공하게 된다. 이런 위탁의 관계가 성립되면 서비스를 대행하여 실시하는 대가로 위탁비를 지불한다.

2) 이용(수수)료

- 민간부문에서 생겨난 기금조성방법으로 수수료와 클라이언트에게 이용료를 부담하게 하는 방법이다. 수수료란 클라이언트, 공공복지기관, 사회보장, 민간 및 그룹보험회사로부터 지불된 돈을 말한다.
- 수수료의 장점
  a. 예산할당보다 훨씬 간단하고 단순하다.
  b. 비용을 공정하게 할당한다.
  c. 수수료를 지불하는 클라이언트는 기관을 선택함으로써 기관의 업적이나 공적이미지와 다른 요소들에 대해 기관들에게 피드백을 줄 수 있다.
  d. 수수료를 지불할 수혜자는 더욱 동기부여가 되고 협조적이며 목적지향적일 수 있다.
- 수수료의 단점
  a. 사회복지기관이 비용을 징수하는 것에 대한 거부감이 생길 수 있다.
  b. 위기상황에 처한 클라이언트가 서비스 이용에 들어올 수 없는 경우가 생길 수 있다.

core 바우처의 기능

- 정부가 클라이언트에게 서비스를 이용할 수 있는 재정을 일부 또는 전부 지원
- 클라이언트는 바우처를 화폐처럼 사용하여 서비스를 선택하여 이용할 수 있음
- 서비스 제공기관은 바우처를 화폐로 환산하여 받을 수 있음

3) 기부금

- 일반기부금, 후원금, 영리기업과 협약을 통한 기부금, 결연후원금, 모금 등이 있다.
- 기부금도 자원이기 때문에 이에 대해서 투명하게 관리를 해야 한다.
- 사회복지는 결국 자원을 개발하고 동원하는 게 주요사업이 된다.

cf. 재원마련 방법으로서의 공동모금 배분신청과 기업결연

- 사회복지기관은 자원을 개발해야 한다. 공동모금회에 사업에 대해 프로포절하여 재정을 지원받는 방식이 있다. 이 경우 시민들이 기부한 자원을 활용한다는 측면에서 의미가 있다.

- 또한 지역사회 내에 있는 여러 기업과 결연을 맺음으로써 자원을 확보할 수 있다. 지역사회에 기반을 둔 기업도 역시 지역사회 일원으로 기여하고 싶은 욕구가 있다. 사회복지조직은 이런 기업의 욕구를 충분히 활용할 수 있어야 한다.

2. 예산집행

1) 예산집행의 원칙

세입과 세출 등 예산이 담고 있는 정책목표와 프로그램을 성취하는 데 필요한 수입과 지출을 실행하는 일체의 행위를 예산집행이라고 한다. 예산집행에는 다음과 같은 일정한 원칙이 적용되어야 한다.

① **개별화의 원칙** : 재정통제체계는 개별기관 자체의 제약조건, 요구사항, 기대사항에 맞게 고안되어야 한다.

② **강제의 원칙** : 재정통제체제는 강제성을 띠는 규정이 있어야 한다. 강제성이 없으면 효과성이 없다. 강제성은 때로는 개별성을 무시할 수 있으나 규칙의 동일한 적용을 통하여 공평성과 활동을 공식화하는 모습을 갖는다.

③ **예외의 원칙** : 규칙을 정할 때는 항상 예외상황을 고려하여야 한다. 그리고 예외상황에 적용할 규칙도 마련해야 한다.

④ **보고의 원칙** : 통제체계는 보고의 규정을 두어야 한다. 재정활동에 대한 보고의 원칙이 없으면 재정관련 행위를 공식적으로 감시하고 통제할 수 없다.

⑤ **개정의 원칙** : 규칙은 일정동안만 적용할 수 있도록 제한되어 있거나 적용할 때 부작용이 나타날 경우를 대비하여 일정한 기간이 지난 후에는 규칙을 개정할 수 있어야 한다. 다만, 일정한 기간이 지나기 이전의 개정에 대해서는 자제해야 한다.

⑥ **효율성의 원칙** : 통제는 비용과 노력을 최소화하는 정도에서 이루어져야 한다. 통제 자체가 목적이 아니다. 재정의 투명성과 효율성이 목적이다.

⑦ **의미의 원칙** : 효과적인 통제를 위해서는 규칙, 기준, 의사소통, 계약 등에 관계되는 모든 사람들이 잘 이해할 수 있도록 전달되어야 한다.

⑧ **환류의 원칙** : 통제체제에 대한 규칙, 기준, 의사소통, 계약 등을 적용할 때 발생할 수 있는 여러 가지 장단점 및 부작용을 수렴하여 개정과 개선의 근거로 삼아야 한다.

⑨ **생산성의 원칙** : 재정통제의 궁극적인 목표는 서비스를 효과적이고 효율적으로 전달하기 위한 것이다. 따라서 통제체계는 이런 생산성의 원칙과 충돌되지 않아야 한다.

2) 예산집행을 통제하는 기제

① **분기별 할당** : 수입과 지출이 일정하지 않은 경우 수입예산의 수입과 지출예산의 지출을 분기별로 조정하여 수입과 지출의 균형을 맞출 필요가 있다.

② **지출 사전승인** : 일정액 이상을 지출할 경우 최고관리자에게 사전승인을 받도록 하는 것이다. 또는 지출의 액수에 따라 중간관리자에게 사전승인을 얻도록 하는 것이다. **수입과 지출의 균형유지와 지출억제 효과를 동시에 볼 수 있다.**

③ **재정현황의 정기적인 보고** : 관리자는 월별, 분기별로 재정현황을 보고받아 검토해야 한다.

④ **대체** : 회계연도 말 사업별 또는 계정별로 과도지출 / 과소지출이 있을 경우 과소지출분에서 과다지출분을 메우기 위해 대체할 필요가 있다.

⑤ **지불연기** : 조직 내외부로부터 지불요청이 있을 경우 의도적으로 적당한 방법을 통하여 지불을 연기함으로써 수입예산의 입금 여유를 갖는다.

⑥ **지출의 취소** : 예상된 수입이 인가되지 않았거나 실제로 입금되지 않았을 경우 자금지출을 일시적으로 또는 최종적으로 취소할 수 있다.

⑦ **차용** : 수입예산이 확보되지 않았을 경우 일시적으로 은행이나 특수단체로부터 차용할 수 있다.

3. 결산

1) 결산의 개념 및 필요성

- 결산이란 한 회계연도 내에서 발생한 모든 수입과 지출을 확정적인 계수로 표시하는 절차이다. 예산집행의 마무리 단계라고 할 수 있다.
- 예산집행의 경제성, 효율성, 효과성과 같은 평가까지 포함한다.
- 사회복지조직의 경우 법인 이사회가 의도한대로 예산이 집행되었는지 규명하고, 결산상의 흑자 또는 적자의 크기를 확인하며, 이런 결과를 토대로 다음해 예산에 반영하기 위하여 결산한다.

2) 결산서 작성과 제출

- 사회복지조직은 법인과 시설의 결산보고서를 작성하여 이사회를 거쳐 지방자치단체에 제출해야 한다.
- 이때 반드시 감사보고서가 첨부되어야 한다.

3) 결산보고에 첨부되는 서류

- 세입세출결산서, 과목전용조서, 예비비사용조서, 대차대조표, 수지계산서, 현금 및 예금 명세서, 유가증권명세서, 미수금명세서, 부채명세서, 후원금 수입명세서, 후원금 사용명세서, 인건비 명세서, 감사보고서 등
- 대차대조표는 재정상태를 한눈에 볼 수 있도록 도식화한 표이다. 자산을 부채와 자본으로 비교할 수 있도록 한다. **사회복지조직은 수익사업을 하지 않기 때문에 단식부기로 회계를 처리한다. 수익사업을 할 경우 반드시 대차대조표가 첨부되어야 한다.**

제2절 회계와 감사

재정적인 거래를 요약하고 그 결과를 해석하는 표준화된 기술적 방법이 회계이고, 이러한 활동이 정확하고 적절하게 이루어졌는지 감시하는 활동이 감사이다. 일반조직에서도 회계와 감사는 사업에 대한 투명성 등의 제고방법으로 활용된다. 특히, 사회복지조직은 공공재나 준공공재를 사용하는 경우가 많으므로 정확한 회계관리가 필요하며, 이에 대한 감사 또한 철저해야 한다.

1. 회계

1) 회계의 개념

- 회계는 특정의 경제적 실체에 대해 이해관계를 가진 사람들에게 합리적이고 경제적 의사결정을 하는 데 유용한 재무적 정보를 제공하기 위하여 이루어지는 일련의 과정이다.
- 목적에 따라 재무회계와 관리회계로 구분한다.

  재무회계 : 내부 및 외부 정보 이용자의 경제적 의사결정에 유용하도록 일정기간 동안의 수입과 지출을 보고하는 것이다. 주로 거래자료기록, 시간표작성, 분개작성, 결산을 다룬다.

  관리회계 : 행정책임자가 행정적 의사결정을 내리는 데 필요하도록 재정관계 자료를 정리하는 것이다. 예산단위 비용을 계산하여 예산의 실행성과를 분석하는 것을 주내용으로 한다.

2) 회계의 방법 및 장부의 종류

① 회계의 방법 : 사회복지조직의 회계는 단식부기에 의한다. 다만, 법인회계와 수익사업회계는 필요에 의해서 복식부기를 한다. (※복식부기 시에는 대차대조표가 들어간다.)

② 회계의 장부 : 현금출납부, 총계정원장, 총계정원장보조부, 재산대장, 비품관리대장, 소모품대장

3) 주요 회계활동

① **기록업무** : 수입과 지출에 대한 다양한 기록장부를 마련하여 회계원칙에 따라 기록한다. 사회복지조직의 경우 법인회계와 수익사업회계는 복식부기로 시설회계는 단식부기에 의한다.

② **정리업무** : 각종 장부에 기록된 사항을 월별, 분기별로 종결하여 정리하는 업무이다. 정기적인 재정보고서 작성에 필요한 절차이다.

③ **재정보고서 작성 및 발행** : 월별, 분기별로 재정보고서를 작성하여 시설 내부 및 이사회에 보고한다. 회계연도 말에는 1년 동안의 현황을 파악할 수 있는 대차대조표 등의 보고서를 작성하여 정부기관이나 이사회에 보고한다. 이런 보고서는 개인후원자들에게도 보고나 공개형식으로 밝히는 것이 바람직하다.

2. 회계감사

1) 회계감사의 개념

- 회계감사란 조직의 수입, 지출의 결과에 관한 사실을 확인, 검증하고, 이에 관해 보고하기 위하여 장부 및 기타 기록을 체계적으로 감사하는 행위이다(최성재, 남기민, 2016).
- 회계감사는 결산과 더불어 예산과정 중 마지막으로 예산을 정확하게 그리고 효율적으로 집행하기 위해서 필요하다.

2) 규정준수 회계감사

- 기관의 재정운영이 적절한 절차에 따라 시행되고 재정이나 다른 보고서들이 적절하게 구비되었는지 또한 조직에 적용된 각종 규칙과 규제들을 조직이 잘 준수하고 있는지를 확인하는 과정이다.
- 전통적으로 품목별 예산형식에서 요구하는 방식이다.

3) 운영 회계감사

- 규정준수 회계감사의 약점을 보완하는 감사이다.
- 예산과 관련하여 바람직한 프로그램 운영의 산출여부, 조직목표를 달성하는 데 있어서 효과성과 능률성 등의 문제에 관심을 갖는다.
- 운영회계 감사를 위해서는 기능별 예산이 프로그램 예산과 같은 형식으로 되어야 한다.
- 목표달성 여부와 효율성을 판단할 수 있다.

01 예산집행의 통제 기제에 관한 설명으로 옳지 않은 것은?

① 개별 기관의 제약조건, 요구사항 및 기대사항에 맞게 고안되어야 한다.
② 예외적 상황에 적용되는 규칙을 명시해야 한다.
③ 보고의 규정을 두어야 한다.
④ 강제성을 갖는 규정은 두지 않는다.
⑤ 필요할 경우 규칙은 새로 개정할 수 있다.

해설 예산은 엄격하게 집행되어야 하기 때문에 강제성을 갖는 규정이 반드시 필요하다. 정답 ④

02 사회복지법인 및 사회복지시설 재무 · 회계 규칙상 다음에서 설명하는 예산은?

회계연도 개시 전까지 법인예산이 성립되지 아니한 때는 시장, 군수, 구청장에게 그 사유를 보고하고 예산성립 전까지 임직원의 보수, 법인 및 시설운영에 직접 사용되는 필수경비, 법령상 지급의무가 있는 경비는 전년도 예산에 준하여 집행할 수 있다.

① 계획예산
② 본예산
③ 특별예산
④ 준예산
⑤ 추가경정예산

해설 예산이 성립되지 않았을 때 전년예산에 준하여 필요경비를 지출하는 경우를 준예산이라고 하며, 준예산은 예산이 성립되면 자동적으로 본예산에 포함된다. 정답 ④

Chapter 17

마케팅과 홍보

학습Key포인트

○ 사회복지조직의 마케팅의 필요성과 특성을 설명할 수 있다.
○ 마케팅믹스를 설명할 수 있다.
○ 사회복지조직의 효과적인 홍보전략을 제시할 수 있다.

제1절 사회복지조직의 마케팅

마케팅은 경영학에서 나온 방법이다. 기본적으로 시장에서 가치를 창출하고 시장을 관리하는 개념이지만 이런 개념의 시작은 인간의 필요와 욕구에서 기인한다. 사회복지조직이 다루는 주된 대상은 클라이언트이다. 그리고 클라이언트는 인간이라는 관점에서 인간의 필요와 욕구에 따라 사회복지조직이 어떤 대처를 하는지 볼 수 있게 하는 것이 마케팅이다. 더구나 현대사회는 시장을 떠나서는 이야기하기 어렵기에 사회복지조직에서도 마케팅에 대한 기술과 전략을 개발하여야 한다.

1. 마케팅의 기본개념

1) 마케팅의 개념

• 마케팅은 시장에서 가치를 창출하고, 기본적인 욕구와 수요를 충족시킬 목적으로 이루어지는 것으로 교환이 성취되고, 관계가 이루어질 수 있도록 시장을 관리하는 것이다.
• 제품을 창조하여 다른 사람과 교환하기 위한 활동이라고 할 수 있다.

2) 마케팅의 핵심요소

① 소비자의 욕구와 수요

• 고객의 욕구와 수요를 세밀하게 이해하는 것이 마케팅의 가장 기초적인 전제이다.

- 이를 파악하기 위해서는 정보를 수집해야 한다.

② 소비자의 만족과 가치

- 소비자는 제품이나 서비스를 통하여 자신들의 욕구와 수요를 충족시키기를 원한다. 이를 이루기 위하여 소비자는 여러 대안 중 하나를 선택한다.
- 가치라는 것은 소비자가 그 제품을 소유하고 사용함으로써 얻는 혜택과 그것을 얻는 데 필요한 비용 간의 차이이다.

③ 교환

- 교환이란 바람직한 목적물을 획득하고, 그 대신 상대방에게 어떤 것을 제공하는 것이다.
- 교환은 가치 있는 제품이나 서비스에 대한 대가를 제공하고 획득하는 행위이다.
- **교환은 가치를 창출하는 과정**이라고 할 수 있다.

④ 시장

- 시장은 어떤 제품이나 서비스의 실제 또는 잠재적 구매자들의 집합을 의미한다.
- 시장은 개념의 전통적인 의미에서 제품과 서비스에만 한정되는 것이 아니다. 수요와 공급의 원칙으로 생성되는 모든 것이 시장이다. eg. 자금시장

3) 사회복지조직 마케팅의 필요성

- **재정확보를 위하여 필요하다.** 비영리조직에 대한 정부지원이 감소되면서 재정위기를 타개하고자 영리조직들이 사용하는 마케팅 전략이 도입되었다.
- **비영리기관들의 확대와 경쟁이 이루어지기 때문에 필요하다.** 사회복지서비스를 제공하는 기관이나 시설이 계속 증가하고 있다. 따라서 사회복지서비스 분야도 이젠 경쟁을 해야 하는 시대가 되었다. 따라서 마케팅 전략이 필요하다.
- **서비스 개발을 위하여 필요하다.** 사회복지조직들이 제공하는 서비스는 가난의 문제를 해결하는 시대에는 일정한 형태를 지속할 수 있었지만 사회서비스를 지향하는 현시대에서는 어떤 서비스를 제공하는가가 중요 관심이 된다. 따라서 사회복지조직들은 자신들이 제공할 서비스를 다른 조직과 차별화하여 제공해야 한다. 결국 마케팅 전략이 필요하다.
- **책임성을 강화하기 위하여 필요하다.** 사회복지조직은 보조금이나 후원금을 바탕으로 서비스를 제공하는 경우가 많다. 따라서 주어진 자원에 대한 책임을 나타내기 위해 필요하고 효과적인 서비스를 제공함으로써 이루어진다. 이를 위해서는 결국 마케팅 전략이 필요하다.

2. 사회복지조직 마케팅의 특성

1) 서비스의 무형성

- 사회복지조직의 서비스는 이용해 보기 전에는 서비스 제공자의 주장을 확인할 수 없다.

- 상품처럼 진열하고 관리하는 게 아니기 때문에 홍보가 어렵다.
- 서비스 이용자가 이용한 후 평가가 가능하기 때문에 마케팅의 어려움이 있다.

2) 서비스의 다양성

- 사회복지서비스는 이용자의 개별적 욕구를 중시하기 때문에 다양한 서비스가 제공되어야 한다.
- 사회복지서비스는 표준화된 서비스로 대량생산을 할 수 없다.
- 서비스와 관련된 이해집단이 다양하여 욕구를 충족시키는 과정이 매우 복잡하다.

3) 생산과 소비의 동시성

- 사회복지서비스는 생산과 소비가 분리되지 않는 경향이 있다.
- 소비자가 생산과정에 참여한다는 의미가 크다.
- 따라서 사회복지조직의 마케팅은 교환과정뿐만 아니라 생산자와 소비자의 상호작용을 강조할 필요가 있다.

4) 소멸성

- 사회복지조직의 서비스는 다른 제품처럼 쌓아둘 수 없다. 서비스가 일단 시작되면 참여하지 않는 사람들은 그 서비스를 놓친 것이다.
- 유사한 서비스가 제공된다 하더라도 엄밀하게 말해서 똑같은 서비스는 아니다. 다음 기회에 참여한다고 하더라도 정확하게 똑같은 것은 아니다.
- 대체로 측정가능성이 없으므로 마케팅에 어려움이 있을 수밖에 없다.

3. 사회복지조직의 마케팅 전략

1) 마케팅믹스

- 마케팅믹스란 마케팅활동을 위한 일종의 수단으로 마케팅 목표를 달성하기 위한 수단을 종합적으로 결정하는 전략이다.
- 보통 4P로 이야기한다. 상품(Product), 가격(Price), 유통(Place), 촉진(Promotion) 활동을 의미한다.

2) 마케팅믹스의 사회복지조직에의 적용

① 상품(Product)

- 사회복지조직의 상품은 프로그램과 서비스라고 할 수 있다. 이런 상품은 기관의 사명과 목적에 따라 달라진다.

② 가격(Price)

- 사회복지조직의 가격은 서비스와 프로그램에 대한 가격을 의미한다.
- 이는 수익사업의 이용료가 될 수도 있고, 모금 프로그램에 대한 가격 곧 후원금이 될 수도 있다.

③ 유통(Place)

- 비영리조직의 유통전략은 서비스의 전달과 임금경로, 접근성과 관련되어 있다.
- 비영리조직의 유통에는 중간상의 개입이 없이 직접 전달된다. 고객에 직접 접촉한다.
- 후원자를 위한 경로의 설계는 경우에 따라 중간에 중개인을 두고 후원금이나 후원물품을 수집할 수도 있다.

④ 촉진(Promotion)

- 고객의 마음속 관심, 궁극적으로 구매할 의도를 자극하기 위한 활동이다.
- 서비스의 홍보나 보다 많은 기부금을 확보하기 위한 인쇄물 등 커뮤니케이션 수단을 활용한다.

※ 비영리기관에서는 위의 4P로는 부족하다고 하여 여기에 3P를 더 추가하기도 하는데 생산자(Producer), 구매자(Purchaser), 조사(Probing)를 추가하기도 한다[Fine, 고재욱 외(1992), 2018 재인용].

4. 사회복지기관의 연중 마케팅 방법

1년 전체에 걸쳐 지속적으로 모금을 전개하는 것으로 다음과 같은 마케팅기법들을 활용할 수 있다.

① 직접우편(DM) : 표적시장 선정 후 대상자 목록을 확보하여 편지를 발송한다. 주소확보가 중요하며 내용은 간결해야 한다.

② 고객관계관리마케팅(CRM) : 고객 특성에 기초한 맞춤형 서비스를 지속적으로 제공한다.

③ 기업연계마케팅(CRM) : 명분마케팅이라고도 한다. 기업은 이미지 제고를 위하여 사회기여에 참여하고자 한다. 이를 원하는 기업을 대상으로 마케팅하는 것이다. 사회복지조직은 자원을 후원받을 수 있게 되고, 기업은 세제혜택과 기업 이미지 제고 효과를 갖는다.

④ 데이터베이스마케팅 : 기관이용자와 개별접촉을 하여 다양한 정보를 수집하고 분석하여 데이터베이스화 한다.

⑤ 인터넷마케팅 : 홈페이지 등을 통하여 홍보와 모금을 한다.

⑥ 사회마케팅 : 정부, 지방자치단체, 지역사회를 위한 공중의 행동변화를 위한 기법이다. 사회적 목표를 달성하기 위하여 사회적 아이디어를 개발하고 그것을 공중에게 수용시키려 한다.

※ 안정적이며 장기적인 자원개발방법으로 가장 바람직한 것은 정기후원 개발이다.

제2절 사회복지조직의 홍보

홍보(PR)는 언어적으로 '공중관계'(Public Relation)를 의미한다. 어떤 조직이 사회적 환경에서 대중과 원활한 관계를 갖고자 노력하는 과정이라고 할 수 있다. 사회복지조직 역시 조직을 둘러싼 여러 이해당사자와의 관계를 적절하게 가져야 한다. 따라서 공중의 관계를 갖는 홍보에 대해서 관심이 더욱 높아져야 한다.

1. 홍보의 개념 및 중요성

- 홍보를 단순히 알리는 차원에서만 이해해서는 곤란하다.
- 홍보는 사회복지조직이 환경과 공중의 관계를 갖는 노력이라고 할 수 있다.
- 사회복지조직은 다음과 같은 이유에서 홍보를 활용할 필요가 있다.
  a. 기관의 이미지와 인지도를 높여 준다.
  b. 시행하고 있는 프로그램이나 서비스를 알려준다.
  c. 인적자원인 자원봉사자를 모집하고 관리할 수 있게 한다.
  d. 기금조성 및 후원자를 개발하기 위해서이다.

2. 효과적인 홍보방법(Skidmore, 1995)

- 목표가 무엇이며 어디에 있는가를 알아야 한다.
- 접근하고자 하는 대중이 누구인지를 알아야 한다.
- 획득 가능한 재원, 인력, 기술 등 자원을 평가한다.
- 접근하고자 하는 대상에게 먼저 이익을 주어야 한다.
- 선전이나 홍보, 팸플릿 등에 관련된 전문적이고 상세한 기술을 알고 있어야 한다.
- 절대적으로 정직해야 한다.
- 감사를 표시해야 한다.

cf. 사회복지조직의 홍보전략
- 사회조사를 할 때 사회조사라는 주목적 아래 기관홍보라는 보조목적을 갖는다.
- 소식지 발간을 정기적으로 한다.
- 지역자원 연계를 한다.

01 사회복지조직을 포함한 비영리조직 마케팅에 관한 설명으로 옳은 것은?

① 생산 후 소비의 발생이 이루어진다.
② 틈새시장 마케팅이 시장세분화 정도가 가장 높다.
③ 사회복지서비스의 표준성은 영리조직 마케팅과의 차이점 중 하나이다.
④ 마케팅 믹스의 4P는 유통(Place), 촉진(Promotion), 가격(Price), 문제(Problem)를 의미한다.
⑤ 공익연계 마케팅을 통해 참여기업과 사회복지조직 모두 혜택을 얻을 수 있다.

해설 사회복지조직의 마케팅은 생산과 소비가 함께 이루어진다. 시장세분화 정도가 가장 높은 것은 소비자의 욕구충족을 세분화할 수 있는 데서 나타난다. 사회복지조직 마케팅의 특징은 일반 마케팅과 다른 다양성과 복잡성에 있다. 마케팅 믹스에는 문제가 아니라 생산품(Production)이 한 요소가 된다. 공익연계 마케팅을 통하여 사회복지조직은 자원을 얻을 수 있고 기업은 세제혜택과 이미지 제고를 얻을 수 있다. 정답 ⑤

02 사회복지기관의 마케팅 전략에 해당하지 않는 것은?

① 생산자 관점 강화
② 소비자만족 중시
③ 품질관리 강조
④ 비영리조직의 사명 중시
⑤ 마케팅 믹스(marketing mix)의 고려

해설 사회복지서비스는 생산과 소비가 동시에 일어난다. 따라서 생산자 관점의 강화가 아니라 생산자와 소비자의 상호작용을 강조하여야 한다. 생산자 관점은 구시대적 요소이다. 정답 ①

Chapter 18

사회복지의 평가

학습Key포인트

○ 사회복지 평가의 목적을 설명할 수 있다.
○ 사회복지평가 방법을 구분하여 제시할 수 있다.
○ 사회복지 책임성을 평가와 연결하여 설명할 수 있다.

제1절 사회복지의 평가

평가는 사회복지조직이 해야 할 일을 더 발전시키기 위하여 이루어진다. 사실 사회복지조직의 일은 평가에서부터 시작된다고 할 수 있다. 클라이언트가 기관에 처음 방문했을 때 사정을 하게 되는데 사정 자체도 평가의 한 종류이기 때문이다. 사회복지조직의 평가는 운영의 효율성 등을 제고하기 위하여 정확하게 시행되어야 한다.

1. 평가의 개념과 특성

1) 평가의 개념

• 평가는 효과성, 효율성 등이 측정되는 과정이다.
• 사회복지행정에서 평가의 기능은 행정과정에서 필요한 기준의 선정, 성과에 대한 평가, 목표달성을 위한 변화 유도, 책무성 개발과 같은 일반적인 관리 유형에 해당된다(남일재 외, 2015).
• 평가는 프로그램 전반에 걸친 총괄적인 정보수집 과정이다.
• 평가는 가치, 장점, 단점 등에 대한 체계적이고 분석적인 연구이다.

2) 평가의 목적

• **행정상의 의사결정에 도움을 받기 위함이다.**

평가는 기관이 수행하는 활동에 관한 정보뿐만 아니라 클라이언트에 미치는 영향까지 다양한 정보를 제공한다. 이런 정보는 의사결정자로 하여금 자원할당, 직원의 역할, 서비스 제공여부 등 결정을 내리는 데 있어 활용하게 된다.

- **조직에서 운영하고 있는 프로그램의 개선이다.**

  평가의 중요한 목적은 무엇보다도 기획이나 설계단계에 설정한 프로그램의 기준에 비추어 진행 중인 프로그램을 비교하는 데 있다. 이를 통하여 더 나은 서비스가 되도록 개선할 수 있다.

- **책임성의 수행이다.**

  책임성은 특정업무에 대한 책임 이외에 조직구성원의 책임도 포함된다. 사회복지조직의 책임성은 프로그램 평가와 서비스 전달과정에 대한 조사로 이루어진다.

- **기관에 대한 외부의 지원을 확보한다.**

  평가는 기관의 활동에 대한 효과성 및 효율성을 입증해 준다. 이를 바탕으로 정부나 지역사회의 지속적인 지지를 받아낼 수 있게 된다.

- **서비스 제공방법에 대한 지식의 개발이다.**

  최근 평가는 기관의 성과에 대한 평가라는 의미가 강조되고 있다. 따라서 평가를 통하여 사회복지기관의 성과에 해당하는 서비스의 제공방법에 대한 지식의 개발이 이루어지고 있다.

2. 사회복지시설 평가의 원칙

① **서비스 질 향상의 원칙** : 사회복지시설의 평가는 시설운영의 개선 및 서비스의 질을 제공하는 수단으로 활용되어야 한다.

② **평가절차 투명성의 원칙** : 사회복지시설의 평가는 절차에 있어 투명성을 확보해야 한다.

③ **평가 참여의 원칙** : 기존의 감사와는 달리 시설이 참여하여 평가하며, 평가를 통하여 긍정적인 발전의 기회를 갖도록 하는 평가목적을 수행한다.

④ **기본선 확보의 원칙** : 최고의 시설을 선정하는 것이 아니라 사회복지시설이 전체적으로 기본적인 수준 이상을 견지할 수 있도록 유도하는 것이 기본목표이다.

⑤ **이용자 중심의 원칙** : 사회복지시설은 기존에는 제공자 중심의 서비스를 제공하였다. 그러나 이제는 이용자 중심의 서비스를 제공해야 한다.

⑥ **지역사회관계의 원칙** : 사회복지시설이 지역사회와 원활한 상호관계를 유도하는 방향으로 이루어지도 한다.

3. 사회복지평가의 방법

1) 평가주체에 따라

① 내부평가

- 프로그램을 기획하거나 운영을 담당하는 사람이 평가한다. 또는 조직 내의 다른 구성원이 평가를 실시한다. 흔히 자체평가라고도 한다.
- 조직이나 프로그램 운영의 **과정이나 결과에 대한 자기반성적 성격**을 갖는다.
- 평가를 통해 얻은 정보를 조직 내에 환류함으로써 조직운영이나 프로그램을 개선하려고 할 때 주로 사용한다.

② 외부평가

- 프로그램을 수행하는 조직체가 아닌 대학교수, 조사연구기관 등 외부의 제3자가 평가하는 것이다.
- 내부평가와 마찬가지로 조직운영이나 프로그램의 개선을 목표로 하고 있다.
- 하지만 평가결과가 제한적이지만 외부로 공표되거나 타기관과의 비교자료로 활용되는 등 평가결과를 활용하는 데 있어 내부평가와 차이가 있다.

2) 사용목적에 따라

① 총괄평가

- 프로그램이 종결된 이후 프로그램이 미친 영향 등에 대해서 총괄적으로 평가하는 것이다. 프로그램에 대한 총체적인 판단을 하게 된다.
- 목표지향적인 평가로 프로그램의 효율성과 효과성을 평가하는 것이다.
- 프로그램의 결과와 효과에 대한 평가이므로 **프로그램이 종결된 후에 실시**한다.
- 성과발생 여부에 따라 프로그램을 지속할지 아니면 멈출지를 결정하게 된다.
- 주로 발전을 위해 필요한 것이나 발전가능성 등에 대해서 질문을 한다.

② 형성평가

- **프로그램 도중**에 이루어지는 평가이다. **프로그램의 수정, 보완을 위하여** 이루어진다.
- 주로 결과에 대해 타당하고 신뢰도 높은 증거가 필요하다.

3) 평가대상에 따라

① 기관평가

기관평가에서는 기관조직의 효과성이나 목표달성을 주로 강조한다.

② 프로그램 평가

서비스 대상자에 대한 프로그램의 **효과성**, **효율성**, **만족도**에 주된 관심이 있다.

4. 평가에 대한 조직이론

1) 목표달성모델

• 프로그램이나 조직의 효과성을 판단하는 것이다. 기준이 되는 목표체계 자체가 절대적으로 중요하다.

• 일반적으로 사회복지조직의 경우 목표가 구체적이지 못하고 추상적이거나 포괄적이고 때로는 다수의 공동목표를 추구하는 경향도 나타난다. 따라서 목표체계 자체가 효과성 판단의 중요한 지표임에도 불구하고 효과성 평가가 쉽지 않다.

2) 체계모델

• 목표나 산출 그 자체보다는 목표달성을 위해 필요로 하는 수단과 과정에 초점을 둔다.

• 프로그램이나 조직의 효과성 평가는 주요기능 간의 상호독립성을 강조하고 있다.

• 조직평가의 경우 모든 조직을 상호연관적인 하위체계로 이루어진 사회적 체계로 본다. 각 조직은 외부환경으로부터 투입요소(input)를 받아들여 조직 내 전환과정(throughput process)을 거쳐서 환경으로 산출(output)을 내보내는 과정을 지속함으로써 조직의 생존과 성장이 보장된다.

5. 품질평가

• 프로패러슈라만(Parasuraman)의 SERVQUAL은 서비스 품질 평가를 위한 대표적인 모델 중 하나이다. 서비스 품질 평가를 위해 5가지 차원을 사용한다.

• 신뢰성 (Reliability): 서비스의 일관성과 안정성을 나타낸다. 서비스를 받을 때 항상 동일한 품질을 기대할 수 있어야 한다.

• 응답성 (Responsiveness): 고객의 요구에 신속하고 친절하게 대응하는 능력을 나타낸다.

• 확신성 (Assurance): 서비스 제공자의 전문성과 신뢰성을 나타낸다. 서비스 제공자가 전문적이고 신뢰할 수 있다고 느껴야 한다.

• 유형성 (Tangibles): 서비스의 물리적인 측면, 예를 들어 시설, 장비, 직원의 외모 등을 나타낸다.

• 공감성 (Empathy): 고객의 요구와 필요에 대한 이해와 공감을 나타낸다. 서비스 제공자가 자신을 이해하고 배려한다고 느껴야 한다.

• SERVQUAL 모델은 이러한 5가지 차원을 기반으로 서비스 품질을 측정하고 평가합니다. 이를 위해 고객 만족도 조사를 통해 고객의 인식과 기대 사이의 차이를 측정하고, 이를 통해 서비스 품질을 개선할 수 있는 방향을 제시한다.

제2절 사회복지의 책임성

사회복지조직은 결국 클라이언트의 욕구나 문제를 해결해 주어야 한다. 이것을 사회복지조직의 책무성이라고 한다. 여기에서부터 사회복지조직의 욕구조사, 평가 등이 강조되는 것이다. 시설평가를 주기적으로 하는 것도 결국은 사회복지의 책임성을 높이는 과정이라고 할 수 있다. 책임성은 그 조직이 조직으로서 할 일을 제대로 하는 데 있는 것이다.

1. 사회복지의 책임성

1) 책임성의 개념

- 책임성이란 서비스 수행의 결과에 대한 책임성과 함께 조직 자체의 효과성이나 효율성을 위한 과정에서도 정당성을 가져야 한다는 것이다.
- 사회복지조직은 내부적으로 상호작용을 잘할 뿐 아니라 외부적으로 지역사회와 관계에서 정당성을 가져야 책무성을 다할 수 있는 것이다.

2) 책임성의 주체

① 정부

정부는 국민에 대한 사회보장의 의무를 갖고 있다. 따라서 사회보장제도를 갖추고 빈곤, 사회적 문제 등에 대처해서 국민의 삶을 안정되도록 하고 있다.

② 사회복지조직

사회복지조직은 사회복지전달체계의 하나로써 공공이나 민간의 자금을 이용하여 사회복지서비스를 직접 제공한다. 따라서 경제적 효율성 및 윤리적 책임을 다해야 한다.

③ 사회복지전문직

사회복지전문직은 개입하는 문제에 대해 윤리적, 법률적 책임을 다하고 타당성 있는 평가를 통해 효과성을 인정받고 신뢰를 얻어야 한다.

④ 클라이언트

클라이언트 역시 책임의 주체이다. 오히려 목표달성을 위한 가장 풍부한 아이디어를 갖고 있다고 할 수 있다. 클라이언트는 공공복지의 수혜자일 경우 수혜대상에 머무르는 것이 아니라 자립을 이룸으로써 문제를 해결해 나가는 주체가 되어야 한다.

3) 책임성의 대상

① 클라이언트에 대한 책임

- **사회복지조직은 클라이언트의 이익을 최우선**으로 놓고 서비스를 제공해야 한다.
- 클라이언트가 최대한 자기결정을 할 수 있도록 하여야 한다.
- 클라이언트의 사생활을 존중하고 비밀을 보장한다.
- 서비스 비용은 공정하고 합리적으로 결정한다.

② 사회에 대한 책임

- 사회복지조직이 수행하는 사업은 사회적 목표를 달성하는 데 이바지할 수 있어야 한다.

③ 사회복지전문직에 대한 책임

- 사회복지조직은 활동을 통하여 사회복지전문직 강화에도 책임을 져야 한다.
- 사회복지사윤리강령을 준수하는 것은 물론 사회복지의 전문적 지식을 갖고 실천을 해야 한다. 아울러 사회복지의 전문적 지식을 개발, 발전시켜야 한다.

2. 사회복지환경의 변화 : 평가제도의 도입

1) 평가제도의 도입

- 사회복지서비스 분야의 양적 팽창이 이루어짐과 동시에 사회복지적 개입의 효과성에 대한 도전이 있어 왔다.
- 한정된 자원을 가지고 서비스를 하려면 효율성을 추구하지 않을 수 없다.
- 외환위기(IMF) 이후 나타난 구조조정 물결은 사회복지조직에도 효과성과 효율성이 있는 서비스를 제공하는 조직이 될 것을 요구하였다.
- 사회복지계 내에서도 평가에 대한 자생적 이해가 확산되었다.

2) 사회복지기관평가의 조사방법론적 특성

- 사회복지기관평가의 기본틀은 목표중심모델보다는 체계이론을 중심으로 형성되고 있다.
- 정량적 실적평가보다는 정성적 자료의 활용이 중요해지고 있다.
- 결과평가보다는 문제발견을 통해 개선을 시도하는 모니터링 형식을 취하고 있다.

3) 평가제도의 기대효과

① 장기적 효과

- 사회복지시설과 기관의 투명성을 제고한다.
- 복지수준 전체를 향상시킨다.
- 시설선택 시 비교할 수 있는 자료를 제공해 준다.

② 단기적 효과

- 시설 간 선의의 경쟁이 이루어진다.
- 지원에 대한 과학적인 근거를 마련하게 되었다.

cf. 조사분석방법에 대한 이해

- 평가조사, 욕구조사 모두 사회복지조사방법론에 의존하는 실천이다. 사회복지사는 이런 조사를 해낼 수 있는 전문성을 확보해야 한다.

01 패러슈라만 등(A. Parasuraman, V. A. Zeithaml & L. L. Berry)의 SERVQUAL 구성 차원에 해당하는 질문을 모두 고른 것은?

ㄱ. 약속한 대로 서비스를 제공했는가?
ㄴ. 안전하게 서비스를 제공했는가?
ㄷ. 자신감을 가지고 정확하게 서비스를 제공했는가?
ㄹ. 위생적이고 정돈된 시설에서 서비스를 제공했는가?

① ㄱ, ㄹ
② ㄴ, ㄷ
③ ㄴ, ㄹ
④ ㄱ, ㄴ, ㄷ
⑤ ㄱ, ㄷ, ㄹ

해설 패러슈라만의 SWEVQ!UAL은 유형성, 대응성, 확신성, 신뢰성, 공감성을 기준으로 서비스품질을 평가한다..

정답 ⑤

02 평가에 대한 설명으로 옳지 않은 것은?

① 평가의 부작용으로 새로운 시도를 어렵게 할 수 있다.
② 형성평가는 프로그램 수정, 변경, 중단에 대한 여부를 결정한다.
③ 평가의 목적 중 하나는 사회적 요구를 파악하는 것이다.
④ 평가는 서비스에 대한 책임성을 향상시킬 수 있다.
⑤ 비용-편익(Cost-benefit) 분석은 효과성을 측정하여 타 프로그램과의 비교를 포함한다.

해설 비용편익분석과 비용효과분석은 효율성 평가방법이다. 프로그램의 성과를 내는 데 있어 얼마나 효율적이었는지를 보는 것이다. 특히 비용편익분석은 효과단위 비용을 산출하여 효율성을 측정하는 것이다.

정답 ⑤

Chapter 19

욕구조사와 프로그램 설계

학습Key포인트

○ 욕구조사의 의의를 설명할 수 있다.
○ 욕구조사를 프로그램 설계와 연결하여 설명할 수 있다.

제1절 욕구조사

과거 사회복지는 가난한 사람에게 먹을 것을 해결해 주는 것이 대부분이었다. 사회복지역사의 시작 부분에는 주로 빈곤문제를 다루었기 때문에 문제해결방법도 비교적 간단했던 것이다. 그런데 이제 사회복지서비스는 빈곤문제뿐만 아니라 다양한 문제를 다루게 되었으며 서비스도 다양하게 변화하였다. 따라서 욕구조사를 바탕으로 하여 대상자들이 필요로 하는 욕구에 즉응하는 서비스를 생산하여 제공할 필요가 있게 되었다. 시대가 지남에 따라 과학적 조사가 더욱 중요해졌음을 간과해서는 곤란하다.

1. 욕구의 전반적 이해

1) 욕구의 개념

- 욕구는 사람이 저마다 가지고 있는 바라는 것들의 총체라고 할 수 있다. 결핍이라는 것은 개인적인 것들이다. 이런 개인적인 것들 사이에 공통되게 흐르는 무엇인가가 욕구이다. 따라서 욕구 또한 개인적인 것이긴 하지만 결핍보다는 상대적인 개념이라고 할 수 있다.
- 욕구는 정적이면서 절대적이라기보다는 탄력적이고 상대적이다.
- 사회정치적 상황에 따라 욕구의 개념은 달라질 수 있다.
- 자원의 유용성과 기술수준은 욕구개념에 영향을 미치는 또 하나의 중요한 요인이다.
- 비슷한 상황에 놓여있다 하더라도 개인마다 욕구수준은 다르다.

2) 매슬로우의 욕구이론

- 매슬로우는 욕구이론의 대표적인 주창자이다. 그는 일반적으로 인간은 생존을 위한 생물학적인 욕구에서부터 자기성장과 발전을 위한 욕구 순으로 상향적으로 만족시키기를 원한다고 주장했다.
- 인간은 기본적으로 하위욕구가 충족되어야 더 높은 단계의 욕구가 발생하고 충족을 기대한다고 보았다.
- 그는 욕구를 5단계로 제시했다.

① 생리적 욕구
인간의 모든 기본적인 욕구(의식주와 관련된 최하위의 욕구)

② 안정 욕구
안전이나 보호 및 안정과 연관된 욕구

③ 소속과 사랑의 욕구
집단의 성원이 되려는 욕구

④ 자아존중감의 욕구
타인에게 인정받고자 하는 욕구

⑤ 자아실현의 욕구
자기가 할 수 있는 모든 것을 성취하려는 자아발전 등 최고수준의 욕구

3) 브래드쇼의 욕구이론

① 규범적 욕구

- 전문가에 의해서 욕구라고 규정지어진 욕구이다.
- 정부차원에서 최저임금이나 최저생계비를 공표할 경우 이 기준에 미치는지, 미치지 못하는지에 따라 욕구를 판단할 수 있다.
- 규정한 대로 계량하면 되기 때문에 계량화가 쉽다. 또한 연구자 입장에서는 이를 기준으로 변화의 표적을 만들어낼 수 있다는 장점이 있다.
- 하지만 연구자의 성향, 기술, 가치의 변화에 따라 결과가 달라질 수 있다.

② 인지된 욕구

- 개인적인 생각이나 느낌으로 인식되는 욕구이다.
- 욕구조사는 결국 인지된 욕구를 알아보는 것이다.

③ 표현된 욕구

- 특정한 욕구를 가진 사람이 그 욕구 충족을 위하여 실제적으로 어떤 행동을 취한 것을 이른다.
- 그러한 행동을 했다는 자체가 욕구를 드러내는 것이다. 표현을 했기 때문에 표현된 욕구라고 한다.

④ 비교 욕구

• 다른 사람과 비교해서 욕구를 느끼는 것이다.

core **예를 통한 브래쇼의 욕구이론 이해**

• 어느 지역에 있는 노인종합복지관에서는 재가노인을 위한 이용서비스를 만들고자 한다. 이를 이루기 위하여 매슬로우의 욕구이론을 바탕으로 생리적 욕구와 안정의 욕구, 사랑과 소속의 욕구와 자존감의 욕구, 자아실현의 욕구를 이루는 여러 요소 중 재가노인에게 필요한 것을 욕구로 한정하여 욕구조사를 하였다. 이때 전문기관이 욕구로 한정한 것을 규범적 욕구라고 한다.
• 설문을 통하여 재가노인의 욕구라고 드러난 것이 인지된 욕구이다.
• 욕구조사 결과를 토대로 말벗친구 프로그램을 만들었다. 이 프로그램에 참여신청을 한 노인들이 많아 대기자 명단에 이름을 올리기까지 하는 현상이 나타났다. 참여를 신청하는 행위가 표현된 욕구이다.
• 서비스 시행 중 서비스를 이용하는 재가노인들이 비슷한 처지에 있는 다른 노인과 비교하여 자신들이 이용하는 프로그램이 더 낫다고 생각하였다. 상대적으로 비교하고 있는 것이다. 이것이 비교욕구이다.

2. 욕구조사에 대한 이해

1) 사회지표

• 사회지표는 이미 발표된 여러 보고서들에 들어있다. 사회복지백서 등에 나타난 통계치를 통하여 욕구를 파악했다면 사회지표조사이다.
• 일종의 2차 자료조사이다. 따라서 자료를 얻는 데 있어 연구자로 인한 반향(bias)이 나타나지 않는 장점이 있다.
• 그러나 연구자는 자료를 잘 파악하여 자신이 활용할 수 있는 자료인지 판단을 해야 한다. 자료가 연구자의 의도대로 나타나지 않을 때가 많다.

2) 서베이조사

• 서베이조사는 전체를 대표할 수 있는 표본을 선정하여 이들로부터 질문지를 통하여 자료를 수집하는 방법이다.
• 가장 일반적인 욕구조사방법이라고 할 수 있다.

3) 델파이기법

• 전문가를 대상으로 의견을 수렴하는 방법이다.
• 전문가들은 해당 주제에 대해서 자신의 의견을 설문으로 응대하여 보낸다.

- 이러한 응답을 취합하여 극단치를 제거한다. 내용을 전문가들에게 피드백한다.
- 전문가들에게 다시 설문한다. 이때 자신의 의견을 바꿀 수도 있다.
- 이러 과정을 여러 번 반복하면서 의견을 수렴해 나가는 방법이다.
- 전문가들이 서로 상호작용하지 않으면서 의견을 도출하는 장점이 있다.

4) 명목집단기법

- 한 장소에 모여서 명목집단을 형성한다. 주제에 대한 알려준 다음 쪽지에 의견을 적도록 한다.
- 이것을 취합하여 발표한다.
- 아이디어를 공유해 나가는 방법이다.

5) 주요정보제공자 조사

- 해당 문제에 대해서 전문가나 당사자 등 주요정보를 제공하는 자를 조사하는 것이다.
- 생생한 정보를 얻을 수 있다는 장점이 있다.
- 그러나 주요정보제공자도 의지를 가진 존재로 보아야 한다. 따라서 해석을 할 때 주의해야 한다.

6) 초점집단기법

- 초점집단은 해당문제에 대해서 식견이나 경험이 있는 사람으로 구성된다.
- 사회자의 안내에 따라 서로의 의견을 자유롭게 개진한다.
- 어떤 문제에 대해서 집중적인 토론을 할 수 있는 방법이다.
- 집단은 서로 영향을 받을 수 있다.

7) 지역사회공개토론회

- 정책결정에 앞서 공개토론을 할 수 있다. 또는 정책의 공론화를 위하여 개최할 수도 있다.
- 지역사회주민들이 자신들의 문제에 참여하는 특징이 있다.
- 그러나 관심 갖는 이해당사자만 참여하게 되며, 말을 많이 하는 사람의 의견이 전체 의견으로 여겨질 수 있다는 단점도 있다.

8) 브레인스토밍

- 자유연상법을 활용하여 주제에 대해 아무런 제약 없이 이야기하는 것이다.
- 발표한 내용에 대해 덧대서 발표를 할 수는 있으나 나온 의견에 대해서는 비판 등 아무런 제안을 가하지 않는다.
- 충분히 의견이 나온 후에는 나온 내용을 정리하여 자료를 만든다.

• 서로 영향을 주고받는 것이 있을 수 있다.

제2절 프로그램 설계

사회복지조직은 욕구조사를 바탕으로 클라이언트에게 제공할 프로그램을 설계하게 된다. 프로그램은 어떤 목표를 이루기 위하여 활동하는 행동들의 결집이라고 할 수 있다. 프로그램의 설계가 적절할 때 사회복지조직은 자신의 역할을 충실히 하게 되는 것이다.

1. 프로그램의 개념

- 프로그램이란 하나의 목표를 달성하기 위하여 행하는 활동들의 총집합이다. 사회복지사들은 프로그램을 통해 만족감과 성취감을 얻을 수 있으며, 이는 사회구성원을 돕고자 하는 바람을 명확히 구체화하여 표현한 것이다.
- 사회복지프로그램은 개인, 가족, 지역사회 개발을 통해 사회적 변화를 이루려는 노력이다.
- 사회복지프로그램설계는 프로그램 과정에 있어 하나의 산출물인 동시에 방법이다.

1) 산출로서의 프로그램

- 프로그램설계는 특정목적을 달성하기 위하여 다양한 수행자들에게 요구되는 최소한의 행동양식을 규정한 문서이다.
- 프로그램을 진행하면서 지속적으로 지침이 되고 개선되어야 할 상시적 효력을 갖는 문서이다.
- 클라이언트에게 도움이 되면서 동시에 정치적인 지지를 얻기 위하여 정확하고 논리적이며 일관되게 작성되어야 한다.

2) 방법으로서의 프로그램

- 방법으로의 프로그램 설계는 진행상의 중대한 결정을 내리는 데 필수적인 기준과 같은 것이다.
- 설계는 구체적으로 사회복지사를 선발하고, 진행상의 결정을 내리는 데 필요한 분석적인 도구를 제공하는 과정을 말한다.
- 사회복지프로그램 설계과정은 외부 영향력의 작용을 집합시키고 직원을 결합시키기 위

한 하나의 매커니즘이 될 수 있다.

- 프로그램설계의 효용성을 높이기 위해서는 프로그램을 진행하는 사람들이 그것을 장애물로 인식하지 않고 더 나은 기능을 위한 도구로 이해해야 한다.

2. 프로그램설계

1) 프로그램설계의 중요성

- 프로그램의 사명과 명확한 목표설정을 해야 한다.
- 프로그램의 효율성 향상을 도모해야 한다.
- 프로그램의 효과성을 증진하게 한다.
- 외부 지지도를 향상시킨다.
- 업무의 효과성과 직무만족도가 향상된다.
- 대상자의 역량을 강화한다.

2) 프로그램설계 시 고려사항

- 합목적성과 목표의 일관성을 가져야 한다.
- 능력수준과 흥미에의 적합성을 가져야 한다.
- 프로그램은 통합적으로 구성되어야 한다.
- 프로그램은 지속적으로 효과를 가져올 수 있게 하고 네트워크화 하여야 한다.
- 사회복지실천은 결국 지역사회에서 이루어진다. 따라서 프로그램개발 역시 지역성을 기초로 해야 한다.

3) 프로그램설계과정

- 프로그램설계는 일반적으로 문제/욕구확인 → 프로그램설계 → 프로그램실행 → 프로그램평가라는 네 가지 단계를 거친다.

기출문제

01 산출물(product)로서 프로그램 설계에 해당하지 않는 것은?

① 사회복지 프로그램설계는 프로그램과정에 있어 하나의 산출물인 동시에 방법이다.
② 특정목적을 달성하기 위한 최소한의 행동양식들을 규정하는 문서이다.
③ 자금을 조성하고 다음 연도의 예산을 책정할 때만 꺼내보는 문서가 아니다.
④ 진행상의 중대한 결정을 내리는 데 필수적인 기준이다.
⑤ 클라이언트에게 도움이 되면서 정치적인 지지를 얻기 위해 일관성 있게 작성된다.

해설 진행상의 중대한 결정을 내리는 데 필수적인 기준은 방법으로서의 프로그램설계에 해당한다.

정답 ④

02 다음에서 해당하는 욕구유형은?

> 정부가 제시한 노인인구 천 명당 적정 병원수로 A지역의 보건의료서비스 욕구를 파악하였다.

① 규범적 욕구　② 표출적 욕구
③ 비교적 욕구　④ 인지적 욕구
⑤ 생존의 욕구

해설 규범적 욕구는 전문가나 전문기관이 욕구라고 규정하는 것을 의미한다. 지문을 보면 정부가 노인 인구 천명당 병원수로 지역의 보건의료서비스 욕구를 파악한다고 하였다. 이때 기준이 정해졌다. 이 기준에 의거해서 욕구를 파악하기 때문에 규범적 욕구이다.

정답 ①

Chapter 20 프로포절 작성과 프로그램평가

학습Key포인트

○ 프로포절의 의의를 설명할 수 있다.
○ 프로포절을 프로그램 평가와 연결하여 설명할 수 있다.

제1절 프로포절의 작성

프로포절은 프로그램에 대해 제안하는 것이다. 사회복지조직은 프로포절을 통하여 자원을 개발하는 경우가 많다. 따라서 사회복지사는 기관의 자원뿐만 아니라 사회가 가지고 있는 자원을 개발하고 활용하기 위하여 프로포절 작성에 대해서 분명한 인식을 하여야 하며 실질적인 프로포절 작성 기술을 습득하고 있어야 한다. 또한 프로포절은 내부적으로는 사업기획에 해당하는 것으로 사회복지사의 전문성과 노력성을 보여주는 역할을 하게 된다.

1) 프로포절 표지

- 대개 표지는 정해져 있는 경우가 많아서 소홀히 여기게 된다. 그러나 경쟁력있는 프로포절이 되기 위해서는 세심한 부분까지 신경을 써야 한다. 그렇다고 잡다하거나 조악하게 작성하는 것이 바람직한 것은 아니다. 반드시 들어가야 할 내용이 누락되지 않도록 주의를 기울여야 한다.
- 기관에 대한 부분
  이 부분이 자세하게 드러나야 한다. 법인의 특성, 연혁, 조직표 등을 제시한다.
- 프로그램에 대한 부분
  이 부분에서는 프로그램의 전체내용을 함축적으로 담아낸다. 프로포절의 핵심내용을 전달할 수 있어야 한다.
  사업명, 사업의 중요성, 프로그램의 대상, 목적, 방법 등을 제시한다.
  대상에는 사회복지사각지대에 있는 사람들이 포함되고, 목적을 통해서 서비스의 필요성이 강조되어야 한다. 방법에서는 프로포절의 적절성과 전문성이 제시되어야 한다. 사업명에서 많은 심사위원들이 프로포절의 감을 잡는 만큼 사업명을 정하는 데 심사숙고할 필요가 있다.

2) 문제분석

- 프로그램은 사회문제로부터 시작된다. 사회현상을 사회문제로 파악할 수 있는 통찰력이 있어야 한다. 그리고 문제의 심각성은 객관적인 자료를 통하여 드러낸다.
- 문제의 분석과 함께 제시할 수 있는 것이 효과성이다. 이 프로그램이 실제로 실행되었을 때 대상자와 지역사회에 어떤 변화가 일어날지에 대해서 피력하고, 아울러 비용효과는 어떤지 제시하는 것도 바람직하다.
- 문제의 원인과 실태가 정확하게 파악되어야 다음 단계인 목표와 대상이 구체적으로 세워질 수 있다.

3) 대상자 선정

- 대상자를 선정하기 위해서는 대상자 체계를 이해하고 보는 관점을 좁혀 나가야 한다. 일반적으로 일반집단 → 위기집단 → 표적집단 → 클라이언트집단 순으로 좁혀가면서 보는 것이 바람직하다.
- **일반집단**

  대상집단이 속한 모집단으로 서비스를 제공하는 행정구역 내의 일반사람들을 포함한다.
- **위기집단**

  일반집단 중 문제에 노출되었거나 문제를 겪는 경험이 있는 사람으로 구성된다.
- **표적집단**

  프로그램 제공을 통한 문제해결의 대상으로 삼는 인구집단이다. 반드시 서비스가 제공되어야 하는 집단이다. 위기집단으로부터 표적대상을 추출할 때는 기준을 정하여 문제의 심각성이 높은 집단을 선정하되 지리적으로 접근이 가까운 사람들로 한정해야 한다.
- **클라이언트집단**

  제출하는 프로포절에서 제공될 프로그램에 직접 참여하게 되는 사람들을 의미한다. 자발성이 강조되어야 한다. 표적집단과 클라이언트 집단은 동일할 수도 있다.
- eg. 다음 예문을 통해서 구분해 보자.

> A기관은 B지역에 위치하고 있다. B지역의 인구는 54,000명이다. 이 중 한부모가정을 이룬 세대는 150세대로 해당 세대에 거주하는 가족은 총 320명이다. 이 150세대 중 A기관 인근에 있는 한부모가정은 20세대 42명이다. 이들을 대상으로 조사한 결과 이들 중 12세대 24명이 A기관의 서비스를 이용한다고 지원하였다.

일반집단 : B지역 인구 전체 54,000명
위험집단 : 한부모가정 150세대 320명
표적집단 : A기관 인근 한부모가정 20세대 42명
클라이언트집단 : A기관 인근 한부모가정 중 프로그램 참여의사를 밝힌 12세대 24명

• (주의점 : 사회체계이론의 표적체계와 클라이언트체계를 혼동해서는 안 된다. 체계이론에서 클라이언트체계는 의뢰한 집단이고 표적체계는 변화를 일으키고자 하는 체계이다. 두 체계는 동일할 수도 있지만 다를 수도 있다. 포함의 개념이 아니다.)

4) 목표설정

① 목적

• 프로그램의 목적은 문제진단에 따라 설정된다.
• 진단된 문제는 프로그램이 궁극적으로 해결하고자 하는 목적을 제공한다.

② 목표

• 프로그램의 목표를 달성하기 위하여 구체적인 부분목표들로 나눌 수 있다.
• 또한 각 목표 아래 더욱 세부적인 구체적인 하위목표를 설정할 수도 있다.

③ 세부목표

• **달성하고자 하는 구체적인 목표이다. 가능한 구체적이고 현실적으로 측정이 가능한 형태이어야 한다.**

④ 세부목표의 기준(SMART 원칙)

• 구체적이어야 한다(Specific).
• 목표달성 여부를 측정할 수 있어야 한다(Measurable).
• 실현가능한 목표를 세워야 한다(Attainable).
• 목표는 결과지향적으로 세워져야 한다(Result-oriented).
• 목표는 시간구조를 갖도록 세워야 한다(Time frame).

5) 목표들의 위계

① 활동목표

• 서비스가 얼마나 많이 제공될 것인가를 구체화하는 것이다.
• 또는 서비스를 얼마나 많은 시간을 받게 되는가에 관한 것이다.
• eg. 프로그램을 2시간씩 6회기를 실시한다.

② 성취목표

• 무엇이 얼만큼 성취되어야 하는가의 목적을 숫자로 구체화하는 것이다.
• eg. 프로그램 참여자의 금연율을 50% 이상으로 한다.

③ 영향목표

- 프로그램이 얼마나 많은 영향을 미칠 수 있는가에 관한 것이다.
- eg. 지역사회 내에서 경력단절 여성의 재취업을 높이도록 한다.

④ 소비자목표

- 소비자들이 얼마나 많이 서비스를 받게 될 것인가를 구체화하는 것이다. 즉, 받게 될 사람의 수이다.
- eg. 100명이 프로그램에 참여할 수 있다.

6) 활동내용

- 프로그램의 구조

  세부목표를 중심으로 프로그램의 내용과 수행을 위한 방법 매개물, 직원, 클라이언트의 역할 등을 구체적으로 명시한다.
- 담당인력

  슈퍼바이저, 스태프, 담당인력, 자원봉사자를 포함하되 실명으로 기재하는 것을 원칙으로 한다.

  담당인력의 경력이나 학력은 프로그램 수행능력을 평가하는 기준이므로 구체적으로 제시한다.
- 일정표

  프로그램 진행일정에 관한 것으로 기간, 간격, 소요시간 등을 포함한다.

7) 예산수립

- 프로그램의 총예산을 인건비, 관리비, 기자재 및 잡기 구입비, 수용비, 사업비 등의 항목으로 나누어 각 항목의 산출근거를 구체적으로 제시한다.
- 예산수립에는 자구책이 반드시 들어가는 것이 바람직하다.
- 자구책은 프로포절을 받는 기관 입장에서는 신청기관의 노력성을 판단하는 자료가 된다.
- 또한 기획한 프로그램을 실현하고자 하는 의도가 충분한지를 판단하는 자료가 되기도 한다.

8) 평가계획

- 평가계획은 평가지표, 측정도구, 평가방법 등이 구체적으로 제시되어야 한다.

제2절 프로그램의 평가

프로포절을 하여 프로그램을 실행하였다면 실행한 프로그램에 대한 정확한 평가가 이어져야 한다. 그리고 이런 평가는 반드시 프로그램 진행 후에 하는 것은 아니다. 이미 시작하기 전부터 그리고 진행하는 과정에서도 평가가 이루어지는 것이다. 특히, 평가에 대한 기준을 정확하게 이해하고 있을 때 평가가 제기능을 다할 수 있다는 점을 생각해 보아야 한다.

1. 평가의 종류

① 형성평가와 총괄평가
- 프로그램 전체에 대한 평가는 총괄평가이다.
- 형성평가는 프로그램 진향과정에서 문제점을 찾아내어 수정/보완하기 위하여 실시하는 평가이다.

② 양적평가와 질적평가
- 양적연구방법을 통하여 계량적인 평가를 할 수 있다.
- 질적연구를 통하여 정성적인 평가를 할 수 있다.
- 두 가지 방법은 혼합하여 평가할 수 있다. 다만, 기계적인 혼합이 바람직한 것은 아니다.

③ 적합성평가와 메타평가
- 적합성 평가
  개발 프로그램의 평가가 이루어지기 전에 프로그램의 가치를 따져보는 평가이다. 효과성과 효율성을 보기 이전에 추구하는 목표가 사회정책적 입장이나 사회적 가치의 입장에서 바람직한지를 판단하는 것이다.
- 메타평가
  프로그램 평가를 차후에 종합적으로 검토하는 평가이다. 평가 자체를 평가한다.

2. 평가의 기준

① 효과성 : 서비스의 목표달성 정도를 측정하는 것이다.

② 효율성 : 투입된 비용에 대해 산출된 서비스의 양을 비교 평가한다.

③ 노력성 : 서비스에 투입된 인력, 비용 등을 얼마나 투입했는가를 평가한다. 노력성 측정 방법으로 서비스 단위당 클라이언트 수, 시간당 클라이언트 수, 서비스 단위당 워커의 수, 서비스 단위당 자원봉사자의 수 등으로 평가한다.

④ 품질 : 품질은 서비스의 구성요인에 대한 만족도로 평가한다.

⑤ 만족도 : 프로그램에 대한 클라이언트만의 평가로 측정한다.

01 다음의 설명으로 옳은 것은?

> 사회복지사 A씨는 프로그램의 목적달성을 중요시한다. 하지만 기관의 관리자는 목적달성보다는 비용을 보다 중요시 한다.

① 사회복지사 : 효율성, 관리자 : 효과성
② 사회복지사 : 목적성, 관리자 : 편의성
③ 사회복지사 : 효과성, 관리자 : 효율성
④ 사회복지사 : 효율성, 관리자 : 공평성
⑤ 사회복지사 : 효과성, 관리자 : 편의성

해설 사회복지사는 프로그램의 목적달성을 중요시 한다. 이는 효과성을 중요하게 보는 것이다. 관리자는 목적달성보다는 비용을 본다. 이는 효율성을 중요하게 보는 것이다. 효과는 목적과 연결이 되고, 효율은 비용과 연결이 된다. 정답 ③

02 다음에서 말하는 프로그램평가 기준은?

> • 서비스 단위당 비용의 적절성을 평가한다.
> • 최근 사회복지의 시장화 추세로 이 기준에 대한 관리자의 관심이 높아지고 있다.

① 노력성
② 영향성
③ 공정성
④ 효율성
⑤ 만족도

해설 서비스 단위당 비용이 적절한가를 보는 것은 성과를 이루는 데 비용이 어느 정도 들었는지를 보는 것이다. 따라서 효율성 기준으로 평가하는 것이다. 정답 ④

Chapter 21 정보관리시스템과 문서관리

학습Key포인트

○ 정보관리체계의 중요성과 원칙을 설명할 수 있다.
○ 문서관리방법의 변화와 변화방향에 대해서 설명할 수 있다.

제1절 정보관리시스템

현대사회는 정보화시대이기 때문에 사회복지행정에 있어서도 정보화시스템을 활용하는 경향이 나타난다. 정보화는 사회복지행정에 있어 많은 변화를 가져왔으며, 통일된 관리가 가능해지는 기능을 제공하였다.

1. 정보화시대와 사회복지조직의 변화

1) 정보화시대의 조직의 변화

① 업무수행방법의 변화

- 업무절차나 흐름이 전산장비에 의존하여 이루어지게 되었다.
- 변화의 특성은 **간소화**와 **자동화**이다. 즉, 업무절차가 대폭 간소화되었으며 전산을 이용한 자동화에 더 많이 의존하게 되었다.

② 의사소통 및 의사결정 방식의 변화

- 전자우편이 공식문서를 수발하는 기능을 하게 되었다.
- 화상회의를 통하여 원거리회의가 가능해졌다.
- 전자결재로 역시 원거리에서 결재가 가능해졌다.

2) 사회복지조직의 변화

- 사회복지조직에서 전자우편 활용, 홈페이지 구축, 업무자동화, 개인컴퓨터 보급, 전산화

된 회계관리 업무 등이 일상화되었다.

- 이러한 차원의 변화는 개인차원에서 활발하게 이루어지고 있으며 점차 기관변화로 이어지고 있다.
- 그런데 이렇게 전산처리가 늘어가면서 도구활용에 대한 문제가 나타나고 있다. 즉, 컴퓨터의 기능을 따라가지 못하는 경우 업무의 스트레스를 받고 있으며, 기관마다 컴퓨터 업그레이드 등의 문제로 적지 않게 혼선을 빚고 있는 것이다.

2. 정보관리체계

1) 정보관리체계의 개념

① 정보

- 정보는 불확실성을 감소시키기 위해 사실을 적절히 가공하여 의미있는 형태로 변화시킨 산출물을 이른다.
- 자료의 개념을 뛰어넘어 자료 자체로서 특정한 의미를 갖도록 조직된 것이다.
- 특정한 목적이나 용도에 적합하게 사용될 수 있는 자료이다.

② 복지정보

- 복지활동에서 체계적으로 획득 · 생성되어 체계적으로 축적 · 가공되고 전달 · 활용되는 제반 지식이나 자료 또는 메시지를 의미한다.
- 사회복지 주체나 객체가 의사결정을 하는 데 사용하는 의미있는 내용이다.

③ 사회복지조직에서 정보체계

- 클라이언트 정보체계
  클라이언트에게 효율적으로 적합한 서비스를 제공하기 위한 것이다.
- 조직 정보체계
  사회복지의 행정적 기능을 보조하는 역할을 수행하는 것으로 주로 외부자금 제공자들에 의해 요구되는 정보를 수집하는 경우가 많다.
- 업무수행 정보체계
  의사결정의 향상이나 프로그램의 생산성 및 효과성의 다양한 측면들을 평가하기 위하여 요구되는 정보들을 다룬다.

2) 정보관리체계의 유형

① 자료처리응용

- 기계, 사람, 절차와 반복적인 사무업무를 가능하게 하는 장비로 구성
- 정보수집, 저장, 검색, 조정, 이송, 자료출력을 포함한다.
- 월급명세서 자동처리, 이용자명부 관리, 영수증 자동발급

② 정보관리체계

- 정형화된 구조를 통해서 다양한 자료들을 수집, 저장, 처리하여 유용한 정보로 전환하는 것
- 클라이언트에 관한 정보를 다룰 목적이나 재정자원의 관리와 같은 내부운영의 통제를 위해서도 사용한다.
- 사람모집, 절차, 자료와 정보수집기술, 일련의 절차를 통해 자료와 정보를 향상시키고 결과를 출력 후 배포하는 것을 포함한다.

③ 지식기반시스템

- 자료, 정보, 지식의 구조 그 이상의 의미로 복잡하고 어려운 처리 기술이 요구된다.
- 전문가시스템 : 사용자가 제공한 사실을 기초로 컴퓨터 안에 저장된 지식을 응용하여 사례에 관한 의견을 결정하는 것
- 사례기반추론 : 수천 개의 클라이언트 사례를 조사하여 저장하고 이들 저장된 사례자료로부터 지식을 얻어 내는 것
- 자연음성처리 : 언어를 텍스트로 전환하는 것, 전환음성기, 외국어 번역 테스트기 등

④ 의사결정지원시스템

- 효과성과 의사결정의 특성을 탐구하는 것
- 전문가가 복잡한 의사결정을 보다 쉽게 할 수 있도록 지원

⑤ 업무수행지원시스템

- 현장에서 업무수행능력을 향상시키기 위해 개발된 통합정보제공시스템
- 서비스를 직접 제공하는 사회복지사의 업무성과를 높이는 것에 초점
- 일을 처리하는 방법에 관한 지시사항과 절차가 방대할 때 효과적

3) 정부의 복지정보시스템

① 사회복지시설정보시스템

- 통합회계관리, 행정업무관리, 시설유형별 서비스 이력관리, 통합고객관리 등을 한다.
- 시 · 군 · 구 복지급여 통합관리스시템과 연계된다.

② 사회복지통합관리망

- 사회복지사업법에 의해 사회복지설의 각종 업무에 필요한 자료와 정보를 효율적으로 처리하기 위하여 구축하는 정보시스템이다.
- 복지급여 통장관리시스템, 사회복지시설 정보시스템, 상담사례관리시스템으로 구성한다.
- 일관신청 및 맞춤형 서비스를 제공한다.
- 제출서류의 간소화로 민원의 편익을 증대한다.
- 복지급여 등의 결정 처리기간을 단축한다.

- 추가지원이 가능한 서비스를 안내한다.
- 보건복지콜센터, 시 · 군 · 구 콜센터와 연계한다.

③ 사회보장정보시스템

- 누락이나 중복 없이 맞춤형 복지서비스를 제공한다.
- 수급, 자격이력을 통합 DB로 구축한다.
- 복지지킴이를 통해 복지대상자의 중복이나 변동 등으로 인해 누락되는 경우가 없도록 한다.
- 복지알림이를 통해 일반국민과 일선공무원에게 복지정보를 열람하게 한다.
- 업무처리지원시스템을 구축한다.

제2절 문서관리

사회복지조직이 서비스를 제공하는 과정에서 다양한 여러 가지의 문서가 발생한다. 문서는 기관의 역사도 되고 자료로 활용할 경우 이론개발의 기초자료로도 사용될 수 있다. 문서관리 방침이 있어야 하고 방침대로 문서를 관리할 때 사회복지조직의 기능을 더욱 효과적으로 수행할 수 있게 된다.

1) 문서의 종류

① 접수문서 : 외부에서 접수되는 문서로 일정한 절차를 거친다.

② 기안문서 : 결정권자의 결재를 얻기 위하여 기안서식에 따라 사무처리 초안을 기재한 문서

③ 시행문서 : 결재문서의 내용을 시행하기 위하여 규정된 서식에 의해 작성된 문서

④ 보존문서 : 자료적 가치가 있어 보존을 필요로 하는 문서

⑤ 합의문서 : 기안문서 중 그 내용과 관계되는 다른 부서와의 협조를 얻기 위해 합의되는 문서

⑥ 폐기문서 : 보존기간이 종료되었거나 문서의 가치가 상실된 문서

⑦ 마이크로필름문서 : 중요한 내용, 영구보존의 가치가 있는 문서를 저장한 마이크로필름

2) 문서관리의 원칙

① 문서집중의 원칙

- 문서사무는 대부분 어느 한 부서에서 처리하며, 이 때 전담처리 원칙이 실현되어야 한다. 대부분 보관은 부서별로 집중관리하며 영구보존문서만 한곳에서 집중관리한다.

② 기계화 및 사무자동화의 원칙

- 문서의 사무에는 통일된 양식, 신속성, 정확성을 도모하기 위해 기계화 및 사무자동화의 원칙이 요구된다.

③ 표준화 및 간소화의 원칙

- 표준화란 가장 최선의 업무수행 방법을 밝혀내고 이행하는 것이다.
- 문서의 처리, 취급, 문서작성, 문서정리, 보관에 표준화의 원칙이 적용되어야 한다.
- 간소화란 사무처리의 절차나 방법 등을 간결하게 하여 합리성을 높이는 것을 말한다. 이는 표준화 촉진 및 실현을 담보하며, 보다 능률적인 처리를 가능하게 한다.

④ 즉일처리의 원칙

- 그날 하루 이내에 처리를 끝내야 한다.

⑤ 법령 적합의 원칙

- 문서는 법령에 따라 일정한 요건을 갖추어야 한다.
- 문서는 권한이 있는 자에 의해 작성 및 처리되어야 한다.

⑥ 책임자 처리의 원칙

- 문서는 정해진 사무분장에 따라 책임을 가진 자가 처리해야 한다.
- 이때 관련규정에 따라 처리하되 신속하고 정확하게 처리해야 한다.

⑦ 신속성과 정확성의 원칙

- 사무간소화를 통해 신속화를 실현하면 비합리적, 낭비적, 형식적, 비생산적 요소를 제거할 수 있다.
- 문서의 처리방법을 합리화하여 최선의 방법으로 실천하도록 함으로써 사무에 소요되는 시간을 보다 단축하고자 한다.
- 정확성이란 문서를 착오없이 처리하는 원칙이다.

기출문제

01 사회복지기관의 정보관리시스템을 전산화한 목적이 아닌 것은?

> 가. 기관 간 서비스정보에 대한 연계가 가능하다.
> 나. 정보의 접근가능성이 높아진다.
> 다. 지속적인 모니터링이 가능하다.
> 라. 클라이언트의 정보를 보호하는 데 용이하다.

① 가, 나, 다
② 가, 다
③ 나, 라
④ 라
⑤ 가, 나, 다, 라

해설 정보관리시스템을 전산화하는 것은 기관 간 연계, 정보접근성 확대, 지속적인 모니터링 등을 목표로 한다. 클라이언트에 대한 정보보호는 다소 약화될 수 있다. 그럼에도 불구하고 중복의 누락이나 대상자의 누락을 방지하기 위하여 필요한 것이다. 정답 ④

02 사회복지기관이 정보체계를 효과적으로 설계하기 위하여 필요한 정보의 유형과 예시를 연결한 것이 옳은 것은?

> 가. 지역사회 정보 : 인구통계학적 정보
> 나. 클라이언트 정보 : 개인력과 고용상태
> 다. 서비스정보 : 클라이언트 수
> 라. 직원정보 : 근무연수

① 가, 나, 다
② 가, 다
③ 나, 라
④ 라
⑤ 가, 나, 다, 라

해설 각 연결은 모두 적절하게 이루어져 있다. 정답 ⑤

Chapter 22 사회복지행정의 환경변화와 관리

학습Key포인트

○ 사회복지조직의 과업환경을 설명할 수 있다.
○ 환경변화에 따른 사회복지조직의 변화 전략을 설명할 수 있다.

제1절 과업환경과 일반환경

사회복지조직은 환경에서 떠날 수가 없다. 사회복지실천은 결국 환경 속에서 이루어지기 때문이다. 환경은 사회복지조직에 이러저런 영향을 미치게 된다. 이런 환경을 일반환경과 과업환경으로 나눠 살펴볼 필요가 있는데 이는 환경이 사회복지조직에 미치는 영향을 구분하기 위해서이다. 일반환경과 과업환경 모두 사회복지조직에 일정한 영향을 미치고 있다.

1. 일반환경

1) 일반환경의 개념

- 일반환경은 환경 내의 경제적, 인구통계적, 문화적, 정치적, 법적, 기술적 조건들을 의미한다.
- 일반환경은 모든 조직에 영향을 미치며, 조직이 변화시키기 어려운 특성을 갖는다. 주어진 조건으로 여겨야 한다.
- 일반환경은 조직이 가질 수 있는 기회, 제약, 선택의 범위를 규정한다.

2) 일반환경의 종류

① 경제적 조건

- 일반적인 경제상태는 조직 내부의 경제적 상태에 직접적인 영향을 미치며 제약을 가한다.

- 경제상황은 사회복지조직을 위한 **자원공급을 결정**하는 한편 사회복지서비스에 대한 **수요를 좌우**한다. 경제적 불황은 사회복지기관이 개입해야 하는 대규모 수요를 만들어낸다.
- 경제적 조건은 욕구가 많은 지역에 낮은 수준의 사회복지서비스가 제공되는 바람직하지 못한 상황을 만들어내기도 한다.

② 사회인구학적 조건

- 연령분포, 성별분포, 가족구성, 인종분포, 거주지역, 사회적 계급 등은 여러 가지 사회문제 및 욕구의 발생빈도와 밀접한 관련을 갖는다.
- 지역사회인구의 특성은 사회복지조직에 상당한 영향을 미칠 수 있는데, 지역사회의 인구구성에 따라 사회복지조직의 서비스가 달라지게 된다.

③ 문화적 조건

- 사회복지조직은 지역사회의 우수한 문화나 가치제도에 특히 민감하다.
- 사회복지조직이 제공하는 서비스는 지역사회의 가치관이나 정서와 동떨어질 수 없다. 지역사회에서 드러나는 욕구나 문제를 해결할 때 그 방법적 수단에 대해서 엘리트 집단이 가지고 있는 가치와 이념을 반영하게 된다.
- 사회복지조직은 당시의 지배적인 문화적, 도덕적 체계를 반영하고, 이들 제도를 증진, 강화, 지지하는 한편, 다양한 조직들의 발생은 이 조직들을 인가하는 당시의 규범적 체제에 의해 결정된다.

④ 정치적, 법적 조건

- 사회복지조직이 사용할 수 있는 자원의 주요 부분은 공적인 것이다. 또한 정치적인 과정에 의해서 접근이 결정되는 특성이 있다.
- 수많은 법적 규제는 사회복지조직이 클라이언트에게 서비스를 제공하는 데 준수해야 할 많은 조건들을 규정하고 통제한다.

⑤ 기술적 조건

- 사회복지조직이 제공할 수 있는 서비스의 범위는 의료, 정신건강, 교육, 지역사회 및 사회계획과 같은 분야에서의 조직환경의 기술개발 정도에 따라 결정된다.
- 사회복지조직의 기술혁신 정도는 사회의 진보된 기술에 부분적이나마 영향을 받으며, 연구와 훈련을 통하여 지식을 추구해가는 사회적 분위기에 의해 결정되기도 한다.

2. 과업환경

1) 과업환경의 개념

- 과업환경은 작업환경이라고도 한다.
- 과업환경은 조직의 자원과 서비스를 교환하고 조직과 특별한 상호작용의 형태를 취하는

집단들을 의미한다.

- 자금제공기관, 의뢰 기관, 보조적 서비스 제공 기관 등을 포함한다.
- 과업환경은 일반환경의 영향을 받는다.
- 사회복지조직은 과업환경의 영향을 받는 것이 일반적이다. 또한 사회복지조직이 과업환경에 영향을 미치기도 한다.

2) 과업환경의 종류

① 재정자원의 제공자
정부, 보건복지부, 공적/사적 사회단체, 외국 민간단체, 개인 등

② 합법성과 권위의 제공자
사회복지사업법, 보건복지부, 시 · 도, 시 · 군 · 구, 한국사회복지협의회, 한국사회복지사협회 등

③ 클라이언트의 제공자
학교, 경찰, 청소년단체, 교회, 사회복지관 등

④ 보충적 서비스 제공자
타기관들의 공식적, 비공식적 협조체제

⑤ 조직이 산출한 것을 소비, 인수하는 자
클라이언트나 클라이언트와 관계된 자(가족, 교정기관, 아동복지시설, 학교 등)

⑥ 경쟁하는 조직들
클라이언트나 다른 자원들을 놓고 경쟁하는 조직들

제2절 환경변화와 관리

사회복지조직은 환경의 변화에 따라 다양하게 변화한다. 따라서 사회복지행정을 이해하는 데 있어 환경의 변화를 이해하고 이에 따라 사회복지조직이 어떤 변화를 겪는지를 살펴볼 필요가 있다. 이를 토대로 사회복지조직과 서비스가 어떤 방향으로 변화해 나갈지에 대한 전망도 가능해진다. 또한 환경의 변화에 따라 조직이 변화하는 것뿐만 아니라 환경을 관리하는 것이 더욱 중요해진다.

1. 사회변화에 따른 사회복지실천의 변화

- 국제경제적인 변화로 인하여 **사회복지서비스의 민영화**가 이루어지고 있다. 이로써 작은 정부 추구와 함께 시장기능의 확대를 도모하는 흐름이 있다. 물론 작은 정부를 추구한다는 것이 정부의 복지예산을 줄인다는 것을 의미하지는 않는다. 오히려 정부의 복지서비스 기능을 민간의 경쟁을 통해 제공한다는 의미이다.
- 그동안 사회복지서비스는 제공자 중심이었으나 이제는 서비스제공기관 간 경쟁을 통하여 서비스의 질 제고를 이루고, 수요자 중심으로 선택권을 더욱 확장하는 추세를 보이고 있다.
- 지역중심의 복지로 전환되고 있다. 시설복지에서 지역사회보호로 개념이 전환되었으며, 서비스의 단위도 지역사회를 기반으로 하여 이루어지는 경향이 더욱 두드러지고 있다.
- 욕구(needs)충족을 위한 서비스에서 수요(demands)충족을 위한 복지로 패러다임이 전환되고 있다.
- 클라이언트 개념에서 소비자 개념으로 전환되고 있다. 현대사회 복지서비스는 과거 공공부조 중심에서 사회보험 중심으로, 이젠 이를 넘어서 사회서비스로 전환되고 있다. 이에 따라 서비스 제공기관이 민간에서 나오게 되었으며 클라이언트들에게는 소비자로서 선택권을 보장하는 방향으로 전환되고 있다.
- 원조중심에서 자립중심으로 전환되고 있다.
- 다만, 이런 변화로 인하여 복지의 시장화가 더욱 가속화되어 가고 있으며, 시장의 역기능이 사회복지서비스 현장에서 일어날 개연성이 높아지고 있는 불안한 모습도 있다.

2. 환경관리

1) 환경관리의 필요성

- 사회복지조직은 법, 제도, 경제, 사회 등 다양한 차원에서 외부환경의 영향을 받게 된다.
- 사회복지조직은 이런 환경에 종속되는 경향이 있다. 사회복지조직 역시 환경 속에 자리하고 있기 때문이다. 따라서 환경에 종속되는 것을 벗어날 수는 없다.
- 그러나 사회복지조직으로서 가치를 실현하고 목표를 달성하기 위해서는 이러한 종속을 최대한 줄여 나가야 한다. 따라서 환경관리의 전략이 필요한 것이다.
- 사회복지조직은 외부환경에 종속될 수도 있고, 이러한 종속을 상쇄할 수도 있다.

종속 강화 조건	종속 상쇄 조건
• 외부에서 강요하는 정책 • 서비스 사용에 대한 외부의 재량권 행사 • 외부단위의 서비스가 크게 필요한 경우 • 외부에서 목표를 인가해야 하는 경우	• 외부 세력에 의해 허용된 정보 • 주요 자원의 소유 • 외부환경이 필요로 하는 서비스 개발 및 정보나 지식의 확보

• 대안들에 대한 정확하지 않은 정보	• 정당성을 내세울 수 있는 이념의 개발 • 대안에 대한 효과적인 지적 능력

• 사회복지조직은 환경에 대한 종속관계를 극복할 수 있는 전략을 세울 필요가 있다.

2) 환경관리 전략

① 권위주의적 전략

• 조직이 자금과 권위를 충분히 획득한 경우 다른 조직과의 교환관계와 조건들에서 유리한 위치에 설 수 있다. 이런 권력을 사용하여 다른 조직의 행동을 이끌고 명령을 내리는 전략이 권위주의적 전략이다.

• 다른 조직에게 명령을 내리고 감사할 수 있는 능력이 있어야 한다. 자금과 권위를 관리하는 정부가 주로 이런 전략을 사용한다.

• 이런 권력을 사용할 수 있는 조직은 이미 우세한 권력관계에 있는 경우이다. 따라서 명령에 순응하는 것이 형식적 순응일 수 있다. 또한 감시비용이 드는 것도 감수해야 한다.

② 경쟁적 전략

• 다른 조직과 경쟁하여 세력을 증가시켜 서비스의 질과 절차, 행정절차 등을 매력적으로 만드는 것이다.

• 이런 전략은 조직이 필요로 하는 자원이 환경에 분산되어 있고 세력균형을 이룰 수 있을 만큼 내적 자원이 있는 경우에 가능하다.

• 질 높은 서비스, 클라이언트 관리, 친절한 서비스 등으로 경쟁우위를 확보할 수 있다.

• 잘못할 경우 성공률이 높은 클라이언트만 받아들이는 **크리밍현상**, 성공가능성이 낮거나 인적자본이 취약한 클라이언트에 대한 거부, 경쟁으로 인한 서비스 중복과 자원낭비 등이 나타날 수도 있다.

③ 협동적 전략

• 다른 조직들에게 서비스를 제공하여 상호 불안감을 해소하고, 이에 대한 보답으로 권력을 증가시키는 전략이다. 계약, 연합, 흡수의 형태가 있다.

• 계약 : 두 조직 사이의 지원 혹은 서비스 교환을 통해 협상된 공식적, 비공식적 합의

• 연합 : 여러 조직들이 사업을 위해 합동하여 자원을 합하는 전략

• 흡수 : 과업환경 내 주요 조직의 대표자들을 조직의 정책수립기구에 참여시키는 전략

④ 방해 전략

• 경쟁적 위치에 있는 다른 조직의 활동을 방해하거나 세력을 약화시키는 전략이다.

• 방해전략을 사용할 수 있는 조건은 조직의 과업환경이 정당한 요구를 묵살하거나 방해하려는 경우, 실패하더라도 손해 볼 것이 없는 경우, 이념적 갈등이 존재하는 경우 등이다.

3) 변화에 영향을 미치는 선행요인

① 개인적 수준

- 일반 조직구성원의 특성 중 자신이 맡은 업무에 대한 보유능력과 혁신에 대한 태도는 변화를 야기한다.
- 리더의 특성 중 혁신에 대한 강력한 의지와 성공할 수 있다는 확신은 변화에 영향을 미친다.

② 조직적 수준

- 조직구조의 유기성 : 조직구조의 수평적 분화, 비공식화, 비집중화는 적응을 촉진한다.
- 조직의 나이 : 조직 행정구조의 관료화 정도, 관리방법과 기술의 채택 정도는 변화에 영향을 미친다.
- 조직문화 : 조직구성원들의 생각, 의사결정은 행동의 방향과 힘을 부여한다.
- 조직의 보상체계 : 보상체계가 혁신을 고무시키는 역할을 한다.
- 조직전략 : 조직의 사명과 이를 실행할 수 있는 세부방안의 구체화 정도는 변화의 배경이 된다.
- 조직규모 : 조직규모가 작을수록 혁신에 유리하며, 변화에 신속한 대응과 적응을 할 수 있다.

③ 환경적 수준

- 조직에 속해 있는 산업과 시장구조가 변화에 영향을 준다.
- 조직을 둘러싼 환경의 급격한 변화는 조직의 변화가 필요하다는 단서를 제공한다.

기출문제

01 다음에서 설명하는 환경의존 대응전략은?

> • 사회적 약자를 대신해 권한을 가진 조직으로부터 양보를 얻는 데 효과적일 수 있다.
> • 일시적으로 얻은 이익을 상쇄하는 반작용을 야기할 수 있다.
> • 표적조직이 평화적인 요구를 무시할 때 채택할 수 있다.

① 방해전략 ② 교환전략
③ 흡수전략 ④ 경쟁전략
⑤ 권위주의전략

해설 방해전략은 조직의 자원생산 능력을 위협하는 행동을 의도적으로 하는 것이다. 권력이 없는 사람들이 사회복지조직으로부터 양보를 얻어내는 데 효과적이지만 장기적으로는 일시적으로 얻은 이익을 상쇄할 수 있다.

정답 ①

02 최근 사회복지행정의 환경변화에 관한 설명으로 옳지 않은 것은?

① 사회서비스 공급에서 영리부문의 참여가 감소되고 있다.
② 사회복지조직관리에 기업경영기법이 도입되고 있다.
③ 품질관리를 통한 이용자 중심 서비스가 요구되고 있다.
④ 사회서비스의 시장화 경향성이 뚜렷해지고 있다.
⑤ 서비스 이용자의 권리가 강조되고 있다.

해설 현대사회의 변화 중 하나는 사회복지의 시장화, 민영화이다. 이는 신자유주의 경향 아래에서 나타나는 특징이다. 영리부문도 사회복지서비스에 참여하여 제공기관이 되고 있고, 사회복지조직도 기업의 경영기법을 활용하는 경향이 두드러지고 있다.

정답 ①

참고문헌

고재욱 · 전선영 · 황선영 · 박성호 · 이용한(2018), 「사회복지행정론」, 정민사.

남일재 · 문영주 · 오주(2015), 「사회복지행정론」, 정민사.

다음백과 http://100.daum.net/encyclopedia/view/b04d2547a

사회복지교육연구센타(2014), 「1급 사회복지기본서 사회복지행정론」, 나눔의집.

이원우 · 서도원 · 이덕로(2008). 「경영학이 이해」, 박문사.

이종수 · 윤영진 · 곽채기(2014). 「새행정학」, 대영사.

이학종 · 박현준(2009), 「조직행동론」, 법문사.

장인협 · 이정호(2004), 「사회복지행정론」, 서울대학교출판부.

최성재 · 남기민(2016), 「사회복지행정론」, 나남.

한동일 · 전해황 · 김종명(2011), 「사회복지행정론」, 양서원.

황성철 · 정무성 · 강철희 · 최재성(2007), 「사회복지행정론」, 학지사.

퍼시픽북스 학술편찬국(2012), 「power사회복지행정론」, 퍼시픽북스.

한국복지행정학회(2010), 「사회복지행정론」, 양서원.

Fleishman, E.A.(1973), Twenty Years of Consideration and Structure, in Fleishman, E.A. & Hunt, J.G.(pnyt), *Current Developments in the Study of Leadership: A Centennial Event Symposium Held at Southern Illinois University at Carbondale, vol. 1(pp.13-26).* Southern Illinois University Press,

Fulmer, R.M.(1978), *The New Manangement(4th ed)*, New York: Macmillan Publishing Co.

Ouchi, W.G.(1981), *Theory Z: How American business can Meet the Japanese challenge*, Reading, MA: Addision-Wesley.

Robbins, S.P., & Judge, T.A.(2013), *Organizational Behavior(15th ed.)*, Upper Saddle River, New Jersey: Pearson Education, Inc..

Schein, E.H.(1990), Organizational culture, *American Psychologist, 45(2)*, 109-119.

Skidmore, R.A.(1995), *Social Work Adminstration: Dynamic Management and Human Relationships(3rd ed.)*, Englewood, NJ.:Prentice-Hall.

Swiss, J.E.(1992), Adopting Total Quality Management(TQM) to government, *Public Administration Review, 52(4)*, 356-362.

Trecker, H.B.(1971), *Social Work Administration: Principle and Practice*, New York: Association Press.

2025 사회복지사1급 기본 핵심이론서

3교시 사회복지정책과 제도
사회복지정책론 / 사회복지행정론

편 저 자 이수천
제작유통 메인에듀(주)
초판발행 2024년 06월 20일
초판인쇄 2024년 06월 20일
마 케 팅 메인에듀(주)
주 소 서울시 강동구 성안로 115, 3층
전 화 1544-8513
정 가 27,000원

I S B N 979-11-89357-68-9